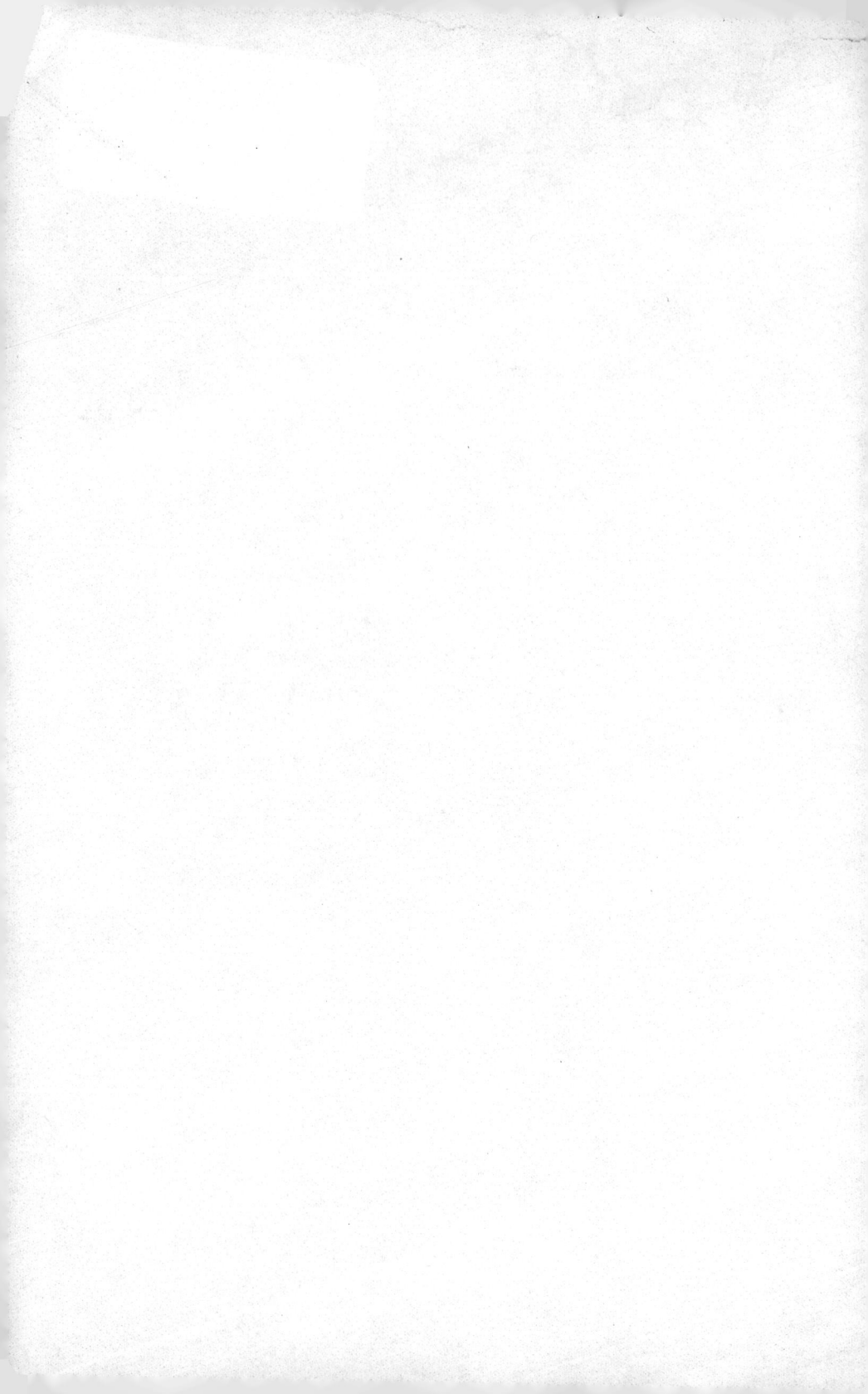

ÉTUDES ET ESSAIS SUR LA RENAISSANCE
sous la direction de Jean-Charles Monferran
128

« Saincte et precieuse deformité »

Ouvrage publié avec le soutien de la faculté des lettres de Sorbonne Université, du Centre d'étude de la langue et des littératures françaises (CELLF – UMR 8599), de l'École doctorale de littératures françaises et du Conseil scientifique de Sorbonne Université

Sofina Dembruk

« Saincte et precieuse deformité »

Expérimentations littéraires de la laideur à la Renaissance

PARIS
CLASSIQUES GARNIER
2022

Sofina Dembruk est assistante scientifique à l'institut des langues romanes de la Georg-August-Universität Göttingen et de la Universität Kassel. Elle a rédigé une thèse sur la laideur dans la littérature française de la première modernité sous la direction d'Olivier Millet et de Daniele Maira. Sa recherche porte en priorité sur l'œuvre de Marguerite de Navarre, de Clément Marot et de Joachim Du Bellay.

ISBN 978-2-406-14219-5 (livre broché)
ISBN 978-2-406-14220-1 (livre relié)
ISSN 2105-8814

INTRODUCTION

« Saincte et precieuse deformité » : cet éloge paradoxal illustre bien la valeur à la fois contestataire et ludique que la Renaissance réserve à l'antonyme de la beauté. L'époque fait communément du beau son « idée maîtresse[1] », l'idéal de toute représentation artistique. Dans une telle optique, l'anoblissement du laid et du difforme apparaît alors comme une infraction à la *doxa* qui condamnerait *a priori* la laideur physique en vertu d'interprétations moralisatrices, en en faisant le stigmate de l'ignoble par excellence. Or, la Renaissance ne se contente guère de perpétuer une lecture univoque du laid. En témoigne, entre autres, sa promotion par le paradoxe si cher à la pensée humaniste. Notre titre représente en effet le point culminant de l'éloge paradoxal « Pour la laideur du visage » apparu sous la plume du polygraphe Charles Estienne qui paraphrase son modèle italien, les *Paradossi* (1543) d'Ortensio Lando. La particularité de cette louange inouïe réside dans une forme de christianisation de la laideur physique que l'on avait l'habitude alors d'écarter spontanément de toute nature divine pour la faire entrer dans les sphères diaboliques. Bien que l'éditeur moderne insiste sur la nature purement ludique et rhétorique de ce deuxième paradoxe attaché à la laideur[2], cet exemple montre la propension humaniste à défier le sens commun, quitte à sanctifier ce qui est le plus dissemblable au sacré. C'est dans une perspective d'exploration que ce travail veut étudier les différentes écritures de la laideur en tenant compte de ce qui relève de l'orthodoxie mais aussi de l'expérimentation littéraire. Or, il va sans dire que la laideur n'est pas uniquement un sujet paradoxal : elle nourrit également le discours

1 A. Chastel *Marsile Ficin et l'art*, Genève, Droz, 1976, p. 41.

2 C. Estienne, *Paradoxes*, éd. T. Peach, Genève, Droz, 1998. Nous revenons en détail sur l'éloge « Pour la laideur du visage » (p. 78-82), qui est classé par l'éditeur comme un paradoxe du « type II », c'est-à-dire qui représente « des tours de force rhétoriques, des exercices de virtuosité verbale, iconoclastes à volonté, mais en fin de compte vides de sens réel » (p. 21). Voir *infra*, p. 77 *sq.*

proprement poétique où elle devient source d'invention et de renouveau de la création linguistique.

L'expérimentation poétique sur la laideur atteint peut-être son apogée à la Renaissance avec l'épigramme marotique au titre suggestif « Du laid tétin[3] ». Le poète y blasonne sur le mode de l'invective un vieux mamelon dont la laideur exécrable suscite tantôt le rire, tantôt l'effroi et le dégoût. Il s'agit en effet d'une des rares poésies renaissantes qui annoncent déjà dans son titre[4] le sujet de la laideur. Ces vers peuvent par conséquent constituer sinon une définition, du moins un texte focal pour concentrer bon nombre de lieux communs sur la laideur renaissante. Cette poésie s'inscrit de surcroît dans la recherche d'un nouveau langage poétique qui mettrait à l'honneur la laideur. En amont, son créateur Clément Marot enjoint à ses confrères de trouver de nouveaux modes d'écrire le laid, soit à blasonner « en style épouvantable[5] » cet antonyme du beau. La représentation de la laideur lance pour ainsi dire un défi à l'écriture poétique : elle fait du laid, et non seulement du beau, le lieu privilégié d'une expérimentation formelle. Citons alors, en guise d'introduction, les premiers vers de « Du laid tétin », texte programmatique de la laideur dans la littérature française de la première modernité :

> Tetin, qui n'as rien, que la peau,
> Tetin flac, Tetin de drappeau,
> Grand' Tetine, longue Tetasse,
> Tetin, doy je dire bezasse ?
> Tetin au grand vilain bout noir,
> Comme celluy d'ung entonnoir,
> Tetin, qui brimballe à touts coups
> Sans estre esbranlé, ne secoux,
> Bien se peult vanter, qui te taste,
> D'avoir mys la main à la paste :
> Tetin grillé, Tetin pendant,
> Tetin flestry, Tetin rendant
> Vilaine bourbe en lieu de laict,
> Le Diable te feit bien si laid[6]

3 C. Marot, *Œuvres poétiques*, éd. G. Defaux, Paris, Classiques Garnier, 1993, t. 2, p. 241-242.

4 C. Marot lui-même produit une épigramme imitée de Martial qui s'intitule « À une layde ». Voir C. Marot, *Œuvres poétiques*, éd. citée, t. 2, p. 350.

5 Sur le sujet du renouvellement du style utilisé pour dépeindre le laid, voir nos réflexions *infra*, p. 241 *sq*.

6 C. Marot, *Œuvres poétiques*, éd. citée, t. 2, p. 242-243, v. 1-14.

À force de décliner par l'anaphore le mot tétin dont on mime lexicalement l'informité (« tétine », « tétasse »), cette poésie qui joue du détail met en évidence le fait que le jugement porte d'abord sur le physique, soit le corps. Ce dernier est, en l'occurrence, caractérisé par une absence totale de forme. Dépourvu de toute force vitale, le sein délabré ressemble plus à un torchon inanimé ou à une pâte malléable qu'à la « petite boule d'iyvoire » ferme que représente son concurrent dans le blason « Du beau tétin[7] ». Aussitôt, sa noirceur devient signe d'une morale douteuse et annonce sa provenance diabolique. La laideur est donc stigmate du mal : la récurrence de l'épithète « vilain » (v. 5, v. 13) corrobore une lecture dépréciative sur le plan axiologique. Après les douze premiers vers, Marot insiste à l'excès sur la dimension olfactive du vieux téton. La puanteur bestiale qui en émane suscite le dégoût qui est renforcé par l'âge du corps en question. Par le biais du laid, le poète cultive clairement les extrêmes et réunit de manière novatrice – nous le verrons – tantôt les influences des Grands Rhétoriqueurs, tantôt les renvois aux poésies satiriques en style bas. Bien que Marot reproduise l'association topique du laid avec le mal, il rehausse le thème en le poétisant, en en faisant le point de départ d'une quête littéraire à part entière.

Si l'on s'en tenait à des définitions moins poétiques de la laideur à la Renaissance, on verrait que le « Du laid tétin » marotique ne s'éloigne pas autant, sur le fond, des significations transmises par les dictionnaires de l'époque. Par exemple, le *Dictionnaire Francoislatin* (1549) fait figurer sous le doublet quasi synonymique « laid, & difforme » le terme de « laideur », pour lequel sont données les traductions latines « *Foeditas, Deformitas, Turpitudo*[8] », désignant l'effet visuel produit par la laideur, son absence de forme et sa dimension morale. *Foeditas* couvre un éventail sémantique important qui regroupe à la fois le visuel (« aspect horrible, hideux »), l'olfactif (« l'odeur repoussante ») et le domaine moral (« laideur de l'âme »), ce qui rejoint la signification de *turpitudo* qui prend lui aussi un sens double, physique et moral : « laid, villain, difforme ». Par le biais du *de-* privatif en latin, *deformitas* se construit en fait par rapport

7 Marot conçoit en effet son poème « Du laid tétin » comme le pendant « Du beau tétin », *Œuvres poétiques*, éd. citée, t. 2, p. 241-242.

8 R. Estienne, *Dictionnaire Francoislatin, autrement dict Les mots Francois, avec les manieres d'user d'iceulx, tournez en Latin*, Paris, R. Estienne, 1549, p. 341.

à sa racine *forma*, beauté, et désigne la « difformité, laideur[9] ». Le laid apparaît clairement comme un concept négatif, à l'antipode de la beauté, et le restera pour la génération de la Pléiade, ainsi que l'attestent *Les Épithètes* (1571) de Maurice de La Porte, recensement du répertoire lexical utilisé par les poètes du XVIe siècle. Sous l'entrée « laideur », on trouve l'énumération suivante : « Hideuse, difforme, vilaine, noire, déplaisante, monstrueuse, vulcanienne[10] ». Les descriptifs adjectivaux rapprochent l'aspect physique repoussant d'une morale infâme. À consulter l'entrée « laid », le champ sémantique se confirme – on retrouve de nouveau la dimension du monstrueux (« monstre ») – mais s'enrichit d'un inventaire de personnages qui sont presque tous marqués par une certaine noirceur ou rougeur (« Charbonnier, forgeron, Furies, [...], Vulcain »), d'une forme de souffrance (« mal ou maladie, malade, [...], tristesse »), de qualificatifs faciaux (« moue, pâleur, ride, [...], visage ») et de références à l'âge (« vieillesse »)[11]. En poésie, le laid couvre de manière quasi hyperbolique toute la palette des traits disgracieux qui deviennent, à leur tour, signifiants du mal, du péché et de la souffrance.

Avec les *Officinae epitomae* (1520/1522) de Jean Ravisius Textor, la lecture uniquement négative de la laideur devient moins évidente, et ceci avant tout sur le plan du genre. Si le laid tétin marotique vise sans malentendu possible le corps féminin, le compilateur français énumère dans la rubrique « *Deformes* » des personnages exclusivement masculins – poètes, rois et autres – dont les traits de disgrâce physique cachent tantôt des caractères vicieux – tel le personnage homérique Thersite, personnification de la laideur morale et physique[12] – tantôt de grands sages comme Ésope, Diogène et, sans doute le nom le plus illustre dans le domaine de la laideur, Socrate. Son apparence hideuse, qui revêt pourtant une belle âme, nous ramène au paradoxe attaché à la laideur. C'est que le physique de Socrate trouble les préceptes antiques de la *kalokagathia*, qui prévoient la correspondance entre physique et bonté morale[13]. L'idéal grec de l'accomplissement de l'homme se perpétue à

---

9 Voir P. Monteil, *Beau et laid en latin. Étude de vocabulaire*, Paris, Klincksieck, 1964.

10 M. de La Porte, *Les Épithètes*, éd. F. Rouget, Paris, Honoré Champion, 2009, entrée « laideur », p. 327.

11 *Ibid.*

12 Voir J. Ravisius, *Officinæ epitome*, Lyon, S. Gryphius, 1560, t. 1, p. 211-213.

13 Voir *infra*, p. 35-36.

la Renaissance à travers le néoplatonisme et le discours courtois[14]. Si la laideur physique intervient comme élément perturbateur d'un tel accord harmonieux, elle incite en même temps à la remise en cause de ce même idéal. À cet égard, ce sont notamment les figures socratiques qui troublent les lectures univoques de la laideur.

Cette ambiguïté interprétative oriente également notre approche de la laideur qui échappe, telle est notre hypothèse, aux représentations monosémiques – c'est-à-dire à une association nette de la laideur avec le mal – pour ouvrir le champ à des modulations plus diverses. À y regarder de plus près, l'acuité mordante d'un « Laid tétin », qui condamne la laideur aux enfers, se confronte à des représentations de la laideur moins violentes, qui ne relèvent ni de l'hyperbole ni de la satire, mais que l'on pourrait qualifier de banales, d'humaines, d'ordinaires, voire de saintes. Le même Marot qui s'acharne avec la férocité du blâme sur le laid conçoit un autre type de laideur lié à sa propre *persona* de poète évangélique. Il en va de même pour Joachim Du Bellay, dont « L'Antérotique » fait écho à bien des égards au laid tétin marotique. Tout comme Marot, Du Bellay traite le laid avec davantage de subtilité lorsqu'il en fait l'indice d'un désenchantement se conjuguant avec la souffrance et la mélancolie. Dans notre corpus en prose – *L'Heptaméron* de Marguerite de Navarre –, la représentation de la laideur est certainement moins virulente, mais les personnages dépourvus de grâce sillonnent le monde des nouvelles navarriennes.

C'est entre deux pôles de représentation – la christianisation du motif d'un côté et sa poétisation de l'autre – qu'oscillent les exemples de notre corpus. Trois auteurs représentatifs de la première Renaissance – Marguerite de Navarre, Clément Marot et Joachim Du Bellay – servent de pierre de touche pour explorer les diverses expérimentations littéraires menées sur la laideur. Avant d'expliciter l'intérêt de notre corpus d'étude et notre méthodologie, nous souhaiterions d'abord situer la question du laid dans le contexte plus large d'une époque incontestablement vouée à la théorisation du beau.

14 Voir *infra*, p. 13 et p. 87.

« LA MATIERE DEMEURE…[15] » : LE LAID À L'ÉPOQUE DU BEAU

D'après André Chastel, c'est le platonisme ficinien qui contient en germe « la manifestation philosophique de l'idée maîtresse de la Renaissance[16] ». La métaphysique de l'humaniste italien Marsile Ficin procède d'une réflexion esthétique sur la beauté comme éclat lumineux des êtres sur lesquels Dieu a doucement répandu son rayon céleste. L'idée maîtresse de la Renaissance est donc celle de la beauté comme émanation de la bonté divine placée au centre de la cosmologie ficinienne. Dans son *Commentaire sur le* Banquet *de Platon* (ou *De Amore*), Marsile Ficin fait de la beauté la fin ultime de l'amour : « Car Amour est ung desir d'avoir jouissance de Beaulté[17] ». Outre les écrits ficiniens, c'est le traité d'amour de Léon l'Hebreu, les *Dialogues d'amour* traduits par Pontus de Tyard[18], qui influence considérablement le pétrarquisme français[19]. C'est en effet à travers le sujet de l'amour que les poètes de la Pléiade vont intégrer les doctrines néoplatoniciennes. Ceux-ci se consacrent avec acharnement à la quête de « l'Idée / de la beauté[20] », comme l'illustre de manière programmatique le célèbre sonnet 113 de *L'Olive* de Du Bellay[21].

À la Renaissance, la recherche du beau est primordiale et se décline dans plusieurs corpus. D'une part, les traités d'amour d'inspiration néoplatonicienne influencent à leur tour les traités dédiés à la beauté des femmes, par exemple le traité dialogué *Des Beautés des dames* d'Agnolo

15 En citant la première partie de l'hémistiche du vers de Ronsard, tiré de « Contre les bucherons de la forêt de Gastine », nous faisons référence à l'article de M. Jeanneret, « "… et la forme se perd" : structures mobiles à la Renaissance », *Littérature*, n° 85, 1992, p. 18-30.

16 A. Chastel, *Marsile Ficin et l'art*, *op. cit.*, p. 41.

17 M. Ficin, *Le Commentaire de Marsille Ficin, Florentin : sur le banquet d'Amour de Platon* (1546), trad. S. Silvius, dit J. de la Haye, éd. S. Murphy, Paris, Honoré Champion, 2004, p. 67.

18 L. l'Hébreu, *Dialogues d'amour*, trad. P. de Tyard (1551), éd. T. Dagron, Paris, J. Vrin, 2006. Nous y revenons *supra*, p. 292-293.

19 A. Gendre, « Vade-mecum sur le pétrarquisme français », *Versants* : *Revue suisse des littératures romanes*, n° 7, 1985, p. 40.

20 J. Du Bellay, *Œuvres complètes*, t. 2 : *L'Olive et quelques autres œuvres poëtiques*, éd. M.-D. Legrand, M. Magnien et O. Millet, Paris, Classiques Garnier, 2003, sonnet 113, p. 219.

21 Voir *supra* p. 268-269.

Firenzuola[22]. D'autre part, les traités de civilité, en particulier *Le Livre du Courtisan* de Baldassar Castiglione[23], traduit en français en 1537 par Jacques Colin, ont un impact considérable sur la littérature courtoise en France. Cet ouvrage éducatif, rédigé sous forme de dialogues, représente en effet une transposition laïque des doctrines ficiniennes. Ainsi, Messire Pietro développe la nécessité d'une parfaite correspondance entre beauté et bonté en s'appuyant sur la cosmologie concentrique que fournit Ficin dans ses commentaires de Platon :

> [L]a beauté vient de Dieu, [...] elle est comme un cercle dont la bonté est le centre ; et par conséquent, comme il ne peut y avoir de cercle sans un centre, il ne saurait y avoir de beauté sans bonté. Aussi est-il rare qu'une âme mauvaise habite un beau corps, c'est pourquoi la beauté extérieure est le vrai signe de la beauté intérieure, et dans les corps cette grâce est imprimée plus ou moins comme par une marque de l'âme qui se ferait ainsi extérieurement connaître, comme pour les arbres, chez lesquels la beauté des fleurs porte témoignage de la bonté des fruits. La même chose arrive dans les corps, et l'on voit que les physionomistes connaissent souvent les mœurs et parfois les pensées des hommes d'après le visage[24].

Ce passage constitue une adaptation du concept antique de la *kalokagathia* dans le monde courtois, prônant le modèle du nouveau gentilhomme qui réunit les excellences morales avec un physique correspondant et incarne ainsi les idéaux culturels humanistes ainsi que chevaleresques. Les laideurs sont *a priori* exclues de cet univers de perfections. Les défauts physiques seraient non seulement déplaisants à regarder mais, pire, un signe de méchanceté[25]. À ce titre, l'évocation des physionomistes qui sauraient interpréter à partir des apparences physiques la mentalité des gens est significative pour notre propos. En effet, les traités physiognomoniques connaissent un regain important à la Renaissance – mentionnons comme exemple pour la France la *Physionomie naturelle* (1550) qu'Antoine du Moulin traduit et édite à partir d'un traité anonyme en latin[26] –, qui culmine notamment avec le *De Humana Physiognomonia*

22 A. Firenzuola, *Delle bellezze delle donne / Des beautés des dames*, éd. M.-F. Piéjus, Paris, Les Belles Lettres, 2018.

23 B. Castiglione, *Le Livre du courtisan*, éd. A. Pons, Paris, GF Flammarion, 1991.

24 *Ibid.*, p. 386-387.

25 *Ibid.*, p. 334.

26 A. Du Moulin, *Physionomie naturelle : extraite de plusieurs philosophes anciens*, Lyon, J. de Tournes, 1550.

(1586) de Giovan Battista Della Porta. Or, ce sont ces textes qui donnent un fondement scientifique – en se basant sur les théories humorales héritées de Galien – et cosmologique – en établissant des liens entre microcosme et macrocosme – à la lecture des corps. Ce regain d'intérêt pour le corps a aussi des répercussions sur la fiction et la poésie, qui ont recours par exemple aux représentations de personnages sous l'influence de différentes humeurs.

Les questions portant sur la beauté et la laideur se déclinent clairement autour du corps. Ainsi, le paradigme de la laideur s'actualise également dans le discours médical. Le célèbre chirurgien Ambroise Paré recense dans son traité tératologique *Des monstres et prodiges* (1573), sous la catégorie des « mutilez », de nombreuses pathologies et infirmités qui marquent un écart de la norme, tels les « aveugles, borgnes, bossus, boiteux ou ayant six doigts à la main ou au pied, ou moins de cinq, ou joints ensemble ». Outre ces difformités du corps, on trouve des anomalies qui relèvent de la disproportion et décrivent un physique hideux, comme par exemple des « bras trop courts », le « nez trop enfoncé comme ont les camus », ou encore des « lévres grosses et renversées[27] ».

Un dernier corpus primordial est celui des traités rhétoriques et poétiques qui formalisent réellement la représentation du laid, surtout en vue des lieux de la personne. À ce sujet, les théoriciens médiévaux reprennent le bagage cicéronien du *De Inventione* en mettant en avant l'exercice du genre démonstratif, soit celui de l'éloge (*laus*) ou du blâme (*vituperatio*), selon les biens – ou défauts – du corps et de l'âme[28]. En ce qui concerne les modèles de *descriptio personarum*, de nombreux traités poétiques servaient de manuels d'exercice dans les écoles des rhéteurs, notamment pour apprendre à décrire des personnages laids. Dans son *Ars versificatoria*[29], Matthieu de Vendôme fournit des exemples normatifs pour dire la disgrâce humaine. Dans la partie dédiée aux descriptions des personnes, l'auteur donne sept exemples, dont cinq sont des éloges, moraux et physiques, de figures comme César, Ulysse et Hélène de Troie.

27 A. Paré, *Des monstres et prodiges*, éd. J. Céard, Genève, Droz, 1971, p. 3.

28 J. Lecointe, « Les lieux rhétoriques de la personne dans les récits de l'*Heptaméron* », dans *Marguerite de Navarre (1492-1992)*, éd. N. Cazauran et J. Dauphiné, Mont-de-Marsan, Éditions InterUniversitaires, 1995, p. 513.

29 *Les Arts poétiques du* XII*e et du* XIII*e siècle : recherches et documents sur la technique littéraire du Moyen Âge*, éd. E. Faral, Paris, Honoré Champion, 1982 (1924), p. 135.

Les deux autres descriptions se font sur le ton de l'invective. Ainsi nous présente-t-il le portait d'un certain Davus, principalement attaqué pour son immoralité. Son vis-à-vis féminin, en revanche, la laide et effroyable Beroë, est uniquement condamnée pour son corps effroyablement laid et abject par sa souillure.

Malgré l'indéniable préoccupation de la Renaissance à formaliser le beau, le sujet de la laideur transparaît, comme on vient de l'esquisser ci-dessus, en creux de bon nombre de domaines qui forment des corpus bien divers. En effet, des travaux seiziémistes importants ont montré que la Vénus renaissante n'apparaissait guère sans Vulcain, que la beauté épouse – bon gré, mal gré – la laideur ou, plus radicalement, que « la matière demeure, et la forme se perd. » Michel Jeanneret emprunte ce vers ronsardien en guise d'épigraphe pour inaugurer un article qui montre qu'à la Renaissance le modèle transcendant de la forme (*eidos*) fait place, par endroits, à « une philosophie de la matière et du mouvement [...] » : « Le monde change, ses configurations sont flexibles[30] ». Le ménage que forment beauté et laideur – forme et matière – intègre donc une conception dynamique, « transformiste », du monde. Or, le bref panorama des divers corpus qui font apparaître le sujet de la laideur montre bien qu'il s'agit d'une notion transversale, sans qu'il y ait à son endroit de théorisation à part entière. Excepté son lien fort avec les écritures du corps, sa représentation n'est ni circonscrite à un certain genre textuel, ni à un certain champ thématique. Il faut alors faire dialoguer par ricochets les différents corpus.

LA LAIDEUR CHEZ LES SEIZIÉMISTES

Héritiers des canons de beauté antique, ce sont les arts plastiques qui matérialisent au mieux les idéaux renaissants d'harmonie et de stabilité, vecteurs incontestables de la recherche de la beauté. Ces valeurs sont formalisées par le biais des traités artistiques, *a priori* italiens, qui connaissent un essor important à partir notamment de la deuxième moitié

30 M. Jeanneret, « "...et la forme se perd" : structures mobiles à la Renaissance », art. cité, p. 18.

du XVIe siècle. Il n'est donc guère étonnant que les premiers travaux consacrés aux phénomènes de la laideur à la Renaissance viennent de l'histoire de l'art. À cet égard, est d'abord paru l'ouvrage de Murielle Gagnebin, *Fascination de la laideur. L'en-deçà psychanalytique du laid*[31] , dont l'approche transversale, qui culmine finalement dans une analyse de l'œuvre de Goya, relève pourtant de la vulgarisation scientifique. Il en va autrement avec l'*Archipel de la laideur. Essai sur l'art et la laideur* de Michel Ribon[32], qui présente une approche plus thématique du sujet.

Autour de 2010 se multiplient les travaux consacrés aux phénomènes de la laideur. L'intérêt des historiens de l'art perdure, comme le démontre l'ouvrage d'Angela Fabienne Huguenin *Hässlichkeit im Portrait. Eine Paradoxie der Renaissancemalerei*[33], qui examine l'apparition de portraits ne cherchant plus à idéaliser leur sujet mais, au contraire, à en souligner les traits disgracieux, sans basculer pour autant dans la parodie ou la caricature. La recherche d'un certain réalisme privilégie la représentation des défauts et des tares visant à définir l'individualité de la personne, sans renvoyer forcément à une nature mauvaise. En ce qui concerne les monographies, la laideur y est avant tout étudiée comme phénomène corporel, plus particulièrement lié au corps féminin. À ce sujet, il est indispensable de signaler l'étude de Naomi Baker *Plain Ugly : The Unattractive Body in Early Modern Culture*[34], qui s'intéresse à la notion de laideur banale, surtout féminine, comme élément constitutif de l'expression d'une subjectivité et de la construction de l'individu féminin pré-moderne soumis au *male gaze*. L'étude de Patrizia Bettella se concentre quant à elle sur la laideur féminine dans la poésie italienne : *The Ugly Woman. Transgressive Aesthetic Models in Italian Poetry from the Middle Ages to the Baroque*[35]. Outre les études mentionnées, le thème est traité de manière ponctuelle, sous la forme d'études de cas. Les deux collectifs *Propos sur les muses et la laideur. Figurations et défigurations de*

31 M. Gagnebin, *Fascination de la laideur. L'en-deçà psychanalytique du laid*, Seyssel, Éditions Champ Vallon, 1994.

32 M. Ribon, *Archipel de la laideur. Essai sur l'art et la laideur*, Paris, Kimé, 1998.

33 A. F. Huguenin, *Hässlichkeit im Portrait. Eine Paradoxie der Renaissancemalerei*, Hamburg, Verlag Dr. Kovač, 2012.

34 N. Baker, *Plain Ugly. The Unattractive Body in Early Modern Culture*, Manchester, Manchester University Press, 2012.

35 P. Bettella, *The Ugly Woman. Transgressive Aesthetic Models in Italian Poetry from the Middle Ages to the Baroque*, Toronto, University Press of Toronto, 2005.

la beauté[36] et les *Métamorphoses de la laideur*[37] témoignent du fait que la laideur comme phénomène littéraire demeure au fond difficilement saisissable. Même si les formes et les manifestations peuvent se ressembler, par exemple par un recours à un même inventaire descriptif, il faut à chaque fois prendre en compte la spécificité de l'œuvre en question. C'est pour cette raison que les études trop générales sur la notion de laideur risquent de tomber dans l'anachronisme. Or, la fonction esthétique du laid varie en fonction des conceptions morales, religieuses, philosophiques et sociales, des registres littéraires et du sens de chaque œuvre.

Plus récemment, la laideur s'est vu étudier sous l'angle stylistique, rhétorique et sémiotique dans l'ouvrage collectif *Vices de style et défauts esthétiques (XVIe-XVIIIe siècle)* sous la direction de Carine Barbafieri et Jean-Yves Vialleton[38]. Ce sont des catégories qui vont de l'échec, de l'erreur jusqu'au mauvais goût qui sont mobilisées pour remettre en cause l'irréductibilité de la doctrine classique. L'étude de Diane Robin *Aux Origines de l'esthétique. Le goût de la laideur au seuil de la modernité* reprend l'idée du goût pour étudier la laideur dans une perspective comparée, c'est-à-dire française et italienne, au carrefour de la littérature et de l'histoire de l'art. Elle donne un tableau assez complet de la laideur à la Renaissance, prenant en compte une variété de sources hétéroclites et mettant en rapport textes et images. Dans la mesure où le laid n'apparaît pas de façon indépendante dans les tentatives de théorisation, la critique propose, par référence à Michel Foucault, une approche « archéologique[39] » du laid. Toujours dans une perspective comparatiste, Susana Gállego Cuesta étudie le concept de l'informe en s'efforçant à retracer la fascination de George Bataille pour le monstrueux et l'abject renaissants[40]. Enfin, Olivier Chiquet se consacre expressément

36 M.-D. Legrand et L. Picciola (éd.), *Propos sur les Muses et la laideur. Figurations et défigurations de la beauté (d'Homère aux écrivains des Lumières)*, Centre des sciences de la littérature française, Nanterre, Université Paris X-Nanterre, 2001-2003, 2 vol.

37 L. Picciola (éd.), *Métamorphoses de la laideur*, Centre des sciences de la littérature française, Nanterre, Université Paris X-Nanterre, 2005.

38 C. Barbafieri et J.-Y. Vialleton (éd.), *Vices de style et défauts esthétiques (XVIe-XVIIIe siècle)*, Paris, Classiques Garnier, 2017.

39 D. Robin, *Aux Origines de l'esthétique. Le goût de la laideur au seuil de la modernité*, Paris, Classiques Garnier, 2021, p. 10.

40 S. Gállego Cuesta, *Traité de l'informe. Monstres, crachats et corps débordants à la Renaissance et au XXe siècle*, Paris, Classiques Garnier, 2021.

dans son étude *Penser la Laideur dans l'art italien de la Renaissance. De la dysharmonie à la belle laideur*, au discours de la conceptualisation du laid dans les traités d'art italiens[41]. En interrogeant un corpus tiré de l'historiographie artistique, il retrace l'évolution d'une lecture anticlassique de la laideur pour arriver à sa valorisation paradoxale à l'âge baroque. Notre apport à ce champ de recherche, qui a connu un regain important récemment, consiste en l'étude d'un corpus entièrement littéraire de la première Renaissance[42].

ENTRE CHRISTIANISATION ET POÉTISATION DE LA LAIDEUR[43]

Pour remédier à une analyse trop disséminée, nous avons choisi d'étudier la laideur à partir d'un système littéraire circonscrit, c'est-à-dire d'interroger, de manière monographique, son traitement d'un auteur à l'autre, à partir de trois grands représentants de la première Renaissance. L'avantage d'une telle approche consiste à pouvoir comprendre sa signification et ses codes de représentation à l'intérieur d'une grille idéologique – par exemple l'évangélisme – ou d'un contexte littéraire – par exemple le concours des blasons ou la veine antipétrarquiste – précis. Les textes étudiés s'étendent sur la première moitié du XVIe siècle et ne font pas l'économie de l'année de césure de 1549-1550, date de publication de *La Deffence et illustration de la Langue Francoyse* de Du Bellay, dont l'apparition marque un moment de rupture important et inaugure une nouvelle génération poétique susceptible de transformer les modes de représentation du laid. Ceci permet de répartir le corpus en deux groupes. D'abord les auteurs « évangéliques » du premier seizième siècle, représentés par Marguerite de Navarre et C. Marot, qui se font écho

41 O. Chiquet, *Penser la Laideur dans l'art italien de la Renaissance. De la dysharmonie à la belle laideur*, Rennes, Presses universitaires de Rennes, 2022.

42 Il faut compléter cet état de la question par la thèse de Louise Dehondt que nous n'avons pas pu consulter : L. Dehondt, *Le Poète, la rose et le sablier. Représentations de la vieillesse féminine dans la poésie en langue romane de la Renaissance*, thèse sous la direction d'Anne Duprat, soutenue le 2 décembre 2021 à l'université d'Amiens.

43 Nous remercions Véronique Ferrer pour la proposition de cette double grille de lecture.

à travers l'évangélisme mais aussi à travers la fidélité aux traditions poético-littéraires françaises. L'hétérogénéité de la première approche réside dans la distinction entre prose – notamment *L'Heptaméron* de Marguerite de Navarre – et poésie, représentée par Marot qui prend à ce titre le rôle de figure charnière avec le deuxième binôme (Marot et Du Bellay). Celui-ci tire sa cohérence du fait qu'il représente une production uniquement poétique, à l'exception de la seule *Deffence*. Les enjeux et modes de représentation sont donc autres que ceux de la prose. La dernière partie portera sur Du Bellay comme « contre-épreuve » de ce qui précède. S'il est habituel de choisir la beauté pour mesurer le degré d'évolution des *topoi*, la laideur offre un prisme plus inédit, un point de vue latéral, pour mesurer ces rapports.

Tout en soulignant l'individualité du traitement littéraire de chaque auteur, nous souhaitons inscrire ces modalités de la laideur dans une grille interprétative commune qui relierait nos trois auteurs à travers le statut qu'occupe la laideur dans leurs œuvres respectives. Sur le plan méthodologique, nous retenons deux modes de laideur attachés tous les deux à la recherche d'une vérité. Le premier trouve son ancrage dans l'herméneutique chrétienne selon laquelle la laideur est susceptible de revêtir une vérité sacrée en dépit d'une apparence qui lui serait dissemblable. Le deuxième est celui d'une poétisation, voire d'un militantisme poétique, mobilisant le laid pour cultiver les extrêmes, ainsi que pour expérimenter de nouveaux codes poétiques. On peut parler, à ce titre, d'une vérité poétique dans le sens où le champ sémantique du laid revêt des genres littéraires qui visent soit la révélation d'un non-dit, tels la satire ou le blâme, soit la contestation d'un idéalisme littéraire qui embellit son sujet en dépit de ses défauts.

POUR UNE CHRISTIANISATION DE LA LAIDEUR À LA RENAISSANCE

La pensée judéo-chrétienne, selon Erich Auerbach, se caractérise par la nécessité d'interpréter la véritable nature des choses au-delà des apparences, ce qui la distingue de la conception grecque du monde[44]. De la même manière, Paul Michel[45], conformément à l'étude pionnière de Hans Robert Jauß[46], reconnaît dans le christianisme un dispositif libérateur ou de justification de la laideur dans l'art médiéval. Une telle logique serait absente de la pensée antique. Or, pour la Renaissance il ne faut pas méconnaître l'importance de la pensée syncrétiste. C'est le cas chez Érasme qui, dans son anthologie de proverbes, les *Adages* (à partir de 1500), plus précisément dans l'adage «Les Silènes d'Alcibiade», attribue à la laideur extérieure une valeur chrétienne tout en recourant à un *topos* platonicien :

> C'est là, assurément une propriété des natures vraiment nobles : ce qu'elles ont d'excellent, elles le cachent et l'enfouissent dans les régions les plus secrètes ; ce qu'il y a de plus méprisable, elles l'exposent au premier regard, et elles cachent leur trésor sous une misérable écorce, sans le montrer aux regards profanes. Bien différente est la nature des choses vulgaires et inconsistantes : elles ont un aspect tout à fait séduisant, et ce qu'elles ont de plus beau, elles le montrent aussitôt avec obstination au premier vu ; mais si l'on examine les choses de plus près, elles ne sont rien moins que ce que l'on pouvait attendre d'elles d'après leur appellation et leur apparence.
>
> Le Christ ne fut-il pas un merveilleux silène ? [...] Si l'on observe l'aspect extérieur du silène, que pourrait-on voir de plus bas ou de plus misérable à l'estimation du vulgaire[47] ?

Érasme dégage un véritable potentiel herméneutique de la difformité ostensible, cette «misérable écorce». À l'inverse de la laideur, qui

44 E. Auerbach, *Mimésis. La représentation de la réalité dans la littérature occidentale*, trad. C. Heim, Paris, Gallimard, 1968 (1946), p. 5-27.

45 P. Michel, «*Formosa deformitas*». *Bewältigungsformen des Hässlichen in mittelalterlicher Literatur*, Bouvier Verlag, Bonn, 1976.

46 H. R. Jauß «Die klassische und die christliche Rechtfertigung des Hässlichen in mittelalterlicher Literatur», dans *Die nicht mehr schönen Künste. Grenzphänomene des Ästhetischen* [Poetik und Hermeneutik], éd. H. R. Jauß, Munich, Wilhelm Fink Verlag, 1968, p. 143-168.

47 Érasme, *Les Adages*, éd. J.-C. Saladin, Paris, Les Belles Lettres, 2013, t. 3, p. 108.

invite à la recherche du sens, la beauté, en tant qu'entité accomplie, serait fermée à l'interprétation. La beauté extérieure est présentée non seulement comme une impasse interprétative mais, pire encore, comme un silène inversé, un piège périlleux porteur de calamités[48]. C'est qu'*a priori* la laideur ne cherche pas à cacher, elle est révélatrice et éloigne ainsi toute forme d'hypocrisie. Dans ce passage qui prône une esthétique à l'envers, on oppose les natures nobles qui « cachent et enfouissent » à celles, profanes, qui « montrent avec obstination au premier vu ». Érasme semble évoquer en creux la culture de l'œil intérieur que l'on trouve chez Plotin et Augustin, désignant une vision qui permet de percevoir les choses selon leur véritable nature[49]. Il en résulte une valorisation de la laideur des choses, puisque ce sont elles qui n'exposent pas gratuitement ce qu'elles contiennent mais incitent à l'interprétation, c'est-à-dire à la connaissance de la vérité divine. Ainsi, le sens caché derrière la laideur est réservé à ceux qui savent lire au-delà du visible pour regarder à l'intérieur. La laideur extérieure fait donc partie intégrante de la recherche du divin et constitue une étape indispensable à sa découverte.

Érasme transpose le paradoxe silénique dans un contexte purement chrétien qu'il marque avec l'introduction semi-explicite du Christ dans son propos, quand il ajoute à la tradition silénique son « Socrate christifiable » : « Le Christ ne fut-il pas un merveilleux silène ? » Question rhétorique d'une audace presque hérétique, qui ébahit Érasme lui-même[50]. Le syncrétisme platonico-chrétien est à son comble dans l'exemple du Socrate christianisé : on superpose un passage biblique à un *topos* profane, tous deux étant reliés, en l'occurrence, par le *tertium comparationis* de la laideur. L'humaniste présente ici une réflexion tout à fait topique à la

48 *Ibid.*, p. 112 : « Mais inverse la figure du silène et ouvre-le : tu découvriras un tyran, parfois même un ennemi de son peuple [...]. »

49 Sur l'œil intérieur ou l'œil de la foi, voir *infra*, p. 59, p. 190-193

50 Voir F. Lavocat, *La Syrinx au bûcher. Pan et les satyres à la Renaissance et à l'âge baroque*, Genève, Droz, 2005, p. 37 qui cite une lettre d'Érasme, où il démasque cette comparaison comme allégorie : « Moi dans les *Adages* [...] j'ai appelé les Apôtres des Silènes, et j'ai même dit que le Christ était lui aussi une sorte de Silène. Que survienne un exégète hostile qui explique cela en trois mots de manière défavorable, il n'y aura rien de plus intolérable que cette formule. Mais qu'un homme pieux et bienveillant lise ce que j'ai écrit, il approuvera l'allégorie », dans Érasme, *Œuvres choisies*, éd. J. Chomarat, Paris, Le Livre de Poche, 1991, p. 304.

Renaissance sur la beauté paradoxale du Christ[51], qui fait coïncider la laideur de la souffrance avec la beauté de la rédemption[52]. C'est en effet dans cette image qu'il voit l'illustration la plus parfaite de l'essence du sauveur chrétien : « Si l'on observe l'aspect extérieur du silène, que pourrait-on voir de plus bas ou de plus misérable [*abjectius aut contemptius*] à l'estimation du vulgaire[53] ? » Ce qui ne compte pour rien aux yeux du monde, resurgira dans toute sa splendeur divine. Seule la laideur divine, l'« extérieur du silène », est capable de provoquer ce moment de révélation, de surprise épiphanique et d'étonnement révélateur. Érasme semble récuser à ce propos toute primauté du beau et pousse à l'extrême la justification chrétienne du laid comme principe même du divin. Cet exemple contient en germe ce que nous voudrions appeler la christianisation de la laideur, qui devient clairement un vecteur pour mesurer la vérité chrétienne.

Selon Anne Raffarin, le motif des silènes d'Alcibiade représente « le plus beau symbole de dissimulation du discours cheminant vers la vérité[54] ». L'image des silènes renferme alors aussi ce qu'on pourrait appeler « une écriture silénique » dont la spécificité serait d'occulter par le biais du langage ou du style un message de vérité. Dans le *Manuel du soldat chrétien* (1503), Érasme applique en effet le motif des silènes à la Bible en jouant sur la dialectique entre « sens immédiat » et « mystère » : « [L]es Écritures saintes, qui, quasi semblables à ces Silènes dont parle Alcibiade, cachent sous une enveloppe sordide et presque ridicule, une

51 Voir T. Gheeraert, « *Forma Dei, forma servi* : les paradoxes de la beauté du Christ chez quelques poètes dévotionnels français du XVIIe siècle », dans *La Beauté et ses monstres dans l'Europe baroque 16e-18e siècle*, éd. L. Cottegnies, T. Gheeraert et G. Venet, Paris, Presses Sorbonne Nouvelle, 2003, p. 21-33.

52 Érasme justifie cette allusion à la laideur du Christ par une référence à l'Ancien Testament qui insiste sur l'idée d'une absence de forme et de beauté du Messie crucifié. Il cite à cette fin le prophète *Ésaïe* 53, 2. Le Christ est passé inaperçu aux regards profanes parce qu'il a refusé d'apparaître avec la beauté pompeuse des rois. C'est le roi des pauvres, des faibles, mais aussi des laids. Assumant les laideurs du monde à la croix, il devient laideur à proprement parler, mais une laideur rachetée qui permet l'accès et l'ouverture au père. Si jusque-là, l'intérieur des boîtes de silènes reste abstrait, Érasme propose d'y voir la beauté de l'Évangile. C'est dans le Christ et ses paroles que la lecture paradoxale du monde prend tout son sens.

53 Érasme, *Les Adages*, éd. citée, p. 108.

54 A. Raffarin, « *Veritatis simplex oratio.* Vérité et apparence au regard de la "Folie" d'Érasme (*Éloge de la Folie* et *Adages*) », dans *Vérité et apparence. Mélanges en l'honneur de Carlos Lévy*, éd. P. Galand et E. Malaspina, Turnhout, Brepols, 2016, p. 669.

puissance divine sans mélange ». Dans ce qui suit, Érasme encourage son lecteur à ne pas « s'arrêter à l'écorce » quand il s'agit de la lecture des saints Livres pour apercevoir le message caché[55].

LANGAGE DE VÉRITÉ ET VÉRITÉ POÉTIQUE : LE STYLE SIMPLE, LA SATIRE ET LA LAIDEUR

Comment faut-il traduire cette image en termes de rhétorique chrétienne ? À ce sujet, le témoignage de saint Augustin sur sa lecture juvénile des Écritures saintes est significatif. Il ne recourt pas explicitement à l'image des silènes, mais la manière dont il décrit le processus herméneutique de sa lecture retentit sans nul doute avec la logique silénique :

> Je résolus donc d'appliquer mon esprit aux Saintes Ecritures pour les connaître. Je vis alors une chose qui ne se découvre pas aux superbes, qui reste cachée aux enfants, basse d'entrée, qui s'élève par degrés et que voile le mystère. Je n'étais pas encore en mesure d'y pénétrer, ni de courber la tête pour y avancer. Ce que j'en dis ne ressemble guère à ce que j'en pensais quand j'abordai ce livre. Ce livre me semble indigne d'être comparé à la majesté cicéronienne. Mon orgueil en méprisait *la simplicité* [SD], mon regard n'en pénétrait pas les profondeurs. Cependant il était fait pour grandir avec les petits, mais je dédaignais d'être petit, et plein de vaniteuse enflure, je me croyais grand[56].

Si le jeune Augustin fait l'expérience d'une lecture voilée ou énigmatique, sa véritable déception, ou vaniteux dédain, s'exprime à l'égard de la simplicité du style de la Bible. Ce dernier ne serait pas à la hauteur des accomplissements cicéroniens. Certes, Augustin ne désigne pas explicitement le style biblique comme laid, mais la mésestime qu'il lui porte ainsi que la comparaison hiérarchisante avec la maîtrise de l'art oratoire du grand rhéteur Cicéron en disent beaucoup. Toutefois, Augustin avoue que, derrière cette simplicité du style, se cachaient des profondeurs dont il n'était pas encore en mesure d'estimer les richesses. Il faut reconnaître là un éloge de la *sancta simplicitas* et du *stylus humilis* qui

---

55 Érasme, *Le Manuel du soldat chrétien*, éd. J.-Cl. Margolin, Paris, Robert Laffont, 1992, p. 580.
56 Saint Augustin, *Les Confessions*, éd. J. Trabucco, Paris, GF Flammarion, 1964, p. 54.

sont porteurs en l'occurrence d'une vérité chrétienne. Érasme exposera cette interdépendance entre les valeurs chrétiennes, comme l'humilité, et le choix du style dans son adage 228 *Veritatis simplex oratio*, dont le titre seul concentre l'idée d'un discours qui apporte la vérité par le biais de la simplicité, du style bas ou simple. Le triptyque qui réunit laideur (silénique), vérité et style simple intègre parfaitement notre hypothèse d'une christianisation de la laideur à la Renaissance, qui passe également par une certaine forme de poétisation, celle du *stylus humilis*. La poésie chrétienne se conçoit au service de la vérité.

Force est de remarquer que ni la poésie, ni la fiction au sens large ne sont communément rattachées à la vérité : elles se situent plutôt du côté de la manipulation mensongère. C'est que le langage poétique déforme son objet en recourant aux artifices oratoires qui visent des effets rhétoriques précis selon le genre discursif qu'ils veulent servir. Nous émettons l'hypothèse que même au-delà du paradigme chrétien, la laideur peut renvoyer vers une vérité poétique. Notons tout d'abord que le sujet sert de repoussoir à toute forme d'idéalisme littéraire qui a habituellement comme thème le beau. Ce dernier est associé, selon la tripartition des *genera dicendi*, au style élevé, le *stylus sublime*, qui se caractérise par une recherche appuyée de l'ornement oratoire et du *pathos*. L'embellissement du style va donc de pair avec une certaine dénaturation ou manipulation du sujet qui vise son idéalisation et non sa représentation véridique. Le style bas, en revanche, représente une catégorie rhétorique conceptuellement indistincte et *a priori* négative, car poétiquement défaillante. Il s'oppose au style haut par l'insuffisance de ses procédés d'expression poétique – insuffisance révélatrice d'une éthique de la modération et de l'humilité. Sur le plan thématique, c'est en effet le style bas qui est le genre de prédilection pour dire la laideur, et ceci à deux égards. Tout d'abord, pour exprimer une certaine franchise poétique vis-à-vis de son sujet, « une allure franche, légère, naïve et conversationnelle, prosaïque[57] », comme le résume Corinne Noirot, notamment par rapport à la poésie de Marot et de Du Bellay. Toutefois, pour peu que le style bas comprenne aussi le genre épidictique du blâme et de la satire, la représentation de la laideur relève également de la

57 C. Noirot, *« Entre deux airs ». Style simple et ethos poétique chez Clément Marot et Joachim Du Bellay (1515-1560)*, Paris, Hermann, 2013, p. 2.

cruauté. Dans la mesure où la satire, par exemple, cherche à dénoncer les mœurs et les immoralités, donc à dire la vérité, la laideur engage une poésie de la sincérité véridique.

LA LAIDEUR CHEZ TROIS AUTEURS-PHARES DE LA PREMIÈRE RENAISSANCE

La double grille interprétative consistant à explorer les formes de christianisation et de poétisation de la laideur se décline de deux façons dans notre corpus d'étude : celle des images du corps, puis celle des choix stylistiques et rhétoriques. Nous proposons ci-dessous un aperçu de la manière dont nous allons articuler ces deux modes pour chacun de nos trois auteurs.

Avant d'en venir aux analyses littéraires à proprement parler, nous abordons dans un chapitre préalable l'infrastructure intellectuelle et littéraire de la laideur à la Renaissance. C'est notamment par le biais des traductions et commentaires de Platon et Plotin par Marsile Ficin que le statut du laid est traité sur le plan philosophique. Dans une perspective syncrétiste, il est en effet possible de jeter un pont entre les discours néoplatoniciens et ceux de la théologie chrétienne. En ce qui concerne le substrat proprement chrétien, nous évoquons le statut que prend le laid chez saint Augustin et le Pseudo-Denys L'Aréopagite. Nous compléterons cette analyse théorique par une ouverture vers le paradigme littéraire, en interrogeant deux modes de représentation de la laideur à la Renaissance : celui du silène et celui du paradoxe.

La première partie sera consacrée à une étude des personnages laids dans *L'Heptaméron* de Marguerite de Navarre, comme à la mise en forme de la laideur dans la prose navarrienne. Ces deux thématiques doivent se lire à la lumière d'une imprégnation chrétienne importante. En plus de la présence d'un néoplatonisme religieux, on doit noter l'importance que prend chez elle la pensée évangélique. Son adhésion aux prémices de l'évangélisme – courant théologique qui évite les dogmatismes et privilégie la polyphonie et le paradoxe – influence également sa conception de la fiction. Nicolas Le Cadet montre comment la reine intègre un langage

« rhypologique » visant la représentation des choses basses et terrestres, y compris la laideur, pour signifier des vérités célestes[58]. Marguerite de Navarre met son œuvre au service de « la veritable histoire », selon une logique que résume bien Gisèle Mathieu-Castellani par rapport à *L'Heptaméron* : « La vérité est toujours belle, même lorsqu'elle dit la laideur, l'ordure et la vilénie, car l'activité de dévoilement et de découverte est source d'émotion [et] de beauté[59]. » Sur le plan rhétorique, l'œuvre de la reine vise donc un idéal de véridicité qui se mesure, telle est notre approche, aux représentations de la laideur.

En tant que protégé de Marguerite de Navarre, Marot appartient aux cercles évangéliques. Son évangélisme s'affirme dans sa poésie par une posture d'humilité chrétienne qu'il déploie notamment à travers sa propre *persona* poétique, ainsi que dans son choix du style simple. À ce sujet, Marot veut suivre la *sancta simplicitas* de la parole du Christ[60], dépourvue de toute sophistication oratoire. L'humilité du poète trouve son pendant dans une *persona* dépourvue de grâce physique. La laideur constitue donc une des caractéristiques qui se joint à une posture chrétienne, le physique peu avenant traduisant l'humilité du poète. À l'opposé de sa fonction évangélique, le corps laid apparaît chez Marot dans le registre épidictique du blâme reliant la laideur au péché. À ce titre, le laid se manifeste dans le corpus marotique par un militantisme poétique correspondant à la recherche d'une véritable rhétorique de la laideur. Dans la mesure où le laid intègre chez lui le genre poétique, Marot est une figure charnière pour notre troisième corpus, celui de Joachim Du Bellay.

L'œuvre bellayenne n'est pas liée au christianisme par le biais de l'évangélisme, mais par celui du gallicanisme. Celui-ci, en tant que posture poético-politique, se manifeste notamment par une attaque de l'hypocrisie de l'Église romaine dont il compare les dirigeants, selon le *topos* chrétien, à des loups dissimulés sous les vêtements de faux prophètes[61]. Davantage

58 N. Le Cadet, *L'Évangélisme fictionnel. Les* Livres *rabelaisiens, le* Cymbalum Mundi, L'Heptaméron *(1532-1552)*, Paris, Classiques Garnier, 2011, p. 148.

59 G. Mathieu-Castellani, « Des voiles et des masques », dans *Conversation conteuse. Les nouvelles de Marguerite de Navarre*, éd. G. Mathieu-Castellani, Paris, PUF, 1992, p. 242.

60 Voir F. Preisig, *Clément Marot et les métamorphoses de l'auteur à l'aube de la Renaissance*, Genève, Droz, 2004, p. 102.

61 Voir Matthieu 7, 5. Toutes les références bibliques renvoient désormais à la traduction française de la Bible par Louis Segond, *La Sainte Bible*, Alliance biblique universelle, 2003 (1910).

que dans une perspective chrétienne, Du Bellay nous intéresse pour la manière dont il poétise le champ sémantique du laid. D'abord, la laideur apparaît en creux et occupe le rôle d'une contestation des codes conventionnels du pétrarquisme, qu'il dénonce comme vanité littéraire et dont il critique la facticité stylistique en revendiquant le « franchement deviser ». Il reste dans la continuité de Marot en ce qui concerne la simplicité de style : il poétise, dans le *sermo pedestris*, le registre de l'oralité prosaïque, le réalisme d'une Rome en ruines dans *Les Regrets*. À l'instar de Marot, il mobilise les éléments de la laideur pour construire un masque de poète enlaidi par la mélancolie, puis c'est par le biais de la satire qu'il révèle la vérité de toutes les laideurs romaines.

Ce parcours monographique vise à saisir le traitement littéraire du thème de la laideur chez trois auteurs importants de la première Renaissance. Si leurs œuvres illustrent des maniements distincts, elles montrent également des continuités et des résonances. Ces dernières se déploient, telle est notre hypothèse, selon un mouvement fédérateur de christianisation et de poétisation de la laideur.

PREMIÈRE PARTIE

PENSÉE ET FORMES LITTÉRAIRES DE LA LAIDEUR À LA RENAISSANCE

Cette première partie se propose de dresser le socle intellectuel de la pensée de la laideur ainsi que ses modes de représentation littéraires à la Renaissance. En tant que tableau synthétique des différents courants de pensée qui informent le sujet, elle peut se lire indépendamment des parties monographiques, mais aussi en écho aux auteurs dont on parlera par la suite. Il s'agit donc d'inscrire nos analyses dans un discours plus large qui résonne ponctuellement, mais non de manière systématique, avec les différents traitements littéraires effectués par nos auteurs respectifs.

PHILOSOPHIES ET THÉOLOGIES DE LA LAIDEUR À LA RENAISSANCE

Sur le plan philosophique, la question de la laideur se résout à la Renaissance dans le débat platonico-chrétien. En fait, la philosophie néoplatonicienne recherche quasi exclusivement à comprendre la nature du beau et ceci dans une perspective tendant à « relier au Ciel le monde terrestre dans lequel l'Antiquité [est] de nouveau comprise[1] », pour reprendre les mots d'Erwin Panofsky, qui reconnaît dans la propension à synthétiser l'héritage antique avec le christianisme la grande force originale de la pensée néoplatonicienne à la Renaissance. C'est principalement avec l'humaniste florentin Marsile Ficin[2] et son entourage que la réflexion sur le beau trouve son représentant le plus illustre. Outre sa volonté de cerner la nature du beau et du bon, Ficin incarne une figure centrale pour la formation de l'esprit humaniste. C'est qu'il cherche à harmoniser la pensée médiévale et religieuse avec le platonisme grecque en vue d'une *pia philosophia*, un système de croyances primitif qui proviendrait de la fusion entre philosophie et théologie[3]. Or, c'est justement le projet syncrétiste qui permet d'envisager une lecture de la laideur propre à la pensée renaissante.

Il s'agit en premier lieu d'exposer les lectures néoplatoniciennes de la laideur en mettant à contribution les traductions et commentaires de l'humaniste italien Marsile Ficin. Outre les écrits néoplatoniciens, l'importance de l'héritage patristique s'avère pertinent pour toute pensée sur la laideur à la Renaissance et représente le deuxième volet de cette

1 E. Panofsky, *La Renaissance et ses avant-courriers dans l'art d'Occident*, trad. A. Meyer, Paris, Flammarion, 1993 (éd. originale angl. 1960), p. 329.

2 Voir W. Beierwaltes, *Marsilio Ficinos Theorie des Schönen im Kontext des Platonismus*, Heidelberg, Benesch, 1980 ; *Marsilio Ficino : His Theology, His Philosophy, His Legacy*, éd. M. Allen, V. Rees et M. Davies, Leiden, Brill, 2002.

3 Voir J. Lauster, « Marsilio Ficino as a Christian Thinker : Theological Aspects of his Platonism », *Marsilio Ficino*s *Theorie des Schönen*, *op. cit.*, p. 45.

sous-partie. Nous convoquons notamment les considérations théologiques en matière esthétique de saint Augustin et du Pseudo-Denys l'Aréopagite, tous les deux cruciaux pour la constitution de la pensée syncrétiste ficinienne[4]. Il s'agit de textes qui, par la suite, pénètrent également les arts poétiques et ont leur écho dans la production littéraire contemporaine[5]. Sans que les références soient explicites pour la plupart, elles fournissent des paradigmes centraux pour penser le laid à la Renaissance[6] ou, à tout le moins, un cadre définitoire à l'intérieur duquel se développent, avec naturellement des digressions, des variantes littéraires sur le laid.

4 E. Fiori, «La perte de l'ordre sacramentel et le centre du monde. Un point crucial de la réception de Denys l'Aréopagite chez Marsile Ficin», dans *Lire les Pères de l'Église entre la Renaissance et la Réforme*, éd. A. Villani, Paris, Beauchesne, 2013, p. 55-67 ; A. Levi, «Ficino, Augustine and the Pagans», dans *Marsilio Ficino*, *op. cit.*, p. 99-113.

5 Sur l'influence qu'a exercée la philosophie ficinienne sur les prosateurs et les poètes, voir le chap. IV de A.-J. Festugière, *La Philosophie de l'amour de Marsile Ficin et son influence sur la littérature française au* XVI*e siècle*, Paris, Vrin, 1963, p. 63-78. Une telle imbrication se montre, par exemple, avec l'application des théories néoplatoniciennes à la poésie pétrarquiste du XVIe siècle. Le sujet de l'élévation de l'âme s'y présente sous la forme du *furor poeticus* ; la montée enragée de l'âme se réalise suite à l'inspiration par l'amour ou la poésie. Dans les *canzonieri* français est loué désormais l'éclat gracieux de la bien-aimée, en phase avec les préceptes exposés chez Ficin qui lient la naissance de l'amour à la beauté. Cette beauté terrestre est sublimée en ce qu'elle permet l'élévation de l'âme vers le céleste. En réalité, cette nouvelle religion platonicienne de l'amour imprègne toute la poésie de la Renaissance et met la beauté au centre de sa préoccupation. À l'intérieur de cette profusion de textes sur le beau, les représentations de la laideur trouvent leur entrée aussi bien dans la théorie que dans la prose et la poésie.

6 Une chose est sûre, la laideur ne bénéficie pas d'une théorisation à part entière à la Renaissance. Il faut en effet attendre le XIXe siècle et l'esthétique allemande de Karl Rosenkranz pour constater une ample approche théorique. Voir K. Rosenkranz, *Ästhetik des Häßlichen*, éd. D. Kliche, Stuttgart, Reclam, 2015 (1853).

LAIDEUR ET NÉOPLATONISME : LE SYNCRÉTISME PLATONICO-CHRÉTIEN DE MARSILE FICIN

Il peut paraître hardi de vouloir associer le néoplatonisme, philosophie du beau, avec ce qui lui serait le plus étranger. Toutefois, le laid trouve sa place dans les écrits néoplatoniciens, et celle-ci n'est pas exclusivement négative. La question du beau – et en creux celle du laid également – est comprise à la fois par son exposition à la métaphysique chrétienne et par son implication à l'intérieur d'un système de référence antique, celui du platonisme. Pour mieux circonscrire cette notion cruciale, nous nous appuierons sur l'esquisse systématique de la notion de beauté que propose Thomas Leinkauf[7]. Selon lui, les théoriciens de la Renaissance adhèrent à une lecture du beau qui reste ancrée dans la tradition métaphysico-ontologique. Dans une telle perspective, la beauté est conçue d'après son statut pré-esthétique. Entité purement intelligible et pendant du vrai et du bon, le beau devient signe de la beauté absolue, attribut divin. Toutes ses manifestations intelligibles sont désormais en lien direct avec la beauté absolue qui est celle de Dieu. La réflexion théorique sur le beau ou la beauté[8] à la Renaissance demeure conservatrice dans la mesure où elle continue à être fidèle à la tradition platonicienne.

Dans cette théorie pré-esthétique, le beau est toujours au service de l'éthique. On retrouve sous la notion de *kalokagathia*[9] une panoplie de caractéristiques qui décrit ce modèle d'excellence esthético-éthique. En effet, l'identification du beau avec le bien constitue l'un des principes

7 T. Leinkauf, « Der Begriff des Schönen im 15. und 16. Jahrhundert. Seine philosophische Bedeutung und Hinweise auf sein Verhältnis zur Theorie von Poesie und Kunst », dans *Renaissance-Poetik / Renaissance Poetics*, éd. F. H. von Plett, Berlin, De Gruyter, 1994, p. 53-74.

8 Dans la mesure où cette partie introduit des concepts, il convient de revenir sur l'emploi des termes, notamment la distinction entre l'*abstractum* « le laid » / « le beau », désignant une catégorie morale, et « la laideur » / « la beauté », une catégorie plus descriptive. À la Renaissance, au moins dans les textes que nous étudions, nous n'observons pas de distinction dans l'emploi des adjectifs substantivés et des entités nominales.

9 Littéralement *kalos kai agathos* veut dire « le beau et le bien » signifiant que les deux entités sont intrinsèquement liées.

fondamentaux de la pensée platonicienne et de la pensée antique en général. L'homme idéal qui est exalté par la dialectique du beau et de la bonté (*Gutschönheit*) est « beau parce qu'il est bon, forcément bon s'il est beau[10] ». Malgré la prééminence de la dimension métaphysique, des chercheurs comme Verena Lobsien font remarquer le fondement entièrement esthétique de cette conception de la beauté[11] – l'esthétique se comprenant ici dans son sens étymologique de *aisthesis*, qui affecte les sens. Car il est indéniable que, dans un système néoplatonicien, la beauté sensible participe de la beauté absolue dans la mesure où elle en constitue un reflet. C'est surtout la signification qu'on attribue à la beauté sensible comme *incitamentum* à la conversion de l'âme qui importe ici. Le fait que l'âme soit affectée par la présence sensible de la beauté est lu comme l'indice de la présence de la beauté absolue elle-même. Cette présence divine confère à la beauté son statut ontologique : la beauté devient condition essentielle de l'être.

De ce fait, toute lecture de la laideur doit se faire par rapport à un système de pensée qui vise la théorisation du beau. La laideur apparait toujours en creux ou en fonction d'une appréhension du beau. Pour élucider ce rapport, nous mettons à contribution deux textes de Ficin. Il s'agit du *Commentaire sur le* Banquet *de Platon* (ou *De Amore*) de 1469, et des *Ennéades* de Plotin, traduites en 1486 par les soins de l'humaniste florentin. Ces deux textes sont étroitement liés : de multiples renvois, notamment dans le commentaire des traités plotiniens, laissent entrevoir un dialogisme important. C'est notamment par rapport aux conceptions bien distinctes sur le laid que ces deux textes développent que nous les interrogeons. Les analyses procédant par œuvre et non par concept nous paraissent plus adaptées afin de pouvoir tenir compte des subtilités qu'apporte chaque texte.

---

10 A.-J. Festugière, *La Philosophie de l'amour de Marsile Ficin*, *op. cit.*, p. 32.

11 Voir *Neuplatonismus und Ästhetik. Zur Transformation des Schönen*, éd. V. Lobsien et C. Olk, Berlin, De Gruyter, 2012.

LE *COMMENTAIRE SUR* LE BANQUET *DE PLATON* (OU *DE AMORE*) DE MARSILE FICIN

C'est décidément le *Commentarium in convivium Platonis, De Amore* (1469)[12] de Marsile Ficin qui détermine, sans faire l'économie du laid, le débat autour des questions du beau et de l'amour à la Renaissance et trouve des répercussions importantes dans la production littéraire de l'époque. Il s'agit, le titre l'indique, d'un commentaire du texte platonicien mais qui se révèle d'une grande originalité herméneutique. Ficin ne se contente pas de gloser les dialogues platoniciens mais recrée un banquet « renaissant » auquel sont conviés neufs platoniciens illustres de l'époque. Il décontextualise Platon en le christianisant et c'est dans cet écart syncrétiste que l'on retrouve l'approche spécifiquement renaissante des questions sur l'amour centrées autour des notions de beauté et de laideur.

L'importance de ce texte pour la Renaissance française se mesure à la double traduction qu'il a suscitée en quelques décennies. La première traduction française du commentaire latin – *Le Commentaire de Marsille Ficin, Florentin : sur le banquet d'Amour de Platon*[13] – date de 1546 et fut achevée par Symon Silvius, dit Jean de la Haye. La seconde, beaucoup plus tardive, date de 1578 : elle est due à Guy Le Fèvre de La Boderie avec un titre légèrement modifié, à savoir *Discours de l'honneste amour sur le Banquet de Platon*[14]. Dans son édition de la traduction française par Jean de la Haye, Stephen Murphy retrace les liens entre Ficin et l'entourage évangélique autour de Marguerite de Navarre, entourage dont de la Haye fait partie. Ce dernier dédie par ailleurs sa traduction à Marguerite de Navarre, dédicace qui montre sa connaissance de Platon[15]. Les rapports entre l'œuvre de la reine et les doctrines néoplatoniciennes demeurent pourtant plus complexes et seront traités dans la deuxième partie de ce travail. Il s'agit de comprendre quelles conceptions du laid circulaient

12 M. Ficin, *Commentaire sur* Le Banquet *de Platon, De l'Amour* [*Commentarium in convivium Platonis, De Amore*], trad. P. Laurens, Paris, Les Belles Lettres, 2002.

13 Pour toute référence au commentaire ficinien, auquel nous renvoyons désormais par *Le Commentaire de Marsille Ficin, Florentin*, nous citons d'après l'édition suivante : M. Ficin, *Le Commentaire de Marsille Ficin, Florentin : sur le banquet d'Amour de Platon*, trad. S. Silvius dit J. de La Haye, éd. S. Murphy, Paris, Honoré Champion, 2004.

14 M. Ficin, *Discours de l'honneste amour sur le Banquet de Platon*, trad. G. Le Fèvre de La Boderie, Paris, Jean Macé, 1578.

15 M. Ficin, *Le Commentaire de Marsille Ficin, Florentin*, éd. citée, p. 39.

afin de retracer leur transposition originale dans le paradigme littéraire. À l'instar du « premier livre de Beaulté » qu'est le *Phèdre* de Platon, le commentaire de Ficin s'inspire pour son sujet principal, de « l'excellence d'Amour », qu'il met aussitôt en lien avec la beauté, « pource que chascun ayme ce dequoy ha en admiration la beaulté[16] ». En réalité, ce texte décline sous différents angles le rapport entre l'amour et le beau, dont nous souhaitons étudier deux axes : premièrement celui de l'éros en tant que médiateur entre l'élément divin et humain – soit entre le beau et le laid –, et ensuite celui du rapport entre l'amour et la beauté dans le corps, et par analogie, la haine et la laideur physique.

L'amour transforme le laid en beau (« conjoindre le laid au bien formé »)

« Quand icy je parle d'Amour, entendés le desir de beaulté[17]. » Selon la définition que donne Ficin, l'amour est déterminé par son aspiration à la beauté. Cependant, nous voudrons lire à rebours ce texte, communément cité en vertu d'une exposition d'une doctrine de l'amour en lien avec le beau, en mettant en avant le rôle prépondérant du laid dans ce système esthético-amoureux. Nous émettons l'hypothèse que c'est l'existence du laid qui explique la nécessité même de l'éros. De fait, le laid forme un élément constitutif dans la mesure où l'éros, compris comme élan enclin à donner de la forme à l'informe, a besoin comme condition préliminaire de l'état de déficience. C'est dans sa position intermédiaire, en tant que *daimon* médiateur, qu'il anime la conjugaison du laid avec le beau.

La première occurrence qui traite d'une telle fusion des contraires inaugure le traité ficinien. Son début constitue une cosmogonie racontant la genèse de l'Amour depuis le chaos primitif. À ce sujet, le commentaire de Ficin témoigne du fait que la laideur s'inscrit à la Renaissance dans le paradigme cosmologique – en établissant le lien avec le *Timée*[18] de Platon – dans la mesure où elle est signe d'un manque de forme dans

16 *Ibid.*, p. 45.

17 *Ibid.*, p. 49.

18 *Ibid.*, p. 46 : « Platon en son *Timaeo* painct ung Chaos, et en icelluy met Amour ». T. Leinkauf étudie cette intertextualité dans « Aspekte und Perspektiven der Präsenz des Timaois in Renaissance und früher Neuzeit », dans *Platons Timaois als Grundtext der Kosmologie in Spätantike, Mittelalter und Renaissance*, éd. T. Leinkauf et C. G. Steel, Leuven, Leuven University Press, 2005, p. 363-385.

l'univers. Il y est par conséquent question du principe de formation à partir du chaos primitif. La création est d'abord informe, « Monde sans forme ne figure », mais possédant un « appétit inné » pour Dieu dont le rayon le transperce. La forme s'obtient par le rayon qui pénètre le corps. C'est cette « première conversion à Dieu » qui correspond à la naissance de l'Amour et déclenche la formation du chaos. C'est que la création, animée par l'élan de l'amour, regroupe « le réseau de toutes les formes et idées » que nous appelons *monde* en latin et *ornement* en grec[19]. Ce qui était alors informe et sans beauté, acquiert forme, contour et beauté grâce au principe formateur de l'Amour :

> A laquelle [la beauté] cest Amour incontinent né attire l'entendement : et meine icelluy au paravant sans forme, à mesme entendement, puis apres bien formé. Pour ce est ce que la nature et condition d'Amour, est attirer à beaulté, et conjoindre le laid au bien formé[20].

Cette conjonction de la laideur à la beauté, du sans-forme au bien-formé par l'Amour sous l'emprise de l'entendement, représente l'idée-clé du texte. Notons d'emblée que dans la traduction latine, l'opposition beauté-laideur se traduit en termes de gradation à partir de la *creationis informis*, c'est-à-dire le sans-forme absolu du chaos, via le *deformis*, le difforme qui constitue une laideur relative à une forme (*forma*), la beauté absolue, vers laquelle tout aspire (*pulchritudinis*). Il y a donc à la fois opposition substantielle – même s'il faut relativiser étant donné que le chaos premier contient déjà en germe l'élan divin « pource que de dieu est née » – et le potentiel d'unification, voire de symbiose entre le beau et le laid : « *Ideo amoris conditio est, ut ad pulchritudinem rapiat ac deformem formoso coniungat*[21]. » [Telle est la nature et la condition de l'amour qui, attiré par la beauté, conjoint le beau et le laid. (Nous traduisons)]

En ajoutant la dimension de l'entendement comme étape intermédiaire, la transformation du laid en beau reçoit également une dimension épistémologique. Le cheminement entre l'informe et le bien-formé se conçoit comme processus de connaissance. C'est que la doctrine exposée dans le commentaire ficinien évoque, selon Werner Beierwaltes, un

19 M. Ficin, *Le Commentaire de Marsille Ficin, Florentin*, éd. citée, p. 48.

20 *Ibid.*

21 M. Ficin, *Commentaire sur* Le Banquet *de Platon, De l'Amour*, trad. P. Laurens, éd. citée, p. 13.

amour philosophique qui attribue à l'éros une fonction de médiateur, de *daimon*[22]. En réalité, l'amour est bidirectionnel dans la mesure où toute sa fonction consiste à amener le laid au beau. Jan Miernowski explique cette conciliation des contraires par l'influence des écrits dionysiens[23]. Cette dimension de jonction des opposés s'exprime chez Ficin en effet par une référence aux *Noms divins* de Pseudo-Denys L'Aréopagite selon lequel l'Amour « meut les choses superieures à la prevoyance des inferieures [...] pour la communion sociale d'entrelles, finalement, incite toutes choses inferieures, à s'addonner à choses louables et hautes[24]. » La communion que peint Ficin entre les choses basses et élevées est paradigmatique pour la théologie négative du Pseudo-Denys L'Aréopagite sur lequel nous reviendrons en détail[25].

Amour « hayt choses laides » : la laideur dans le corps

Si Ficin célèbre la communion transformatrice entre le beau et le laid, il poursuit paradoxalement avec une lecture moralisante qui exclut la laideur du discours amoureux. Ainsi, la fonction de l'amour consiste à éloigner « les choses mauvaises de l'homme, et laides ». La laideur est l'égal de l'obscène et de l'immoral : « pource qu'Amour, qui ne requiert que choses belles, tousjours pourchasse et s'addonne à choses belles et magnifiques, et qui hayt choses laides, necessairement se destourne de choses vilaines, et impudiques. » On observe, comme chez Plotin, l'effet repoussant que suscite la laideur. Ficin va jusqu'à affirmer une opposition nette : « Laideur et Beauté sont contraires. Les mouvements donques qui attirent à ces choses, semblent entreulx estre contraires[26]. » Si la beauté engendre l'Amour, la laideur est conçue comme l'origine de la haine : « Par ce, la representation de l'homme exterieur prinse par les sens, et passant en l'esprit, tout incontinent desplaist, et comme laidde est hay : si elle s'accorde à ceste figure, subitement elle plaist, et comme

22 W. Beierwaltes, *Marsilio Ficinos Theorie des Schönen im Kontext des Platonismus*, Heidelberg, Universitätsverlag Winter, 1980, p. 10-12.

23 Voir J. Miernowski, *Le Dieu néant. Théologies négatives à l'aube des temps modernes*, Leiden / New York / Köln, Brill, 1998, en particulier chap. 3, « Vaincre la dissimilarité par l'amour », p. 39-53.

24 M. Ficin, *Le Commentaire de Marsille Ficin, Florentin*, éd. citée, p. 70.

25 Voir *infra*, p. 63 *sq*.

26 M. Ficin, *Le Commentaire de Marsille Ficin, Florentin*, éd. citée, p. 49-51.

belle est aymée[27]. » De cette juxtaposition dialectique dérive en outre un constat par rapport aux noms divins : « Il est certain que nul nom convenable à Dieu, ne peut s'accorder avec choses laides[28]. » À ce sujet, Ficin s'oppose à la théologie dionysienne des noms divins dissemblables qui réserve justement des désignations de l'ignoble et de l'infirme pour renvoyer vers le divin. En opposant radicalement beauté et laideur, Ficin contredit la logique dynamique qu'il établit auparavant et qui montrait un rapport plutôt relationnel ou graduel entre ces deux antonymes.

Le raisonnement par opposition se déploie également par rapport à une hiérarchie des sens qui réserve à l'esprit, aux yeux et aux oreilles, la perception de la beauté. Ce sont eux qui permettent d'apercevoir des formes composées dans la mesure où la beauté requiert toujours l'harmonie de différents membres. Inversement, l'odorat, le goût et le toucher ne permettent que de discerner des formes simples. Ces sensations sont reléguées au domaine de la laideur. Ficin en déduit que la beauté humaine échappe à la perception par les sens bas : « Or est certain que beaulté humaine n'est par nul d'iceulx veu qu'ils sont formes simples, et que la beaulté du corps humain requiert ung accord de divers membres[29]. » D'un point de vue formel, la beauté humaine est comprise comme agencement harmonieux respectant la symétrie entre les différentes parties composant un corps. L'humaniste italien reprend ici la thèse stoïcienne selon laquelle la beauté des choses réside dans ses rapports symétriques. Ficin en fait un reflet du principe divin du beau transposant le paradigme esthétique au paradigme métaphysique. Ce qui plaît à l'âme dans le corps et suscite son amour est l'agencement harmonieux (*concinnitas*) des différents éléments. Or, si la symétrie devient critère de beauté, il « s'ensuit cette conséquence tout à fait absurde, que des éléments qui ne sont pas beaux par nature engendrent la beauté[30]. » Pour remédier à un tel paradoxe, car « en Dieu n'y a aulcune composition[31] », Ficin admet que la véritable beauté ne peut pas résider dans le corps[32]. Dieu est une entité simple, comme la lumière, élément qui domine par ailleurs l'esthétique ficinienne.

27 *Ibid.*, p. 98.
28 *Ibid.*, p. 50-51.
29 *Ibid.*, p. 49-50.
30 *Ibid.*, p. 94-95.
31 *Ibid.*, p. 58.
32 Voir *ibid.*, « Que Beaulté est quelque chose sans corps », p. 93-96.

Si la beauté humaine est susceptible d'être corrompue, la laideur est plus mal lotie encore. En effet, la difformité du corps prend chez Ficin un rôle de marqueur de vanité et d'appartenance à la matière qui, elle, ne peut jamais correspondre à l'essence de la beauté, puisqu'elle est soumise aux changements :

> Car combien qu'appellions quelques corps beaulx, neantmoins ne le sont ils de la matière d'eulxmesmes. Pource qu'ung et mesme corps d'homme, estant aujourdhuy beau, demain par quelque cas souillé, sera laid, comme si autre chose estoit, Estre corps, et [est] aultre, estre Beau[33].

La matière a donc toujours un effet atténuant sur la beauté qui demeure incorporelle par son essence. Dans l'avant-dernier discours sur l'élévation de l'âme à partir de la beauté du corps vers la beauté divine, Ficin montre que la beauté du corps « souillée par la contagion de la laideur, ne peut être la beauté pure[34] ». L'illustration du fait que « la beauté première et vraie n'est pas dans le corps[35] » s'explique par l'inconstance auquel ce dernier est soumis. L'inconstance due soit à sa composition, soit au changement dans le temps, soit au jugement qu'on porte à son égard. Ficin évoque à ce sujet un dialogue entre Diotime et Socrate :

> Nul corps, ô Socrates, est beau de toutes parts. Car ou en est ceste partie est beau ou en l'autre difforme : ou aujourd'huy beau, en autre temps non : ou de quelqu'un sera estimé beau, et de l'autre laid. La beaulté donques du corps par l'attouchement dommageable et dangereux de difformité souillée, ne peut estre la pure, vraye, et premiere beaulté. D'avantage, nul jamais n'estime beaulté estre laide : tout ainsi que Sagesse n'estre follie : mais bien pensons nous la disposition des corps aucunesfois estre belle, et aultresfois laide : et en mesmes temps les ungs jugent d'icelle aultrement que les aultres[36].

La beauté dans le corps ne revêt qu'une catégorie relative et non absolue. Elle est déterminée par sa nature composite et alternante, ainsi que par le jugement d'un tiers. Un tel relativisme de la beauté corporelle est illustré par un autre exemple encore, celui du bel Alcibiade

33 *Ibid.*
34 *Ibid.*, p. 196.
35 *Ibid.*, p. 236.
36 *Ibid.*, p. 152.

dont Diotime nuance les charmes physiques tant réputés en mettant en exergue la perspective et le rapport sous lequel ces charmes apparaissent :

> Si, amy Socrates, nature t'eust donné yeux aiguz comme au Lynx, tellement que par ton regard tu penetrasses toutes choses qui te seroyent mises au devant, ce corps tresbeau exterieurement de ton Alicibiades, te sembleroit treslaid. [...] Au surplus, affin qu'il ne semble que totalement te vueille estre adversaire, posons le cas que cest Alcibiade soit beau. Mais, dy moy, de quelle partie est il beau ? Veritablement de tous ses membres, fors qu'il a le nés camuz, et les sourcilz trop eslevés en hault. Ces choses toutesfois en Phædrus sont belles. Mais en icelluy la grosseur des greves [jambes] ne plaist point. Ces choses seroyent belles en Charmides, si le col graisle ne te desploisoit. Ainsi, si bien pres tu prens garde à tous les hommes, tu n'en loueras pas ung de toute part[37].

Aucun être n'est beau sous tout regard : il y a toujours un élément qui appelle le jugement de la laideur dépendant du rapport à l'ensemble dans lequel il se trouve. C'est la perspicacité pénétrante du regard qui saura voir au-delà de la superficie épidermique et permettra de reconnaître du laid dans du beau et l'inverse. En ce qui suit, Ficin met en exergue le degré de subjectivité qui intervient dans tout jugement esthétique. La « parfaicte beaulté » que l'on aperçoit en une personne ne se ferait que par « un pensement d'une representation assemblée en ton ame[38] ». Dans une telle optique, la beauté humaine n'existe que par la projection idéalisante du sujet qui regarde. Par ailleurs, la seule beauté du corps ne peut jamais satisfaire. Il faut qu'elle soit accompagnée d'une beauté de l'esprit :

> Et où le corps sera beau, et non l'esprit, aymons ce encores à grand peine et legierement, ainsi qu'une Image de Beaulté faicte à l'ombre est toust passante. Et où le seul esprit sera beau, aymons ardemment ceste stable bonne grace. Mais aussi ayons en plusforte admiration ce où toutes les deux beaultés s'assemblent ensemble[39].

La fidélité à la doctrine platonicienne s'exprime par l'adhésion à la *kalokagathia* qui est repris ici. Le véritable platonicien prône l'idéal de « deux beaultés » qui s'unissent en une, celle du corps et celle de l'esprit.

---

37 *Ibid.*, p. 153.
38 *Ibid.*
39 *Ibid.*, p. 52.

Notons néanmoins la gradation qui privilégie clairement la beauté de l'esprit avant celle du corps.

Pour désavouer encore la légitimité de la beauté corporelle, Ficin inclut dans son interprétation du dialogue entre Socrate et Diotime à la fin du 6e discours du *Commentaire de Marsille Ficin*, l'exemple de Narcisse qui, vainement épris par la réflexion que donne l'eau de son visage gracieux, trahit son âme qui « ainsi mise hors de soy et tombée au corps, est tourmentée de perturbations dommageables, et infectée des ordures du corps, meurt presques[40]. » Il paraît que contre la mort calamiteuse de l'âme qui se donne à la séduction déroutante d'un beau corps, il n'y a aucun remède plus efficace que la laideur. En effet, le chapitre s'achève sur un clin d'œil à la laideur de Socrate : « Laquelle mort [celle de Narcisse] affin que Socrates peust eviter, Diotime le remeine du corps à l'Ame : d'icelle à l'Ange : et d'icelluy en Dieu[41]. » Bien qu'il ne soit pas directement question de laideur, l'opposition sous-jacente entre Narcisse et Socrate suggère une lecture de ce passage aussi en termes d'esthétique. De fait, les étapes de l'ascension se présentent moins fastidieuses si l'âme se sépare plus aisément du corps et c'est sans doute du corps laid qu'elle se débarrasse avec plus de facilité.

LAIDEUR DE LA MATIÈRE, BEAUTÉ DE LA FORME : LES *ENNÉADES* DE PLOTIN ET LE COMMENTAIRE FICINIEN

Avec la traduction et le commentaire des *Ennéades* de Plotin (205-270) publiés en 1492[42], Marsile Ficin fournit à la première modernité ce qu'on pourrait qualifier de « locus classicus de natura et origine deformitatis[43] » [« lieu commun sur la nature et l'origine de la difformité »]. Il s'agit en effet d'un traité de philosophie qui théorise dans

40 M. Ficin, *Le Commentaire de Marsille Ficin, Florentin*, éd. citée, p. 152.

41 *Ibid.*

42 Pour le commentaire ficinien des *Ennéades*, nous renvoyons désormais à la traduction par S. M. Genetelli et D. J. O'Meara, « Le commentaire de Marsile Ficin sur le traité *Du beau* de Plotin. Notes et traduction de l'*argumentum* », *Freiburger Zeitschrift für Philosophie und Theologie*, vol. 49, 2002, p. 1-32. Cet article éclaire à la fois la méthode qu'adopte Ficin pour commenter Plotin et reproduit l'*argumentum* préliminaire à l'*Ennéade* I, 6 dans son intégralité. Par ailleurs, Ficin ajoute des brefs sommaires intercalés entre les différents chapitres du texte.

43 *Historisches Wörterbuch der Rhetorik*, éd. G. Ueding, Tübingen, Max Niemeyer Verlag, 2001, colonne 1306, s.v. « Hässlichkeit » [« Laideur »].

sa recherche du beau le statut et la manifestation du laid. La première ennéade, notamment, pose les principes d'une éthique qui se déploie à travers des notions esthétiques. Plotin développe cette réflexion plus précisément au chapitre I.6 « Sur le Beau [De pulchro][44] », où il identifie de manière tranchante le beau à toute forme (*pulchritudinis*, *forma*), et le laid (*deformitas*, *turpitudinis*) à la matière boueuse, image d'un état d'absence de toute force organisatrice. L'intérêt de ce texte pour toute réflexion sur la laideur à la Renaissance s'explique d'abord par le fait qu'il fournit une première théorisation sur la nature de la laideur. Son importance est augmentée par la traduction (1486) et le commentaire qu'en fit Ficin en 1492. Se nourrissant d'une lecture augustinienne de Plotin[45], la glose ficinienne s'inscrit dans la recherche d'une *prisca theologia* et permet de lire cet exposé néoplatonicien dans une visée chrétienne.

Or, c'est la manière dont Plotin développe son argumentation qui est particulièrement féconde pour comprendre la nature du laid dans une perspective philosophique. Malgré l'enjeu indéniable de ce sixième chapitre dans la définition qu'il donne du beau, Plotin juge nécessaire d'expliquer les manifestations de son contraire : « Car il serait peut-être utile à l'objet de notre recherche [celui du beau] de savoir ce qu'est la laideur et pourquoi elle se manifeste[46]. » En opposant beauté et laideur, Plotin cherche à définir la première *ex negativo*, selon un procédé argumentatif qui privilégie la réflexion sur l'antonyme et permet d'approcher le beau par le laid. Les développements sur la notion de laideur interviennent à quatre égards : le paradigme sensuel y est essentiel dans la mesure où les sens extériorisent le rapport à l'âme – amour et rattachement en cas de beauté, rejet en cas de laideur. Cette opposition mène également à des analogies dualistes entre le laid et le mal, le beau et le bien. Puis la laideur est définie par son manque de participation à une

44 Pour toute citation des *Ennéades* nous renvoyons désormais à la traduction : Plotin, *Œuvres complètes*, t. 1. 1 : *Ennéades. Traité sur le beau*, éd. L. Ferroni, M. Achard et J.-M. Narbonne, Paris, Les Belles Lettres, 2012. *Cf.* *Ennéades* I 8, « De unde mala [Sur l'Origine des maux] » qui expose la théorie aristotélicienne de la matière. Voir à ce sujet Denis O'Brien, « Plotinus on matter and evil », dans *The Cambridge Companion to Plotinus*, éd. L. P. Gerson, Cambridge, Cambridge University Press, 1996, p. 171-195.

45 A. Levi, « Ficino, Augustine and the Pagans », art. cité, p. 99-113, qui montre que Ficin « relied partly on the Plotinian interpretation of Plato in Augustine », [que Ficin « se base partiellement sur l'interprétation plotinienne de Platon transmise chez Augustin »], p. 99.

46 Plotin, *Ennéades*, éd. citée, p. 8.

forme (*forma*), ce qui la rapproche de la matière boueuse. Troisièmement, Plotin mentionne la réfutation de la symétrie comme critère du beau en faveur d'un principe hénologique, c'est-à-dire qui renvoie à l'uniformité d'une chose. En dernier lieu est évoquée la nécessité de l'œil intérieur, d'une vision interne qui permet de discerner la véritable essence des choses au-delà de leur apparence.

D'emblée, le sixième chapitre des *Ennéades* lie la question du beau à la perception sensible – « Le Beau se trouve surtout dans la vue ; il est aussi dans l'ouïe[47] » – et rejoint ainsi l'argument platonicien de l'*Hippias Majeur* (297 c-298 b)[48]. Cette inscription dans le paradigme sensuel est suivie d'un questionnement sur la beauté en soi et son rapport à la beauté du corps qui, contrairement à son pendant intelligible, est soumise à des transformations : « Car il est manifeste que les mêmes corps sont tantôt beaux, tantôt sans beauté, comme si l'être du corps était différent de l'être de la beauté[49]. » Partant néanmoins de l'échelon terrestre de la beauté – « cette beauté dans le corps [...] » comme reflet « pour contempler les autres beautés[50] » – Plotin interroge d'abord son impact sur l'âme : « Pourquoi tout ce qui se rattache immédiatement à l'âme est-il beau ? » Il définit beauté et laideur selon les effets qu'elles suscitent chez un tiers. Si l'âme est attirée par la beauté terrestre c'est qu'elle s'y reconnaît[51]. Si, pourtant, elle aperçoit de la laideur elle est repoussée : « Mais quand elle reçoit l'impression de la laideur, elle s'agite ; elle la refuse ; elle la repousse comme une chose discordante et qui lui est étrangère[52]. » Ficin commente ce passage en y ajoutant une lecture morale. Si l'âme la rejette, c'est que « la laideur, en effet, est un certain

47 *Ibid.*, p. 1.

48 Platon, *Œuvres complètes*, t. 2 : *Hippias majeur* ; *Charmide* ; *Lachès* ; *Lysis*, éd. A. Croiset, Paris, Les Belles Lettres, 1956, p. 32-34 : « Voici : je suppose que nous appelions beau ce qui nous viennent de l'ouïe et de la vue [...] Il est incontestable, Hippias, que de beaux hommes, de belles couleurs, de beaux ouvrages de peinture ou de sculpture charment nos regards ; et que de beaux sons, la musique sous toutes ses formes, de beaux discours, de belles fables, nous font un plaisir semblable ; de sorte que si nous répondions à notre opiniâtre adversaire : "Mon brave, le beau c'est le plaisir procuré par l'ouïe ou par la vue" [...]. »

49 Plotin, *Ennéades*, éd. citée, p. 1.

50 *Ibid.*

51 *Ibid.*, p. 3 : « Reprenons donc, et disons d'abord ce qu'est la beauté dans les corps. C'est une qualité qui devient sensible dès la première impression ; l'âme prononce sur elle avec intelligence ; elle la reconnaît, elle l'accueille et, en quelque manière, s'y ajoute. »

52 *Ibid.*, p. 3.

visage sombre du mal[53] ». Les analogies sont celles d'une opposition nette « entre le beau et le bien, le laid et le mal[54] ».

Les échos accueillants de l'âme vis-à-vis des beautés corporelles se font selon une dynamique de reconnaissance, c'est-à-dire par degré de ressemblance avec ou de participation à l'idée qui les informe et les ordonne, leur donne forme. Cette forme se caractérise en effet par les principes de l'ordre (« elle ordonne ») et de l'organisation des parties variées dans le but de ne former qu'un seul (« à un tout convergent », « lorsqu'il est ramené à l'unité[55] »). La laideur, par contre, ne participe pas de la logique d'une forme, ni d'aucune organisation raisonnable (*logos*). Sans forme, elle est du côté du dissemblable car marquée par son incapacité à évoquer à l'âme son origine céleste :

> Car toute chose privée de forme et destinée à recevoir une forme et une idée reste laide et étrangère à la raison divine, tant qu'elle n'a part ni à une raison ni à une forme ; et c'est l'absolue laideur. Est laid aussi tout ce qui n'est pas dominé par une forme et par une raison, parce que la matière n'a pas admis complètement l'information par l'idée[56].

C'est dans son *argumentum* que Ficin résume l'opposition entre la beauté formelle et la nature matérielle de la difformité : « D'après cela il est évident que la matière, qui est certainement informe par sa nature, doit être considérée, à bon escient, comme la difformité même[57]. » L'association de la laideur et de la matière (*deformitatem ipsam*)[58] est soutenue dans ce qui suit quand Plotin, pour illustrer l'absence de forme de la laideur, a recours à l'image de la boue, masse informe, gluante et malléable, dont il faut se dépouiller, soit purifier l'âme encline aux vices :

53 S. M. Genetelli et D. J. O'Meara, « Le commentaire de Marsile Ficin sur le traité *Du beau* de Plotin », art. cité, p. 18-19 : « Subdit Plotinus, animum vehementer et respuere turpe, et asciscere pulchrum, nec injuria : turpitudo enim est tetra quaedam mali facies : pulchritudo vero facies blanda boni. » [« Plotin affirme aussi que l'âme rejette violemment le laid, et accueille le beau, et non à tort : la laideur, en effet, est un certain visage sombre du mal ; la beauté est l'attrayant visage du bien. »]

54 Plotin, *Ennéades*, éd. citée, p. 10.

55 Pour le passage entier dont sont tirées les citations, voir Plotin, *Ennéades*, éd. citée, p. 4.

56 *Ibid.*

57 S. M. Genetelli et D. J. O'Meara, « Le commentaire de Marsile Ficin sur le traité *Du beau* de Plotin », art. cité, p. 12 : « Ex quo patet materiam natura sua prorsus informem, merito deformitatem ipsam esse censendam. »

58 Voir D. O'Brien, « Plotinus on matter and evil », dans *The Cambridge Companion to Plotinus*, éd. L. P. Gerson, Cambridge, Cambridge University Press, 1996, p. 171-195.

> Soit donc une âme laide, intempérante et injuste elle est pleine de nombreux désirs et du plus grand trouble, craintive par lâcheté, envieuse par mesquinerie ; elle pense bien, mais elle ne pense qu'à des objets mortels et bas ; toujours oblique, inclinée aux plaisirs impurs, vivant de la vue des passions corporelles, elle trouve son plaisir dans la laideur. Ne dirons-nous pas que cette laideur elle-même est survenue en elle comme un mal acquis, qui la souille, la rend impure et y mélange de grands maux ? [...] c'est comme si un homme plongé dans la boue d'un bourbier ne montrait plus la beauté qu'il possédait, et comme si l'on ne voyait de lui que la boue dont il est enduit ; la laideur est survenue en lui par l'addition d'un élément étranger, et s'il doit redevenir beau, c'est un travail pour lui de se laver et de se nettoyer pour être ce qu'il était. Nous aurons donc raison de dire que la laideur de l'âme vient de ce mélange, de cette fusion, et de cette inclination vers le corps et vers la matière[59].

Dans cette conception précoce de la laideur, qui est explicitement associée au vice dans ce passage, le laid se mélange au beau tout en restant un élément étranger. Certes, la boue obscurcit l'or, mais n'en change pas la nature ni l'essence. Plotin illustre ici un rapport dualiste et non relationniste : la matière ne constitue pas un moindre-être, on ne lui attribue aucune valeur ontologique.

Outre cette association de la laideur avec la matière informe, on peut soulever l'importance du concept hénologique dans la conception du beau et des conséquences qui en dérivent pour le laid. Le fait que le beau doit toujours être déterminé par un principe unificateur, l'*Un*, constitue la signature de la pensée néoplatonicienne, et plotinienne en particulier[60]. Par opposition, le laid n'obéit pas à un agencement harmonieux des parties :

> Pourtant, si l'ensemble est beau, il faut bien que ses parties soient belles, elles aussi ; certainement, une belle chose n'est pas faite de parties laides, et ce qu'elle contient est beau. [...] Et lorsqu'on voit le même visage, avec des proportions qui restent identiques, tantôt beau et tantôt laid, comment ne pas dire que la beauté qui est dans ces proportions est autre chose qu'elles, et que c'est par autre chose que le visage bien proportionné est beau[61] ?

Plotin paraphrase la théorie stoïcienne sur la symétrie des parties comme critère indispensable à la beauté et nie rigoureusement la thèse des

59 Plotin, *Ennéades*, éd. citée, p. 8-9.
60 T. Leinkauf, « Der Begriff des "Schönen" », art. cité, p. 85.
61 Plotin, *Ennéades*, éd. citée, p. 2.

rapports symétriques pour expliquer la beauté dans les corps. L'élément central de la pensée plotinienne est pourtant de relativiser cette symétrie. Il remet en question ce principe en introduisant la beauté possible d'une entité simple, comme la lumière ou les couleurs. Cette relativisation de la symétrie comme critère de beauté s'explique par l'importance capitale de l'unicité dans la pensée néoplatonicienne. Le reproche qu'il adresse à cette théorie touche à la possibilité des parties laides si la symétrie devient le seul critère de beauté[62]. Il n'est pas question de proscrire complètement la symétrie, mais chez Plotin l'accord ou le rapport harmonieux ne peuvent pas à eux seuls renvoyer à la beauté. C'est que la prédominance de l'unité est également centrale sur un plan axiologique. Or, la naissance du mal est liée au désaccord, à la désunion, soit à la destruction du principe unificateur. Plotin va jusqu'à en évoquer la dimension morale : « Les théorèmes sont symétriques les uns aux autres : qu'est-ce que cela veut dire ? Qu'ils s'accordent ? Mais il y a aussi bien accord et concordance entre les opinions du méchant[63] ». En un sens, ce refoulement de la symétrie s'oppose aux discours des théoriciens de l'art de la Renaissance qui, eux, prônent, par héritage vitruvien, le primat de l'ordonnance symétrique.

Même si Plotin construit son propos sur le beau en prenant ses exemples parmi les beautés corporelles, donc tangibles et visibles, il clôture son exposé par la mise en avant d'un regard alternatif, qui saurait voir au-delà des apparences pour appréhender la véritable beauté. Mimant la parabole de la caverne, Plotin suggère de se méfier des apparences :

> Car si on voit les beautés corporelles, il ne faut pas courir à elles, mais savoir qu'elles sont des images, des traces et des ombres ; et il faut s'enfuir vers cette beauté dont elles sont les images. Si on courait à elles pour les saisir comme si elles étaient réelles, on serait comme l'homme qui voulut saisir sa belle image portée sur les eaux [...mais] il faut cesser de regarder et, fermant les yeux, échanger cette manière de voir pour une autre, et réveiller cette faculté que tout le monde possède, mais dont peu font usage. Que voit donc cet œil intérieur ? Dès son réveil, il ne peut bien voir les objets brillants. [...] C'est le seul œil qui voit la grande beauté[64].

62 Voir T. Leinkauf, « Der Begriff des "Schönen" », art. cité, p. 88, sur les différents types de laideur chez Plotin : d'un côté, une laideur absolue dans la mesure où il y a absence d'idée ou de raison, de l'autre une laideur relative qui n'est pas encore tout à fait empreinte par l'idée mais en processus de le devenir.

63 Plotin, *Ennéades*, éd. citée, p. 3.

64 *Ibid.*, p. 13-14.

L'évocation de Narcisse, qui mire ses charmes dans des eaux périlleuses, situe la beauté physique du côté du leurre. Pour appréhender la véritable beauté, Plotin insiste sur la nécessité d'éduquer son œil intérieur. C'est par le biais de la vision de l'âme que l'on aperçoit les choses selon leur essence et non selon leur attirance perceptible. L'idée d'une vue intérieure surgit également dans un contexte explicitement chrétien[65], notamment chez Augustin, et est repris à la Renaissance par Érasme ainsi que par Marguerite de Navarre[66].

LE SUBSTRAT CHRÉTIEN : LA LAIDEUR CHEZ LES PÈRES (SAINT AUGUSTIN, PSEUDO-DENYS L'ARÉOPAGITE)

Outre l'importance des textes néoplatoniciens, l'héritage patristique représente une source importante qui révèle le substrat chrétien de la laideur. On peut parler au XVIe siècle d'une véritable renaissance des Pères[67] : Érasme est fortement influencé par saint Augustin[68], tout comme Ficin qui s'inspire, pour son interprétation de Platon, des lectures plotiniennes d'Augustin. La pensée du Pseudo-Denys L'Aréopagite est prépondérante pour Ficin et les évangéliques, notamment Marguerite de Navarre et Clément Marot, qui transposent sa théologie négative dans le paradigme poétique[69]. Malgré la réticence de l'Écriture Sainte à aborder les questions esthétiques, les Pères, en continuité avec l'héritage néoplatonicien, continuent à perpétuer la tradition grecque qui fait du beau son sujet de prédilection[70] et qui le conçoit, avant tout, comme

65 Sur l'influence du christianisme sur Plotin, voir J. Rist, « Plotinus and Christian philosophy », dans *The Cambridge Companion to Plotinus*, éd. L. P. Gerson, Cambridge, Cambridge University Press, 1996, p. 386-413.

66 Voir *infra*, p. 189-192.

67 A. Villani (éd.), *Lire les Pères de l'Église entre la Renaissance et la Réforme*, Paris, Beauchesne, 2012.

68 C. Bené, *Érasme et Saint Augustin ou l'influence de Saint Augustin sur l'humanisme d'Érasme*, Genève, Droz, 1969.

69 Voir l'étude de J. Miernowski, *Signes dissimilaires : la quête des noms divins dans la poésie française de la Renaissance*, Genève, Droz, 1997.

70 Les deux ouvrages fondamentaux consacrés à la dimension esthétique du christianisme, explorant la notion d'une véritable esthétique théologale sont : H. Urs von Balthasar,

un attribut céleste. Cependant, en faisant de l'incarnation divine son élément central, le christianisme fonctionne par principe à rebours de l'ascension platonicienne qui préconise le monde des idées et non celui de l'ici-bas. De ce fait, faut-il conjecturer une valorisation paradoxale de la laideur, symbole du monde terrestre ? De manière plus générale, peut-on parler d'une esthétique chrétienne ? C'est dans le cadre d'un colloque pionnier sur le statut du laid dans les arts, organisé par H.-R. Jauß, que la question d'une esthétique chrétienne s'est posée de manière programmatique : « *Gibt es eine "christliche Ästhetik" ?* » [Y a-t-il une esthétique chrétienne ?] L'observation de Hans Blumenberg en particulier est importante pour notre propos : « *es gibt keine christliche Ästhetik, aber es gibt Folgen genuin christlicher Aussagen für die Ästhetik, und zwar für die Geschichte der Entgrenzung bzw. Grenzerweiterung ihrer Gegenständlichkeit*[71]. » Selon Hans Blumenberg, il n'y a pas d'esthétique chrétienne à proprement parler mais des conséquences esthétiques, pour ainsi dire, qui se laissent déduire des principes chrétiens. Jean-Michel Fontanier pose avec plus d'aisance, par rapport à l'œuvre de saint Augustin, la même question : « Nous écrivons "théorie du beau". Non que nous refusions la commodité du terme d'"esthétique", ni que nous récusions sa légitimité – qu'importerait à l'homme la beauté de l'Être si elle ne condescendait à rendre sa Forme perceptible aux sens, fussent-ils spirituels[72] ? »

Même si la parole biblique, et surtout le Nouveau Testament, passe sous silence les questions d'ordre esthétique[73], on peut en déduire quelques éléments implicites à ce sujet, notamment à l'égard de la laideur. Ce sera en particulier autour de la figure du Christ que s'élèveront les questionnements de la révélation divine dans le monde, plus particulièrement

Herrlichkeit. Eine theologische Ästhetik, Einsiedeln, Johannes, 1961-1969, 3 vol. ; dans sa traduction française : *La Gloire et la Croix. Aspects esthétiques de la Révélation*, trad. R. Givord et H. Bourboulon, Aubier, Paris, 1965-1983, 3 vol. ; Edgar De Bruyne, *Études d'esthétique médiévale*, Bruges, De Temple, 1946, 3 vol. Pour une étude plus récente, on verra J.-M. Fontanier, *La Beauté selon saint Augustin*, Rennes, Presses universitaires de Rennes, 1998.

71 Voir H. R. Jauß (éd.), *Die nicht mehr schönen Künste*, *op. cit.*, ici le 4e débat sur la question « Gibt es eine christliche Ästhetik » [« Y a-t-il une esthétique chrétienne ?], p. 605.

72 J.-M. Fontanier, *La Beauté selon saint Augustin*, *op. cit.*, p. 16.

73 L'absence de cette question est retenue par A. Michel, *La Parole et la beauté. Rhétorique et esthétique dans la tradition occidentale*, Paris, Les Belles Lettres, 1982. Dans son article sur la beauté du Christ, T. Gheeraert, « *Forma Dei, forma servi* », art. cité, p. 21, n. 1, fait remonter l'évocation de ce silence au théologien de la chrétienté primitive Origène dans son *Contra Celsum* (livre VI, chap. 76).

l'incarnation de Dieu lui-même. Les passages les plus explicites et qui inspireront de manière paradigmatique le débat autour de la laideur à la Renaissance sont tirés du livre d'*Ésaïe* 52, 14-15 et 53, 2 :

> De même qu'il a été pour plusieurs un sujet d'effroi, Tant son visage était défiguré, Tant son aspect différait de celui des fils de l'homme. De même il sera pour beaucoup de peuples un sujet de joie [...] ; Car ils verront ce qui ne leur avait point été raconté, Ils apprendront ce qu'ils n'avaient point entendu [...] Il n'avait ni beauté, ni éclat pour attirer nos regards.

Ces versets sont interprétés comme l'annonce de la défiguration du Christ sur la Croix. Laideur divine qui sera, pour les uns, une manifestation d'horreur terrifiante et, pour les autres, une source de joie qui cache une connaissance jusqu'à présent voilée. Ce passage a été invoqué, nous l'avons vu, par Érasme dans son adage sur les silènes d'Alcibiade[74], et nous en étudierons la lecture augustinienne. Un deuxième passage, moins commenté à la Renaissance, se trouve dans le livre du Lévitique 21, 17-23 qui lie étrangement l'intégrité corporelle du prêtre au droit d'entrer dans le sanctuaire. Ces versets sont remarquablement sévères puisque le défaut corporel est considéré comme une impureté cultuelle :

> Tout homme de ta race et parmi tes descendants, qui aura un défaut corporel, ne s'approchera point pour offrir l'aliment de son Dieu. Tout homme qui aura un défaut corporel ne pourra s'approcher : un homme aveugle, boiteux, ayant le nez camus ou un membre allongé ; un homme ayant une fracture au pied ou à la main ; un homme bossu ou grêle, ayant une tache à l'œil, la gale, une dartre, ou les testicules écrasés. [...] il n'ira point vers le voile, et il ne s'approchera point de l'autel, car il a un défaut corporel ; il ne profanera point mes sanctuaires, car je suis l'Éternel qui les sanctifie.

Selon les lois judaïques de la pureté, l'infirmité, quelle qu'elle soit, est indigne d'entrer au sanctuaire. Commandement qui est diamétralement opposé à la parole du Christ qui fait, lors des béatitudes dans le sermon sur la montagne, des faibles et des infirmes les héritiers des cieux[75], et se considère comme le médecin des malades[76]. Un tel renversement des valeurs fait de l'Évangile un fleuron de la réflexion paradoxale qui a beaucoup intrigué les humanistes. De fait, la question de la laideur est

---

74 Voir *supra* p. 20 *sq*.
75 Évangile selon Matthieu 5, 1-12.
76 Évangile selon Matthieu 9, 12.

intimement liée au paradoxe et c'est par ce biais qu'elle entrera dans la littérature des humanistes.

Le troisième exemple biblique, abondamment commenté à la Renaissance, est celui du *Cantique des cantiques*[77]. Pertinent pour notre propos est notamment le verset 1, 5 : « Je suis noire, mais je suis belle ». Le célèbre énoncé – *nigra sum sed formosa* – joue sur la non-correspondance présupposée entre noirceur de la peau et beauté proclamée. Dans son sermon 25, Bernard de Clairvaux reconnaît en effet une contradiction dans cette affirmation. Il débute sa célèbre exégèse, traduite au cours du Moyen Âge[78], en opposant forme (composite) et couleur (entité unique) :

> La forme concerne la composition de la chose qui la reçoit, et la couleur n'en est qu'une qualité. Car tout ce qui est noir n'est pas laid pour cela. Le noir, par exemple, n'est pas laid dans la prunelle de l'œil. On se pare aussi avec des pierres précieuses qui sont noires. Les cheveux noirs joints à une peau blanche augmentent l'éclat de la beauté du visage. [...] vous trouverez une infinité de choses qui ne laissent pas d'être fort belles dans leur forme, bien que la couleur n'en soit pas agréable. C'est peut-être de cette façon que, bien que l'Épouse soit fort belle pour les traits et la proportion de son visage, elle a pourtant ce défaut d'avoir le teint noir. Mais cette imperfection n'est que pour le lieu de son pèlerinage. Car lorsque l'Époux immortel la couronnera de gloire de la céleste patrie, elle n'aura ni tache, ni ride, ni aucune imperfection pareille[79].

La noirceur est souvent associée chez les Pères à la laideur physique ainsi qu'à la laideur morale et au péché. Si la complexion sombre est présentée comme un défaut, qui peut toutefois être racheté par de belles proportions, Bernard de Clairvaux la réhabilite pour sa capacité à former des contrastes. Chez saint Augustin, par exemple, la beauté d'un corps consiste en une clarté lumineuse (*lux coloris*). Le teint noir (*tenebrae coloris*), en revanche, est du côté de la laideur, mais peut être sublimé dans le corps glorieux expié par la grâce divine[80]. Dans la suite du sermon, Bernard de Clairvaux affirme que, malgré sa connotation négative, le mot *nigra* dessine une image positive à travers le terme de souffrance

---

77 M. Engammare, *« Qu'il me baise des baisiers de sa bouche ». Le cantique des cantiques à la Renaissance. Étude et bibliographie*, Genève, Droz, 1993.

78 M.-P. Halary, « "Ge sui noire, mais ge sui bele". En français dans le texte », dans *Le Cantique des cantiques dans les lettres françaises*, éd. M. Barsi et A. Preda, Mila, LED, p. 71-90.

79 B. de Clairvaux, *Sermons sur le cantique (Sermons 16-32)*, éd. P. Verdeyen et R. Fassetta, Paris, Éditions du Cerf, 1998, t. 2, p. 263.

80 J.-M. Fontanier, *La Beauté selon saint Augustin*, *op. cit.*, p. 74-75.

auquel il est associé. Ainsi, il rapproche des saints la bien-aimée noire du *Cantique* : « Si nous considérons l'extérieur des saints, combien il est humble, bas et abject, combien vil et négligé, quoique au dedans ils contemplent la gloire de Dieu à face découverte, et soient transformés en son image[81] ». De vrais silènes, tout comme saint Paul dont les tribulations le « noircissent », le rendent « vil, et abject, noir et difforme, l'opprobre enfin et le rebut du monde[82]. » En dépit de sa disgrâce, l'apôtre revêt une âme qui excelle par sa pureté. Il faut lire la laideur dans une perspective silénique et transformatrice, car tout comme la laideur du serviteur souffrant, du Christ, elle n'est qu'apparence ; il s'agit d'aller au-delà de celle-ci pour voir la beauté. De la même manière, la tare de l'Épouse noire du *Cantique* sera réparée. On joue ici sur la dialectique entre l'extérieur et l'intérieur : *nigra* au regard des hommes, *formosa* au regard de Dieu qui nous a aimés en dépit de notre difformité, suivant l'idée que la laideur corporelle serait le voile de la beauté morale. Nous verrons que, dans l'esthétique évangélique, les couleurs laides, car sombres, sont aussi connotées positivement, comme signe de fermeté, d'humilité et de modération, loin de tout apprêt coloré et prétentieux. Marot consacre de son côté un cycle de chansons à la « brunette », notamment la chanson 36 « Pour la brune[83] ». La laideur physique préoccupe les exégètes médiévaux. Ce sont notamment les écrits de saint Augustin aussi bien que ceux du Pseudo-Denys L'Aréopagite que nous mettons à contribution pour retracer une telle christianisation de la laideur.

SAINT AUGUSTIN : POUR UNE ESTHÉTIQUE DE LA TRANSFORMATION PAR AMOUR

L'intérêt que porte l'évêque d'Hippone aux idées esthétiques se manifeste depuis son plus jeune âge, un de ses premiers ouvrages s'intitulant *De pulchro et apto* [*Du Beau et du Convenable*]. Il s'agit d'un traité esthétique désormais perdu qui examine les catégories du beau et du convenable sans faire l'économie des deux principes opposés, ceux du non-convenable et du laid[84]. Augustin en donne une forme de résumé dans ses *Confessions* où

81 B. de Clairvaux, *Sermons sur le cantique*, *op. cit.*, p. 265.

82 *Ibid.*

83 Voir *infra*, p. 217.

84 Notons que la veine post-manichéenne de la pensée augustinienne sur le beau se nourrit principalement d'un néoplatonisme graduel et relatif s'opposant à une conception qui

on lit : « Je définissais le Beau "ce qui plaît par soi-même", le Convenable "ce qui plaît par son appropriation à autre chose" ; et j'appuyais cette distinction sur des exemples pris des corps[85]. » Bien qu'Augustin ne fasse pas mention explicite du laid dans ce chapitre, il évoque néanmoins le vice et la discorde comme instances opposées à l'idée de l'harmonie et de l'unité qui régissent le beau. Or, si on trouve de nombreuses réflexions esthétiques parsemées dans l'ensemble des écrits augustiniens, il faut prendre garde à ne pas vouloir en déduire une pensée esthétique homogène. Ce n'est que par bribes qu'Augustin théorise le rapport entre le beau et le laid. Nous retenons trois déclinaisons de ce rapport qui démontrent toutes une forme d'apologie chrétienne de la laideur : d'abord, son inscription dans l'ordre divin de la création ; ensuite, la dimension d'incarnation du divin dans la matière et, enfin, le potentiel de transformation de la laideur en beauté par l'amour.

L'un des éléments fondateurs de l'esthétique augustinienne est l'ordre. Fidèle à l'affirmation paulienne que « Tout ordre vient de Dieu[86] » et suivant l'argument stoïcien selon lequel chaque chose s'inscrit dans l'économie de l'ensemble[87], Augustin explique que la laideur nous apparaît comme telle justement parce que nous ne concevons pas son insertion harmonieuse à l'intérieur d'un ordre dont la logique nous échappe. L'argument stoïcien qu'il expose dans *De l'Ordre* [*De Ordine*] lit la laideur dans la perspective de l'ensemble cosmologique comme partie intégrale de la création. En effet, la laideur contribue à l'équilibre de la création par sa capacité à former un contraste (*distinctio*) avec la beauté. C'est précisément cette distinction qui est nécessaire au maintien de la disposition divine : « Cet ordre, cette disposition conservent, par la

---

attribue au mal et au laid une substance ontologique à part entière. La notion de beauté – *pulchritudinis*, déclinée par les vocables *species*, *forma* – renvoie à une corrélation avec l'être, elle constitue un attribut divin. C'est grâce à la forme, qui obéit aux rapports harmonieux des nombres, à l'ordre des parties par la symétrie, l'égalité et par leur ressemblance à un principe unificateur, que les choses obtiennent l'existence et la beauté. Or, la pensée chrétienne pointe vers la nature illusoire de la beauté des choses d'ici-bas et appelle à la méfiance vis-à-vis de l'apparence, comme on le lit au Proverbe 31, 30 : « Trompeuse est la grâce et vaine la beauté ». Chez Augustin, la beauté sensible est futile parce que soumise à l'altération. Voir aussi K. Svoboda, *L'Esthétique de Saint Augustin et ses sources*, Brno, Opera Facultatis philosophicae Universitatis Masarykianae Brunensis, 1933, p. 96-97.

85 Saint Augustin, *Les Confessions*, éd. citée, p. 81-83.

86 L'Épître aux Romains, 13, 1.

87 P. Michel, « *Formosa Deformitas* », *op. cit.*, p. 35-36.

distinction même, l'harmonie des choses, et rendent même nécessaire l'existence du mal. Ainsi la beauté universelle se forme des objets contraires ; ils sont comme les antithèses qui nous plaisent dans les discours[88]. » La coexistence des contraires constitue une nécessité, le principe même de l'harmonie de l'ensemble qui dépend de la cohabitation du beau avec le laid, du bien avec le mal :

> Je dis donc que toute la vie des insensés, quoiqu'elle n'ait de leur part, ni suite, ni ordre, est cependant, grâce à la divine Providence, renfermée dans l'ordre nécessaire des choses ; et comme si une place lui était préparée par cette loi ineffable et éternelle, jamais elle n'est où elle ne doit pas être. De là vient que tout homme qui la considère avec un esprit étroit, s'en détourne comme repoussé par une laideur horrible. Mais s'il élève et étend ses regards jusqu'à embrasser l'ensemble, il ne trouvera rien qui ne soit ordonné, rien qui ne soit en quelque sorte toujours disposé et mis à la place qu'il doit occuper[89].

Dans cette vision pancaliste du monde, Augustin attribue à la nature humaine l'incapacité d'apercevoir les lois divines. C'est l'esprit restreint qui ne reconnaît pas l'ordre céleste et se sent rebuté par ce qui lui paraît irréconciliable avec le sacré. L'homme ne parvient guère à reconnaître l'unité, la symétrie et les proportions du monde pris dans son ensemble. Afin d'illustrer la nécessité d'un élément laid à l'intérieur d'un système, Augustin a recours au fonctionnement d'une société : « Quoi de plus hideux que le bourreau ? Quoi de plus farouche et de plus impitoyable que cette âme ? Mais il occupe dans la législation une place nécessaire, et il fait partie de l'ordre dans une société bien réglée ; il croit nuire et il est le châtiment de ceux qui nuisent à l'ordre public[90]. » Chaque laideur, pour ainsi dire, a donc sa place et sa fonction à l'intérieur d'un système plus vaste. Si on ne reconnaît plus la beauté de l'ensemble, c'est en raison de nos péchés qui auraient perverti notre vision, comme Augustin l'explicite dans *Sur la Genèse contre les Manichéens* [*De Genesi Contre Manicheos*][91].

---

88 Saint Augustin, *Bibliothèque augustinienne*, t. 4. 2 : *De l'Ordre* [*De Ordine*], éd. A.-I. Boutons-Touboulic et M. Dulaey, Turnhout, Brepols, 1997, ch. I, VII, 18, désormais abrégé par *De l'Ordre*.

89 Saint Augustin, *De l'Ordre*, éd. citée, ch. IV, 11.

90 *Ibid.*, I, 11.

91 Voir saint Augustin, *Bibliothèque augustinienne*, t. 50 : *Sur la Genèse contre les Manichéens* [*De Genesi Contra Manicheos*], *éd.* A.-I. Boutons-Touboulic et M. Dulaey, Turnhout, Brepols, 2005, désormais abrégé par *Sur la Genèse contre les Manichéens*, ch. I, XVI, 26 : « *video tamen*

Au même titre que l'ordre de la création, la matière devient chez Augustin une catégorie relative. Dans sa recherche d'une définition de la matière, il insiste sur le fait que toutes les laideurs renvoient quand même à des formes :

> Mon esprit roulait dans une extrême confusion des formes hideuses et horribles : c'étaient des formes tout de même, et je nommais informe non ce qui était sans forme, mais ce qui en avait une telle que, venant à m'apparaître, son aspect insolite et bizarre eût dérouté mes sens et confondu ma faiblesse d'homme. Ainsi ce que je concevais était informe, non par privation de toute forme, mais par comparaison avec des formes plus belles[92].

C'est toujours dans *Les Confessions* qu'il prend ses distances avec les doctrines manichéennes qui conçoivent la matière comme « substance matérielle du mal, masse horrible, informe[93] ». Cette conception dualiste rend l'idée même de l'incarnation du Christ redoutable aux yeux d'Augustin :

> Il me semblait tout à fait honteux de croire que vous ayez revêtu une chair humaine et que vous vous soyez enfermé dans les contours d'un corps comme le nôtre. Lorsque je voulais penser à mon Dieu, je ne savais concevoir qu'une masse matérielle [...] et c'était là la principale et presque la seule cause de mon inévitable erreur[94].

En descendant dans la chair, le Christ devient objet de souillure. Le jeune Augustin interprète encore l'incarnation comme une défiguration ou un rabaissement de l'essence divine même. Ceci à l'encontre de saint Paul qui loue dans l'épître aux Philippiens 2, 6-8 l'humilité du Christ, « lequel, existant en forme (*morphè*) de Dieu, n'a point regardé comme une proie à arracher d'être égal avec Dieu, mais s'est dépouillé lui-même, en prenant une forme (*morphè*) de serviteur, en devenant semblable aux hommes (*schèmati*)[95]. » Les interrogations autour du physique du Christ – était-il beau ou laid ? – ont intrigué non seulement saint

---

omnia in suo genere pulchra esse, quamvis propter peccata nostra multa nobis videantur adversa. » [je vois que toute chose est belle en son genre, même si on y voit de la laideur en raison de nos péchés. (Nous traduisons.)]

92 Saint Augustin, *Les Confessions*, éd. J. Trabuco, Paris, GF Flammarion, 1964, p. 285.

93 *Ibid.*, p. 100-101.

94 *Ibid.*, p. 100.

95 Voir L. Couloubaritsis, *Histoire de la philosophie ancienne et médiévale*, Paris, Grasset, 1998, p. 769.

Augustin mais bien d'autres Pères de l'Église[96]. La pertinence de cette question – on se rappelle l'adage érasmien[97] – persiste bien au-delà de la Renaissance, comme le montre Tony Gheeraert[98] qui retrace le paradoxe de la beauté du Christ dans la poésie dévotionnelle : tout en étant forme divine (*forma Dei*), le Christ s'est fait forme d'esclave (*forma servi*). Augustin reprend cette contradiction en s'appuyant sur deux versets de l'Ancien Testament. Dans ses commentaires exégétiques des psaumes, il oppose la parole prophétique d'Ésaïe 53, 2 sur l'aspect difforme du Christ sur la Croix à celle du Psaume 45, 2 – « Tu es le plus beau des fils de l'homme » – où c'est la beauté du Christ qui est louée. Il résout ce paradoxe comme suit :

> En cela même qu'il s'est revêtu de notre chair, et que le Prophète a dit de lui « Nous l'avons vu, et il n'avait ni apparence ni beauté », il y a une grande beauté, si nous considérons la miséricorde qui l'a réduit à cet état. C'était au nom des Juifs que le Prophète s'écriait : « Nous l'avons vu, et il n'avait ni apparence ni beauté ». Pourquoi ? parce qu'ils ne le comprenaient point. Mais pour ceux qui le comprennent, il y a dans « le Verbe qui s'est fait chair », une beauté suprême[99].

Dans cette interprétation du psaume, Augustin invoque à deux reprises la parole d'Isaïe qui met en avant la difformité du Christ sur la Croix. Cette répétition mime au fond deux lectures possibles : pour les uns, c'est dans ce geste de la miséricorde que loge toute la beauté du Christ malgré un corps supplicié. En même temps, Augustin fait allusion à l'ignorance de ceux qui ne le reconnaissent pas comme le Christ, tels les Juifs, en raison de son manque de beauté. Si ses persécuteurs le perçoivent comme laid, c'est qu'ils ne disposent pas des yeux purifiés des croyants, aimant le Christ, qui voient sa beauté :

> Il apparut laid à ses persécuteurs ; et s'ils ne l'avaient pas jugé laid, ils ne l'auraient pas agressé ainsi, ils ne l'auraient pas frappé de verges, ils ne l'auraient pas couronné d'épines, ils ne l'auraient pas avili de crachats. S'ils ont commis ces actes, c'est qu'il leur apparaissait laid. Car ils n'avaient pas les yeux pour voir la beauté du Christ[100].

---

96 Voir J.-M. Fontanier, *La Beauté selon saint Augustin*, *op. cit.*, p. 151-167.

97 Voir *supra*, p. 20.

98 T. Gheeraert, « *Forma Dei, forma servi* », art. cité.

99 Saint Augustin, *Bibliothèque augustinienne*, t. 59 B : Les Commentaires des Psaumes. *Ps 45-52*, éd. M. Dulaey *et alii*, Turnhout, Brepols, 2019.

100 *Ibid.*

Augustin expose ici une véritable révélation esthétique par la foi. Dans une perspective de dévoilement, la beauté divine arrive au regard humain sous l'enveloppe de la laideur que l'on rencontre avec dédain. À ce sujet, Augustin distingue deux manières de voir : l'œil intérieur (*oculus cordis*) et l'œil extérieur (*oculus carnis*). C'est décidément l'œil de la foi, selon un principe de l'intériorité nécessaire à toute connaissance divine, qui prédomine dans le système esthétique augustinien. Par conséquent, beauté et laideur se mesurent en fonction de la vision de l'âme qui sait reconnaître la beauté intérieure (*pulchritudo intrinsecus*) en dépit des apparences abjectes. Si le regard du croyant sur le corps laid du Christ le transforme en vertu de l'amour qu'il porte à son sauveur, il en est de même pour le cas inverse. L'amour du Christ rend belle son Église. On le voit dans le *Cantique*, notamment à travers le paradoxe de la beauté noire de la bien-aimée, qui est interprétée ici comme l'épouse du Christ, image de l'Église :

> L'épouse fut aimée laide, afin de ne pas demeurer laide. Car elle n'a pas vraiment été aimée laide, ce n'est pas la laideur qui a été aimée ; si c'est cela qu'aimait l'époux, il l'aurait préservé. Or il a chassé la laideur et donné forme à la beauté[101].

Le point de vue de l'amour divin qui embellit toute chose apparaît comme un principe fondateur de l'esthétique chrétienne. Le Christ a aimé son Église malgré – ou faudrait-il dire en raison de – sa laideur, qu'il transforme en beauté. La laideur n'est pas aimée en soi mais en vue de son renouvellement. Comme l'observe Karel Svoboda, il y a dans l'approche chrétienne un inversement du principe antique de la *kalokagathia* : « on n'aime que le beau, idée qui fut autrefois le point de départ d'Augustin. Maintenant, il affirme que ce qu'on aime, ou plutôt ce que Dieu aime devient beau[102]. » En valorisant la laideur comme refuge divin, le système chrétien prévoit un renversement des valeurs esthétiques ancré fermement dans une théologie de la grâce et de la réformation par l'amour.

---

101 *Ibid.*

102 K. Svoboda, *L'Ésthétique de Saint Augustin et ses sources*, *op. cit.*, p. 155. Il attribue l'idée que l'amour suprême change de laid en beau à l'influence de Plotin sur la pensée augustinienne, notamment l'importance de son *Traité sur le beau* (I 6,7) des *Ennéades*, *cf.* notre analyse *supra*, p. 44 *sq.*

Conformément au principe de l'intériorité, l'introspection produit toujours chez Augustin une reconnaissance de la laideur de sa propre âme menant à la connaissance de soi. En effet, la véritable laideur demeure chez Augustin celle de l'âme. C'est à son propre endroit qu'il déploie le champ de la difformité :

> Et vous, Seigneur, [...], vous me rameniez à moi-même ; je m'étais détourné de moi, pour ne pas me voir en face ; vous m'arrachiez à cette attitude ; vous me placiez devant mon propre visage afin que je visse combien j'étais laid, contrefait, misérable, avec mes taches et mes ulcères. Je me voyais et je m'étais un objet d'horreur ; mais impossible de fuir loin de moi-même[103].

Si avant sa conversion il dit avoir aimé sa difformité – « Malice honteuse, et je l'ai aimée ; j'ai aimé ma propre perte ; j'ai aimé ma chute [...] Ô laideur de l'âme qui abandonnait votre soutien pour sa ruine[104] » –, Augustin se reconnaît désormais dans toute sa laideur pécheresse, qu'il attribue à un amour perverti naissant d'une volonté ou d'une orientation détournée de Dieu. Par ailleurs, il reconnaît ce même aveuglement dans l'incroyance des païens. Augustin attribue la laideur morale à la jeunesse romaine incrédule : « je hais de tels individus, pervers et moralement contrefaits ; mais je les aime aussi pour les redresser[105] ». Tout en reconnaissant leurs péchés honteux, Augustin ne les condamne pas mais les aime en vue de leur correction. Une telle esthétique de la *reformatio* où le difforme sera corrigé prend ici une dimension eschatologique. Augustin invoque Dieu son Seigneur comme « puissant Réformateur de nos difformités[106] ». Dieu est non seulement le créateur mais, plus important encore, le réformateur de notre difformité qui trouve son origine dans le péché originel :

> Ainsi, même après ce péché que notre nature contracta par le péché du premier homme, le genre humain est devenu la gloire et l'ornement de ce monde ; et telle est sur lui l'action sage de la divine providence, que le remède ineffable appliqué à notre corruption a changé la laideur de nos vices en je ne sais quelle splendeur nouvelle[107].

---

103 Saint Augustin, *Les Confessions*, éd. citée, p. 166.

104 *Ibid.*, p. 42.

105 *Ibid.*, p. 102-103.

106 Saint Augustin, *Bibliothèque augustinienne*, t. 8 : *La Foi chrétienne* [*De Vera religione*], éd. A.-I. Boutons-Touboulic et M. Dulaey, Turnhout, Brepols, 1982, ch. XXVIII, 51.

107 *Ibid.*

C'est la grâce divine, « ce remède ineffable », qui corrigera les défauts et rendra nouvellement beau ce qui a été corrompu par le vice. Ce renouvellement est compris à la fois en termes moraux et en termes de reconstitution du corps. C'est aussi dans une perspective eschatologique que l'intégrité du corps ressuscité constitue pour Augustin la véritable beauté. La résurrection fonctionnera comme un correctif éliminant tout désaccord et remettant droit tout ce qui a été courbé. Les corps ressuscités seront exempts de toute laideur. Dans ce qu'on pourrait appeler une eschatologie de la laideur, la dynamique de la création vers sa fin vise la restitution des corps : « Aussi ni les maigres ni les gros n'ont à craindre de rester au ciel tels qu'ils auraient préféré ne pas être ici-bas. [...] il n'y aura nulle difformité due à une dysharmonie des parties, lorsque tout élément tors sera redressé, tout manque par rapport à la mesure convenable suppléé [...], et tout excès par rapport à la mesure convenable retranché, en conservant l'intégrité de la matière[108]. »

LA LAIDEUR COMME « SIGNE DISSIMILAIRE » : LE PSEUDO-DENYS ET LA THÉOLOGIE NÉGATIVE

« Je suis un ver, et non un homme », telle est la représentation que donne de soi le je lyrique au Psaume 22, 7, traditionnellement lu comme une annonce de la parole du Christ sur la Croix[109]. Le choix insolite d'une image ignoble comme le ver de terre pour désigner le fils de Dieu interpelle Denys l'Aréopagite, auteur ecclésiastique du VIe siècle, pendant longtemps confondu avec l'athénien converti par saint Paul sur l'Aréopage. Ses interrogations gravitent autour de ces « saintes fictions » bibliques qui peignent des créatures biscornues et grotesques pour décrire les intelligences célestes. Le *corpus Dionysiacum* connut un succès important à la Renaissance, en particulier dans les cercles évangéliques[110]. Les travaux de J. Miernowski en attestent l'importance, notamment pour la poésie religieuse de Marguerite de Navarre et

108 Saint Augustin, *Bibliothèque augustinienne*, t. 37 : *La Cité de Dieu* [*De Civitate Dei*], éd. A.-I. Boutons-Touboulic et M. Dulaey, Turnhout, Brepols, 1993, ch. XXII, 19.

109 Cette analogie se fait en raison du verset précédent, Psaume 22, 2 : « Mon Dieu ! Mon Dieu ! Pourquoi m'as-tu abandonné », exclamation du Christ rapportée dans les évangiles de Marc et de Matthieu.

110 Malgré une traduction existante de M. Ficin, J. Lefèvre d'Étaples donne une édition latine se basant sur la traduction d'Ambroise Traversari : Pseudo-Denys l'Aréopagite, *Opera*, Paris, Jean Higman, 1498-1499.

de Clément Marot[111]. Nous mettons à contribution deux textes dionysiens – les *Noms divins* et la *Théologie mystique*[112] – qui interrogent l'herméneutique de l'Écriture sainte privilégiant les symboles dissimilaires pour renvoyer aux mystères divins. C'est ce principe de la non-ressemblance défendu par Denys l'Aréopagite qui est suggestive quant à une lecture du laid comme symbole de la transcendance. Suivant une telle logique, on s'approcherait du divin par ce qui lui serait dissemblable, comme le bizarre, l'ignoble ou le laid.

Denys part du principe que si la poétique biblique choisit d'envelopper dans du « mystère d'énigmes ineffables » les descriptions divines, ce serait pour amoindrir la vertu des nobles représentations qu'on jugerait plus convenables à élever nos esprits vers les sphères célestes. Cependant, ce serait déformer ou profaner le divin que de le représenter comme beau parce que tout comparant serait profondément non-convenable pour saisir l'ineffable. Il faudrait plutôt recourir au vulgaire et à l'imparfait pour saisir la véritable nature des intelligences célestes. Si Denys concède aux belles représentations un certain élan élévateur, il souligne la portée limitée de ces symboles. De fait, les beautés sensibles empêchent que l'esprit humain aille au-delà du visible parce qu'il les prend à tort pour des réverbérations véridiques de Dieu. Prétendant ainsi à une véracité sacrée, les images avenantes, au même titre que les noms divins les plus hauts comme « Beauté » ou « Bonté », demeurent trompeurs. C'est qu'ils dissimulent le fait que toute représentation de la perfection divine reste profondément inadéquate.

Ce serait du côté des « signes dissimilaires », tel le laid, qu'il faudrait regarder pour s'approcher des vérités métaphysiques. Or, les représentations qui recourent aux images basses permettent, par leur dissimilarité même, de saisir plus amplement le caractère divin. Et ceci à deux égards : tout d'abord, la matière abjecte nous révèle à nous-même notre nature profondément matérielle. C'est la reconnaissance de sa propre bassesse qui permet à l'âme l'éveil et son soulèvement vers le haut, animée par un appétit de perfectionnement. En outre,

111 Voir J. Miernowski, *Signes dissimilaires*, *op. cit.* ; S. Toussaint, « L'influence de Ficin à Paris et le Pseudo-Denys des humanistes », *Bruniana & Campanelliana*, n° 5, 1999, p. 381-414.

112 Toutes les citations dionysiennes sont tirées de l'édition suivante : Pseudo-Denys L'Aréopagite, *Les Noms divins (I-IV)* ; *Les Noms divins (V-XIII)* ; *La Théologie mystique*, éd. Y. de Andia, Paris, Les Éditions du Cerf, 2016, 2 vol.

l'argument est basé sur le fait que tout, y compris la matière laide, porte en elle le reflet du beau absolu. Il y a donc complicité secrète entre matière et transcendance malgré leur non-ressemblance fondamentale. Deuxièmement, les images abjectes et grossières sont, par la nature même de leur difformité, si éloignées de toute transcendance qu'elles obtiennent une valeur sacrée supplémentaire, à l'instar des monstres qui renvoient vers un système qui dépasse notre entendement. Cette valeur s'explique, malgré sa négativité, par la véridicité qui est à la base du symbole du laid. De fait, le laid ne prétend pas représenter convenablement le divin et, justement, il saisit par sa dissemblance l'ineffabilité divine bien mieux que le beau ne saurait jamais le faire. On part du principe qu'aucune dénomination ne serait jamais suffisante pour exprimer le transcendant. Denys conclut que tout se prête à la contemplation de Dieu et il souligne clairement la supériorité de l'approche négative pour représenter le divin.

Si la théologie affirmative nomme le divin par des désignations positives comme « l'être », « le beau » ou « le bon », l'approche négative procède de manière inverse. Pour s'approcher des vérités métaphysiques, il faut procéder par l'élimination du positif ou bien par la négation. Dans sa *Théologie mystique*, Denys utilise une image qu'on a déjà rencontrée chez Plotin, à savoir celle du sculpteur qui enlève graduellement la boue pour faire ressortir la véritable forme de la statue :

> Ainsi ceux qui réalisent une statue préformée enlèvent tout le superflu qui fait obstacle à la pure vision de (la forme) cachée et manifestent, par cette seule suppression, la beauté en soi et par soi qui y était dissimulée[113].

La logique de la voie négative est exposée comme suit : en niant progressivement les attributs dissimilaires, soit en enlevant les couches les plus « matérielles » ou laides, on se rapproche du beau. Le fait qu'il faille passer par les bassesses matérielles pour accéder à la beauté, donne à ces laideurs une qualité plus transcendante que privative dans la mesure où elles représentent une étape préliminaire à la découverte du divin.

Un autre enjeu cher à Denys est celui des noms divins. Comment faut-il nommer le divin qui, par principe, échappe à toute forme de nomination et qui demeure ineffable et inconcevable par son essence

113 Pseudo-Denys L'Aréopagite, *La Théologie mystique*, éd. citée, t. 2, p. 305.

même[114] ? Niant toute nomination possible du divin, la théologie négative tâche néanmoins à remédier à cette ineffabilité de Dieu :

> Mais pourquoi donc, diras-tu, alors que nous posions les affirmations divines à partir de ce qui est tout à fait primordial, commençons-nous, (maintenant), à partir des dernières, la négation divine ? Parce que, pour poser ce qui est au-delà de toute position, il fallait établir l'affirmation hypothétique à partir de ce qui lui est plus proche. Mais pour nier ce qui est au-delà de toute négation, il faut nier à partir de ce qui est plus éloigné de lui. N'est-il pas vrai que Dieu est davantage Vie et Bonté qu'air et pierre ? Et est-il davantage vrai qu'« il n'est pas ivre ou rancunier » plutôt que : « On ne peut le dire ni le penser[115]. »

Même si les deux possibilités de nommer Dieu sont valides, Denys reconnaît une supériorité à l'approche négative, apophatique, qui lui semble plus apte à rendre le caractère divin. On remplace les noms nobles, comme la bonté, le beau, pour désigner le divin avec des termes les plus dissemblables, les plus éloignés, comme « ivre » ou « rancunier » en les niant. Ainsi, on s'approche de l'image divine par ce qui ne lui ne correspond pas, exprimant véritablement sa nature insaisissable.

Par le biais de la dissemblance, on est amené à conclure que l'être divin est profondément paradoxal, il est « tout ce qui est et rien de ce qui est[116] », « il a toute figure et toute forme, lui qui est sans forme et sans beauté[117] ! » Le caractère paradoxal de Dieu démontre son caractère inconcevable, autrement exprimé par le qualificatif du dissemblable :

> En effet la théologie elle-même confère (à Dieu) le titre de Dissemblable, d'impossible à ranger avec tous les êtres, comme autre que tous, et ce qu'il y a de plus paradoxal, elle affirme aussi qu'il n'y a même rien de semblable à lui. Car les mêmes choses sont semblables à Dieu et dissemblables, semblables selon l'imitation, autant que possible, de l'Inimitable, et dissemblables selon que les effets sont déficients par rapport à la Cause et séparés d'elle par une distance infinie et incommensurable[118].

114 *Ibid.*, p. 315 : « Il n'y a absolument à son sujet ni affirmation, ni négation, mais, en posant des affirmations et des négations ce qui vient à sa suite, nous ne l'affirmons ni nous ne la nions, puisque la Cause parfaite et unitaire de tout est au-delà de toute affirmation et qu'est au-delà de toute négation la transcendance de celui qui est absolument détaché de tout et qui est au-delà de tout. »

115 *Ibid.*, p. 311.

116 Pseudo-Denys L'Aréopagite, *Les Noms divins*, éd. citée, t. I, p. 349.

117 *Ibid.*, p. 824.

118 *Ibid.*, p. 114-115.

Pour comprendre le divin, il faut reconnaître sa nature profondément contradictoire. En phase avec l'enseignement augustinien de la *regio dissimilitudinis*[119], la laideur pourrait se comprendre comme illustration de l'abîme ontologique qui s'ouvre entre l'entendement humain restreint et l'essence divine. Dans une telle optique, la représentation de Dieu sous les traits de la laideur marquerait plus franchement la dissemblance ontologique entre l'ici-bas et le céleste et révèlerait par conséquent davantage le divin.

C'est dans cette quête de noms divins que J. Miernowski reconnaît tout un potentiel poétique qui se déploie à travers deux modes : l'approche conciliatrice, selon laquelle « il est licite de désigner les réalités spirituelles par des images matérielles même les plus basses, car la matière a reçu sa substance de la Beauté absolue dont elle garde encore quelques vestiges[120] ». Même la laideur, en dépit de sa dissimilarité avec le monde des idées intelligibles, peut donc être considérée comme portant un reflet de leur signifié transcendant. Puis, l'approche négative vise à marquer une rupture au lieu d'une continuité. Seule la découverte de la non-ressemblance fondamentale entre les paradigmes humain et divin, au cœur de la théologie apophatique dionysienne, nous permet de concevoir la nature indicible de Dieu. Paradoxalement, le détour par le signe du laid, soit par la reconnaissance de la faillibilité et de la nature limitée de l'intelligence humaine, nous conduit, *ex negativo*, à appréhender et approcher l'essence divine. La pensée esthétique du Pseudo-Denys propose en effet une explication de la laideur suivant une logique de la *dissimilis similitudo*, de la représentation dissemblable. Selon lui, Dieu se révèle à nous à travers des représentations basses et laides pour animer une réflexion sur les choses éternelles. Dans une telle logique, les belles représentations ne renvoient pas vers Dieu, mais tout au contraire, elles nous incitent à prendre la chose matérielle pour le signifiant transcendantal du beau, en phase avec l'idée de la *curiositas* ou de la distraction par le beau qui retient le fidèle dans le monde sensible.

---

119 Pour le rapprochement avec saint Augustin, voir Pseudo-Denys L'Aréopagite, *Les Noms divins*, éd. citée, t. 1, p. 113, n. 3. Augustin thématise la relation de dissemblance entre la créature et le créateur dans ses *Confessions*, éd. citée, p. 144 : « Je me trouve loin de vous dans une contrée étrangère [*regio dissimilitudinis*]. »

120 J. Miernowski, *Signes dissimilaires*, *op. cit.*, p. 12.

SILÈNES ET PARADOXES

Formes littéraires de la laideur à la Renaissance

À la Renaissance, toute lecture de la laideur est prise à l'intérieur d'un jeu interprétatif partant d'une remise en cause de l'apparence comme signe fiable de l'essence. C'est la non-correspondance entre intérieur et extérieur qui procure un effet d'étonnement ou de perplexité. Deux modes de représentation, celui des silènes et des paradoxes, sont décisifs pour saisir le potentiel herméneutique qu'attribue la pensée humaniste à la laideur.

LES SILÈNES D'ALCIBIADE

L'imaginaire des silènes et des satyres est essentiel pour penser la laideur à la Renaissance[1]. Ces figures s'intègrent dans l'univers littéraire en vertu de leurs difformités physiques, qui leur confèrent également une place importante dans les proverbes renaissants. Leur statut proverbial est dû à des artefacts grotesques, connus sous le nom de boîtes de silènes ou silènes d'Alcibiade, dont la laideur burlesque fascine plus qu'elle ne rebute. C'est sous la plume de Pic de La Mirandole que cette image tirée du *Banquet* de Platon fait son entrée dans la littérature renaissante[2]. L'imaginaire silénique se perpétue par la suite dans les adages érasmiens. L'exemple littéraire français le plus illustre à ce propos est certainement

1 Pour un aperçu complet de la réception de l'imaginaire silénique voir F. Lavocat, *La Syrinx au bûcher. Pan et les satyres à la Renaissance et à l'âge baroque*, Genève, Droz, 2005 ; F. Lissarrague, « Why Satyrs are good to represent », dans *Nothing to do with Dionysos ? Athenian Drama and its Social Contest*, éd. J. Y. Winkler and F. I. Zeitlin, Princeton, Princeton University Press, 1990, p. 228-236.

2 Voir F. Lavocat, *La Syrinx au bûcher*, *op. cit.*, p. 18.

celui des boîtes de silènes mentionnées dans le prologue du *Gargantua* rabelaisien[3]. L'auteur introduit son propos par une description de ces artefacts grotesques qui contiennent, malgré leur apparence biscornue, « les fines drogues, [...] et aultres choses precieuses[4] ». Par analogie, Rabelais rapproche ces boîtes du personnage de Socrate dont le physique hideux cache une âme belle : « tant laid il estoit de corps et ridicule en son maintien, le nez pointu, le reguard d'un taureau [mais], toujours dissimulant son divin sçavoir[5] ». La dialectique entre laideur extérieure et contenu précieux se joue en faveur du contenant dont la valeur réside justement dans son potentiel à produire de l'étonnement, de l'inattendu. Pour étudier de près l'imaginaire silénique, nous mettons en exergue les déclinaisons qu'en offre Érasme, dont nous connaissons l'importance pour nos trois auteurs : Marguerite de Navarre entretient une correspondance avec l'humaniste néerlandais[6] ; Marot traduit ses colloques[7], et il arrive à Du Bellay d'intégrer les adages et de s'inspirer de *L'Éloge de la Folie* pour sa production poétique[8].

La laideur socratique tient du véritable lieu commun à la Renaissance. Quant au legs érasmien, il faut prendre en compte avant tout l'adage 2201[9], qui est de loin le proverbe le plus élaboré de l'anthologie. Non seulement sa longueur mais aussi son positionnement à l'intérieur des adages – le premier de la « troisième centurie de la troisième chiliade[10] » – marque l'importance de cet apophtegme. Plus qu'un simple proverbe, il constitue

---

3 La bibliographie critique sur le prologue du *Gargantua* étant très riche, nous renvoyons par commodité à l'une des plus récentes études : R. Menini, « Encore le prologue de *Gargantua* (de Jarry à Galien, et "vice versa") », dans *Études rabelaisiennes*, vol. 62, 2019, p. 113-137.

4 F. Rabelais, *Gargantua*, dans *Œuvres complètes*, éd. M. Huchon, Paris, Gallimard, 1994, p. 6.

5 *Ibid.*

6 V.-L. Saulnier, « Recherches sur la correspondance de Marguerite de Navarre », *Bibliothèque d'Humanisme et Renaissance*, vol. 34, n° 2, 1972, p. 283-336 ; M. M. Phillips, « Marguerite de Navarre et Érasme : une reconsidération », *Revue de littérature comparée*, n° 52, 1978, p. 194-201.

7 J. Céard, « Marot, traducteur d'Érasme », dans *Clément Marot. « Prince des poètes françois » 1496-1996*, éd. G. Defaux et M. Simonin, Paris, Classiques Garnier, 2007 (1997), p. 107-120.

8 E. Mac Phail, « A Fool in Verse : Du Bellay and Erasmus », *French Forum*, vol. 37, n° 3, 2012, p. 1-44.

9 Pour toute citation de cet adage, nous renvoyons à Érasme, *Les Adages*, éd. citée, t. 3, p. 106-129.

10 Érasme, *Les Silènes d'Alcibiade*, éd. J.-Cl. Margolin, Paris, Les Belles Lettres, 1998, p. XIV.

l'illustration d'une clé de déchiffrage des apparences du monde. Cette herméneutique rejoint, en passant par le personnage de Socrate, la logique paradoxale ou silénique de la figure du Christ et du message de l'Évangile[11]. Le proverbe érasmien commence par la description de ces figures fascinantes. La désignation *Selênoi Alkibiadou* se réfère d'ores et déjà à un objet d'art, à savoir des « petites figurines fendues par le milieu[12] », qui peuvent être appréciées sous un double regard. Ainsi, se présente « un objet qui en apparence – ou comme on dit de prime abord – semble vil et ridicule, mais qui est en réalité admirable quand on l'examine de plus près et profondément[13] ». Le corps grotesque appelle l'examen. En réalité, le défi que présentent ces boîtes concerne l'exercice de la double vue. La recherche esthétique ne s'arrête pas de « prime abord », mais est appelée à chercher au-delà du sensible. En ce qui concerne les boîtes de silènes, la possibilité de cette pénétration est rendue possible grâce à une particularité de l'œuvre d'art. Leur fabrication prévoit une fente qui invite à son ouverture. Fermées, ces boîtes présentent une « silhouette ridicule et grotesque [*ridiculam ac monstrosam*] », ouvertes, « elles révélaient soudain la figure d'un dieu, si bien que la plaisante méprise rendait l'art du fabricant d'autant mieux venu[14] ». On insiste sur le statut d'artefact de ces boîtes et sur la présence du créateur, dont l'art du sens caché augmente la valeur artistique de la figurine extérieurement laide. L'étonnement inopiné est procuré par la cohabitation paradoxale du précieux et du bizarre. En fait, ce passage met en scène l'idée d'un jeu avec les présupposés esthétiques qui crée un moment de perplexité[15], plus encore un moment épiphanique car il escamote, comme dans un jeu de cache-cache, la « figure d'un dieu [*numen ostentebant*] » à l'intérieur de cette écorce mal avenante. La laideur factice est valorisée comme défaut ludique – « la plaisante méprise » de l'artisan – qui séduit le spectateur afin de l'inciter à s'approcher. À en croire Érasme, le rapprochement des statuettes grotesques avec la figure de Socrate rappelle l'éloge qu'en fait Alcibiade dans *Le Banquet* de Platon[16].

11 Voir *supra*, p. 52, p. 58.

12 Érasme, *Les Adages*, éd. citée, p. 106.

13 *Ibid.*

14 *Ibid.*

15 Voir sur ce sujet S. Geonget, *La Notion de perplexité à la Renaissance*, Genève, Droz, 2006.

16 Voir Platon, *Œuvres complètes*, t. 4.2 : *Le Banquet*, éd. P. Vicaire, Paris, Les Belles Lettres, 1992 (1982), 215 a-223 d.

Par ailleurs, l'adage évoque la célèbre dispute entre Socrate et le jeune Critobule qui traite son interlocuteur de « plus difforme que les silènes[17] ». Dans *Le Banquet* de Xénophon, Socrate devient objet de moquerie en raison de sa vieillesse, mais plus encore en raison de sa laideur hyperbolique qui dépasse même celle des silènes. La brève altercation que retient Érasme à ce propos est tirée d'un passage qui exhibe un véritable concours de beauté paradoxale annonçant en creux une inversion des valeurs esthétiques[18]. De fait, le laid Socrate remet en cause l'évidence avec laquelle le gracieux Critobule défend sa beauté. Socrate lance un défi à son interlocuteur – « Allons, démontre-nous, si tu peux avancer quelque habile argument, que tu es plus beau que moi[19] » – et s'acharne à le convaincre de ce que serait la véritable beauté par une sorte d'éloge de sa propre laideur, qui se manifeste à travers plusieurs parties de son visage. Selon Socrate, ses yeux seraient les plus beaux car ils sont plus puissants que ceux de son contestataire : « C'est que tes yeux voient seulement droit devant eux, tandis que les miens voient aussi de côté puisqu'ils sont à fleur de tête[20] ». Il en est pareil du nez dont la beauté se mesure selon sa capacité à saisir la plus grande quantité de senteurs. Suivant la même logique, Socrate compare les avantages de son nez à celui de Critobule :

> Tes narines, en effet, regardent vers la terre, les miennes sont retroussées, de manière à capter de partout les odeurs. – Mais comment un nez camus serait-il plus beau qu'un nez droit ? – Parce qu'il ne fait pas barrière, mais permet aux yeux de voir sur le champ ce qu'ils veulent ; un nez au contraire, dresse comme par arrogance un mur entre les yeux[21].

Un beau nez droit est non seulement gênant, propre à faire obstacle à la vue, mais renvoie de surcroît à un caractère hautain. Socrate met *ad absurdum* tout critère de beauté en avançant à chaque fois l'argument de l'utilité selon laquelle est jugé beau ce qui a une fonction ou un sens concret pour l'usage pratique. C'est la finalité qui détermine le jugement esthétique et rend beaux des yeux bovins, un nez camard et, enfin, une bouche d'âne, le dernier élément scruté dans cette apologie des disgrâces

17 Érasme, *Les Adages*, éd. citée, p. 106.
18 Xénophon, *Banquet* ; *Apologie de Socrate*, éd. F. Ollier, Paris, Les Belles Lettres, 1961, p. 65-66.
19 *Ibid.*, p. 65.
20 *Ibid.*
21 *Ibid.*, p. 66.

faciales. Dorénavant, Critobule pense avoir saisi la logique argumentative de son adversaire et fait l'éloge de la grande bouche socratique :

> – Pour la bouche, continua Critobule, à toi la palme ; car si elle est faite pour mordre, tu peux emporter en mordant de beaucoup plus gros morceau que moi. Et ne crois-tu pas que l'épaisseur de tes lèvres rend ton baiser plus moelleux que le mien ? – À t'entendre, réplique Socrate, il semble que ma bouche soit plus vilaine que celle des ânes. Mais ne comptes-tu pour rien comme preuve de la supériorité de ma beauté sur la tienne le fait que les Naïades, qui sont des divinités, donnent la vie aux Silènes qui me ressemblent plus qu'à toi[22] ?

Critobule loue les avantages que la bouche représente pour la consommation de nourriture et met en exergue, sur un ton quelque peu ironique, ses vertus érotiques. Socrate réagit en rappelant le succès amoureux des silènes auprès des divinités de la beauté. Le ménage hybride que forment les nymphes avec les suivants de Dionysos rappelle à bien des égards la « Complainte des Satyres aux Nymphes » où Du Bellay met en vers une semblable plaidoirie en faveur des représentants éternels de la laideur[23].

Par le truchement de Critobule, Xénophon nous relate en creux les détails disgracieux du visage socratique. Bien que le portait du visage soit absent chez Platon, Érasme l'ajoute de sa propre main dans son adage, en mettant l'accent sur la nature biface de Socrate :

> [P]arce qu'il est différent aux yeux d'un très proche observateur de ce que semblent révéler son apparence extérieure et ses traits les plus superficiels. Quiconque l'aurait estimé, comme on dit, par son écorce faciale, ne l'aurait pas acheté un sou. Il avait le visage d'un rustaud, des yeux bovins, un nez camard aux narines morveuses. On aurait dit quelque clown balourd et stupide.

Le Socrate érasmien se caractérise par une gaucherie rustique de bouffon. Son physique trouve son pendant dans son expression verbale, dont Érasme retient la simplicité :

> Aucun souci de son apparence, un langage simple et terre à terre, celui du peuple [*sermo simplex ac plebeius et humilis*] et d'un homme qui ne cessait de parler de cochers, de gagne-petit, de foulons, d'artisans. Car c'était généralement à partir de ces exemples qu'il introduisait ses *eïsagōgas* [arguments] qui lui servaient à presser ses détracteurs dans la discussion. [...] Et pourtant, si vous avez ouvert

22 *Ibid.*
23 Voir *infra*, p. 304 *sq.*

> ce Silène si ridicule, c'est un dieu plutôt qu'un homme que vous auriez découvert, une grande âme, une âme sublime et véritablement philosophique [...][24]

La rudesse de la parole socratique semble aller de pair avec son apparence manifestement campagnarde. Son discours peu soigné est centré sur des raisonnements trouvant leur contenu dans la sphère populaire ; se passant des ornements rhétoriques inutiles, il va directement au cœur des choses. Dans un sens figuré, le qualifiant « terre à terre » renvoie à l'élément de *humus* dans le *stylus humilis*. Cependant, les propos simples, au même titre que l'apparence physique marquée par les traits peu gracieux, ne sont que superficiels. Sous le regard d'un observateur doué qui saura voir au-delà du visage bouffon et du parler naïf de Socrate se dévoile l'âme divine.

C'est de la même logique socratique d'une nature dissemblable – qui porte l'empreinte de la théologie négative[25] – que dérive la fascination exercée par des boîtes de silènes. Elles invitent à l'ouverture, par le biais d'une fente, pour découvrir ce qui se trouve à l'intérieur. Ainsi est mimé, par le biais de la figurine grotesque, un processus d'interprétation initié par l'aspect grotesque de l'artefact. De fait, les humanistes font du silène « l'image courante d'un mode de déchiffrement hérité de l'allégorie[26] ». C'est donc par sa faculté symbolique que la laideur intervient pour illustrer le principe herméneutique de l'interprétation ou de l'exploration intellectuelle. Dans une telle perspective, la laideur devient *incitamentum* à la recherche d'un sens caché, comme le remarque Françoise Lavocat : « les statuettes érasmiennes ne sont pas seulement susceptibles d'être ouvertes, mais aussi développées, déployées, expliquées ("*ut diduci et explicari possent*")[27] ».

En ce qui concerne l'image des silènes, l'adage 2201 fait écho à un autre texte érasmien encore. Dans son *Éloge de la Folie*, Dame Folie constate que :

> C'est un fait que toutes les choses humaines à la manière des silènes d'Alcibiade ont deux faces tout à fait différentes. Ainsi ce qui à première vue est la mort, est la vie si vous regardez plus à l'intérieur des choses. Ce qui était la vie, est la mort ; ce qui était beau, laid ; l'opulence cache l'indigence ; l'infamie, la gloire [...] ; bref, si vous ouvrez le silène vous verrez soudain tout inversé[28].

24 Érasme, *Les Adages*, éd. citée, p. 106-107.
25 Voir *supra*, p. 61 *sq*.
26 F. Lavocat, *La Syrinx au bûcher*, *op. cit.*, p. 17.
27 *Ibid.*, p. 35.
28 Érasme, *Éloge de la Folie*, éd. Cl. Blum, Paris, Robert Laffont, 1992, p. 34.

Étant donné la dualité de toutes choses, comment établir leur véritable nature ? D'après Dame Folie, la qualité d'une chose ne lui est pas inhérente mais se construit à partir de la valeur qu'on lui accorde ou de l'opinion que l'on porte sur elle. Pour illustrer l'importance du regard d'un tiers, elle donne l'exemple du regard changé par l'amour : « Si une femme est remarquablement laide, mais que son mari voit en elle une rivale de Vénus, n'est-ce pas comme si elle était réellement belle[29] ? » À la réalité de la laideur s'oppose l'illusion de la beauté. L'amour fou change la perception, rompt avec les canons esthétiques et transforme le vice en vertu, la laideur en beauté. Ces sublimations par l'amour prennent toutefois une fonction sociale importante parce qu'elles garantissent le maintien paisible des rapports sociaux, notamment conjugaux. Le binôme de l'« être » et du « paraître » va de pair avec l'amour aveugle. Si Cupidon a les yeux bandés, il n'arrive pas à distinguer la beauté de la laideur et porte son jugement sinon de manière aléatoire, du moins en accord avec son désir :

> Cupidon, créateur et père de tous les liens d'affection n'est-il pas complètement aveugle ? De même que *ce qui n'est pas beau lui paraît l'être* [*sic*] il fait que chacun parmi vous croit beau ce qui lui appartient : le vieux raffole de sa vieille comme le poupon de sa poupée[30].

La force transformatrice de l'amour, que nous avons déjà rencontrée dans une perspective chrétienne[31], prend ici une dimension tout à fait profane et quotidienne. La quintessence des illusions de l'amour se résume dans la reprise littérale des *Idylles* de Théocrite[32] : « ce qui n'est pas beau lui paraît l'être ». On y trouve l'idée que la laideur se trouve métamorphosée en beauté par les forces de l'illusion. L'intertexte bucolique de cette citation est parlant à cet égard, parce qu'il a comme sujet les jeux amoureux entre la gracieuse Galatée et le laid cyclope, Polyphème[33]. Les deux pasteurs Damoitas et Daphnis se retrouvent pour chanter l'histoire amoureuse de ce couple mal assorti. Ils débattent de l'argument voulant

29 *Ibid.*, p. 53.
30 *Ibid.*, p. 26.
31 Voir *supra* nos analyses sur saint Augustin, p. 59.
32 Voir Théocrite, *Idylles*, éd. F. Frazier et P.-E. Legrand, Paris, Les Belles Lettres, 2009, chap. VI, 19, p. 137.
33 C. Cusset, *Cyclopodie. Édition critique et commentée de l'Idylle VI de Théocrite*, Lyon, Maison de l'Orient et de la Méditerranée, 2011. Voir surtout le sous-chapitre sur « Un Cyclope amoureux », p. 35-38.

que l'amour ne naît pas du physique mais du pouvoir de possession. À l'encontre des doctrines amoureuses néoplatoniciennes, la beauté n'est pas à l'origine de l'amour, ce sont les relations d'appartenance qui déterminent les attraits physiques de la personne désirée. Tant que le hideux Polyphème pourchasse la belle Galatée, elle ne veut pas de lui et le rejette. Mais la situation se renverse aussitôt en faveur du cyclope dès qu'il arrête de lui faire la cour : « elle, qui te fuyait quand tu l'aimais, te poursuit quand tu ne l'aimes pas et pousse son dernier pion. C'est que pour l'amour, souvent, Polyphème, paraît beau ce qui n'est pas beau[34]. » Vers peu flatteur pour le physique du cyclope, qui suggère que les attributions esthétiques changent en fonction du jeu amoureux. À ceci s'ajoute, dans un tournant ironique de l'intrigue, l'auto-perception du cyclope qui, lui, ne doute à aucun moment de sa beauté :

> Après tout, je n'ai pas non plus une laide figure, comme on le dit de moi. L'autre jour je regardais dans l'eau marine – la mer était d'huile –, et ma barbe faisait bel effet ; bel effet aussi, à mon avis, mon unique prunelle ; quant à mes dents, la mer en renvoyait l'image plus blanche, plus éclatante que le marbre de Paros. Pour n'être fasciné, j'ai craché trois fois dans mon sein, comme me l'a enseigné la vieille Cotyttaris[35].

Sorte de parodie vulgarisant le miroitement de Narcisse, l'échange de personnages se joue clairement en faveur du laid Polyphème qui échappe aux eaux périlleuses en dépit de son auto-éloge tout à fait narcissique. Le propos qu'il tient à son propre endroit est animé par la *philautia*, l'amour-propre qui, selon Dame Folie, représente l'ingrédient indispensable à la valorisation de la beauté : « Car à quoi bon la beauté, le plus inestimable présent des dieux immortels, si elle est contaminée par le vice du dégoût de soi[36] ? » Le rapport à soi semble prépondérant dans toute évaluation d'attraits physiques. En termes de beauté et de laideur, tout dépend, pour ainsi dire, du point de vue que l'on adopte.

---

34 Théocrite, *Idylles*, éd. citée, p. 135.
35 *Ibid.*, p. 135-139.
36 Érasme, *Éloge de la Folie*, éd. citée, p. 27.

LES PARADOXES DE LA LAIDEUR

L'expression de la nature double ou silénique des choses trouve une deuxième modalité dans la pensée humaniste, celle du paradoxe[37]. Il s'agit en effet d'un mode de prédilection pour penser et représenter la laideur à la Renaissance, que ce soit dans l'art[38] ou en poésie, à travers notamment le genre de l'éloge paradoxal[39]. Le potentiel littéraire du paradoxe réside dans l'ambiguïté qu'il exploite et la perplexité qu'il suscite. On y recourt pour éveiller la curiosité chez le lecteur. Le raisonnement paradoxal revêt non seulement des figures de pensée ou des procédés rhétoriques, mais sert également à jouer sur la subversion des formes et codes littéraires.

Henri Mourier résume qu'avec le paradoxe, on a affaire à une « opinion contraire à l'opinion commune », à savoir « une affirmation qui, au premier abord, paraît choquante ou absurde, mais qui, à la réflexion, est conforme à la réalité[40]. » Jean-Claude Margolin répète à maintes reprises cette signification déroutante qu'a pris le paradoxe dans l'usage commun. Depuis son étymologie le paradoxe semble être en proie aux interprétations sinon paradoxales, au moins erronées. Il se heurte notamment à sa traduction restrictive, fautive selon lui, et la soumet à une étude étymologique plus exacte : « paradoxe, c'est-à-dire *para doxan*, contre l'opinion, contre l'opinion commune. Mais pourquoi réduire le sens de la préposition grecque *para* à celui d'opposition ? Elle signifie tout aussi bien “à côté de” [...][41] ». En réalité, toute la complexité de cette figure de pensée consiste dans le fait qu'elle ne se contente pas de retourner simplement *ex negativo* un raisonnement mais qu'elle tâche à développer un raisonnement autre, qui se positionnerait en parallèle de

---

37 Voir P. Dandrey, *L'Éloge paradoxal de Gorgias à Molière*, Paris, PUF, 1997. Sur la véritable culture du paradoxe dans la première modernité, on consultera l'étude pionnière de R. L. Colie, *Paradoxia Epidemica : The Renaissance Tradition of Paradox*, Princeton, Princeton University Press, 1966.

38 A. F. Huguenin, *Hässlichkeit im Portrait. Eine Paradoxie der Renaissancemalerei*, *op. cit.*

39 Voir par exemple J.-P. Cavaillé, « L'éloge de la laideur dans la littérature antipétrarquiste », *L'Atelier du Centre de recherches historiques* [revue en ligne] : *La Querelle des corps. Acceptions et pratiques dans la formation des sociétés européennes*, n° 11, 2013 : https://journals.openedition.org/acrh/5234 (consulté le 25/03/2022).

40 H. Mourier, *Dictionnaire de poétique et de rhétorique*, Paris, PUF, 1976, p. 863-864.

41 *Ibid.*

l'opinion commune. C'est le goût du relativisme qui se manifeste dans une telle conception du paradoxe. Il y a donc une volonté de résistance aux préconçus, de subversion des normes mais toujours dans le but, paradoxalement, d'harmoniser les opposants.

En suggérant, ou questionnant comme faux ce qui est communément admis comme vrai, le paradoxe cherche à susciter – à l'instar des boîtes des silènes – la perplexité et l'étonnement chez son lecteur. En fait, le paradoxe oblige le lecteur à l'exercice d'une double vue et l'invite à lire différemment le monde. Plus qu'un réajustement optique, le paradoxe questionne la logique du monde, la met à l'envers de manière assez perturbante en suggérant « une pensée profonde sous forme d'une fausseté écrasante[42] ». Liée à un moment de prise de conscience, que suscite le paradoxe, se trouve une énergie pédagogique qui frappe l'intelligence et dégage « à seconde vue un sens merveilleusement vrai, souvent profond, et toujours énergétique[43] ». Le paradoxe gagne par là son côté anamorphique dans lequel Marcel Tetel reconnaît sa valeur didactique :

> C'est là une fonction fondamentale didactique de cette démarche rhétorique : conduire au vrai au moyen du faux. D'autre part, cette démarche rhétorique introduit le principe d'une représentation anamorphique également valable en soi. Le beau, le laid, le bien, le mal, se définissent, dans une certaine mesure, selon le jour qui les éclaire, selon les perspectives individuelles. On croit au vrai comme on croit au faux, ce qui ne veut pas dire que celui-ci est nécessairement valorisé moralement au profit de l'autre. [...] La fable, la mimesis fictive, séduit tout aussi bien, sinon mieux que le discours direct et sans voile[44].

En tant que procédé rhétorique, le paradoxe vise alors la recherche de la vérité en passant par le mensonge, l'improbable ou le contestable. Ces détours siléniques, pour ainsi dire, ne sont pourtant que des voiles temporaires, des moyens utilisés dans le but de considérer une chose sous un nouvel angle. Dans la mesure où le paradoxe mime un changement de regard ou un effet d'anamorphose, il permet d'approcher les réalités

42 R. Landheer et P. J. Smith (éd.), *Le Paradoxe en linguistique et en littérature*, Genève, Droz, 1996, p. 11.

43 H. Mourier, *Dictionnaire de poétique et de rhétorique*, *op. cit.*, p. 813.

44 M. Tetel, « *L'Éloge de la Folie* : Captatio benevolentiae », dans *Dix conférences sur Érasme*, éd. Cl. Blum, Paris/Genève, Honoré Champion et Slatkine, 1988, p. 23-32, ici p. 29.

contraires sans filtre moralisateur, rendant absurde le non-sens de la coutume. C'est que la véritable nature des choses se mesure aussi selon la perspective que l'on adopte. Dans une telle optique, l'exemple que nous allons examiner désormais permet d'envisager la laideur comme symbole de la véritable vertu.

« QU'IL VAUT MIEUX ÊTRE LAID QUE BEAU » : AUTOUR D'UNE RÉÉCRITURE

Un des premiers exemples qui fait état d'une mise en pratique de la réflexion paradoxale vient d'Ortensio Lando et de ses *Paradossi* (1543)[45], dont Charles Estienne donne une traduction approximative – une adaptation plutôt – en 1553. Dans son introduction au texte de Lando, Antonio Corsaro qualifie les paradoxes d'une « littérature portée à la controverse plutôt qu'à des enquêtes et à des réflexions systématiques[46]. » Si l'objectif est d'alimenter un débat sur des sujets bien divers, les brefs discours paradoxaux dont est composée l'anthologie influencent également la production littéraire de l'époque. On peut, par exemple, souligner l'impact qu'ont eu les paradoxes de Lando sur Rabelais et les poètes de la Pléiade[47].

Pour ce qui est de l'adaptation française du modèle italien, Estienne explique dans son « Au Lecteur » le schéma paradoxal qu'il va mettre en exercice. Ainsi s'inaugure ce manuel destiné aux jeunes juristes : « que les choses contraires raportees l'une à l'autre, donnent meilleure congnaissance de leur evidence & vertu : aussi la vérité d'un propos se trouve beaucoup plus claire, quand les raisons contraires luy sont de bien pres approches[48] ». Estienne conçoit le recueil en tant que manuel pour les jeunes avocats afin qu'ils puissent entraîner leur virtuosité verbale.

45 O. Lando, *Paradossi*, éd. A. Corsaro et M.-F. Piéjus, Paris, Les Belles Lettres, 2012.

46 *Ibid.*, p. 15.

47 Rabelais, par l'intermédiaire de son imprimeur S. Gryphius, prend connaissance des paradoxes de Lando au moment de la rédaction du *Tiers Livre*. Cette veine paradoxale se poursuit chez Du Bellay avec son « Poète courtisan » ou bien son « Hymne à la surdité ».

48 C. Estienne, *Paradoxes*, éd. T. Peach, Genève, Droz, 1998, p. 59. Pour toute citation des paradoxes de C. Estienne, nous renvoyons désormais à cette édition.

La démarche argumentative du paradoxe fonctionne selon une logique dialectique, partant de ce qui est communément accepté (thèse) pour en prendre le contre-pied (anti-thèse) avec le but de révéler une certaine vérité – une vérité alternative, une *doxa* parallèle – qui se nourrit des deux (synthèse). Le paradoxe devient source de connaissance et de vertu dans la mesure où la vérité des choses, ou bien le caractère véritable des choses, semble toujours dépendre de son contraire. En réalité, la définition qu'en donne Estienne ne s'éloigne pas décisivement de celle que l'on trouve aujourd'hui et que nous élaborons ci-dessus : « c'est à dire, contraires à l'opinion de la plupart des homes : à fin que par le discours d'iceux, la verité opposite t'en soit à l'avenir plus clere & apparente[49]. » L'opposition de la vérité commune avec son contraire mène à une clairvoyance plus diligente et plus raisonnable. On y trouve la volonté de saisir la complexité du monde dans toute sa *varietas* et ceci selon une logique d'étonnement et de divertissement ludique.

Le paradoxe sur les avantages de la laideur, en deuxième place du recueil – « Pour la laideur du visage. Qu'il vault mieux estre laid que beau[50] » –, rassemble divers arguments en faveur de la laideur physique. Contrairement à ce que le titre annonce, le visage laid n'est pas traité de manière privilégiée. On retrouve en effet une typologie double : la laideur faciale apparaît en binôme avec la difformité du corps contrefait. La veine générale de l'argumentation est celle d'une mise à l'épreuve de la beauté corporelle perdant sur le plan de la pudeur au profit d'une mauvaise grâce physique rachetée sur le plan moral. L'éloge paradoxal se déploie par rapport à trois domaines : les passions de la chair en lien avec les attraits physiques, l'évocation des grands sages laids de l'Antiquité, et enfin la faiblesse des beaux corps et la vanité de la beauté par opposition à la chasteté de la laideur. À chaque fois, le développement de l'argument se fait au croisement de l'éthique et de l'esthétique. En effet, le paradoxe sur le visage laid introduit son propos par une réflexion sur les rapports entre passion amoureuse et attraits physiques du corps :

> Quiconque ne sçait que vault la deformité du corps et laideur de visage (principalement aux femmes, car aux hommes ne fut onc de si grand'requeste), celuy là n'a jamais consideré combien d'amoureuses estinceles se voyent

49 *Ibid.*
50 *Ibid.*, p. 78-82.

> journellement soubz un laid visage et corps mal basty, couvertes et assopies, qui en belle face, mignonne et pollie, donnent souvent occasion d'une tresgrand' flamme[51].

D'emblée, Estienne distingue deux types de laideur qu'il répartit – de manière plus claire encore dans la suite du paradoxe – selon les sexes : la difformité du corps appartient plutôt au masculin, tandis que la disgrâce du visage est retenue *a priori* pour les femmes. Le premier argument se construit autour des conséquences dommageables provoquées par les flammes amoureuses émanant d'un beau visage et qui seraient éteintes dans les visages laids. L'ampleur du feu d'amour se mesure d'après le physique. La beauté augmente les ébats de la passion, tandis que le laid paraît apprivoiser et tempérer le désir. À ce sujet, Estienne ne fait pas l'économie de l'exemple courant d'Hélène de Troie, dont la beauté est tenue pour responsable d'avoir provoqué la guerre entre deux peuples. Une Hélène laide, condamnée au conditionnel puisqu'elle ne fait pas histoire, aurait évité de tels dommages : « si ceste Helene de Grece, et ce gentil pasteur troyen, eussent esté laids et contrefaicts, que les Grecs eussent onc print tant de peine à les poursuivre, ne la povre Troye enduré si cruelle destruction et ruine[52] ». Dans une telle historiographie alternative, qui réécrit les évènements de Troie avec des personnages dépourvus de grâce, la laideur fonctionne en effet comme une issue salvatrice. Le fait de transformer ainsi la belle Hélène et le beau Pâris en figures contraires apparaît comme une relecture de l'histoire par le biais de la laideur.

Estienne poursuit en effet avec des exemples tirés de l'Antiquité et souvent présentés sous forme de liste. Le deuxième pivot de l'argumentation met en lumière la prédilection de l'esprit pour siéger dans un corps laid. Socrate en constitue l'exemple privilégié. Dans le cortège de sages laids, on retrouve Ésope, Zénon, Aristote, Empédocle, Galba et le guerrier Philopœmen. À l'instar des boîtes de silènes, le corps laid est l'habitacle préféré de l'esprit vif et guerrier, à condition que ce corps soit masculin.

Le troisième point de l'argumentation dénonce la beauté comme proie désignée de la mollesse, de l'efféminement et de la concupiscence, ainsi que du manque de pudeur, la situant à l'origine de l'adultère. Seuls les effets de la laideur sauraient apprivoiser l'inclination pour la débauche :

---

51 *Ibid.*, p. 78.
52 *Ibid.*

> Au contraire voyez le bien et le profit de la deformité, quand tous ceux en general, qui anciennement ont esté, et encor pour le jourdhuy sont studieux de chasteté, confessent appertement que tant de force n'ont en leur endroict pour dompter et reprimer les aguillons de la chair, les longues veilles, les griefves disciplines, et jeunes continuelles, comme un tout seul regard d'une laide et contrefaicte personne. Dont est ce que l'on dict en commun proverbe, d'une bien fort laide femme, qu'elle sert de souverain remede et bonne recepte contre tentations [*sic*] de la chair[53].

Un des bénéfices d'un corps mal formé serait donc la chasteté. De l'aliénation des ébats de la chair dériverait une prédisposition à la vie ascétique. Si les corps difformes sont munis d'une pudeur intrinsèque, c'est également le simple fait de les voir qui susciterait chez un tiers une réaction d'abstinence. À ce sujet, Estienne mobilise le lieu commun de la vieille laide dont le regard agit comme remède à l'amour impudique et incite à la continence. De manière désinvolte et quelque peu ironique, on passe de la figure satirique de la vieille femme à un éloge christianisant de la laideur :

> O saincte et precieuse deformité, bien aymée de chasteté, fuite de tous scandaleux dangers, et ferme rempart à l'encontre des amoureux assaux ! J'apperçoy que par ton moyen la frequentation des personnes en est bien plus facile, et que d'icelles tu ostes tous ennuis et fascheries, chassant hors ta compagnie toutes meschantes suspicions comme souveraine medecine à la desesperée jalousie[54].

En tant qu'allégorie, la difformité est célébrée comme confidente de la chasteté ; toutes deux se réunissent pour combattre les vices de la concupiscence et de la jalousie. Cette apostrophe relève d'une forme de sanctification de la laideur et représente sans doute le point culminant du raisonnement paradoxal. Estienne poursuit dans cette veine argumentative de la laideur comme garante de la chasteté. Il évoque l'exemple d'une jeune fille du Périgord dont la beauté attire des regards concupiscents et qui décide d'anéantir cette source de péché :

> Elle mesme avec un rasouer ou quelque piece d'argent bien affilée se deffigura le visage, de sorte que ses deux joues qui au paravant sembloyent deux roses ou escarboucles, ne retenoyent plus rien de leur façon premiere et naturelle. Ce mesme acte feirent plusieurs sages et bien endoctrinées pucelles et sainctes

53 *Ibid.*, p. 80.
54 *Ibid.*

> vierges de la primitive Eglise, desquelles l'on fait aujourdhuy grande mémoire entre les Chrestiens[55].

Le thème de la jeune fille qui se mutile violemment le visage pour fuir les avances d'un prétendant est courant dans la littérature renaissante[56]. Lando s'inspire à ce propos de l'*exemplum* du jeune Toscan Spurina, sur lequel nous reviendrons en détail[57]. Si Charles Estienne revisite cet enlaidissement volontaire du visage en inversant les sexes et en le « francisant », il y ajoute aussi une dimension hagiographique. À l'encontre des courtisanes qui « ne cessent journellement d'inventer nouvelles et estranges manière de fard pour contrefaire de deguiser leur aage et premier pourtraict naturel[58] », les laides sont naturellement « chastes, humbles ingenieuses, spirituelles[59]. » La valorisation morale de la laideur passe par les paradoxes du christianisme.

---

55 *Ibid.*, p. 81.

56 Voir R. Lebègue, « La femme qui mutile son visage (*Heptaméron* X) », *Comptes rendus des séances de l'Académie des Inscriptions et Belles-Lettres*, vol. 103, n° 2, 1959, p. 176-184. Nous revenons en détail à ce thème *infra*, p. 134 *sq.*

57 Voir notre étude S. Dembruk, « Les paradoxes de la mollesse et le cas de Spurina : pour une laideur virile ? », dans *Mollesses renaissantes. Défaillances et assouplissement du masculin*, éd. D. Maira avec F. Baur et T. Patera, Genève, Droz, 2021, p. 93-112.

58 C. Estienne, *Paradoxes*, éd. citée, p. 81.

59 *Ibid.*, p. 82.

CONCLUSION

Au terme de cette première partie, nous pouvons revenir sur la notion de laideur (*deformitas*) telle qu'elle est traitée en creux dans les textes philosophiques de la Renaissance, en particulier dans les traductions et commentaires ficiniens. Dans son commentaire des *Ennéades* plotiniennes, Marsile Ficin désigne la matière comme principe même de la laideur, qui s'oppose à la beauté par son manque de forme (*forma*). Ce rapport d'étrangeté à un principe formateur le rend méconnaissable à l'âme, qui la repousse. La métaphore de la boue y ajoute l'idée de souillure renforçant l'association de la laideur à la matière même (*deformitatem ipsam*). Quant au *Commentaire sur le* Banquet *de Platon* (ou *De Amore*) par l'humaniste italien, les questions relatives à la laideur n'y peuvent être que d'ordre secondaire, sachant que la priorité de la pensée néoplatonicienne est de théoriser la genèse de l'amour à partir du beau (*pulchritudinis*), plus précisément de la beauté corporelle. De plus, les principes d'opposition paraissent tranchants : beauté et laideur sont antonymes. Cependant, Ficin développe une vision plus souple qui prend en compte la force réconciliatrice de l'amour. Dans une telle perspective, la beauté et la laideur corporelles sont des catégories relatives qui sont soumises au temps, aux circonstances et au regard subjectif.

Le parcours des écrits augustiniens et dionysiens a permis de retracer le substrat chrétien et biblique qui informe la question de la laideur à la Renaissance. De manière générale, l'absence de préoccupation esthétique dans le christianisme scripturaire – surtout dans le Nouveau Testament – et patristique paraît emblématique, sinon d'une méfiance, au moins d'une certaine indifférence vis-à-vis du monde sensible au profit de l'au-delà. Plusieurs axes deviennent opératoires dès lors qu'on considère le statut du laid dans une perspective chrétienne. Sur un plan axiologique, la laideur est conçue négativement comme corruption de l'âme, par conséquent comme moralement réprouvable. En même temps, on a montré l'existence d'une vision pancaliste chez le saint

Augustin post-manichéen, qui envisage le laid comme partie intégrante de la création et l'incorpore à une économie de l'ensemble. Toutefois, la *regio dissimilitudinis*, l'abîme insurmontable de dissemblance, sépare l'être humain imparfait de l'excellence divine. La théologie négative du Pseudo-Denys s'appuie sur cette dissemblance. Par ailleurs, la question de l'incarnation du Christ et de sa laideur sur la Croix est topique. Elle est adressée par saint Augustin et sera reprise de manière proverbiale dans «Les silènes d'Alcibiade», où Érasme rapproche Socrate et le Christ par le biais de leur physique défiguré. Tout comme la beauté paradoxale du Christ, la beauté noire de la bien-aimée du *Cantique des cantiques* retient l'attention des exégètes et commentateurs renaissants qui cherchent à résoudre le paradoxe que constitue l'association de la beauté avec la noirceur.

Quant à l'imaginaire littéraire de la laideur à la Renaissance, nous pouvons retenir deux modes de représentation qui relèvent tous deux d'une lecture positive du laid comme signifiant d'un sens plus haut. Tout d'abord, le principe du silène, dont le représentant topique est la figure de Socrate, muni d'un corps laid et difforme mais possédant néanmoins une beauté d'esprit remarquable. C'est surtout dans l'adage érasmien «Les silènes d'Alcibiade» que la laideur extérieure surgit comme signifiant d'un principe herméneutique. À cet égard, Érasme déploie un système esthétique à l'envers, en faveur d'une écorce déplaisante susceptible d'inciter à un processus interprétatif, contrairement au beau qui représente une impasse pour la connaissance. La capacité de discernement s'aligne sur l'exercice du regard chrétien, et non profane. En deuxième lieu, le mode de l'éloge paradoxal, ou du paradoxe tout court, vise le développement d'un argumentaire allant à l'encontre du sens commun. Il s'agit de prendre le contre-pied de la tradition en défendant le laid, en l'occurrence la laideur du visage. Certes, le caractère purement ludique des paradoxes n'est pas négligeable. Toutefois, le mode paradoxal cher aux humanistes témoigne d'une volonté de penser le monde dans ses contradictions et sa complexité : la laideur corporelle intègre ce discours, qui remet en cause des lectures moralisatrices associant le laid avec le mal.

DEUXIÈME PARTIE

LAIDEURS ÉVANGÉLIQUES

LES CORPS DISGRACIEUX DANS *L'HEPTAMÉRON* DE MARGUERITE DE NAVARRE

L'émergence des corps disgracieux ou disgraciés dans *L'Heptaméron* relève d'une phénoménologie équivoque troublant une lecture trop simpliste des personnages dits « laids », terme constituant par ailleurs le seul indice textuel pour désigner une panoplie de déviations esthétiques. C'est que les laids ne sont pas *a priori* de méchants caractères, tout comme les beaux ne sont pas systématiquement munis de vertus honorables. Marguerite de Navarre brouille les évidences esthético-éthiques – tels les modèles conventionnels courtois[1] –, compliquant ainsi une interprétation moralisatrice des personnages à partir de leur physique et minant par conséquent toute recherche d'exemplarité. Il nous paraît même trop rapide de vouloir reconnaître des logiques sociales dans la répartition des charmes physiques, comme le suggère Diane Desrosiers-Bonin :

> Dans l'*Heptaméron*, l'inégalité de naissance se traduit [...] par une différence physionomique équivalente. La noblesse s'accompagne de beauté, empreinte extérieure de la vertu, et des épithètes dépréciatives marquent l'équation entre la basse extraction sociale et la laideur physique, manifestation extérieure du vice de l'âme[2].

Une lecture plus approfondie permet de trouver rapidement des exceptions à la règle : l'héroïne de la 21e nouvelle Rolandine ou bien le personnage secondaire d'Aventurade dans la 10e nouvelle, pour ne pas parler des nombreuses chambrières belles et vertueuses qui sillonnent les récits, sachant que la beauté qu'on réserve aux héros et héroïnes nobles des récits n'est guère exempte d'ambiguïté. Si l'on trouve en même temps une laideur socialement marquée – à côté des domestiques chastes et belles, on trouve des chambrières « laydes et sales » et des palefreniers

---

1 Les idéaux courtois, principalement hérités de Castiglione, alignent le physique sur une certaine posture morale. Voir B. Castiglione, *Le Livre du courtisan*, éd. citée ; N. Frelick, « In the Eye of the Beholder : The Rhetoric of Beauty and the Beauty of Rhetoric in the *Heptaméron* », *L'Esprit Créateur*, vol. 57, n° 3, 2017, p. 8-20.

2 D. Desrosiers-Bonin, « Le Même et l'Autre dans deux recueils de nouvelles de la Renaissance française », *Carrefour : Revue de la Société de Philosophie de l'Outaouais* : *Le Beau au temps de la Renaissance*, éd. D. Beecher, vol. 17, n° 2, 1995, p. 85-97, ici p. 89.

« laid[s] et ord[s][3] » –, la laideur physique n'épargne guère les caractères socialement élevés : la laideur touche aussi les personnages de la noblesse espagnole, française ou italienne de l'époque. L'impossibilité d'attribuer un sens univoque à ces figures dépourvues d'attraits physiques en rend les interprétations à la fois vertigineuses et riches, et elle invite à penser que la reine propose une vision complexe de la laideur : c'est à la lumière des rapports dynamiques entre l'intérieur et l'extérieur, l'âme et le corps, que la lecture évolue et se complique. Il va falloir tenir compte de ces significations souvent ambiguës, sinon contradictoires, pour appréhender de quelle manière le recueil propose une mise en perspective évangélique de la laideur corporelle. Outre le substrat chrétien, c'est par rapport à la topique courtoise que la manifestation des défauts physiques doit être interrogée. En effet, de nombreux récits peignent le monde de la noblesse française, italienne ou espagnole où fourmillent, *a priori*, les personnages d'une beauté exquise. Or, comme souvent, Marguerite de Navarre fait bouger les lignes de la tradition et n'hésite pas à inclure quelques laiderons dans le monde aristocratique.

Avant d'entrer dans le vif du sujet, il est indispensable de contextualiser l'enjeu à la fois idéologique et rhétorique du traitement de la laideur chez Marguerite de Navarre. C'est notamment par le biais de son évangélisme que se déploie une fonction privilégiée du bas terrestre, de l'ignoble et du laid. Cet évangélisme a également des répercussions sur sa conception de la fiction, vouée prioritairement à exprimer la « veritable histoire » de sorte que le laid intègre le paradigme de la véracité, et non celui d'une représentation mensongère car tordue et embellie par l'artifice oratoire. La majeure partie de notre analyse sera consacrée à l'étude des personnages disgracieux du recueil. À partir d'une typologie préalable, nous explorerons ensuite les différentes déclinaisons du sujet à savoir comment Marguerite de Navarre joue sur les *topoi* traditionnels issus des rhétoriques antiques et médiévales de la personne. Troisièmement, force est de s'arrêter sur ce qu'on pourrait appeler l'esthétique chrétienne de la reine. C'est que les jugements sur le beau et le laid sont intrinsèquement liés à une vision évangélique du monde dont Marguerite de Navarre peint à la fois les effets de désillusion qu'elle implique, et la perspective correspondante de la rédemption.

3 Voir E. C. Zegura *Marguerite de Navarre's Shifting Gaze. Perspectives on Gender, Class, and Politics in the* Heptaméron, Londres / New York, Routledge, 2017.

(NE PAS) DIRE LA LAIDEUR POUR DIRE LA « VERITABLE HISTOIRE »

L'évangélisme de la prose navarrienne

LAIDEUR ET ÉVANGÉLISME : L'ÉLÉVATION DES CHOSES BASSES

L'engagement de Marguerite de Navarre dans le cercle de Meaux, groupement théologique autour de l'évêque Guillaume Briçonnet et de Jacques Lefèvre d'Étaples, fait d'elle l'une des représentantes majeures de l'évangélisme au début du XVIe siècle[1]. Ce mouvement religieux, poussé par un élan réformiste mais non-schismatique de l'Église, comporte également des enjeux intellectuels et littéraires[2]. Ce sera la production littéraire en prose de la reine que nous tâcherons d'élucider dans l'intention de dégager une lecture de la laideur au moyen du filtre évangélique dont est fortement imprégnée l'œuvre entière de la reine. En effet, les œuvres à orientation évangélique s'avèrent propices à l'étude de la laideur à plusieurs égards. Une des préoccupations centrales du mouvement évangélique réside dans l'autorité primordiale de l'Évangile, comme le note Isabelle Garnier-Mathez dans son ouvrage *L'Épithète et la connivence*[3] : ce sont les logiques internes propres aux Évangiles tels que les interprètent les penseurs du cercle de Meaux, ainsi que le Nouveau Testament tout entier, qui sont à interroger dans la mesure où elles sont susceptibles de nourrir une réflexion sur une éventuelle « conception

1 J. Reid, *King's Sister – Queen of Dissent. Marguerite de Navarre (1492-1549) and her Evangelical Network*, Leiden/Boston, Brill, 2009.

2 N. Le Cadet, *L'Évangélisme fictionnel. Les* Livres *rabelaisiens, le* Cymbalum Mundi, L'Heptaméron *(1532-1552)*, Paris, Classiques Garnier, 2011.

3 I. Garnier-Mathez, *L'Épithète et la connivence : écriture concertée chez les évangéliques français (1523-1534)*, Genève, Droz, 2005, p. 38.

esthétique évangélique ». Quoique les Évangiles et les Épîtres pauliniennes ne fournissent guère de réflexion esthétique à proprement parler, il est néanmoins possible d'en dégager des considérations implicites concernant la laideur. En effet, le Nouveau Testament illustre pour bien des humanistes chrétiens de la Renaissance, qui, comme Érasme, insistent sur ce point, une pensée paradoxale[4]. Cette dernière implique un renversement des valeurs mondaines, soit l'élévation des basses choses terrestres vers le haut, comme le montre par exemple 1 Corinthiens 1, 27 : « Mais Dieu a choisi les choses folles du monde pour confondre les sages ; Dieu a choisi les choses faibles du monde pour confondre les fortes. » Dès la deuxième nouvelle de *L'Heptaméron*, ce principe évangélique est cité à l'occasion de l'éloge d'une chaste muletière :

> Parquoy se fault humilier. Car les graces de Dieu ne se donnent point aux hommes, pour leurs noblesses et richesses, mais selon qu'il plaist à sa bonté, qui n'est point accepteur de personne, lequel eslit ce qu'il veult. Car ce qu'il a esleu l'honore de ses vertuz, et le couronne de sa gloire. Et souvent eslit les choses basses, pour confondre celles que le monde estime haultes et honorables[5].

Ce passage forme une paraphrase de l'Épître aux Romains 2, 11 (« Car devant Dieu il n'y a point d'acceptions de personnes »), et il expose l'idée

4 C'est notamment l'incarnation du Christ qui représente le paradoxe le plus fondamental. À part cela, la correspondance de Marguerite avec son père spirituel G. Briçonnet regorge de formulations paradoxales, faisant coïncider beauté et laideur dans la figure du Christ incarné. Par exemple, dans cette formule conclusive d'une lettre adressée à Marguerite : « Madame, le beau des beaulx, qui par laidure victorieusement triumphe de laidure, vous doit sa grace, paix et amour. » Leurs échanges épistolaires ont paru en deux tomes : G. Briçonnet et M. d'Angoulême, *Correspondances (1521-1522)* et *(1523-1524)*, éd. C. Martineau et M. Veissière, Genève, Droz, 1975-1979, 2 vol., ici t. 1, p. 214. Sur le paradoxe chrétien voir aussi V. Denizot, *« Comme un souci aux rayons du Soleil ». Ronsard et l'invention d'une poétique de la merveille (1550-1556)*, Genève, Droz, 2003, p. 285 : « En effet celui-ci [le paradoxe chrétien], en tant qu'il est contraire à l'attente, c'est-à-dire à la condition naturelle de l'homme, va dans le sens de la conversion du chrétien. [...] Dieu devenu homme, permet à l'homme de devenir Dieu ; la conversion des âmes conduit à une conversion de la vie et des expériences. C'est ainsi que la mort, par exemple, conduit en réalité à la vraie vie [...]. Le paradoxe illustre donc l'essence même de la dialectique chrétienne. Le renversement paradoxal insinue une conversion. Les signes de Dieu paraissent comme des paradoxes dans ce monde. C'est à travers des signes paradoxaux que le projet divin se manifeste dans ce monde. Le paradoxe est une caractéristique essentielle de Dieu lui-même. »

5 M. de Navarre, *Œuvres complètes*, t. 10 : *L'Heptaméron*, éd. N. Cazauran et S. Lefèvre, Paris, Honoré Champion, t. 10, 2013, 3 vol., ici vol. 1, p. 37. Nous renvoyons à cette édition pour toute citation de *L'Heptaméron*.

d'une élection paradoxale qui irait à l'encontre d'une hiérarchie mondaine ; ne sont choisies ni les « noblesses » ni les « richesses », mais « les choses basses » et ignobles, en l'occurrence le personnage socialement défavorisé de la muletière érigée en porteuse de vertu. Au même titre, le Sermon sur la Montagne[6] se construit sur une bénédiction paradoxale de ce qui est méprisé dans le monde[7]. Cette inversion des valeurs implique un autre principe divin qui est celui de la grâce (« graces de Dieu »), parce que c'est par la faveur et la bienveillance célestes que les choses terrestres seraient élues et élevées (« lequel eslit ce qu'il veult »). On est tenté d'y reconnaître le principe de la *sola gratia*, de l'élection par la seule grâce, à l'instar du précepte luthérien, qui favorise ce qu'il y a de faible. Cependant, on notera un degré de concession dans « *souvent* eslit les choses basses ». L'élection des choses basses – paradigme qui prend des formes bien diverses, sociales mais aussi scatologiques – ne se fait donc pas par principe mais plutôt sans aucune préférence, en tout cas selon une logique qui échappe à la raison humaine.

Cette concession rejoint, à notre sens, un deuxième pilier de l'évangélisme que repère Nicolas Le Cadet, à savoir celui de l'antidogmatisme : « L'évangélisme est en effet une spiritualité inquiète, partagée entre une humilité épistémologique fondamentale et un désir de chercher, voire d'affirmer des vérités spirituelles[8]. » La prudence évangélique en matière de formulation d'une *doxa* universellement valable aura aussi des répercussions en matière d'images du corps. Ainsi, la primauté que réserve le néoplatonisme amoureux à la beauté comme voie privilégiée vers la connaissance divine se trouve contestée dans *L'Heptaméron*. Le fameux devis de la 19e nouvelle problématise l'expérience d'une beauté terrestre qui serait trompeuse : « l'ame court, cuidans trouver en une beauté exterieure, en une grace visible et aux vertuz morales, la souveraine beauté, grace et vertu. [...] Mais, [elle] n'y trouve poinct celuy qu'elle aime[9] ».

6 Évangile de Matthieu 5, 3-11 : « Heureux les pauvres en esprit, car le royaume des cieux est à eux ! Heureux les affligés, car ils seront consolés ! [...] »

7 A. Michel, « Rhétorique, philosophie, christianisme. Le paradoxe de la Renaissance devant les grands courants de la pensée antique », *Le Paradoxe au temps de la Renaissance*, éd. M. T. Jones-Davies, Paris, J. Touzot, 1982, p. 50 : « Il est évident que le paradoxe tient une place essentielle dans le christianisme. Il suffit pour s'en aviser de se référer à ce qui constitue peut-être son texte fondamental : le *Sermon sur la montagne.* »

8 N. Le Cadet, *L'Évangélisme fictionnel*, *op. cit.*, p. 142-145.

9 M. de Navarre, *L'Heptaméron*, éd. citée, vol. 1, p. 284-285.

Dans l'univers des nouvelles, les vertus extérieures sont susceptibles d'être traîtresses. Apparemment, Dieu ne se cache pas forcément dans la beauté, ni même derrière une soi-disant vertu. C'est cette remise en cause des évidences néoplatoniciennes qui invite à reconsidérer la signification de la laideur à l'intérieur de l'univers de *L'Heptaméron*. En effet, suivant Marcel Tetel, Marguerite « dépeint, par-dessus tout, l'envol à partir du laid et du terrestre vers le beau et le spirituel[10] ». Un tel refus ou renversement des logiques néoplatoniciennes se joue, telle est notre hypothèse, en faveur des personnages laids du recueil qui, malgré leurs physiques disgracieux, peuvent intervenir comme porteurs de vertu. Il semble que la réponse de Marguerite de Navarre à un néoplatonisme ascensionnel s'inspire des enseignements du Pseudo-Denys l'Aréopagite qui, dans sa théologie négative, valorise le bas et l'abject, tel le laid, comme *dissimilia signa*[11], c'est-à-dire renvoyant malgré leur dissemblance à un référent divin.

Outre l'influence de l'enseignement paulinien en ce qui concerne le principe évangélique de l'élévation des choses basses, la valorisation de la laideur est en effet informée par d'autres paratextes. La correspondance que Marguerite de Navarre entretient, entre 1521-1524, avec son père spirituel, G. Briçonnet[12], l'évêque de Meaux, témoigne à plus d'un titre de l'importance d'un platonisme nourri des lectures du Pseudo-Denys l'Aréopagite et d'un de ses grands lecteurs, Nicolas de Cues[13]. C'est avant tout ses traités *Les Noms divins* et *La Hiérarchie céleste* qui

10 M. Tetel, *Marguerite de Navarre's Heptameron : Themes, Language, and Structure*, Durham N. C., Duke University Press Durham, 1973, p. 10.

11 J. Miernowski, *Signes dissimilaires*, *op. cit.*, p. 11. Miernowski repère cette expression dans la *Hiérarchie céleste* dionysienne (2, 136C-145C), à savoir dans l'édition de 1499 par les soins de Lefèvre d'Etaples qui s'appuie sur la traduction latine d'Ambroise Traversari. Voir *supra*, p. 61 *sq*.

12 Voir H. Heller, « Marguerite de Navarre and the Reformers of Meaux », *Bibliothèque d'Humanisme et Renaissance*, vol. 33, n° 2, 1971, p. 274 ; V. Mellinghoff-Bourgerie, « L'échange épistolaire entre Marguerite d'Angoulême et Guillaume Briçonnet : Discours mystiques ou direction spirituelle ? », dans *Marguerite de Navarre 1492-1992, Actes du Colloque international de Pau (1992)*, éd. N. Cazauran et J. Dauphiné, Mont-de-Marsan, Éditions InterUniversitaires, 1995, p. 135-157.

13 La philosophie de la « docte ignorance » de l'humaniste allemand du XVe siècle, implique que ce seront les sots et non les sages qui gagneront les cieux. Elle aura une influence importante sur la pensée de J. Lefèvre d'Étaples et G. Briçonnet, notamment à travers la *Docta ignorantia* et le *De Deo abscondito*, qui mettent en avant l'idée d'un Dieu caché et ineffable échappant à toute compréhension humaine. *L'Éloge de la Folie* érasmien rejoint cette conviction que l'intellect humain demeure faillible et que, en conséquence, le fou s'approche plus de la vérité divine que le sage.

favorisent l'interprétation du laid en tant que « signe dissimilaire » du divin, doctrine dont J. Miernowski a démontré la présence dans la poésie française renaissante, y compris celle de la reine[14].

C'est également par le biais de la théologie négative que sont exposés des procédés relevant d'une logique rhopographique ou bien d'un langage rhypologique, visant la représentation des choses basses et dérisoires pour signifier des vérités sacrées, comme le montre N. Le Cadet. Il s'agirait de

> comprendre la présence dans le texte biblique de toute une tératologie sacrée, images « rhopographique » d'objets insignifiants ou images « rhypologiques » des choses sordides. Il s'agirait de cacher au vulgaire des mystères sacrés, de souligner la distance entre l'entendement humain et l'essence divine, et de préparer l'homme à écouter les enseignements spirituels[15].

À l'image de l'herméneutique des silènes érasmiens[16], il s'agit de dissimuler, ou au moins de rendre moins immédiatement accessibles, les vérités sacrées en recourant à des images qui leur seraient profondément dissemblables, telles les choses sordides et ignobles, voire monstrueuses. Les nouvelles de *L'Heptaméron* sont, à ce titre, de véritables « signes dissimilaires » visant à transmettre l'enseignement évangélique à travers la représentation des réalités terrestres, à l'intérieur desquelles la laideur, esthétique et morale, représente un sujet récurrent.

LE PRINCIPE NARRATIF DE *L'HEPTAMÉRON*

Un des critères génériques principaux de la nouvelle est sans doute celui de la brièveté, la *brevitas*. Dans *L'Heptaméron* en tout cas, l'intrigue l'emporte sur l'ornement et une telle économie du récit a pour effet que les narrateurs ne s'attardent guère sur les détails descriptifs. La dialectique entre *brevitas* et *amplificatio*, favorisant la première dans le récit court, semble jouer en faveur d'une gestion concise du récit. En matière de laideur,

14 J. Miernowski, *Signes dissimilaires*, *op. cit.*

15 Voir N. Le Cadet, *L'Évangélisme fictionnel*, *op. cit.*, p. 146-147.

16 Voir *supra*, p. 67 *sq.*

on cherchera donc en vain dans ces nouvelles des passages amplifiés sur des personnages dépourvus de grâce physique. En effet, la laideur ne *se dit* guère dans le recueil de la reine. Réticence qui peut paraître bien étrange vu la prédilection du recueil pour des sujets grivois et sordides, compagnons thématiques du laid. Par conséquent, il n'est point possible d'établir ce qu'on appelle une « rhétorique de la laideur », à savoir un inventaire d'éléments descriptifs qui autoriseraient un aperçu plus concret de ce qu'on pourrait entendre quand on lit qu'un certain homme « avoit espouzé une femme si [aussi] layde que la sienne[17] ». En quoi consiste la laideur de cette épouse ? Est-elle bossue ou bien ses yeux sont-ils trop petits ? *L'Heptaméron* passe sous silence[18] tous ces aspects. Paradoxalement, ce silence semble pourtant nous parler à bien des égards. Tandis que de longues descriptions ne forment finalement qu'une accumulation de *topoi* qui ne sauraient peindre la laideur que superficiellement, une laideur non dite permet d'échapper aux lieux communs pour signifier ou renvoyer vers autre chose. Ou encore, ainsi que l'observe Nicole Cazauran pour l'univers de *L'Heptaméron* : « peu de mots y suffisent, brèves notations ou métaphores convenues, au détour d'une phrase, au début ou à la fin d'un portrait ou d'un épisode, et ce n'est là, si l'on veut, qu'un arrière-plan, le fond d'un tableau qui s'organise le plus souvent pour mettre en évidence d'autres vérités[19] ». Brenda Dunn-Lardeau note pareillement : « Dans l'*Heptaméron*, Marguerite décrit rarement en détail la beauté physique en soi, elle se limite plutôt à de rapides notations, dès les premières lignes du récit, dans le style superlatif médiéval qui perdure dans les styles épique et narratif de la prose française du XVIe siècle[20] ». Au lieu de s'arrêter sur de longues élaborations stéréotypées, les nouvelles invitent à une lecture

17 Il s'agit d'un propos que tient Pauline à Amadour dans la 10e nouvelle à l'égard d'Aventurade. Voir *infra*, p. 164-165.

18 Le rôle du « silence » en général dans l'écriture de la reine a effectivement retenu l'attention des critiques. Mentionnons à titre d'exemple les travaux de R. D. Cottrell, *The Grammar of Silence. A Reading of Marguerite de Navarre's Poetry*, Washington D. C., Catholic University of America Press, 1986 ; L. D. Kritzman, *The Rhetoric of Sexuality and the Literature of the French Renaissance*, Cambridge, Cambridge University Press, 1991, qui parle d'une « rhetoric of silence » (p. 45-56) pour Marguerite de Navarre.

19 N. Cazauran, L'Heptaméron *de Marguerite de Navarre*, Paris, SEDES, 1976, p. 147. Voir aussi C. Randall, « Preaching Plain Style in Marguerite de Navarre », *Women in French Studies*, n° 13, 2005, p. 11-24.

20 B. Dunn-Lardeau, « La beauté dans le *Miroir de Jhesus Christ crucifié* de Marguerite de Navarre », *Carrefour : Revue de la Société de Philosophie de l'Outaouais : Le Beau au temps de la Renaissance*, éd. D. Beecher, vol. 17, n° 2, 1995, p. 67-75.

de la laideur dans sa fonction à l'intérieur du système narratif, presque comme un masque à titre indépendant. Un tel traitement de l'économie descriptive marque l'écriture navarrienne[21].

Toutefois, la laideur peut alimenter pleinement l'imaginaire narratif à la Renaissance, comme on le verra par la suite, notamment dans les *Angoisses douloureuses* d'Hélisenne de Crenne[22]. En partant du contraire, on souhaite montrer à quel point la laideur amplifiée rhétoriquement est absente de la prose de la reine. Ces deux extrêmes – amplification *vs* silence – s'expliquent par le flou dans lequel est prise la genèse de la nouvelle au XVIe siècle en termes de catégorisation générique. Il est difficile d'en déterminer une *elocutio* prosaïque à part entière, comme le signale Winfried Wehle[23]. À ce tiraillement rhétorique s'ajoute la question de l'*aptum*. Le Pogge en vient à l'essentiel en disant à propos des facéties : « je trouve [...] chose moult difficile [...] sçavoir mettre grande rhétoricque et user de haulte éloquence en parlant de petites choses[24] ». Si la prose renaissante est donc destinée à dire des choses insignifiantes ou basses – et nous souhaitons subsumer la laideur sous ces « petites choses » – la question est de savoir comment les aborder de manière à répondre à l'exigence humaniste du *docere* et de la *recreatio* : quelle rhétorique choisir pour exprimer la laideur aux fins d'une intentionnalité morale ? En guise de digression, nous aimerions aborder cette question en comparant d'abord les amples descriptions de la laideur, que l'on trouve notamment chez Hélisenne de Crenne et dans les *Contes de Jeanne Flore*, avec le principe narratif que formule Marguerite dans son prologue de *L'Heptaméron*, à savoir celui d'une « peur que la beauté de rhetoricque feist tort en quelque partie à la verité de l'histoire[25] ».

21 M. de Navarre paraît suivre la doctrine narrative médiévale de la « *narratio*-Lehre » qui puise dans la rhétorique antique et qui vise l'efficacité argumentative avec un effet de véridicité. Voir A. Schulze und G. Hübner, « Geschichte der erzählenden Literatur. Mittelalter », *Handbuch Erzählliteratur. Theorie, Analyse, Geschichte*, éd. M. Martínez, Stuttgart, J. B. Metzler, 2011, p. 198-199.

22 Voir *infra*, p. 96.

23 W. Wehle, *Novellenerzählen. Französische Renaissancenovellistik als Diskurs*, Munich, Wilhelm Fink Verlag, 1984, p. 46. Sur la difficulté de classification générique voir p. 20-22. Selon W. Wehle, la nouvelle participe elle-même, de manière dynamique, à la constitution de son propre genre : « Eine spezifische Poetik novellistischen Erzählens blieb damit ins Vermögen der Novellistik selbst gestellt. » (p. 51).

24 Le Pogge, *Les Facéties de Poge, Florentin : traitant de plusieurs nouvelles choses morales*, trad. G. Tardif (1492), éd. A. Montaiglon, Paris, 1878, p. 5.

25 M. de Navarre, *L'Heptaméron*, éd. citée, vol. 1, p. 16.

LA REPRÉSENTATION DE LA LAIDEUR DANS LA PROSE NARRATIVE RENAISSANTE

« De sa difformité et laydeur je vous en veulx faire le recit[26]. » Ainsi la narratrice Helisenne inaugure, dans la première partie des *Angoisses douloureuses* (1538) d'Hélisenne de Crenne, le portrait qu'elle compte donner de l'épouse de son hôte, chez qui elle séjourne avec son époux. Animé par la jalousie, ce dernier se plaint auprès de son aubergiste d'une troupe de joueurs de flûtes faisant manifestement la cour tantôt à sa femme, tantôt à celle de l'hôtelier. Celui-ci s'emporte vivement face à cette allégation mettant en cause la bonne renommée de son épouse, « femme aussi bonne et chaste que femme de ville ». Apologie bien dérisoire étant donné que sa conjointe paraît être dépourvue de toute grâce et que, d'autre part, les femmes de ville ne passaient pas pour les plus chastes du monde. Il est en tout cas fort improbable que les avances des musiciens lui soient destinées. Un tel éloge paradoxal de l'honneur de l'épouse de son hôte fait rire Helisenne ; non sans méchanceté, puisque c'est clairement elle qui l'emporte en beauté et qu'elle est bien consciente du fait que son prétendant compte parmi ceux venus la courtiser. Quoi qu'il en soit, la narratrice s'emploie à nous fournir un des plus riches portraits de laideur féminine de la prose narrative renaissante :

> Elle estoit de petite stature, bossue, et boyteuse, et avoit le visaige fort ridé, les sourcilz larges de deux doigtz, sans y avoir distance de l'une à l'autre. Elle avoit les yeulx petitz et noirs, merveilleusement enfoncez en la teste, et le nez fort camus, la bouche oultrageusement grande, et les lebvres grosses, et si n'avoit seulement que deux dentz grandes oultre mesure, et avoit le col court, et les tetins luy reposoient sur le ventre, et si estoit aagée de septante et deux ans. Parquoy toutes ces choses considerées, je pense, et à bon droict, qu'elle eust esté refusée et chassée de tous hommes[27].

26 H. de Crenne, *Angoysses douloureuses qui procedent d'amours* (1538), éd. C. de Buzon, Paris, Honoré, Champion, 1997, p. 121.

27 *Ibid.* Les intitulés des chapitres sont donnés, selon l'éditrice C. de Buzon, dans les éditions ultérieures à l'édition originale de 1538. Dans le cas du chapitre VI, il s'agit d'un titre bien parlant (« De la jalousie du mary avec la description d'une femme laide ») dans la mesure où il fait figurer deux éléments bien distincts – « jalousie du mary » et « description d'une femme laide » – et qui ne sont pas liés par une causalité quelconque. Le portrait de l'épouse paraît comme calqué sur la narration, un peu hors contexte.

Véritable répertoire rhétorique de la laideur, ce portrait clairement hyperbolique fourmille d'éléments descriptifs permettant de circonscrire de manière concrète ce qu'on pourrait entendre, dans la prose narrative de la Renaissance, comme « difformité et laydeur ». La description est bipartite ; elle concerne d'abord, de manière générale, le corps, puis les éléments faciaux descendant jusqu'au ventre. Pour ce qui est du corps, sa laideur se résume à la petite taille et à une tenue voûtée. Sa démarche branlante renvoie à un ensemble inharmonieux. Quant au visage, il porte les stigmates de l'âge, que la suite du portrait confirmera (« estoit aagée de septante et deux ans »). À propos des éléments du visage décrits de haut en bas – à savoir les sourcils, les yeux, le nez et la bouche – on est dans l'exagération caricaturale : les sourcils sont autant poilus que les yeux sont petits et guère visibles. Un nez aplati accompagne un gigantesque gosier qui n'abrite pourtant que quelques dents isolées. La descente jusqu'au ventre, en passant par le col et les tétins difformes, confère une touche pseudo-érotique à l'image de cette vieille épouse, dont la laideur entraîne le refroidissement de tout désir (« qu'elle eust esté refusée et chassée de tous hommes »). Au niveau descriptif, et mis à part l'élément érotique, cette vieille hideuse nous rappelle à bien des égards la laide demoiselle qui fait apparition dans le *Perceval* ou *Le Conte du Graal* de Chrétien de Troyes. Quant à la représentation de la laideur, De Crenne paraît suivre, dans sa prose, la tradition romanesque médiévale[28].

Un autre exemple de laideur narrée, qui touche cette fois-ci non la femme, mais l'époux – la laideur n'est donc pas une catégorie exclusivement misogyne – nous est donné dans les *Contes amoureux par Madame Jeanne Flore* (vers 1540)[29]. Dans le premier conte « Pyralus et Rosemonde », le portrait du vieux mari est loin d'être flatteur :

> A cestuy Pyralius [qui] se trouvoit si difforme et malheureux en beaulté qu'il ressembloit plustost quelque monstre que non pas homme humain : car il eust la teste grosse et lourde, herissée de rude et aspre cheveleure, jà envieillie et grosse, le front ridé, les sourcilz gros et espaix, les yeulx tous chassieux et enfoncez en la teste, les joues plattes et maigres, le nez aquilin

28 J.-G. Gouttebroze, « La laide demoiselle du *Conte du Graal*. Le chant de deuil de la terre », dans *Le Beau et le laid au Moyen Âge, Actes du 24e colloque du Centre universitaire d'études et de recherches médiévales (CUER MA)*, février 1999, Aix-en-Provence, Presses universitaires de Provence, 2000, p. 179-184.

29 *Contes amoureux par Madame Jeanne Flore*, éd. G.-A. Pérouse, Lyon, Presses universitaires de Lyon, 1980.

> et long, tant qu'il attouchoit presque jusques au menton, qui le contraignoit parler à voix enrouëe et casse, le col trespetit et gros assis ses espaulles clinantes miserablement vers terre non en aultre façon que de ces anciens corps qui pas a pas cheminent à la mort. Il avoit toujours la couleur pasle et fade comme si les puantes harpyes luy eussent halené sus le visaige, et son manger treshordement pollu. De l'estomach luy issoit une espaisse et fetide haleyne à travers une puante, noyre et baveuse bouche, si qu'il sembloit l'exhalation d'Avernus, pas où descendit Eneas aux Enfers[30].

Il s'agit du cas exemplaire d'un couple mal assorti, juxtaposant la jeune et belle mariée au vieillard puant en proie à la décomposition, voire monstrueux. On retrouve une pareille description au troisième conte[31]. Tous ces portraits se distinguent par leur degré d'élaboration rhétorique. L'amplification représente en effet un moyen récurrent du registre démonstratif qui, par l'accroissement des éléments – ici l'enchaînement des stéréotypes littéraires de la laideur[32] –, vise à convaincre le lecteur, en l'occurrence de l'incompatibilité des deux conjoints en question. Comme le montre Patrizia Bettella, ce genre d'amplification rhétorique relève de l'épidictique médiévale et concerne le plus souvent les portraits descriptifs, les *descriptiones personarum*[33]. La représentation de la laideur n'étant pas du tout rare au Moyen Âge, on trouve des traités proposant de véritables modèles à suivre. À en croire

30 *Ibid.*, p. 70.

31 *Ibid.*, p. 117-119 : « Celluy ord vieillart avoit la bouche grande et fenduë presques jusques aux oreilles, les lefvres pasles, la voix grosses, indistinctes : à peine luy estoient restées en la gueule quatre dens pourries et caverneuses, comme pierre de ponce : troys dessus, et une dessoubz. Il avoit la barbe dure, comme le poil d'ung vieulx asne, et poignante comme se ce fussent chardons, longue, mal peignée et blanchissante. Ses yeulx rouges estoyent larmoyans, et moillés, son né estoit camus, gros et hiulque, plein de long poil, morveux, rendant quand il parloit toujours un son enroué : si qu'il sembla toute nuict à l'infelice mariée qu'il feit sonner une vessie pleine de vent, et poys. Son visage estoit ord et salle, la teste chaulve, les joues plattes et pleines de taches et verrues : et sur les yeulx estoient posez les sourcilz gros et enflez. Il eust la gorge hispide et resgrillée comme celle d'une tortuë pallustre. [...] ».

32 Voir F. Gray, *La Renaissance des mots. De Jean Lemaire de Belges à Agrippa d'Aubigné*, Paris, Honoré Champion, 2008, notamment le chapitre sur « La rhétorique du portrait ». F. Gray repère les marques d'une voix masculine dans les portraits reproduisant des stéréotypes littéraires. Selon le critique, le portrait érotisé de la femme trahit sans aucun doute une plume masculine. À part cela, le portrait du *senex amans*, souvent d'une laideur repoussante, est un *topos* classique.

33 P. Bettella, *The Ugly Woman. Transgressive Aesthetic Models in Italian Poetry from the Middle Ages to the Baroque*, Toronto, University of Toronto Press, 2005, p. 15-18.

Jean Lecointe, Marguerite de Navarre aurait sollicité pour la topique de la *persona*, outre la rhétorique cicéronienne, les théoriciens médiévaux comme Jean de Garlande, Fichet et Jacques Legrand[34]. Les exemples ci-dessus témoignent de ce qu'on peut appeler une « laideur amplifiée » rhétoriquement, représentation qui relève d'une inspiration médiévale. Marguerite, en revanche, paraît négliger les règles et préceptes rhétoriques à cet égard. Même si la reine s'inspire également de la matière des couples mal mariés, elle trahit une défiance de la rhétorique, préoccupation exposée dans le prologue du recueil qu'il nous faut revisiter en raison de ses implications pour la représentation de la laideur.

QUAND LA LAIDEUR ÉCHAPPE À LA « BEAUTÉ DE RHETORICQUE[35] »

En refusant de suivre sans distinction son modèle italien, Marguerite de Navarre tâche de nuancer son entreprise qu'elle situe cependant dans la lignée du *Décaméron* – « les cent Nouvelles de Bocace » – en posant une seule réserve quand il est question d'imiter celles-ci :

> [...] sinon en une chose differente de Bocace : c'est de n'escrire nulle nouvelle qui ne soit veritable histoire. Et premierement lesdictes dames, et monseigneur le Daulphin avecques elles conclurent d'en faire chacun dix, et d'assembler jusques à dix personnes qu'ils penseroient plus dignes de racompter quelque chose, sauf ceux qui auroient estudié, et seroient gens de lettres : car monseigneur le Daulphin ne vouloit que leur art y fut meslé : et aussy de peur que la beauté de rethoricque feit tort en quelque partie à la verité de l'histoire[36].

34 J. Lecointe, « Les lieux rhétoriques de la personne dans les récits de l'*Heptaméron* », dans *Marguerite de Navarre (1492-1992)*, éd. N. Cazauran et J. Dauphiné, Mont-de-Marsan, Éditions InterUniversitaires, 1995, p. 513-514.

35 On se réfère ici bien évidemment au principe formulé dans le prologue de *L'Heptaméron*, éd. citée, vol. 1, p. 16, qui bannit, à l'encontre du *Décaméron* de Boccace, l'ornement rhétorique en faveur de la véridicité de l'histoire, problème sur lequel nous revenons ci-dessous. Voir V. Montagne, « *Ceste tant aymée rhétorique* » *: dialogue et dialectique dans l'*Heptaméron *de Marguerite de Navarre*, thèse sous la direction de Mireille Huchon, soutenue le 25 novembre 2002 à l'université Paris 4 – Sorbonne.

36 M. de Navarre, *L'Heptaméron*, éd. citée, vol. 1, p. 15-16.

Dans cette préoccupation pour la « veritable histoire », Gisèle Mathieu-Castellani reconnaît un « topos générique de la vérité et de la véridicité » impliquant « en effet un apparent dédain de la "beauté" et de "l'art"[37] », parce que le terme d'« art » revêt, au XVIe siècle, le sens péjoratif d'artifice[38]. Dans ce refus de l'artifice, il faut également reconnaître une vision évangélique, comme nous le verrons dans ce qui suit. Cette rectification par rapport à Boccace est programmatique et vise à refuser la contrefaçon mensongère, comme le notent également Nicole Cazauran et Sylvie Lefèvre à propos de ce passage : « c'est la défiance des ornements du discours (disposition et figures) qui pourraient fausser la vérité[39] ». Ce refus de la « beauté de rethoricque » ouvre la voie à une écriture véridique permettant non seulement de dire la laideur, mais de la dire sans la fausser par des ornements amplificateurs ; car ce ne serait que sous les auspices de la vérité qu'elle pourra devenir beauté, d'après la conclusion que G. Mathieu-Castellani tire de ce passage : « La vérité est toujours belle, même lorsqu'elle dit la laideur, l'ordure et la vilénie, car l'activité de dévoilement et de découverte est source d'émotion [et] de beauté[40]. »

Marguerite de Navarre se positionne en effet de manière plus générale à l'encontre de l'écriture boccacienne. Quand, à la fin du prologue, il est question de peindre le *locus amoenus* où se retrouvent les dix devisants, l'endroit « estoit si beau et plaisant, qu'il avoit besoing d'un Bocace, pour le depeindre à la verité, mais vous vous contenterez que jamais n'en fut un pareil[41] ». Refus assez sec de suivre le style fleuri de son prédécesseur italien. En effet, le premier traducteur français du *Décaméron*, Laurent de Premierfait, qualifie l'écriture du narrateur toscan de « grant et bel atourement de paroles[42] », modèle ici évité. Quant aux sources de *L'Heptaméron*, la critique, depuis Pierre Jourda, a été unanime sur le fait que Boccace ne sert que de cadre au projet de la reine[43] . Pour

37 G. Mathieu-Castellani, « La beauté de la rhétorique, la vérité de l'histoire », dans *La conversation conteuse. Les Nouvelles de Marguerite de Navarre*, éd. G. Mathieu-Castellani, Paris, PUF, 1992, p. 14.

38 *Dictionnaire du Moyen Français*, site de l'ATILF-CNRS, Université de Lorraine, version 2012 : http://www.atilf.dr/dmf, s. v. « art ».

39 M. de Navarre, *L'Heptaméron*, éd. citée, vol. 3, p. 821, n. 58.

40 G. Mathieu-Castellani, « La beauté de la rhétorique, la vérité de l'histoire », art. cité, p. 22.

41 M. de Navarre, *L'Heptaméron*, éd. citée, vol. 1, p. 17.

42 Voir W. Wehle, *Novellenerzählen*, *op. cit.*, p. 46.

43 P. Jourda, *Marguerite d'Angoulême. Duchesse d'Alençon, Reine de Navarre (1492-1549). Étude biographique et littéraire*, Paris, Honoré Champion, 1930, t. 2, p. 687-688 : « On serait tenté

Pierre Jourda, l'affiliation au recueil de Boccace n'est qu'un leurre. Des études récentes prennent toutefois au sérieux l'intertexte des nouvelles du *Décaméron*, et pas uniquement pour rendre compte du cadre[44].

Quoi qu'il en soit, il y a un véritable intérêt à rapprocher *L'Heptaméron* d'un autre ouvrage majeur de la littérature italienne, le *Livre du courtisan* de Castiglione, comme le soutient par exemple Reinier Leushuis[45]. Notons à ce sujet que le public-cible de *L'Heptaméron* est également celui de la cour. Le refus de la rhétorique dans le recueil de nouvelles de la sœur du roi s'inscrit donc à l'intérieur d'un quasi-privilège royal. Il est question dans le prologue du « roy François, premier de son nom, [de] monseigneur le Daulphin, [de] madame la Daulphine, [de] madame Marguerite » qui y approuvent cette imitation de Boccace à condition de respecter la véracité des récits dépourvus d'artifices oratoires. L'intérêt aristocratique proscrit désormais la présence des sages (« ceux qui avoient estudié ») et des lettrés (« gens de lettres ») qui ne sont pas susceptibles d'avoir accès à la vérité comme saint Paul l'explique avec son paradoxe de la folie, passage cher aux évangéliques :

> Car la predication de la croix est une folie pour ceux qui périssent ; mais pour nous qui sommes sauvés, elle est une puissance de Dieu. Aussi est-il écrit : Je détruirai la sagesse des sages, Et j'anéantirai l'intelligence des intelligents. Où

---

de croire, en revanche, que Marguerite doit beaucoup à Boccace. De fait l'on a cherché, minutieusement, les identités les plus minimes entre le *Décaméron* et l'*Heptaméron*. Travail assez décevant, il faut l'avouer. En ce qui concerne Boccace au moins, la Reine n'a pas menti : hors l'idée générale du livre, – sa charpente, ou, si l'on préfère, le cadre, – elle n'a rien pris au conteur toscan ». Sur les sources littéraires du recueil voir aussi N. Cazauran, L'Heptaméron *de Marguerite de Navarre*, Paris, SEDES, 1991, p. 33-37.

44 N. Cazauran, « *L'Heptaméron* face au *Décaméron* », *La Nouvelle. Boccace, Marguerite de Navarre, Cervantès*, éd. J. Bessière et P. Daros, Paris, Honoré Champion, 1996, p. 69-109. Quant à la genèse du recueil, nous renvoyons aux travaux plus récents de N. Viet qui reconnaît des liens plus importants avec le *Décaméron* de Boccace : N. Viet, « *Caméron, Décaméron, Heptaméron* : l'*Heptaméron* au miroir des traductions françaises de Boccace », *Seizième Siècle*, n° 8, 2012, p. 287-302. Voir aussi N. Peterson, « Sins, Sex, and Secrets : The Legacy of Confession from the *Decameron* to the *Heptameron* », dans *Reconsidering Boccaccio : Medieval Contexts and Global Intertexts*, ed. O. Holmes and D. E. Stewart, Toronto, University of Toronto Press, 2018 ; M. D. Shachter, « Boccaccio's Second Life in French : Antoine Le Maçon's *Decameron* and Marguerite de Navarre's *Heptameron* », dans *A Boccaccian Renaissance : Essays on the Early Modern Impact of Giovanni Boccaccio and His Works*, éd. M. Eisner and D. Lummus, Notre Dame, University of Notre Dame Press, 2019.

45 R. Leushuis, *Le Mariage et l'« amitié courtoise » dans le dialogue et le récit bref de la Renaissance*, Florence, Leo S. Olschki Editore, 2003.

est le sage ? Où est le scribe ? Où est le disputeur de ce siècle ? Dieu n'a-t-il pas convaincu de folie la sagesse du monde[46] ?

Le prologue définit ainsi un programme esthétique basé sur l'exclusion des personnes qui, elles, sont susceptibles de nuire à la vérité par l'artifice et par la « beauté de rethoricque ». L'éthique concurrence l'esthétique au moyen d'oppositions binaires qui opposent « la beauté *vs* la vérité, la rhétorique *vs* l'histoire[47] ». C'est que l'histoire n'est pas toujours belle et raconte souvent les ténèbres de la condition humaine, alors que la rhétorique risque, pour plaire, de mentir[48]. Ce refus de la rhétorique est alors animé par un sentiment d'obligation de vérité qui trouve son explication dans la foi évangélique, comme le note N. Le Cadet[49], le mensonge étant compris comme laideur morale. Dans le débat qui suit la 24e nouvelle, on trouve un passage reliant le mensonge et la dissimulation au vice laid et infâme :

> Sçachez aussi que la chose, dont on doit moins user sans extreme necessité, est de mensonge et dissimulation : qui est ung vice laid et infame, principalement aux princes et grands seigneurs, en la bouche et contenance desquels, la verité est mieux seante, qu'en autre lieu[50].

On attache donc une importance capitale à ne dire ou conter que la vérité, que de « véritables histoires », loin de la fiction. Pourtant, la concession « user sans extreme necessité » est à ne pas écarter : Marguerite ne s'oppose

46 1 Corinthiens 1, 18-20, 27.

47 G. Mathieu-Castellani, « La beauté de la rhétorique, la vérité de l'histoire », art. cité, p. 14-16 : « *Feindre*, imaginer, fabriquer, créer, caractérise l'activité du poète, construisant un univers imaginaire, un bel édifice, non celle du conteur, qui se bornerait à narrer, au plus près du réel, des événements accrédités par l'histoire, petite ou grande. Mais *feindre* implique aussi un souci esthétique dont le conteur affirme n'avoir point à se soucier, mieux, dont il assure qu'il lui faut se défier, car il nuirait à la "vérité" [...] C'est précisément ce conflit entre vérité et beauté que met en scène le prologue de *L'Heptaméron.* »

48 *Ibid.*, p. 20 : « *L'Heptaméron* montrera plutôt la vérité de la "rhétorique" ou de "l'art" qui amène à la lumière dans l'obscur les ombres et les ténèbres de la condition humaine, et la beauté de l'"histoire", ce tragique "trop piteux" qui se dévoile dans la dérision. »

49 Voir N. Le Cadet, *L'Évangélisme fictionnel*, *op. cit.*, p. 251, pour la notion de vérité évangélique dans ses rapports avec la fiction dans *L'Heptaméron* : « *L'Heptaméron* n'envisage pas l'acception littéraire du mot "fiction", mais il est clair que le recueil affiche ouvertement son opposition à une fiction conçue comme mensonge. Le mensonge fictionnel au sens littéraire est en effet perçu comme une falsification qui éloigne de la vérité évangélique, au même titre que les fictions et dissimulations quotidiennes de la comédie humaine. »

50 M. de Navarre, *L'Heptaméron*, éd. citée, vol. 2, p. 375-376.

pas universellement au mensonge[51], sachant que cette remarque de Longarine annonce la 25e nouvelle et sa mise en scène, qui ne condamne pas exactement la dissimulation du jeune François Ier.

En tout cas, les devisants font un pacte entre eux pour ne dire que la vérité, censée les rapprocher de Dieu :

> Puis que nous avons juré de dire la vérité [...], aussy avons-nous de l'escouter. Par quoy vous povez parler en liberté, car les maulx que nous disons des hommes et des femmes ne sont poinct pour la honte particuliere de ceulx dont est faict le compte, mais pour oster l'estime et la confiance des créatures, en monstrant les miseres où ils sont subgetz, afin que nostre espoir s'arreste et s'appuye à Celluy seul qui est parfaict et sans lequel tout homme n'est que imperfection[52].

Dire la vérité devient donc la préoccupation centrale des devisants et ceci dans le but de remédier au « cuyder[53] », à l'orgueil humain dans son illusion de pouvoir compter sur ses propres forces. Or, si la vérité incite à montrer les « miseres » humaines, donc aussi leurs laideurs et imperfections, c'est pour les réorienter vers la source de la perfection.

Outre le souci de conversion, le refus de l'embellissement prend aussi une dimension langagière, situant le rejet des artifices du langage fallacieux dans un souci moral. Dans une perspective plus mystique, Henri Heller rappelle que « [c]ette méfiance pour la rhétorique et le beau langage peut avoir été transmise à la Reine par l'enseignement de Denys l'Aréopagite, diffus dans les lettres de Briçonnet ». Le pseudo-disciple de saint Paul « exprimait de sérieuses réserves vis-à-vis de l'usage de mots dont la beauté pouvait nuire à la compréhension religieuse[54]. » Une telle méfiance à l'égard des artifices oratoires s'apparente au rapport ambigu qu'entretient Augustin avec la rhétorique : « j'étudiais les traités d'éloquence, art où je désirais briller dans l'intention damnable et futile de goûter les joies de la vanité humaine[55]. » Sa lecture de Cicéron lui fait condamner la rhétorique fallacieuse des sophistes et suscite son amour

51 Voir par exemple M. Randall, « Marguerite de Navarre and Ambiguous Deceit », *Sixteenth Century Journal*, vol. 47, n° 3, 2016, p. 579-598.

52 M. de Navarre, *L'Heptaméron*, éd. citée, vol. 2, p. 317.

53 N. Le Cadet, « Le cuyder dans l'œuvre de Marguerite de Navarre », *Seizième Siècle*, n° 7, 2011, p. 139-157.

54 H. Heller, « Marguerite de Navarre and the Reformers of Meaux », art. cité, p. 280.

55 Saint Augustin, *Les Confessions*, éd. citée, p. 53.

ardent pour la philosophie. Un seul point le laisse revenir sur sa ferveur pour l'art cicéronien : « le nom du Christ n'était pas dans ce livre [...] et sans ce nom, nul ouvrage, si savant, si bien écrit, si véridique fût-il, ne me ravissait tout à fait[56]. » C'est peut-être dans une telle perspective qu'il faut entendre les vers suivants du poème *La Coche* : « Mais, en voyant du propos la grandeur, / De mon langage et termes la laydeur, / Honte me faict finer ma mauvaise œuvre[57]. »

Dans la perspective des travaux de J. Miernowski, cela veut dire que l'emploi des signes dissimilaires, soit le laid pour signifier le divin, constitue une stratégie littéraire qui va de pair avec l'évangélisme de la reine, à savoir celle de la rhypographie ou de la rhypologie ci-dessus mentionnées, et qui visent la représentation des choses insignifiantes et basses pour renvoyer aux vérités célestes[58]. Le souci d'éviter le discours vain se joint à l'exaltation du bas, de manière à ce que le *sermo humilis* devienne une *narratio humilis* :

> car puis que les esprits, que l'on estime les plus subtils et grands discoureurs, ont telle punition de demeurer plus sots, que les bestes : il fait donc conclure que ceux, qui sont humbles et bas, et de petite portée, comme le mien, seront remplіz de la sapience des anges[59].

Ceux qui se fient trop au pouvoir de leur discours (« grands discoureux ») seront vite détrompés. Malgré ce refus de la rhétorique, Véronique Montagne montre la préoccupation du bien dire dans l'œuvre de la reine[60] – tout refus de la rhétorique est en fait rhétorique – qui se manifeste dans un

> art de la parole efficace qui prend en compte la dimension interpersonnelle de l'argumentation, tant au niveau de l'histoire des dix devisants qu'à celui

56 *Ibid.*, p. 54. Sur l'importance de la rhétorique augustinienne pour l'œuvre de Marguerite de Navarre voir J. Miernowski, *Signes dissimilaires*, *op. cit.*, p. 41 ; Cl. La Charité, « Rhetorical Augustinianism in Marguerite de Navarre's *Heptaméron* », *Allegorica*, vol. 23, 2002, p. 55-88 ; C. Randall, « Scandalous Rhetorics : Preaching Plain Style in Marguerite de Navarre », *Women in French Studies*, vol. 13, 2005, p. 11-24 ; N. Frelick, « In the Eye of the Beholder : The Rhetoric of Beauty and the Beauty of Rhetoric in the Heptaméron », art. cité.

57 M. de Navarre, *Œuvres complètes*, t. 5 : *L'Histoire des Satyres, et Nymphes de Dyane* ; *Les Quatre Dames et les quatre Gentilzhommes* ; *La Coche*, éd. A. Gendre, L. Petris et S. de Reyff, Paris, Honoré Champion, 2012, p. 206, v. 1325.

58 N. Le Cadet, *L'Évangélisme fictionnel*, *op. cit.*, p. 147.

59 M. de Navarre, *L'Heptaméron*, éd. citée, vol. 2, p. 614.

60 V. Montagne, « *Ceste tant aymée rhetoricque* » : *dialogue et dialectique dans l'*Heptaméron *de Marguerite de Navarre*, *op. cit.*

> des récits emboîtés. Ce à quoi il s'agit de renoncer ici, c'est donc surtout à la rhétorique en tant que discours fallacieux qui fait obstacle à la « verité » et notamment à la vérité évangélique. [...] Marguerite de Navarre oppose un langage transparent et immédiat à un langage décoré et voilé, un langage « véritable » à un langage fictif[61].

Cette recherche de la *sancta simplicitas* constitue une préoccupation de saint Paul qui, dans la première Épître aux Corinthiens 1, 17 affirme : « Ce n'est pas pour baptiser que Christ m'a envoyé, c'est pour annoncer l'Évangile, et cela sans la sagesse du langage, afin que la croix de Christ ne soit pas rendue vaine. » Et quelques versets plus loin (2, 1) : « Pour moi, frères, lorsque je suis allé chez vous, ce n'est pas avec une supériorité de langage ou de sagesse que je suis allé vous annoncer le témoignage de Dieu. » Gruget, éditeur de *L'Heptaméron* de 1559, interprète, lui, la simplicité portée par cette tradition chrétienne selon le registre, profane et classique, issu de la tradition rhétorique la plus humaniste : « de trois styles d'oraisons décrits par Cicéron, elle a choisi le simple [...] qui semble à chacun fort aisé à imiter, mais à qui l'expérimente, rien moins[62]. »

L'absence d'une rhétorique de la laideur s'explique alors par une volonté évangélique, en même temps que rhétorico-littéraire, de *dire véritablement* sans fausser artificiellement le propos. Ce qui va de pair avec une telle écriture est la prédilection de la reine pour les sujets bas et ignobles, c'est-à-dire l'intérêt pour la représentation des choses qui seraient communément exclues d'un discours dont le but est soit la transmission d'enseignements spirituels, soit la recherche du pur plaisir esthétique. C'est avant tout cette spécificité rhypologique de « l'évangélisme fictionnel » qui informe notre lecture de la laideur.

61 N. Le Cadet, *L'Évangélisme fictionnel*, *op. cit.*, p. 253.

62 M. d'Angoulême, *L'Heptaméron des nouvelles de la princesse Marguerite de Valois, royne de Navarre*, Paris, C. Gruget, 1559, f° a ij v°.

LA LAIDEUR « TROP EN CORPS »

Les personnages disgracieux entre le péché et la grâce

Dans les nouvelles navarriennes, la laideur prend corps au sens propre du terme. À regarder de près les occurrences lexicales, celles-ci concernent majoritairement les portraits physiques des personnages et ne renvoient pas directement à une catégorie morale. Le tableau que dresse J. Lecointe concernant la topique de la personne chez Marguerite – la reine s'inspire à ce titre de la tradition rhétorique cicéronienne des lieux – confirme l'attribution de la laideur aux « biens du corps » et non aux « biens de l'âme », même si le critique précise par la suite que les deux plans sont reliés par un jeu de complémentarité[1].

L'Heptaméron présente des variétés de laideurs corporelles difficilement classables. À partir de l'inventaire lexical établi par Guy Demerson et Gilles Proust[2] des occurrences « Laid (7) », « Laide (1) », « Laideur (2) », « Layd (1) », « Layde (7) », « Laydes (3) », « Laydeur (3) », on voit que les récits font figurer un total d'environ quinze personnages explicitement désignés comme laids[3]. C'est pratiquement le seul terme que la reine utilise pour désigner un physique ingrat. En effet, il n'y a pas de variantes sémantiques comme « difforme » ou « hideux ». On retrouve toutefois le terme dans des combinaisons comme « laydes et ordes[4] », pour désigner

1 J. Lecointe, « Les lieux rhétoriques de la personne dans les récits de l'*Heptaméron* », art. cité, p. 518 et p. 520-521.

2 Nous nous fions à l'index établi par G. Demerson et G. Proust, *L'Heptaméron. Index*, éd. G. Demerson et G. Proust, Clermont-Ferrand, Presses Universitaires Blaise Pascal, 2005. Ce recensement se base sur l'édition de M. François : M. de Navarre, *L'Heptaméron*, éd. M. François, Paris, Éditions Garnier Frères, 1967. *Cf.* S. Hanon, *Le vocabulaire de l'*Heptaméron *de Marguerite de Navarre : Index et concordance*, Paris, Honoré Champion et Genève, Slatkine, 1990.

3 L'inexactitude provient du fait que parfois l'épithète « laid(s) » désigne un groupe anonyme sans donner le nombre exact de personnes.

4 M. de Navarre, *L'Heptaméron*, éd. citée, vol. 1, p. 286.

des chambrières, ou encore « laid, ord et infame[5] » pour évoquer un palefrenier. En raison de ce manque de diversification lexicale qui nous aurait permis, par exemple, de repérer des *topoi* descriptifs plus précis, on est amené à recourir au contexte, ou bien à recourir à des catégories plus vastes pour approcher ce phénomène d'abord esthétique, mais toujours également éthique.

Pour autant que la question de la laideur est d'abord celle du corps, il s'agit désormais d'identifier les présupposés concernant ce corps humain qui transparaissent en filigrane dans les récits navarriens. À ce titre, nous proposons trois grilles interprétatives qui s'entrecoupent et se mélangent au fil du recueil : celle d'une vision chrétienne, ou évangélique, du corps ; celle, d'origine littéraire, de la signification du corps dans l'univers courtois ; enfin, celle de la conception du corps quand il est pris dans une dynamique entre intérieur et extérieur.

Dans la correspondance qu'elle entretient avec son père spirituel G. Briçonnet, Marguerite de Navarre se plaint à un moment donné d'être « trop en corps[6] », formule qui exprime la sensation d'une âme trop retenue, suite à une maladie, par les faiblesses du corps et les préoccupations terrestres. Ce détail anecdotique donne lieu à une réponse de Briçonnet qui est cruciale pour appréhender la vision évangélique du corps :

> Puis que estant nature humaine trop en corps corrompue et corrompant, comme noyée et absorbée en la mer de corruption [...], il a pleu à la superexcellente, beneficque divinité incorporelle par sa seulle bonté, en corps neuf et virginal, exempt et preservé de la masse peccatrice, la restituer non seullement à sa dignité descheue, mais eslever et diviniffier en luy reformant le corps de son humilité et nichilité [nullité, caractère de ce qui est néant], le configurant au corps de sa clarté, et la nettoier et delivrer du corps de peché[7].

Pour Briçonnet, le corps humain est pris dans une logique double : corrompu et pécheur à cause de sa condition charnelle qui vise le plaisir, il est pourtant racheté et élevé par la grâce divine. On reconnaît d'abord un pessimisme paulinien vis-à-vis de la chair tel que l'apôtre

5 *Ibid.*, vol. 1, p. 290.

6 Il s'agit de la lettre 45, voir G. Briçonnet et M. d'Angoulême, *Correspondance (1521-1522)*, éd. citée, t. 1, p. 222 ; voir aussi M. Bouchard, « Sur les fictions "trop en corps". Marguerite de Navarre et les illusions de l'écriture profane », *Réforme, Humanisme, Renaissance*, n° 77, 2013, p. 131-151.

7 G. Briçonnet et M. d'Angoulême, *Correspondance (1521-1522)*, éd. citée, t. 1, p. 223.

l'explicite dans son Épître aux Romains 7, 14-18, par rapport au combat de l'homme intérieur avec l'homme charnel :

> Nous savons, en effet, que la loi est spirituelle ; mais moi, je suis charnel, vendu au péché. Car je ne sais pas ce que je fais : je ne fais point ce que je veux, et je fais ce que je hais. [...] Et maintenant ce n'est plus moi qui le fais, mais c'est le péché qui habite en moi. Ce qui est bon, je le sais, n'habite pas en moi, c'est-à-dire dans ma chair : j'ai la volonté, mais non le pouvoir de faire le bien.

La nature pécheresse de l'homme, le « vieil homme[8] » comme l'appelle aussi Briçonnet, est localisée dans le paradigme charnel qui est actualisé par le corps. C'est dans le même cadre d'une méfiance envers la chair que la beauté, souvent féminine, est rangée dans *L'Heptaméron* sous le signe de la tromperie déroutante. Ce n'est pas un hasard si déjà le premier personnage féminin qui figure dans les récits est « plus belle que vertueuse[9] ». La beauté trompeuse est omniprésente et constitue dans le recueil un principe amenant le lecteur à se méfier des apparences. De manière générale, nous reconnaissons chez Marguerite de Navarre un pessimisme ou antihumanisme chrétien qui incite à une désillusion par rapport aux réalités terrestres envisagées comme simple passage vers le divin.

Cependant, ce pessimisme s'accompagne des visions plus positives du plan terrestre qui doivent se comprendre comme complémentaires au désenchantement exprimé par rapport à l'ici-bas. C'est que le scepticisme paulinien est toutefois traversé par l'importance de la grâce divine, qui rédime justement ce qui est perdu. Dans la même logique d'une rédemption du terrestre par le biais de l'amour divin, on peut retenir le principe évangélique paradoxal de l'élévation des choses basses qu'on a déjà évoqué ci-dessus. Le chrétien est donc tenu à aimer le monde, tout comme le Christ l'a aimé. En réalité, l'amour pour le terrestre est indispensable s'il l'on veut aimer Dieu, comme l'explicite Parlamente dans le celèbre devis de la 19e nouvelle : « que jamais homme n'aimera parfaictement Dieu, qu'il n'ait parfaictement aimé quelque creature en ce monde[10] ». De plus, la perception des réalités terrestres peut également être transformée par la foi, notamment au titre de l'« œil de la foy[11] », qui renverse les

8 *Ibid.*

9 M. de Navarre, *L'Heptaméron*, éd. citée, vol. 1, p. 19.

10 *Ibid.*, vol. 1, p. 284.

11 *Ibid.*, vol. 1, p. 285.

jugements esthétiques mondains pour reconnaître l'intérieur des gens ou des choses. C'est une logique qu'Oisille formule dès le prologue de *L'Heptaméron* et qu'il faut comprendre comme un principe chrétien de la perception du monde : « car qui congnoist Dieu veoit toute choses belles en luy et sans luy tout laid[12]. » Cet énoncé d'Oisille renvoie au principe augustinien du *propter peccata nostra* qui implique que notre vision ou perception des choses dépendent de notre condition de pécheur. Ces derniers aspects sont capitaux pour appréhender le statut du laid dans l'œuvre navarrienne. Nous leur accorderons un développement à part[13].

Outre le substrat chrétien, c'est le discours courtois qui détermine de manière cruciale la représentation du corps dans *L'Heptaméron.* Les idéaux courtois, principalement hérités du *Livre du courtisan* (1528) de Baldassar Castiglione, associent le physique à une certaine posture morale, englobant noblesse, beauté et vertu[14]. À en croire le seigneur de Gasparo, les défauts physiques ou aspects déplaisants sont en effet malvenus à la cour d'Urbino :

> C'est pourquoi chacun s'efforce de cacher ses défauts naturels, ceux de l'esprit comme ceux du corps : ce que l'on peut voir chez les aveugles, les boiteux, les bossus et autres estropiés ou laids ; car bien que ces imperfections puissent être attribuées à la nature, il déplaît néanmoins à tout le monde de les sentir en soi-même, parce qu'il semble que, par le témoignage de la nature elle-même, ces défauts soient pour un homme en quelque sorte le sceau et le signe de sa méchanceté[15].

L'univers courtois vise, *a priori*, le perfectionnement de l'homme qui est appelé à cacher ses défauts. Si certaines nouvelles perpétuent de manière certaine les codes esthético-éthiques courtois, on trouve également un discours anti-courtois assez prononcé chez la reine à l'instar de la *Querelle des Amies* initiée par deux poètes proches de Marguerite, Bertrand de La Borderie et Antoine Héroët[16]. L'idéalisation courtoise

12 M. de Navarre, *L'Heptaméron*, éd. citée, vol. 1, p. 13.

13 Voir *infra*, p. 189-192.

14 Voir N. Frelick, « In the Eye of the Beholder : The Rhetoric of Beauty and the Beauty of Rhetoric in the *Heptaméron* », art. cité, p. 8.

15 B. Castiglione, *Le Livre du courtisan*, éd. citée, p. 334.

16 Sur le discours anti-courtois autour de Marguerite de Navarre, voir : O. Pot, « *La Parfaicte Amye* ou une belle infidèle (Héroët et Ficin) », dans *Par Élévation d'esprit : Antoine Héroët, le poète, le prélat et son temps*, éd. A. Gendre et L. Petris, Paris, Honoré Champion, 2007,

de la beauté physique, et surtout de la beauté physique féminine, est revisitée de manière critique dans *L'Heptaméron*. Il en est de même pour les discours courtois de l'amour. L'œuvre navarrienne témoigne d'un pessimisme amoureux qui met en relief l'échec de tout amour humain au profit de l'amour pour Dieu. Dans la mesure où la philosophie courtoise de l'amour place en son centre la beauté du corps, soit la beauté de la bien-aimée, comme origine de l'amour – les multiples scènes d'*innamoramento* du recueil en sont la preuve –, on constate une remise en cause assez importante de toute rencontre amoureuse, dont la fin est presque toujours tragique.

Enfin, le corps est pris dans une dynamique entre extérieur et intérieur. Dans *L'Heptaméron*, les questions touchant à la beauté et à la laideur, qu'elles soient corporelles ou morales, sont souvent prises dans une dynamique entre dissimulation et déclaration[17]. Si la beauté visible relève souvent de la duplicité, puisque susceptible de cacher la méchanceté sous les voiles des charmes physiques[18], le corps laid ou enlaidi s'inscrit davantage dans le paradigme de la véridicité car il expose sans gêne un attribut déplaisant. Paradoxalement, cette sincérité joue en faveur de la laideur, mais en défaveur de « la couverture [...] honorable[19] », laquelle peut trahir une intériorité vilaine : celle-ci, une fois démasquée, s'avère plus laide que la laideur elle-même. Chez Marguerite, c'est la volonté de dissimulation qui est source de laideur véritable[20]. À l'image des silènes, cette dialectique, qui met en jeu l'éventuelle divergence entre l'intérieur et l'extérieur, détermine la trame thématique du recueil et

p. 271-302 ; S. Francis, « Anticipating Misogyny : *Praesumptio* in the *Querelle des Amies* and the *Heptaméron* », *French Studies*, vol. 73, n° 1, 2019, p. 1-16.

17 G. Mathieu-Castellani, « Introduction », dans M. de Navarre, *L'Heptaméron*, éd. G. Mathieu-Castellani, Paris, Le Livre de Poche, 1999, p. 58 : « "*Se déclarer*" : telle est la fin visée, dans la nouvelle comme dans la tragédie. Les récits, dramatiques ou facétieux, narrent en effet une déclaration, la mise au jour de la vraie nature cachée par quelque hypocrite comportement ».

18 Sur le thème de la dissimulation voir G. Mathieu-Castellani, « Des voiles et des masques », dans *Conversation conteuse*, *op. cit.*, p. 231-242.

19 Par référence au prêtre incestueux de la 33e nouvelle, voir M. de Navarre, *L'Heptaméron*, éd. citée, vol. 2, p. 459 : « Et, à l'heure, leur nudité, ordure et vilennie est d'autant trouvée plus laide, que la couverture estoit honorable. »

20 Voir M. de Navarre, *L'Heptaméron*, éd. citée, vol. 2, p. 375-376 : « Sçachez aussi que la chose, dont on doit moins user sans extreme necessité, est mensonge et dissimulation : car c'est un vice bien laid et infame, principalement aux princes et grands seigneurs, en la bouche et contenance desquels, la vérité est mieux seante, qu'en autre lieu. »

permet une lecture positive de la laideur corporelle susceptible, soit de révéler une vertu cachée, soit de rappeler à l'être humain son imperfection vis-à-vis de la Beauté absolue. La laideur marque ainsi la possibilité d'un mouvement ascensionnel. Néanmoins, il y a dans *L'Heptaméron* une critique approfondie du besoin social de la dissimulation, notamment pour les femmes[21]. Dans une telle optique, le physique ingrat surgit potentiellement comme vecteur de véridicité et de sincérité dans la mesure où il expose un aspect déplaisant ou vilain au lieu de le cacher.

N. Cazauran n'est pas la seule à souligner que, dans *L'Heptaméron*, il n'y a « pas de passion qui soit morale et n'affecte que la vie intérieure. Tout passe, pour ainsi dire, par le corps [...] toute émotion trop vive se traduit aussitôt par un bouleversement physique[22]. » Laurence Mall, quant à elle, déchiffre minutieusement dans la 10e nouvelle l'évolution des passions amoureuses en s'appuyant sur le langage corporel des deux protagonistes Amadour et Florinde[23]. Plus récemment, Nora Martin Peterson propose l'expression de « confession involontaire[24] » pour désigner toute forme de changement corporel – soit le rougissement, ou le tremblement ou encore les larmes – comme effet somatique révélant une intériorité cachée. Les corps de *L'Heptaméron* parlent donc, malgré eux, à travers leur matérialité et disent plus franchement ce que les mots essaient de circonscrire en vain : « s'ils n'ont pas de visage, ils ont un corps où les passions s'incarnent[25]. » C'est dans ce cadre que les rapports de la beauté et de la laideur peuvent se configurer de manière à déterminer ou à varier l'herméneutique du récit lui-même.

---

21 H. Glidden, « Gender, Essence, and the Feminine (*Heptameron* 43) », dans *Critical Tales. New Studies of the* Heptameron *and Early Modern Culture*, ed. J. D. Lyons et M. B. McKinley, Philadelphia, University of Pennsylvania Press, 1993, p. 25-40 ; E. C. Zegura, *Marguerite de Navarre's Shifting Gaze, op. cit.*, p. 110.

22 N. Cazauran, L'Heptaméron *de Marguerite de Navarre, op. cit.*, p. 151.

23 L. Mall, « "Pierres ou bestes" : le corps dans la dixième nouvelle de l'*Heptaméron* de Marguerite de Navarre », *French Forum*, vol. 17, n° 2, 1992, p. 169-190.

24 N. Martin Peterson, *Involuntary Confessions of the Flesh in Early Modern France*, Newark, University of Delaware Press, 2016.

25 N. Cazauran, L'Heptaméron *de Marguerite de Navarre, op. cit.*, p. 147.

PERSONNAGES ET SCÉNARIOS : UNE TYPOLOGIE DES CORPS LAIDS

À première vue, les personnages de *L'Heptaméron* représentent le plus souvent des personnages-types, généralement anonymes et de ce fait sans profil individuel ni profondeur psychologique. Toutefois, comme le résume bien Nicole Cazauran, cette stérilité du portrait n'est qu'apparente :

> Les personnages de Marguerite de Navarre peuvent paraître à un lecteur inattentif ou pressé flotter dans une relative abstraction. [...] Mais à bien y regarder, à lire sans précipitation, ces silhouettes à peine entrevues, ces êtres de raison qui sont l'objet de débats moraux prennent par moment un relief, une épaisseur qui font croire à leur existence[26].

Ajoutons à cette observation que les personnages de *L'Heptaméron* gagnent également en profondeur par la dimension relationnelle et conviviale que Marguerite de Navarre leur réserve[27]. Leurs portraits évoluent et se compliquent dans l'interaction avec l'autre. C'est aussi dans une telle optique que les personnages disgracieux doivent être lus. Nous esquissons ci-dessous une typologie des corps laids qui nous servira de point de départ pour des analyses plus amples par la suite[28] :

(1) Le cas le plus orthodoxe, car il y a correspondance entre l'intérieur et l'extérieur, est celui d'un corps laid ou enlaidi pour signifier une corruption intérieure. La laideur morale transparaît et elle déforme, de l'intérieur pour ainsi dire, le corps physique. Ainsi en est-il du prieur de la 22e nouvelle, dont la dégénérescence graisseuse n'est qu'un effet secondaire d'une négligence de la vie intérieure, laquelle cède plus précisément aux péchés capitaux de la gourmandise et de la luxure. À plusieurs reprises, le corps obèse de ce représentant de l'Église est désigné comme laid, et ce jugement esthétique intègre sans aucun doute l'anticléricalisme fervent de Marguerite de Navarre, qui partage,

---

26 *Ibid.*, p. 147.

27 J. Lecointe, « Les lieux rhétoriques de la personne dans les récits de l'*Heptaméron* », art. cité, p. 522.

28 L'intégralité des exemples évoqués dans la typologie seront traités *infra*, suivant le même ordre : (1) p. 117-131, (2) p. 132-144, (3) p. 132-144, (4) p. 145-159, (5) p. 159-175.

à ce propos, les positions des évangéliques. Est à ranger dans la même catégorie, quoique dans un scénario profane et facétieux, la laideur du secrétaire des 27e et 28e nouvelles, qui l'on associe à un païen « Roy des Canibales » et dont la volupté insatiable se traduit directement par un physique repoussant, précisément en raison d'une bouche hideusement grande qui semble pouvoir tout avaler. Cette nouvelle est particulièrement significative dans la mesure où elle fait ressortir deux types de laideur et les met en contraste : le physique ignoble du secrétaire apparaît parallèlement à la mauvaise grâce de l'épouse de son hôte, dont le physique ingrat est racheté par ses vertus.

(2) Un deuxième cas concerne l'enlaidissement causé par une émotion forte et violente qui transparaît dans l'apparence physique et provoque une altération déformante. L'exemple le plus parlant est celui d'Amadour dans la 10e nouvelle, qui subit une véritable dégradation physique – soit le rougissement de la peau et un horrible regard – trahissant une passion excessive et illicite. Cette laideur temporaire est complexe car prise dans un paradoxe : d'un côté, elle débouche sur une transgression importante – à savoir la tentative de viol qui constitue une infraction grave aux codes courtois –, de l'autre, on réserve à Amadour, vers la fin de la nouvelle, la possibilité du salut malgré la gravité de son agression : Amadour meurt en martyr chrétien. Cet exemple met en évidence non seulement un rapport étroit entre les passions et leurs démonstrations physiques, manifestant les « erreurs par le desordre de leurs corps[29] » comme le note Oisille à la suite de la 34e nouvelle, mais également le combat entre l'homme intérieur et la chair, tel que le problématise saint Paul dans l'Épître aux Romains 7, 14-25. La justification chrétienne de cette laideur passagère se trouve, à notre sens, dans ce que Robert D. Cottrell appelle « the function of desire, physicality, and *mortificatio* in the economy of salvation[30] » [« le rôle du désir, de la condition physique et de la *mortificatio* dans l'économie du salut » (Nous traduisons)]. Dans la mesure où le désir fort éprouvé par Amadour n'est que transitoire, il constitue un passage consubstantiel à la rédemption du pécheur[31].

29 M. de Navarre, *L'Heptaméron*, éd. citée, vol. 2, p. 467.

30 R. D. Cottrell, « Inmost Cravings : The Logic of Desire in the *Heptameron* », dans *Critical Tales. New Studies of the* Heptameron *and Early Modern Culture*, éd. J. D. Lyons et M. McKinley, Philadelphia, University of Pennsylvania Press, 1993, p. 11.

31 *Ibid.*, p. 20 : « Plotting the Christian trajectory from sin to salvation across the human body. »

(3) L'automutilation volontaire de Florinde dont les séquelles physiques graves sont désignées comme « laydeur » représente un cas à part dans le recueil. Cet exemple illustre par excellence les contraintes sociales et morales liées, dans un contexte courtois, à la beauté féminine qui, en l'occurrence, assume la fonction d'une pierre d'achoppement, selon l'interprétation de la protagoniste elle-même. De ce fait, la laideur est conçue non seulement comme une possible échappatoire au désir masculin, mais aussi comme une nécessité sociale pour sauvegarder la vertu de la dame. Bien qu'elle soit motivée par la poursuite sincère de la chasteté, un tel enlaidissement provoqué par la protagoniste elle-même apparaît toutefois sous un jour ambigu. Cette ambiguïté s'explique – et n'est pas vraiment résolue, selon nous – par le statut que prend la mortification du corps dans la tradition chrétienne. D'un côté, le corps charnel, suivant la tradition dévotionnelle du Moyen Âge, est le lieu privilégié de l'*imitatio Christi* qui comprend avant tout sa passion et sa souffrance – donc aussi son enlaidissement. On s'appuie à ce sujet notamment sur l'Épître aux Romains 12, 1 (« Je vous prie [...] d'offrir vos corps en sacrifice vivant [...] »). De l'autre, les évangéliques – de même que les protestants qui promeuvent une vision plus bienveillante du corps en se basant toujours sur l'enseignement paulinien du 1 Corinthiens 6, 19 « Ne savez-vous pas que votre corps est le temple du Saint-Esprit [...] » – paraissent vouloir transposer une telle *mortificatio* dans un conflit exclusivement intérieur comme le revendique d'ailleurs Oisille lorsqu'elle affirme que l'esprit divin « peult mortifier nostre cueur sans mutation *ne ruyne du* corps[32] ». C'est dans un tel entre-deux que la défiguration de soi donne lieu à des lectures contradictoires.

(4) Outre les visages furieux, mutilés ou hideusement ricaneurs, *L'Heptaméron* fait figurer des formes de laideur physique moins extraordinaires ou surprenantes. De manière inédite, Marguerite de Navarre fait entrer dans l'univers des récits un type de physique disgracieux qu'on pourrait qualifier de banal ou d'ordinaire. Naomi Baker propose le terme « plain ugly[33] » pour qualifier ces protagonistes féminines qui ne sont pas ouvertement hideuses, mais dont le physique est, en un sens, insuffisant pour intégrer le marché marital ou faire l'objet de passions subites. À ce titre, on pourrait également mobiliser la catégorie

32 M. de Navarre, *L'Heptaméron*, éd. citée, vol. 2, p. 460.

33 N. Baker, *Plain Ugly. The Unattractive Body in Early Modern Culture*, *op. cit.*

esthétique de « *Ungeschmeichelten* » [les peu-flattés] que propose, en passant et sans l'approfondir, Jacob Burckhardt[34]. Il s'en sert pour renvoyer à des portraits de la Renaissance italienne qui, en révélant leurs détails disgracieux, singularisaient les personnes à des fins de réalisme, mais cette notion du « peu flatté » ou « peu charmant » s'applique remarquablement bien aux laiderons de *L'Heptaméron.* Avec le personnage de Rolandine (21e nouvelle), on rencontre une laideur qui est, au fond, une beauté médiocre, catégorie qui relève d'un réalisme dépassant l'opposition tranchée entre beauté idéalisée et laideur caricaturale. Quant à Françoise (42e nouvelle), les jugements sur son physique – elle-même se désigne comme « chose si laide » – demeurent ambigus dans la mesure où elle paraît mobiliser un physique ingrat pour défendre son honneur aussi bien que pour marquer son statut social inférieur face au prince qui lui fait des avances. Quoique même aux yeux du jeune prince, sa beauté soit mitigée, c'est la dimension du *self fashioning*, cette volontaire mise en scène de soi comme laide qui démontre en creux le poids que prend le physique des femmes dans l'univers aristocratique de l'époque. Le choix de se revendiquer laide apparaît ici comme une manière d'échapper aux contraintes sociales. À l'instar d'une Florinde qui porte gravement atteinte à sa beauté physique pour esquiver les harcèlements d'Amadour, Françoise opte pour un auto-enlaidissement purement discursif. Contrairement à la belle princesse de la 10e nouvelle, elle y arrive sans se défigurer le visage. On peut également compter parmi les laiderons de *L'Heptaméron* la fille de compagnie de Florinde, personnage d'arrière-plan, nommée Aventurade. Elle intervient non seulement pour faire contraste avec la beauté de sa maîtresse mais aussi pour opposer sa laideur volontairement recherchée à sa mauvaise grâce naturellement donnée. Une telle laideur simple et innée est plus facilement associée à la vertu que la défiguration dramatique de Florinde.

(5) Nous avons pu identifier, en dernière instance, le physique ingrat comme indicateur d'un malaise social propre à la Renaissance qui concerne, en l'occurrence, l'institution matrimoniale. C'est par le biais du motif du couple mal assorti que Marguerite de Navarre attire l'attention sur l'importance des corps – et de leurs physiques – pour la réussite

34 J. Burckhardt, *Werke – Kritische Gesamtausgabe*, t. 6 : *Das Altarbild*; *Das Portrait in der Malerei*; *Die Sammler*, Munich/Bâle, C. H. Beck / Schwabe & Co., 2000 (1898), p. 223.

de l'union conjugale. Marquant ainsi la nature charnelle du mariage – c'est-à-dire le poids que prennent les charmes physiques dans le choix de futurs conjoints –, elle remet en cause le statut sacramentel que l'Église catholique confère à cette alliance. Certes, Marguerite de Navarre ne critique pas le mariage chrétien comme tel. Elle est en réalité plutôt conservatrice à cet égard. Elle défend l'institution tout en tenant compte de ses faiblesses. Si, de manière générale, l'amour humain est voué à l'échec dans l'univers des nouvelles, le mariage est particulièrement fragile à cet égard. L'inégalité entre les deux conjoints – soit en raison d'un écart d'âge important, soit en raison d'une véritable inégalité en termes d'attractivité physique – corrobore le potentiel conflictuel de cette institution. Marguerite exploite *in extenso* ce motif que l'on retrouve de manière accusée dans les arts représentatifs de l'époque[35]. Le seul cas qui fait exception à cette logique est le couple de la 13e nouvelle, où la disparité entre conjoints est sublimée, selon notre hypothèse, par une posture dévote de l'épouse qui semble voir au-delà des apparences pour ne voir que le cœur.

DES PRIEURS ET DES SECRÉTAIRES : LA LAIDEUR PHYSIQUE COMME SIGNE D'UNE CORRUPTION MORALE

Les rapports entre le corps et l'âme, entre l'apparence physique et l'intentionnalité morale, entre l'homme intérieur et l'homme extérieur, pour rester dans l'image paulinienne, sont loin d'être étroits dans *L'Heptaméron*. Au contraire, tout semble être pris dans une dynamique qui joue entre découverte et dissimulation. Or, quand la corruption de l'âme transparaît visiblement sur le corps pour former un ensemble abject, la critique de la reine est sans équivoque. Ceci est indubitablement le cas pour le prieur de la 22e nouvelle dont la dépravation morale, qui s'aggrave progressivement, se manifeste par une transformation du corps

35 E. Chvojka, « "Nu ist sie junk, so ist er alt". Zur sozialen und kulturellen Bedeutung des Motives des "Ungleichen Paares" vom 15.-17. Jh. », *Medium aevum quotidianum*, Krems, vol. 35, 1996, p. 35-52.

qui devient gros et disgracieux au fur et à mesure qu'il accumule les transgressions vicieuses. Un deuxième scénario semblable, mais dans le registre facétieux, est celui du secrétaire dont la bouche cannibalesque reflète un désir sexuel intarissable.

LE VISAGE LAID DU CLERGÉ (22e NOUVELLE)

L'Heptaméron constitue un trésor de récits anticléricaux[36]. Un tiers des nouvelles raconte la malice des religieux[37]. Sur un ton souvent comique mais aussi tragique, sont ciblées l'hypocrisie et la concupiscence du clergé dont l'irrépressible appétit sexuel se manifeste de toutes les manières possibles : du harcèlement sexuel au viol, en passant par les meurtres les plus violents, rien ne paraît manquer à la panoplie des crimes pour dénoncer la méchanceté de ces loups aux habits de pasteurs[38]. Au vu de tous ces actes moralement laids, il est notable qu'aucun des malfaiteurs cléricaux ne soit cependant explicitement désigné comme laid. Certes, il en est dont on caricature la lourdeur ou la maigreur corporelles[39] – dont l'excès peut s'apparenter à la disgrâce ou à la laideur – mais jamais il n'est distinctement question de laideur, à une exception près. Le prieur réformateur dont Geburon nous raconte les malignités dans la 22e nouvelle, et que nous venons de mentionner *supra*, est à plusieurs reprises appelé « laid[40] », voire se reconnaît lui-même comme tel. Cette nouvelle contient effectivement le plus grand nombre d'occurrences du mot « laid » de tout le recueil. Cette spécificité lexicale nous a conduite à considérer la nouvelle comme étant structurée par l'élément même de la laideur. En effet, le corps « si laid[41] » du prieur réapparaît de manière

36 G. Ferguson, « Mal de vivre, mal croire : l'anticléricalisme dans *L'Heptaméron* de Marguerite de Navarre », *Seizième Siècle*, n° 6, 2010, p. 151-163 ; T. Wanegffelen, « La Renaissance et l'anticléricalisme. Pertinence d'un dossier », dans *Siècles*, n° 18, 2004, p. 19-26.

37 F. R. Atance, « Les Religieux de l'*Heptaméron* : Marguerite de Navarre et les novateurs », *Archiv für Reformationsgeschichte*, n° 65, 1974, p. 185-210.

38 Cette image est tirée de l'Évangile de Matthieu 7, 15, exprimant l'hypocrisie des responsables spirituels.

39 La 34e nouvelle caricature deux cordeliers, « ung d'eulx fort gras et l'autre assez maigre » (p. 435), qui comprennent de travers, comme les désignant eux-mêmes, l'énoncé d'un boucher qui adresse à sa femme la phrase suivante : « M'amye, il me fault demain lever matin pour aller veoir nos Cordeliers, car il y en a ung bien gras, lequel nous faut tuer » (p. 436).

40 M. de Navarre, *L'Heptaméron*, éd. citée, vol. 2, p. 342-343.

41 *Ibid.*, vol. 2, p. 333.

circulaire. Du début à la fin du récit, la disgrâce physique du clerc est évoquée à deux égards : d'un côté, de façon à motiver, voire à provoquer les péripéties de l'intrigue ; de l'autre, à titre d'élément figurant soit dans le cadre d'une introspection – ce qu'on pourrait appeler avec Genette, la focalisation interne – soit dans celui d'une confession verbale, revêtant ainsi une dimension de révélation. Dans les deux cas, l'évocation de la laideur du prieur sert à mettre à nu les motivations ou voix intérieures des deux personnages principaux. Ce sont les passages laissant entendre les conflits intérieurs des personnages qui interdisent de concevoir le prieur comme une simple réplique topique du clerc balourd, lieu commun dans la tradition anticléricale du Moyen Âge[42]. Au contraire, il convient de reconnaître une certaine évolution psychologique du personnage selon une aggravation de ses abus repréhensibles. Il n'est pas anodin que le corps ponctue cette évolution.

Le prieur du monastère Saint-Martin-des-Champs est réputé pour son mode de vie austère et pieux au point qu'on lui attribue le surnom de « *pere de vraye religion*[43] ». Il est élu visiteur des consciences du couvent de Fontevrault, un ordre de sœurs qui le craignent pour sa sévérité. Au cours des années cependant, l'austérité de son mode de vie s'affaiblit et il succombe au péché de la gourmandise, puis de la luxure. C'est la gloutonnerie qui retiendra notre attention en premier lieu dans la mesure où elle a des effets directs sur le corps. C'est que le corps obèse du protagoniste devient témoin malgré lui d'une « mutation du cueur ». Ainsi, le corps parle et annonce les actes débauchés qui suivront :

> Et combien que sa reigle portast de jamais ne manger chair, il se dispensa luy mesme, ce qu'il ne faisoit à nul autre, disant que sur luy estoit tout le faiz de la religion. Parquoy si bien se festoya que d'un moyne bien maigre, il en feit un bien gras : et à ceste mutation de vivre, se feit une mutation de cueur, telle qu'il commença à regarder les visages, dont au paravant il avoit faict conscience : et en regardant les beautez que les voiles rendent plus desirables, commença à les couvoiter[44].

L'altération corporelle du prieur se fait en termes de grosseur (« d'un moyne bien meigre, il en feyt un bien gras »). Obésité dégénérescente

---

42 Sur le balourd médiéval, voir G. Vigarello, *Les Métamorphoses du gras. Histoire de l'obésité*, Paris, Éditions du Seuil, 2000, p. 22.

43 M. de Navarre, *L'Heptaméron*, éd. citée, vol. 2, p. 331.

44 *Ibid.*, vol. 2, p. 330-331.

à laquelle le narrateur du récit, Geburon, se réfère dès lors en tant que laideur, comme on le verra dans ce qui suit. Cette transformation est expliquée par une causalité qui met en lien une « mutation de vivre », donc un changement de mœurs, avec une mutation intérieure, celle du cœur. Or tout laisse penser que c'est la première qui engendre la deuxième. Autrement dit, c'est parce que le prieur vit mal (« Parquoy si bien se festoya ») que la morale et la responsabilité religieuse se voient corrompues. En effet, une telle dénonciation des mœurs cléricales coïncide avec la position de Briçonnet dans le débat autour de l'anticléricalisme de l'époque. Selon lui, il faudrait procéder à une discipline rigoureuse luttant contre les usages débauchés des hommes de l'Église. C'est à dire qu'il faut d'abord corriger les mœurs, puis la foi suivra. Marguerite, quant à elle, défend à cet égard une position bien différente de celle de son père spirituel. Gary Ferguson démontre dans quelle mesure l'anticléricalisme spécifique de la reine s'inscrit dans un discours plus doctrinal de la Réforme[45]. Ce qu'elle critique avant tout ne concerne pas les mœurs des ordres cléricaux[46], mais bien leurs enseignements doctrinaux, le manque de *vive foy*. Attachant une trop grande importance aux œuvres, le clergé catholique méconnaît le rôle de la grâce pour le salut de l'homme, sachant que la notion de grâce, aussi bien que la supériorité de la foi sur les œuvres, sont des enjeux chers aux évangéliques et figurent au centre des débats tridentins. L'anticléricalisme de Marguerite critique alors la mise en avant des œuvres extérieures, soit le fait de juger sur la base de comportements apparents, et ceci vaut aussi pour le prieur en question. Or, la prérogative de l'intériorité privilégie une lecture moins sévère envers la laideur extérieure, dès lors que ce ne sont pas les œuvres ou les apparences extérieures – ni leur négligence – qui déterminent le salut. Dans une telle perspective, ce n'est guère d'abord sa « mutation de vivre » qui pose problème – son obésité n'est alors pas redoutable en soi – mais plutôt ce qui provoque cette mutation. Le début du passage cité est révélateur à cet égard. Or, ce qui précède la gloutonnerie est le péché d'orgueil, le « cuyder », qui consiste, dans le cas du prieur, à

45 G. Ferguson signale l'articulation de ces deux plans idéologiques en se fondant sur la correspondance entre G. Briçonnet et Marguerite de Navarre, voir « Mal de vivre, mal croire : l'anticléricalisme dans *L'Heptaméron* de Marguerite de Navarre », art. cité, p. 156.

46 La critique anticléricale la plus virulente dans les nouvelles de Marguerite de Navarre se dirige vers l'ordre des cordeliers dont est mis en avant l'appétit sexuel intarissable.

s'acquitter soi-même des règlements de son ordre (« il se dispensa luy mesme »)[47]. Son « cuyder », un excès de confiance en soi le conduisant à se dispenser de sa « reigle [qui] portast de jamais ne manger chair », est à la base de son adiposité, source d'une laideur qui devient porteuse d'une confession involontaire, puisque l'hypocrisie intérieure devient visible et la laideur un stigmate du mal croire.

On apprend par la suite que c'est la mutation du cœur qui engendre la convoitise qu'il manifeste envers les sœurs du couvent (« une mutation du cœur telle, qu'il commencea à regarder les visaiges [...] et en regardant les beaultez qui les voilles rendent plus desirables, commencea à les convoicter. »). Concupiscence qui lui fait mériter le titre de pasteur devenu loup (« de pasteur il devint loup »). C'est que l'hypocrisie cléricale est illustrée principalement par des métaphores qui désignent l'asymétrie entre le dehors et le dedans. Le constat proverbial que « l'habit ne fait pas le moine » évoque et dénonce le caractère hypocrite des pharisiens dont on lit dans l'Évangile selon Matthieu 7, 15 : « Méfiez-vous des prétendus prophètes ! Ils viennent à vous en vêtements de brebis, mais au-dedans ce sont des loups voraces. » Il semble que chez Marguerite de Navarre, une prétendue austérité corporelle cache souvent un cœur débauché en proie à l'immoralité.

En tant que loup-pasteur, le prieur réformateur séduit dans plusieurs couvents ses jeunes protégées. Pourtant, sa méchante conduite appelle l'intervention de la « bonté divine », qui « print pitié des pauvres brebis esgarées, ne voulut plus endurer la gloire de ce malheureux regner, ainsi que vous verrez[48]. » Ce commentaire insistant du narrateur marque en effet un tournant dans le récit, tournant qui fait apparaître le deuxième personnage central du récit, la sœur Marie Héroët, avec qui le prieur fera une rencontre bien différente des précédentes :

> Un jour, allant visiter un couvent près de Paris, qui se nomme Gif, advint qu'en confessant toutes les religieuses, en trouva une nommée Marie Herouët, dont la parolle estoit si doulce et agreable, qu'elle promettoit le visage et le cueur estre de mesme. Parquoy seulement par l'ouyr, fut esmeu en une passion d'amour qui passoit toutes celles qu'il avoit eu aux autres religieuses : et en parlant à elle se baissa fort pour la regarder, et apperceut la bouche si

47 Voir à ce sujet G. Ferguson, « Mal de vivre, mal croire : l'anticléricalisme dans *L'Heptaméron* de Marguerite de Navarre », art. cité, p. 159.

48 M. de Navarre, *L'Heptaméron*, éd. citée, vol. 2, p. 331.

> rouge et si plaisante, qu'il ne se peust tenir de luy haulser le voile pour veoir si les yeuz accompagnoient le demeurant, ce qu'il trouva : dont son cueur fut remply d'une ardeur si vehemente qu'il perdit le boire et le manger, et toute contenance, combien qu'il la dissimulloit[49].

C'est par le biais de l'ouïe qu'il y a coup de foudre passionnel. Paradoxalement, il s'agit du sens le plus spirituel car susceptible de donner naissance à la foi ou à la raffermir, comme nous le lisons dans l'Épître aux Romains 10, 17 : « Ainsi la foi vient de ce qu'on entend, et ce qu'on entend vient de la parole du Christ. » Sœur Marie Héroët se distingue d'abord par la sagesse de son discours et ce n'est qu'en second lieu que sa beauté intervient pour allumer la flamme amoureuse chez le gros prieur mal intentionné. Ce personnage féminin contraste nettement avec celui du prieur corrompu. La réaction que suscite cette rencontre chez l'homme d'Église s'apparente à une maladie d'amour (« il perdit le boire et le manger et toute contenance »). Le prieur de la 22e nouvelle rejoint par cette perte de poids son camarade cordelier du récit 31 qui, lui aussi « fort amoureux, [...] en perdit le boire et le manger, et toute contenance », ou encore le jeune amoureux de la 9e nouvelle qui, par peur que son amour ne soit pas réciproque, « sans autre maladie, commencea à diminuer » et à s'enlaidir « en sorte qu'il n'estoit possible de la congnoistre pour la maigreur et l'estrange visage qu'il avoit[50]. » La flamme amoureuse vaut comme remède contre l'obésité du prieur. Qu'un homme religieux puisse alors éprouver des pulsions passionnelles, voire tomber amoureux, pourrait perturber. C'est d'ailleurs le prieur lui-même qui avance l'argument perfide d'une soi-disant asexualité des êtres spirituels : « il ne fault pas que vous estimez qu'entre nous religieux soyons hommes[51]. » Ce constat commun est fautif, voire mensonger, d'un point de vue évangélique qui ne tient pas compte de l'acception de la personne. C'est notamment la suite du récit qui en fournit la preuve. Le religieux songe désormais à gagner l'attention de sœur Marie, entreprise qui s'annonce compliquée pour deux raisons :

> Ce qu'il cognoissoit estre difficile, parce qu'il la trouvoit sages en parolles, et d'un esprit si subtil : d'autre part se voioit si laid et vieil, qu'il delibera de ne luy en parler point, mais de chercher à la gaigner par crainte[52].

---

49 *Ibid.*, vol. 2, p. 331-332.

50 *Ibid.*, vol. 1, p. 94-95.

51 *Ibid.*, vol. 2, p. 333.

52 *Ibid.*, vol. 2, p. 332.

L'asymétrie entre les deux personnes qu'établit le prieur dans cette introspection met en contraste les qualités d'esprit de sœur Marie avec son propre physique, qu'il juge repoussant en raison de sa laideur et de sa vieillesse. Les conséquences qu'il en tire sont pourtant moins nobles. Il perçoit dans sa laideur un obstacle à l'amour et ne voit d'autre chemin que de « gaingner par craincte » la sœur, tout comme Amadour dans la 10e nouvelle le fera vis-à-vis de Florinde[53]. Il juge ses attraits physiques insuffisants pour conquérir cette religieuse qui lui plaît tant, et c'est cette prise de conscience de sa propre laideur qui motive ses actes et détermine la suite de l'intrigue. Le religieux la harcèle donc continûment jusqu'à ce qu'elle consente à violer la règle de ne point regarder les hommes :

> Elle luy respondit, que sa reigle luy deffendoit de regarder les hommes. « C'est bien dict, ma fille, luy dist il, mais il ne fault pas que vous estimez qu'entre nous religieux soyons hommes. » Parquoy seur Marie craignant faillir par desobeïssance le regarda au visaige : elle le trouva si laid, qu'elle pensa faire plus de penitence que de peché à le regarder[54].

La courte focalisation interne sur sœur Marie introduit, de manière inédite dans tout le recueil, une logique qui lie péché et pénitence : la beauté serait implicitement liée au péché, la laideur à une dimension quasi pénitentielle. Soucieuse de ne pas basculer du côté de la convoitise amoureuse à la vue d'un homme, la laideur du prieur soulage la sœur du risque de pécher en ce sens. Sœur Marie, qui n'est aucunement à mettre du côté de la faute ou de l'impiété, échappe ainsi à la séduction grâce à l'apparence laide et repoussante de son supérieur. Ce dernier s'acquitte lui-même de tout sentiment de convoitise en insistant sur son statut d'homme religieux. On pourrait interpréter ce passage comme une critique navarrienne vis-à-vis du statut des moines qui suivent à ce sujet la mauvaise doctrine, à savoir la croyance erronée qu'ils ne sont pas des hommes comme les autres.

La fonction correctrice qu'on attribue ici au visage disgracieux est significative. C'est la notion de « pénitence » qui en est porteuse à cet égard. Le *Dictionnaire du Moyen français* retient pour ce terme la dimension religieuse et le définit comme une « peine expiatoire imposée par le prêtre à celui qui vient confesser ses péchés[55] ». La notion englobe donc à

53 Voir *infra*, p. ###.

54 M. de Navarre, *L'Heptaméron*, éd. citée, vol. 2, p. 333.

55 *Dictionnaire du Moyen Français (DMF)*, éd. citée, s.v. « pénitence ».

la fois la fonction du confesseur dans son pouvoir de châtier et d'absoudre le pécheur et, dans un second temps, l'ardeur du pécheur qui par le « repentir [ou le] remords que suscite [sa] faute commise[56] » accueille sa punition. Comme le texte emploie la construction « faire plus de pénitence », elle reçoit ici une dimension active de contrition. Dans notre cas, ces deux dimensions de la pénitence se superposent dans la mesure où celui qui est censé acquitter du péché devient lui-même, en raison de sa laideur, à la fois objet ou source du péché. La perversion de cette scène de confession en une scène de séduction par le comportement abusif du prieur – « Quand il se trouva seul avec sœur Marie, commença à luy lever le voille[57] » – est donc rachetée par sa laideur qui reconduit sa tentative malicieuse à sa nature première, à savoir celle d'une confession. Cette mise en dérision de la pénitence comme pouvoir d'absolution par le prêtre rejoint ici la négation générale du sacerdoce ministériel dans les débats précédant la Réforme[58]. Ce sacrement catholique est remis en cause avec véhémence dans *L'Heptaméron*, comme le montre Nora Martin Peterson dans son étude consacrée aux confessions dans la première modernité[59].

Dans leur édition de l'œuvre théâtrale de Marguerite de Navarre, Geneviève Hasenohr et Olivier Millet notent, dans l'introduction à la pièce *Le Mallade*, que Marguerite prenait « position (mais à sa manière) dans un débat alors brûlant, celui de la nature de la pénitence » :

> La tradition distinguait, sans les opposer, la nature spirituelle de la pénitence, comme contrition du cœur et appel à la grâce de Dieu, de la pénitence comme sacrement, comprenant également, outre la contrition, le rite de la confession auriculaire faite à un prêtre et les œuvres de la satisfaction devant réparer la peine due pour le péché. [...] Des positions réformatrices, Marguerite retient ici deux idées. La pénitence-repentance est représentée comme une *conversion*, conçue comme miracle produit par la grâce divine, à travers l'expérience [...] que le pécheur a de sa malice, expérience qui se résout au moyen de la foi-confiance dans la miséricorde de Dieu. Ce qui délie le pécheur, ce n'est pas la parole d'absolution du prêtre, mais la grâce divine dont le croyant se saisit au moyen de la foi-confiance[60].

56 *Ibid.*

57 M. de Navarre, *L'Heptaméron*, éd. citée, vol. 2, p. 333.

58 P. Adnès, s. v. « Pénitence », dans *Dictionnaire de Spiritualité ascétique et mystique. Doctrine et histoire*, éd. M. Viller *et alii*, Paris, Beauchesne, t. 12.1, 1984.

59 Voir N. M. Peterson, *Involuntary Confessions of the Flesh in Early Modern France*, *op. cit.*

60 M. de Navarre, *Œuvres complètes*, t. 4 : *Théâtre*, éd. G. Hasenohr et O. Millet, Paris, Honoré Champion, 2002, p. 237-238.

La question de la pénitence est alors prise dans un entre-deux qui confronte la remise des péchés par le moyen de la contrition du cœur – il s'agit d'un rapport personnel du fidèle avec Dieu – aux pratiques sacramentelles et disciplinaires qui prévoient la médiation du prêtre. Dans la 22e nouvelle, Marguerite opère un mélange bien curieux de ces deux aspects. Elle reconduit la figure du prêtre qui à la fois est risible en raison de sa laideur et incite à une pénitence-repentance par le biais de cette même laideur. Son physique disgracieux suscite de fait chez sœur Marie une forme de basculement intérieur qui rappelle celui des pèlerins à l'entrevue des figures monstrueuses ou difformes dans les lieux sacrés destinés justement aux pratiques de pénitence. Le retour au divin se fait par la *via negativa* : la perception du mal par le biais de la laideur – tel le visage du prieur – est censée rappeler au fidèle la difformité de son âme, le conduire à faire pénitence dans une quête spirituelle visant à son perfectionnement. Les fresques monstrueuses représentant des allégories de vices ou des représentations du diable sont exposées par exemple dans les cloîtres au bord du chemin de Saint Jacques pour rappeler aux pèlerins la vilenie de leurs âmes et les conduire à la pénitence[61]. Par ailleurs, le contexte du pèlerinage est parlant aussi pour *L'Heptaméron*. Dans son ouvrage *Earthly Treasures*, Catharine Randall défend par exemple l'idée

61 Voir à ce sujet G. Antunes et B. Reich (éd.), *(De)formierte Körper. Die Wahrnehmung und das Andere im Mittelalter*, Göttingen, Universitätsverlag Göttingen, 2012, p. 10 : « Was allen diesen verschiedenen Darstellungen deformierter Wesen gemeinsam sein dürfte, ist ihre intendierte reflexionsanregende Wirkung auf den Betrachter. In der er- und abschreckenden, oder auch nur verwundernden Andersartigkeit ihrer Körper führen sie dem Schauenden die eigene Sündhaftigkeit vor Augen und machen zugleich deutlich, dass Gott auch für die absonderlichsten Dinge Platz in seinem Schöpfungsplan hat. Dass sich solche Reflexionsmomente an derartigen deformierten Wesen entzünden, dürfte kein Zufall sein : In der wesentlich auf Sichtbarkeit und Deixis abgestellten Kultur des Mittelalters nehmen Körper in ihrer äußeren Zeichenhaftigkeit eine zentrale Stellung ein, und der deformierte Körper ist gerade durch seine auffällige Andersartigkeit in der Lage, Dinge sichtbar zu machen. » [Ce qui est commun à toutes ces représentations de créatures difformes est leur effet pour déclencher un moment d'autoréflexion chez le spectateur. La bizarrerie repoussante de leurs corps rappelle, comme dans le reflet d'un miroir, au spectateur son propre caractère coupable et montre en même temps que les apparitions les plus singulières trouvent une place à l'intérieur de la création divine. Que de telles créatures bizarrement difformes puissent inciter à la réflexivité n'est pas un hasard. Dans sa dimension déictique et visuelle, la culture et la pensée médiévales attribuent au corps un rôle capital en ce qui concerne son extériorité en tant que signe. Or, le corps difforme, grâce à son altérité, est susceptible de faire voir des choses auparavant invisibles. (Nous traduisons)]

selon laquelle le scénario narratif de *L'Heptaméron* ressemble au fond à un pèlerinage intérieur : chaque nouvelle représenterait un moment de reconnaissance de soi en tant que pécheur[62].

Pour en finir avec notre prieur réformateur, rappelons qu'après de multiples tribulations, il invente pour sœur Marie une dernière épreuve qui implique à nouveau sa propre laideur. Partant du fait que sœur Marie est facilement impressionnable, il fomente une nouvelle et dernière ruse jouant sur la dissymétrie esthétique, à savoir la beauté du jeune religieux qu'il utilise pour séduire la sœur, et sa propre laideur repoussante : « pensant qu'il fust refusé par sa laideur, feit tenter seur Marie par ung beau et jeune religieux, esperant que, si par amour elle obeissoit à ce religieux, après il la pourroit avoir par craincte[63]. » L'échec de cette ultime tentative – sœur Marie a vertueusement résisté – mène à une scène conclusive devant l'abbesse où le prieur « ayant peur d'estre descouvert » confesse, de manière quelque peu mitigée, que ce dernier acte d'épreuve se justifiait en effet par sa mauvaise grâce à lui : « en pensant que ma vieillesse et laideur luy faisoient tenir propos si vertueux, je commanday à mon jeune religieux de luy tenir de semblables [propos mondains], à quoy vous voyez qu'elle a vertueusement resisté[64]. » S'il soutient par la suite la promotion de sœur Marie au sein du couvent, le lecteur doute de la sincérité de cet acte. La transformation de son physique au cours du récit mime en effet la dépravation successive de son âme. Par conséquent, son rapprochement avec la figure de Satan qu'évoque Oisille dans le devis[65], démontre bien que la laideur physique, dès qu'elle touche un représentant du clergé, est sans malentendu associée avec le mal.

---

62 C. Randall, *Earthly Treasures. Material Culture and Metaphysics in the* Heptaméron *and the Evangelical Narrative*, West Lafayette / Indiana, Purdue University Press, 2007, p. 199 : « The traditional pilgrimage motif was earthbound : late medieval Catholics journeyed through a landscape marked with sacred sites, collecting *ymaiges* called *patenostres* as souvenirs of pilgrimage. With the advent of evangelicalism, however, such pilgrimages became less frequent, as the focus shifted to an inner landscape : the journey toward God taking place within the individual soul. Accordingly, Marguerite's *devisants* plan to tell stories, which they will present to others upon their return, substituting Word for thing, tale for pilgrimage token, unwrapping the early covers enveloping the characters in the stories the *devisants* recount to demonstrate that ultimate reality resides in one's relationship to God. »

63 M. de Navarre, *L'Heptaméron*, éd. citée, vol. 2, p. 342.

64 *Ibid.*, vol. 2, p. 343.

65 *Ibid.*, p. 347 : « cognoissant que souvent l'ange Satan se transforme en ange de lumiere, à fin que l'œil exterieur aveuglé par l'apparence de sainctteté et de devotion, ne s'arreste à ce qu'il doibt fuir. »

LA LAIDEUR FACÉTIEUSE : LE SECRÉTAIRE CANNIBALESQUE (27e ET 28e NOUVELLES)

Que le même personnage puisse inspirer deux contes de suite, comme c'est le cas pour les nouvelles 27 et 28, fait exception dans l'enchaînement des récits de *L'Heptaméron*[66]. Si Simontault prend de bon gré le relais d'Emarsuitte pour raconter la nouvelle suivante, c'est qu'il a reconnu dans le récit, malgré la vigilance des devisants à garder l'anonymat[67], le secrétaire dont il y était question. Quoique l'identité des personnes apparaissant dans les nouvelles soit censée passer sous le sceau du secret, le personnage en question « estoit *si* laid[68] » que Simontault ne doute pas de l'avoir bien reconnu et veut poursuivre avec « un compte [sur le dit secrétaire], qui est aussi plaisant que cestuy cy[69]. » Non seulement sa laideur singulière trahit le secrétaire au niveau du récit extradiégétique, mais encore il s'agit d'une disgrâce grotesque et risible : la laideur dénonce alors en faisant rire[70], qualité révélatrice à proprement parler qui vise à exposer l'hypocrisie du secrétaire par la ruse vertueuse de la patronne. En effet, la laideur du sot secrétaire n'est pas la seule dans le récit. C'est l'épouse de son hôte qui se démarque, elle aussi, à cet égard en raison de sa vieillesse et de son manque de beauté. Les deux laiderons ainsi réunis illustrent le schéma traditionnel de la facétie où la laideur prend sa part dans le jeu du trompeur trompé.

La narration débute dans la ville d'Amboise où ledit secrétaire est chaleureusement accueilli par un valet de chambre qui se trouve au service de la même princesse que lui[71]. L'économie de ce récit assez court fait que dès les premières lignes le problème est posé :

---

66 Il en est pourtant de même pour le cordelier De Valé dans la « double nouvelle » 46, ou bien de la dame des nouvelles 58 et 59.

67 L'anonymat constitue en fait un des préliminaires retenus dans le contrat narratif que les devisants fixent en amont.

68 M. de Navarre, *L'Heptaméron*, *op. cit.*, vol. 2, p. 410.

69 *Ibid.*, p. 413.

70 Les devisants demandent à Emarsuitte de leur raconter une histoire qui ferait rire : « Et je donne ma voix [Saffredent parlait juste avant] qu'elle n'oublie point à nous faire rire. », p. 408-409. Sur le rire dans *L'Heptaméron*, voir D. Ménager, *La Renaissance et le Rire*, Paris, PUF, 1995, p. 117-148 ; J. Perrenoud-Wörner, *Rire et sacré : la vision humoristique de la vérité dans l'*Heptaméron *de Marguerite de Navarre*, Genève, Slatkine, 2008 ; E. Grosso, « Le rire dans l'*Heptaméron* de Marguerite de Navarre », dans *Le Lent Brassement des livres, des rites et de la vie.* Mélanges offerts à James Dauphiné, éd. M. Léonard, X. Leroux et F. Roudaut, Paris, Honoré Champion, 2009, p. 267-283.

71 Personnage anonyme qui sera par la suite, au début de la nouvelle suivante, identifiée comme « la Royne de Navarre », sœur de « Roy François premier de ce nom » (p. 414).

> Il n'y a pas long temps, que l'un des secretaires de sa maistresse vint loger chez luy, où il demeura dix ou douze jours. Ce secretaire estoit si laid, qu'il sembloit mieux un Roy des Canibales, qu'un Chrestien. Et combien que son hoste et compaignon le traictast en frere et amy, et le plus honorablement qu'il luy estoit possible, si feit il un tour d'homme, qui non seulement oublie toute honnesteté, mais qui ne l'eut jamais dedans son cueur[72].

Emarsuitte fait d'emblée ressortir le physique du secrétaire dont la laideur amplifiée par l'adverbe « si » exige un complément qui justifie la gravité de son cas. Afin de suggérer son altérité physionomique, on a recours à la catégorie de l'Autre, soit à la ressemblance de ce dernier avec le chef d'un peuple anthropophage, « un Roy des Canibales ». Implicitement la laideur se trouve associée au païen non-croyant, la beauté au chrétien. Par le biais d'un filtre presque fabuleux, on transforme cet employé royal en ogre païen issu des pays lointains et qui entre en nette opposition avec l'exemplaire chrétien. Dans son ouvrage *Le Cannibale : grandeur et décadence*[73], Frank Lestringant signale que le mot « cannibale » constitue un emprunt exotique aux récits de voyage, florilèges tératologiques racontant le Nouveau Monde[74]. Chez Rabelais, les cannibales, en tant que progénitures de l'Antiphysis, sont en effet subsumés dans la catégorie des « monstres difformes et contrefaicts en despit de Nature[75] ». Le côté proprement monstrueux du cannibale devait résonner, selon N. Cazauran et S. Lefèvre, dans l'emploi qu'en fait la reine nonobstant le registre comique dans lequel il s'inscrit[76]. Bien que le terme soit étymologiquement lié aux monstres à la tête de chien, les Cynocéphales[77], le secrétaire en question est apparenté plus précisément à l'espèce du singe, comme le laisse entendre la suite du récit au moment où l'invité se croit sûr de sa proie, la femme de son hôte : « en riant avec une doulceur de visage, semblant à un grand magot ». Sa laideur acquiert alors une dimension animale, du fait de l'accent mis sur sa bouche béante qui, paradoxalement, s'inscrit dans un ensemble plutôt doux et agréable. Il n'est pas anodin que Simontault retienne justement cet orifice du visage dans la nouvelle

72 M. de Navarre, *L'Heptaméron*, éd. citée, vol. 2, p. 410-411.

73 F. Lestringant, *Le Cannibale. Grandeur et décadence*, Genève, Droz, 2016.

74 M. de Navarre, *L'Heptaméron*, éd. citée, vol. 3, p. 940, n. 2.

75 F. Rabelais, *Œuvres complètes*, éd. M. Huchon, Paris, Gallimard, 1994, p. 615.

76 M. de Navarre, *L'Heptaméron*, éd. citée, vol. 3, p. 940, n. 2.

77 Il s'agit d'une fausse étymologie à partir du radical latin *canis*. Voir F. Lestringant, « Du Cynocéphale au cannibale », *Le Cannibale*, *op. cit.*, p. 39-44.

suivante où le même secrétaire réapparaît. Cette fois-ci, le personnage cherche à s'approprier un jambon gigantesque[78] faisant resurgir l'appétit carnivore démesuré, alors cannibale, manifesté dans le récit précédent :

> Et en disant cela, luy monstra le pasté qu'il avoit soubs son manteau assez grand pour nourrir un camp, dont le secrettaire fut si joyeux, que encores qu'il eust la bouche parfaictement laide et grande, en faisant le doux le rendit si petite, que l'on n'eust pas cuidé qu'il eust sceu mordre dedans le jambon, lequel il prit hastivement [...][79]

Sa bouche représente sans doute l'élément le plus reconnaissable dans ce portrait de laideur. L'élément de douceur revient également, cette fois-ci dans la tournure « faisant le doux » qui suggère un comportement de dissimulateur sournois[80], capable de transformer sa bouche en fonction des fins à atteindre. La bouche et le rire deviennent signifiants de la personnalité, comme le note Judith Perrenoud-Wörner[81]. La laideur de la bouche est alors révélatrice, orifice qui ouvre littéralement vers l'intérieur. Dans le cas du secrétaire, ce fond moral est dénoncé dès le début de la 27e nouvelle car sa tête de cannibale enveloppe une âme dépourvue de toute honnêteté. D'emblée, son seul intérêt est

> de pourchasser par amour deshonneste et illicite la femme de son compaignon, qui n'avoit en soy chose aymable, que le contraire de la volupté ; car elle estoit autant femme de bien et vertueuse, qu'il y en eut dedans la ville où elle demeuroit. Elle, cognoissant la meschant volonté du secretaire, aymant mieux par dissimulation declarer son vice, que par soubdain reffus le couvrir, feit semblant de trouver bons ses propos. Parquoy, luy qui cuidoit l'avoir gaignée, sans regarder à l'aage qu'elle avoit de cinquante ans, et qu'elle n'estoit des belles, et sans considerer le bon bruit qu'elle avoit d'estre femme de bien et d'aymer son mary, la pressoit incessamment[82].

Le voluptueux « Roy des Cannibales » est ainsi confronté à l'épouse de l'hôte, « femme de bien et vertueuse ». Toutefois, les deux personnages

---

78 C'est sur ce jambon que le secrétaire sera trompé : on le remplace en effet avec une botte et un ustensile en bois.

79 M. de Navarre, *L'Heptaméron*, éd. citée, vol. 2, p. 415.

80 D. Ménager, *La Renaissance et le Rire*, *op. cit.*, remarque à propos du rire dans *L'Heptaméron*, p. 57 : « Quand on choisit de rire, on choisit de dissimuler. On rit parce que c'est encore le meilleur moyen de cacher ce qu'on pense. »

81 Voir J. Perrenoud-Wörner, *Rire et sacré*, *op. cit.*, p. 83.

82 M. de Navarre, *L'Heptaméron*, éd. citée, vol. 2, p. 410-411.

partagent un point commun qui est celui de la laideur physique. On apprend en effet à deux reprises que la dame en question n'est pas d'une grande beauté. La subordonnée relative «qui n'avoit en soy chose aymable, que le contraire de la volupté» n'est qu'un euphémisme annonçant la vieillesse et le physique ingrat de la femme : «qu'elle avoit cinquante ans, et qu'elle n'estoit des belles». L'âge avancé et le physique disgracieux de ce personnage remplissent une fonction double au niveau du développement du récit. En premier lieu, ses attraits déplaisants paraissent réaffirmer les goûts grossiers et malvenus du secrétaire. «Sans regarder à l'aage [...]», l'invité, aveuglé par une volupté sauvage, poursuit l'honnête femme malgré son âge et sa laideur. Une pareille combinaison représenterait communément un ingrédient propice à éteindre toute flamme amoureuse. Dans la 27e nouvelle en revanche, la mauvaise grâce de l'hôtesse est aussitôt rachetée par sa bonne renommée et son plan rusé : elle songe à comment «par dissimulation declarer» le vice. Le laideron devient alors le personnage adéquat pour tromper le trompeur.

Afin de démasquer le secrétaire, la patronne prétend participer à son jeu de séduction et consent à le retrouver au grenier pour n'être qu'à deux. Elle l'invite à passer le premier, et c'est en le faisant attendre que le désir du secrétaire brûla non «comme celuy de genevre, mais comme un gros charbon de forge[83]». Faisant la sotte, elle lui demande s'il ne voit pas d'inconvénient à ce qu'elle sollicite d'abord l'accord de son époux. Ainsi détrompé, le secrétaire se met à pleurer :

> Pensez quelle mine peut faire en pleurant, celuy qui en riant estoit si laid : Lequel incontinent descendit les larmes aux yeux, la priant pour l'amour de Dieu, qu'elle ne voulust rompre par sa parolle l'amitié de luy et de son compaignon[84].

Pire qu'un rictus déformant, le visage se fait grimace larmoyante qui inspire la pitié. J. Perrenoud-Wörner interprète la coïncidence de ces deux émotions contraires comme suit :

> Il s'agit là d'une des rares descriptions d'un être en train de rire dans notre recueil de nouvelles, pourtant si plein de rires. Le personnage du secrétaire

83 *Ibid.*, vol. 2, p. 412.
84 *Ibid.*

> est rendu d'autant plus ridicule que les larmes sont normalement versées par les femmes ; le secrétaire est donc féminisé[85].

Ces larmes enlaidissantes resteront pourtant sans grand effet, vu que la femme raconte son « honneste tromperie » à son époux, augmentant ainsi la honte du secrétaire. C'est peut-être aussi pour ce manque de compassion que Simontault exprime une réserve quant à une lecture trop élogieuse de la dame : « Par Dieu, dist Simontault, ce n'est pas grand honneur à une honneste femme, de refuser un si laid homme que vous peignez ce secrettaire[86]. » Veillant à ne pas en tirer une morale trop évidente, Simontault semble vouloir rappeler à ses interlocuteurs que la laideur est censée faire rire avant toute chose. Gisèle Mathieu-Castellani remarque à ce sujet que :

> Si les conteurs reçoivent mission de faire rire, s'il convient, en produisant un conte plaisant, de « rhabiller la faute » de celui qui fit pleurer et s'émouvoir, chacun sait pourtant, dans l'univers de *L'Heptaméron*, que « encore n'est pas finée la tragédie qui a commencé par rire », et que le rire lui-même, si joyeux soit-il, déshabille la fragile créature, mettant à nu sa vilenie et ses ordures secrètes[87].

Le rire fonctionne donc d'abord comme mécanisme d'exposition et de révélation. Or, si la laideur fait rire, c'est également pour oublier le vice, tout comme l'hôte du secrétaire à qui « pleut tant la vertu de sa femme, qu'il ne tint compte du vice de son compaignon[88] ».

---

85 J. Perrenoud-Wörner, *Rire et sacré*, *op. cit.*, p. 274-275.

86 M. de Navarre, *op. cit.*, vol. 2, p. 413.

87 G. Mathieu-Castellani « Introduction », dans M. de Navarre, *L'Heptaméron*, éd. G. Mathieu-Castellani, *op. cit.*, p. 58.

88 M. de Navarre, *L'Heptaméron*, éd. citée, vol. 2, p. 412.

BEAUTÉ COURTOISE ET VISAGES ENLAIDIS (10e NOUVELLE)

La 10e nouvelle se démarque des autres récits du recueil par sa longueur atypique et son caractère romanesque qui en font une sorte de microcosme à l'intérieur de *L'Heptaméron* même[89]. Ce microcosme importe particulièrement en raison de la place décisive que saura y prendre le rapport ambigu entre beauté et laideur physiques. C'est que ce rapport se déploie à l'intérieur d'une logique sociale, celle de la cour, qui érige en signe d'honneur la beauté. La tradition romanesque courtoise forge comme idéal de l'être humain celui du courtisan. À ce titre, Marguerite de Navarre s'inspire de Castiglione ainsi que des modèles médiévaux courtois[90]. Dans une perspective de perfectionnement de l'individu, le nouveau gentilhomme projeté par Castiglione est censé réunir beauté

89 La 10e nouvelle a retenu souvent l'attention de la critique : M. E. Temple, « The Tenth Tale of the *Heptaméron* », *Romanic Review*, vol. 10, 1919, p. 83-85 ; L. Febvre, « Une nouvelle de l'*Heptaméron* », dans *Autour de* L'Heptaméron. *Amour sacré, amour profane*, Paris, Gallimard, 1971 (1944), p. 254-270 ; A. François, « De l'*Heptaméron* à la *Princesse de Clèves* », *Revue d'Histoire littéraire de la France*, vol. 49, n° 4, 1949, p. 305-321 ; R. Lebègue, « La femme qui mutile son visage (*Heptaméron* X) », art. cité ; M. Tetel, « Une réévaluation de la dixième nouvelle de *L'Heptaméron* », *Neuphilologische Mitteilungen*, Helsinki, Neuphilologischer Verein in Helsinki, 1971, p. 563-569 ; C. Freccero, « Rape's Disfiguring Figures : Marguerite de Navarre's *Heptaméron*, Day 1 : 10 », dans *Rape and Representation*, éd. L. A. Higgins et B. R. Silver, New York, Columbia University Press, 1991, p. 227-247 ; L .D. Kritzman, « *Verba Erotica* : Marguerite de Navarre and the Rhetorics of Silence », dans *The Rhetoric of Sexuality and the Literature of the French Renaissance*, Cambridge, Cambridge University Press, 1991, p. 46-56 ; L. Mall, « *"Pierres ou bestes" : le corps dans la dixième nouvelle de l'Heptaméron de Marguerite de Navarre* », *French Forum*, vol. 17, n° 2, 1992, p. 169-190 ; A. Schöneberger, « Die zehnte Novelle (Parlamente) », dans *Die Darstellung von Lust und Liebe im « Heptaméron » der Königin Margarete von Navarra*, Francfort-sur-le-Main, DEE, 1993, p. 97-140. Pour la critique plus récente, voir : D. LaGuardia, « The Voice of the Patriarch in the *Heptaméron* I : 10 », *Neuphilologus*, vol. 81, 1997, p. 501-513 ; S. Rendall, « Force and Language : *Heptameron* 10 », *Comparative Literature*, vol. 60, n° 1, 2008, p. 74-80 ; N. M. Peterson, « "The Truth Will Out" : Blushing, Involuntary Confession and Self-knowledgw in the *Heptaméron* », *Renaissance and Reformation / Renaissance et Réforme*, vol. 32, n° 2, 2009, p. 33-52. ; S. Francis, « Scandalous Women or Scandalous Judgment ? : The Social Perception of Women and the Theology of Scandal in the *Heptaméron* », *L'Esprit Créateur*, vol. 57, n° 3, 2017, p. 33-45.

90 N. Cazauran et S. Lefèvre remarquent que le portrait d'Amadour, en l'occurrence, correspond à celui du parfait courtisan, réunissant la grâce et la hardiesse, dépeint par Castiglione, voir M. de Navarre, *L'Heptaméron*, éd. citée, vol. 3, p. 850, n. 6.

physique et mérites moraux. Cependant, la 10e nouvelle trouble une telle idéalisation de la beauté courtoise en faisant coup double. C'est que les deux protagonistes du récit – le beau chevalier Amadour et la gracieuse princesse Florinde – subissent à la fin du récit une forme d'enlaidissement qui contraste avec leurs portraits initiaux, tout à fait élogieux. Leurs visages difformes permettent en effet d'interroger la signification que prend le beau corps dans une perspective évangélique et courtoise.

Dès le début de la nouvelle, on entre dans l'univers topique du roman courtois. Parlamente dresse aussitôt un portrait tout à fait laudatif du jeune Amadour :

> Entre les autres y en avoit un nommé Amadour, lequel combien qu'il n'eust que dixhuict ou dixneuf ans, avoit la grace tant asseurée, et le sens si bon, que l'on eust jugé entre mille digne de gouverner une republicque : il est vray que ce bon sens là estoit accompaigné d'une si grande et naïfve beaulté, qu'il n'y avoit œil qui ne se tint content de le regarder ; et ceste beauté tant exquise suyvoit la parolle de si près, qu'on ne sçavoit à qui donner l'honneur, ou à la grace, ou à la beaulté, ou à la parolle. Mais ce qui le faisoit plus estimer, estoit sa hardiesse tresgrande, dont le bruict n'estoit empesché pour sa jeunesse [...][91].

Au portrait moral d'un soldat hardi et singulier de par la responsabilité qu'on lui confie, s'ajoute, en parfaite correspondance, une beauté remarquable. En effet, l'excellence de son caractère vient de ce qu'en lui sont égales les qualités morales et physiques[92]. C'est par rapport à une harmonie apparemment incorruptible que la laideur surviendra, nous le verrons, comme élément troublant. Sa jeune beauté vertueuse et naturelle trouve aussitôt son pendant féminin en Florinde : « c'estoit bien la plus belle et honneste personne que jamais il [Amadour] avoit veuë [...] Et après avoir longuement regardé se delibera de l'aimer[93]. » Les deux protagonistes, épris l'un de l'autre, commencent à s'aimer selon

---

91 M. de Navarre, *L'Heptaméron*, éd. citée, vol. 1, p. 104.

92 E. Curtius recense un tel portrait sous le *topos* de la « beauté » (§ 8 Schönheit). Voir E. R. Curtius, *Europäische Literatur und lateinisches Mittelalter*, Tübingen/Bâle, Francke Verlag, 1993 (1948), p. 189 : « Ein reicheres Schema bindet vier "natürliche Vorzüge" (Adel, Stärke, Schönheit, Reichtum) mit vier Tugenden. Die körperliche Schönheit darf nie fehlen und wird auch vom Mittelalter übernommen » [Un schéma plus riche associe quatre "avantages naturels" (noblesse, force, beauté, richesse) à quatre vertus. La beauté physique ne doit jamais manquer et est également reprise du Moyen Âge (Nous traduisons)].

93 M. de Navarre, *L'Heptaméron*, éd. citée, vol. 1, p. 105.

les préceptes de l'amour courtois. À cet égard, Amadour fait honneur à son nom en amadouant[94], en flattant sa bien-aimée pour gagner ses faveurs. Étant donné que les liens conjugaux leur sont défendus en raison de l'inégalité de leurs statuts, les amoureux sont obligés de se livrer à tout un jeu de dissimulation pour cacher leurs véritables sentiments. Sournoiserie qui va jusqu'à engager un « mariage de couverture[95] », à savoir celui d'Amadour avec la confidente de Florinde, nommée Aventurade. Pourtant, au fil de la narration, Amadour réussit de moins en moins à escamoter ce « meschant feu[96] » qui brûle dans son cœur. Les signes avant-coureurs de son altération finale, notamment la rougeur de son visage, apparaissent déjà avant, pendant les multiples rencontres à deux : « Car quand Florinde venoit parler à luy privément [...] le feu caché en son cueur le brusloit si fort, qu'il ne pouvoit empescher que la couleur n'en demeurast au visage, et que les estincelles ne saillissent par les yeux[97]. » Enfin, les stratagèmes de la tromperie succombent à la puissance du dévoilement de ce qui est irrépressible. L'occasion venue, le héros tente de prendre par force la belle Florinde qui, dans un premier temps, lui échappe. Cette première tentative de la part d'Amadour, de « chercher ce que l'honneur des dames defend[98] », à savoir d'outrager sa bien-aimée, aboutit à une séparation des deux protagonistes. Cependant, le prétendant n'abandonne pas l'affaire, et après quelques années d'obligations guerrières, Amadour songe à comment atteindre son but: en mode combatif, il recherche les faveurs charnelles de celle qu'il tient pour perdue et qu'il perçoit désormais comme « son ennemie[99] ». Se faisant complice de la mère de Florinde, il retourne dans le comté d'Arande où habite Florinde avec son mari. Lorsque cette dernière se rend compte du stratagème d'Amadour et qu'elle anticipe une seconde tentative de viol, elle s'automutile violemment le visage :

> Florinde qui n'estoit pas encore asseurée de sa premiere peur, n'en feit semblant à sa mère, mais s'en va en un oratoire se recommander à Dieu, le priant

94 Pour la connotation onomastique, voir *L'Heptaméron*, éd. citée, vol. 3, p. 850, n. 6.

95 Nous revenons sur ce mariage blanc *infra*, p. 163.

96 Sur le « meschant feu », voir N. Cazauran, L'Heptaméron *de Marguerite de Navarre*, *op. cit.*, p. 224-225.

97 M. de Navarre, *L'Heptaméron*, éd. citée, vol. 1, p. 114.

98 *Ibid.*, vol. 1, p. 133.

99 *Ibid.*, vol. 1, p. 141.

> vouloir conserver son cœur de toute meschante affection : et pensa que souvent Amadour l'avoit louée de sa beauté laquelle n'estoit point diminuée, nonobstant qu'elle eust esté longuement malade. Parquoy aimant mieux faire tort à sa beauté en la diminuant, que de souffrir par elle le cueur d'un si honneste homme brusler d'un si meschant feu, prit une pierre qui estoit dedans la chappelle, et s'en donna par le visage si grand coup, que la bouche, et les yeux, et le nez en estoient tous difformés. Et à fin que l'on ne soupçonnast qu'elle l'eust faict quand la Comtesse l'envoya querir, se laissa tumber en sortant de la chapelle le visage sur une grosse pierre, et en criant bien hault, arriva la Comtesse qui la trouva en ce piteux estat[100].

Ce passage renvoie d'emblée à la première tentative de viol (« sa premiere peur ») et s'inscrit donc dans la trame d'une agression sexuelle. Pour ne pas succomber au péché charnel, Florinde s'enfuit dans un sanctuaire pour se « recommander à Dieu », et cherche donc le lieu par excellence prévu pour la rencontre avec Dieu. La prière qu'elle fait pour son « cœur », qu'elle juge elle-même être en proie à de mauvaises affections, l'amène à prendre conscience de son « corps », notamment de sa beauté. C'est que ce corps, vertueux à la base, devient, durant le récit, corps désirant. L. Mall montre comment le langage corporel trahit les véritables désirs de la chair. Cela vaut pour Amadour aussi bien que pour Florinde : « La dichotomie honnête/déshonnête s'y trouve brouillée, lorsque la résistance à la chair est tout aussi violemment charnelle que l'appel de la chair[101]. » Par le désir charnel, Florinde rejoint donc inexorablement Amadour : elle devient, tout comme son amant, agent de dissimulation[102]. Pour sauvegarder la pureté de son cœur, elle choisit de passer par la punition du corps où elle situe la source du péché.

C'est à ce moment que la beauté de Florinde assume toute son ambiguïté parce qu'elle se trouve à l'origine même de l'écart opéré par rapport à l'idéal de la vertu. Philippe de Lajarte, qui analyse les recoupements entre l'idéologie néoplatonicienne et l'écriture de la reine, souligne pour *L'Heptaméron* que « l'attirance pour la beauté n'est plus l'occasion d'une découverte ontologique, mais source d'erreur et d'aveuglement. Au thème de la beauté *révélatrice*, *L'Heptaméron* oppose, en une parfaite antithèse,

---

100 *Ibid.*, vol. 1, p. 142.

101 L. Mall, « "Pierres ou bestes" », art. cité, p. 170.

102 M. Tetel, « Le langage de la feinte et de l'échec », dans L'Heptaméron *de Marguerite de Navarre : Thèmes, langage, structure*, *op. cit.*, p. 54-85.

le thème de la beauté *déceptive*[103]. » L'ultime solution pour échapper à cette beauté déroutante semble être son anéantissement. Notons que les éléments du visage affectés par la défiguration sont bien nommés : « la bouche, et les yeux et le nez ». La mortification concerne alors non seulement l'appareil sensuel – Florinde sera désormais coupée de toute expérience sensuelle – mais elle élimine aussi les éléments porteurs de beauté. Que la laideur occupe une place si prévalente dans la hiérarchie corporelle n'est pas sans intérêt. C'est que le visage est considéré à la Renaissance comme siège privilégié de la beauté, comme le montrent par exemple le traité *Delle Bellezze delle donne* (1541) d'Agnolo Firenzuola[104] et la tradition pétrarquiste.

Cette défiguration apparaît à la fois comme sacrifice (de beauté) et pénitence dans la mesure où il y a inscription volontaire sur le corps d'un péché ou d'une transgression anticipée en même temps que refusée. Or, cette mutilation est motivée pour deux raisons. Si Florinde reconnaît sa propre concupiscence et son incapacité d'y résister sans l'appui de Dieu, sa défiguration est aussi un acte charitable envers Amadour. C'est qu'en lacérant son visage à l'aide d'une pierre, elle cherche à éviter de faire « souffrir par elle [sa beauté] le cueur d'un si honneste homme brusler d'un si meschant feu[105] ». Elle agit selon la conviction que sa beauté est à l'origine du désir concupiscent de son prétendant. Au moment où Floride se résout à se défigurer, c'est à la souffrance d'Amadour qu'elle pense, non pas à sa chasteté ni à sa vertu. Florinde semble reproduire à cet égard un *a priori* sur l'effet transformateur que la beauté féminine est susceptible de produire chez l'homme. De manière semblable, la

103 P. de Lajarte, « *L'Heptaméron* et le ficinisme : rapports d'un texte et d'une idéologie », *Revue des Sciences Humaines*, n° 145, 1972, p. 357.

104 A. Firenzuola, *Delle Bellezze delle donne / Des Beautés des dames*, éd. M.-F. Piéjus, Paris, Les Belles Lettres, 2018. À la question de savoir en quoi consistait la beauté d'une dame, Celso répond à ces interlocutrices que « la nature a veillé par une disposition secrète à ce que ces membres, grâce auxquels la beauté se manifeste de façon plus évidente, fussent placés en un lieu élevé, pour pouvoir être mieux regardés par tous » (p. 10). Mimant une ascension platonicienne, Celso conclut qu'elle se déclenche par la « beauté qui commence au torse et s'achève par la totale perfection du visage, les membres inférieurs n'apportent rien » (p. 12). Puisque le siège de la beauté est le visage, la question du port du masque surgit : « les beaux, en vérité, pèchent gravement en cachant un tel bien ». Les laids, en revanche, « devraient toujours paraître masqués [...] Et vous pouvez comprendre quel déplaisir suscite la laideur [...] », (p. 11).

105 M. de Navarre, *L'Heptaméron*, éd. citée, vol. 1, p. 142.

dame du Verger de la 70e nouvelle qui déplore la rupture du serment par son ami, suppose que c'est la beauté de la duchesse qui a provoqué l'infidélité de celui-ci : « La beauté de la Duchesse, est elle si extreme, qu'elle vous a transmué, comme faisoit celle de Circes ? Vous a elle faict venir de vertueux, vicieux ? de bon, mauvais ? et d'homme, beste cruelle[106] ? » Nous allons voir qu'une telle transmutation se manifeste en effet chez Amadour.

En réalité, Florinde se trouve piégée par un système et un discours qui la poussent à se détruire pour sauver l'honneur des hommes, comme le remarque Nancy Frelick : « *The contradictory rhetoric concerning beauty created a double bind for women must be beautiful and virtuous to have value (social or symbolic capital) but whose attractiveness is frequently blamed for men's desires and used as a justification for their wickedness*[107] ». [La rhétorique contradictoire concernant la beauté crée une double contrainte, car les femmes doivent être belles et vertueuses pour avoir de la valeur (capital social ou symbolique), mais leur attrait est souvent accusé d'être à l'origine des désirs des hommes et utilisé pour justifier leur méchanceté. (Nous traduisons)] À supposer que la beauté féminine soit prise dans un tel paradoxe courtois qui est motivé clairement par une logique profondément patriarcale, l'auto-défiguration peut aussi être lue comme une tentative d'échapper à une telle domination.

Dans son étude sur le thème de la mutilation féminine dans la 10e nouvelle, Raymond Lebègue retrace les sources possibles de cet épisode et du motif selon lequel une jeune femme sacrifie sa beauté « pour sauver sa vertu menacée par un homme amoureux[108] ». Il examine trois sources possibles de cette scène de mutilation – l'histoire contemporaine, le folklore et l'antiquité classique. L'histoire antique de l'Étrusque Spurina, tirée des *Dicta et facta memorabilia* du Romain Valère Maxime, lui paraît la source la plus probable. Selon lui, Marguerite de Navarre y recourt en

106 *Ibid.*, vol. 2, p. 756.

107 N. Frelick, « In the Eye of the Beholder », art. cité, p. 10.

108 R. Lebègue, « La femme qui mutile son visage (*Heptaméron* X) », art. cité, p. 177. Voir aussi C. Marshall, « The Politics of Self-Mutilation : Forms of Female Devotion in the Late Middle Ages », dans *The Body in Late Medieval and Early Modern Culture*, éd. N. Tauton et D. Grantley, Aldershot, Ashgate, 2000, p. 11-22 ; C. Sauders, *Rape and Ravishment in the Literature of Medieval England*, Cambridge, Boydell & Brewer, 2001 ; F. Egmond et R. Zwijnenberg, *Bodily Extremities. Preoccupation with the Human Body in Early Modern European Culture*, Aldershot, Ashgate, 2003.

inversant les sexes. Ainsi on lit dans la rubrique « *De verecundia* » [« De la modestie »] du recueil latin, qui porte sur la pudeur civique :

> *Quod sequitur externis adnectam, quia ante gestum est quam Etruriae ciuitas daretur. Excellentis in ea regione pulchritudinis adolescens, nomine Spurinna, cum mira specie complurium feminarum illustrium sollicitaret oculos ideoque uiris ac parentibus earum se sispextum esse sentiret, oris decorem uulneribus confudit deformitatemque sanctitatis suae fidem quam formam inritamentum alienae libidinis esse maluit*[109].
>
> « Ce qui suit, je vais l'inscrire parmi les faits empruntés à l'étranger parce que cela s'est déroulé avant que l'Étrurie ne reçût la citoyenneté. Un jeune homme se distinguait dans ce pays par sa beauté, il s'appelait Spurinna, et son aspect magnifique attirait les regards de bien des femmes de l'élite de la société ; il se rendit compte que cela le rendait suspect auprès de leurs maris et de leurs pères : il détruisit la grâce de son visage en lui infligeant des blessures et il préféra faire de sa laideur la preuve de la pureté de ses intentions plutôt que de sa beauté le moyen d'exciter l'envie des autres. »

Tout comme Florinde, Spurina choisit volontairement la mutilation pour échapper au statut d'objet désiré pour sa beauté corporelle. Cependant, ce geste violent opéré sur son propre corps est également motivé, chez l'Étrusque, par le regard des autres. Spurina veut que les autres voient son geste sacrificateur et se rendent compte de son intégrité dont il se glorifie : c'est par le biais de sa *deformitas* qu'il veut faire preuve de sa *sanctitas*. Florinde, en revanche, dissimule ses motivations – elle prétend être tombée – parce que ce n'est pas la gloire qui l'intéresse. Le cas de Spurina sera repris par Montaigne dans son essai éponyme « L'Histoire de Spurina » (II, 33) qui présente une lecture assez proche de celle de la reine. En effet, Montaigne s'indigne contre l'automutilation de l'étrusque Spurina, jugeant « ces excez [...] ennemi de mes regles[110]. » Cet *exemplum* était sans doute connu de Marguerite par l'intermédiaire soit de Valère Maxime – les *Faits et dits mémorables* étaient à sa disposition selon les catalogues de la bibliothèque de Cognac et de Blois[111] –

109 V. Maxime, *Faits et dits mémorables*, éd. et trad. par R. Combès, Paris, Les Belles Lettres, 1997, t. 2, p. 40-44.

110 M. de Montaigne, *Les Essais*, éd. Villey-Saulnier, Paris, PUF, « Quadrige », 2004, p. 724.

111 Voir Ed. Sénemaud (éd.), *La Bibliothèque de Charles d'Orléans Comte d'Angoulême au château de Cognac en 1496*, Paris, A. Claudin, 1861, item 4, p. 22 : « le libvre de Vallère le Grant, en françoys », trad. S. de Hesdin ; H.-A. Omont (éd.), *Anciens Inventaires et catalogues de la Bibliothèque nationale*, Paris, Ernest Leroux, 5 vol., 1908–31, « Répertoire de la librairie de Blois (1518) », vol. 1 (1908), items 247-248, p. 40 : « Valere le grand, premier volume. / Valère le grand, second volume. »

soit par celui des textes de Boccace qui font figurer ce personnage à plusieurs endroits[112].

Un autre intertexte possible, apparaissant au début du XVIe siècle et présentant une proximité avec notre nouvelle, figure dans un recueil de Jean du Pré, intitulé le *Palais des nobles Dames* (1534). Cette anthologie de la célébration des femmes vertueuses est adressée à la reine. Il est donc très probable qu'elle ait pris connaissance de ce texte. On y trouve notamment un passage qui fait écho à la scène de mutilation de Florinde, cette fois-ci glorifiant l'autopunition comme un acte vertueux chrétien :

> Tout auprés d'elle, la doulce Marina
> Que devisoit avec Euphrosina,
> Par quel moyen on peut à Dieu complaire.
> Après icelles, le parfaict exemplaire
> D'honnesteté illec se presenta
> De l'abbaesse, que son corps exempta
> Et de ses vierges, de toute orde laidure,
> En deffourmant la noble portraicture
> De son cler vis et se couppa le nez
> À celle fin que les payens damnez
> Eussent horreur, en voyant leur visaige,
> De ne corrumpre leur noble pucellage.
> Pareil exemple monstra une nonnain,
> Que son nez propre se couppa de sa main[113].

En quête d'une manière de se rendre plaisantes à Dieu, les deux jeunes demoiselles Marina et Euphrosina se rappellent ces exemples de religieuses, en l'occurrence celui de sainte Eusébie[114] et de ses subordon-

112 Voir à ce sujet notre analyse S. Dembruk, « Les paradoxes de la mollesse et le cas de Spurina : pour une laideur virile ? », dans *Mollesses renaissantes. Défaillances et assouplissement du masculin*, éd. D. Maira avec F. Baur et T. Patera, Genève, Droz, 2021, p. 93-112.

113 J. du Pré, *Palais des nobles Dames (Lyon, 1534)*, éd. B. Dunn-Lardeau, Paris, Honoré Champion, 2007, v. 2030-2043 : « Dans la nouvelle 10 de l'*Heptaméron*, Floride se mutilera comme les religieuses de ces exemples pour protéger sa vertu du désir d'Amadour. [...] Rappelons que ces actes de mutilation accomplis par les femmes pour s'enlaidir et ainsi ne plus susciter de désir sont courants dans la littérature de cette époque comme celle d'après. Par exemple, dans le *Bonum universale de apibus*, éd. Douai, 1609, 2, 30, 29, une femme demande à Dieu de devenir d'une laideur repoussante afin que sa beauté ne l'incite pas à pécher ; elle sera aussitôt frappée de la lèpre [...]. »

114 Voir V. Verlaque, *Notice sur Sainte Eusébie, abbesse et martyre du diocèse de Marseille*, Marseille, Arnaud, Cayer et Cie, 1867 ; J. T. Schulenberg, *Forgetful of Their Sex : Female Sanctity and Society ca. 500-1100*, Chicago, University of Chicago Press, 1998. À part le volume de

nées qui, pour se prémunir contre toute dépravation (« orde laidure »), s'estropient le nez. Amputations d'autant plus dramatiques si l'on se rappelle l'importance du nez pour l'esthétique du visage. Toutefois, ces pratiques d'automutilation ont une fin morale bien précise : protéger la virginité contre les ennemis non-croyants, les « payens damnez ». Marguerite s'en est sans doute inspirée pour la scène de défiguration de Florinde, mais en questionnant ouvertement le profit moral de telles extrémités.

Quoique ces deux sources s'inscrivent dans la tradition des *exempla*, il n'est pas évident que Marguerite en fasse, dans sa version à elle, un modèle à suivre[115]. Il faut en effet relever le statut équivoque de tels actes portant atteinte à l'intégrité du corps. N. Baker souligne que l'automutilation dans la première modernité est perçue comme fortement ambiguë. Le fait de vouloir inscrire la transgression – ou pire encore une transgression anticipée – à même le corps, en fait le lieu même du péché[116]. De son côté, Stephen Greenblatt, dans son chapitre sur la signification du corps mutilé[117], constate que ce qui, jadis, renvoyait à une sainteté du corps, à savoir les pratiques martyrologiques, est, à la première modernité, condamné comme pratique superstitieuse qui ne respecte pas la création divine. Dans le cas de Florinde, en revanche, c'est plutôt le substrat évangélique des enseignements pauliniens sur le corps qui transparaît. Saint Paul dans son Épître aux Romains 12, 1, réclame une vision bienveillante du corps : « Je vous prie donc, mes frères, par la miséricorde de Dieu, d'offrir vos corps en sacrifice vivant, saint, plaisant à Dieu ; que votre divin service soit raisonnable. » Dans l'optique paulinienne, l'offrande du corps est du côté de la vie. Son anéantissement ne serait pas sensé. Il faut lire l'enlaidissement de Florinde dans une telle perspective critique, d'autant plus que le résultat de son automutilation

---

Jean du Pré, Marguerite a fait plusieurs pèlerinages aux maisons religieuses dans les environs de Marseille, alors elle aurait connu la légende à coup sûr.

115 Voir à ce titre M. J. Baker, « Didacticism and the *Heptaméron* : The Misinterpretation of the Tenth Tale as an *Exemplum* », *The French Review*, vol. 45, n° 3, p. 84-90. Sur la crise de l'exemplarité à la Renaissance voir J. D. Lyons, *Exemplum : The Rhetoric of Example in Early Modern France and Italy*, Princeton, Princeton University Press, (1990) 2014, surtout chap. 2., consacré à *L'Heptaméron*, « The *Heptameron* and Unlearning from Example », p. 72-117.

116 N. Baker, *Plain Ugly*, *op. cit.*, p. 172.

117 S. Greenblatt, « Mutilation and Meaning », dans *The Body in Parts. Fantasies of Corporeality in Early Modern Europe*, New York, Routledge, 2009, p. 221-241.

n'a paradoxalement qu'un faible impact sur Amadour : « S'il me fault mourir, je seray quitte de mon tourment incontinent : mais la difformité de vostre visage (que je pense estre faicte de vostre volonté) ne m'empeschera de faire la mienne[118] ». Paradoxalement, il ne reconnaît aucune portée dévalorisante au visage atrocement défiguré de Florinde et continue de vouloir la posséder en dépit de sa laideur advenue. On apprend en amont que si Amadour retourne voir Florinde c'est « non pour gaigner le cueur de Florinde (car il le tenoit pour perdu) mais pour avoir la victoire de son ennemie puis que telle se faisoit contre luy[119]. » Il n'est donc plus motivé par la recherche de la beauté et de l'amour mais par le triomphe sur Florinde, qu'il considère désormais comme son adversaire, et non son amie. En réalité, la réaction d'Amadour rend absurde l'automutilation de Florinde qui visiblement avait agi en fonction d'une mauvaise compréhension de sa beauté comme déclencheur de la concupiscence masculine. Cette scène doit donc s'interpréter, vu le dénouement, comme un malentendu entre les sexes.

Tout comme Amadour, les devisants ne s'attardent guère sur cet apogée narratif du récit. En réalité, c'est seulement Parlamente qui loue brièvement l'exemple donné par sa protagoniste tout en exprimant des réserves vis-à-vis de l'atrocité de son acte : « Vous suppliant, mes dames, en prenant l'exemple de la vertu de Florinde, diminuer un peu de sa cruauté[120]. » Si la beauté de Florinde posait problème, sa laideur déconcerte d'autant plus. Chez Marguerite de Navarre, cette défiguration du visage n'est pas tout à fait valorisée en termes de vertu. La laideur imposée à soi-même, signe de mépris envers la chair et atteinte à l'intégrité, semble problématique. C'est que Florinde est trop prise dans la chair et aurait dû suivre ce que N. Cazauran appelle « le credo d'Oisille » : « Si est-ce, dist Oisille, que l'esprit de Dieu, qui est plus fort que la mort, peult mortifier nostre cueur sans mutation *ne ruyne du* corps[121] ».

Au visage atrocement défiguré de Florinde, fait écho celui d'Amadour dont l'enlaidissement subit trouve son origine dans une rage amoureuse. En effet, le « meschant feu » se perçoit aussitôt qu'Amadour s'approche de Florinde, dont le visage déchiré se cache sous des pansements :

118 M. de Navarre, *L'Heptaméron*, éd. citée, vol. 1, p. 145.
119 *Ibid.*, vol. 1, p. 141.
120 *Ibid.*, vol. 1, p. 151.
121 *Ibid.*, vol. 2, p. 460.

> Quand Floride veit son visage et ses yeux tant alterez, que le plus beau teinct du monde estoit rouge comme feu, et le plus doux et plaisant regard si horrible et furieux, qu'il sembloit qu'un feu très ardant estincelast dedans son cœur et son visage : et qu'en cette fureur d'une de ses fortes mains print ses deux foibles et delicates [...][122]

Pour marquer l'altération corporelle que subit Amadour, dominé par son désir pour Florinde, la narratrice Parlamente mobilise des catégories esthétiques. C'est la notion d'altération (« tant alterez ») qui implique à cet endroit l'enlaidissement. Le bel Amadour d'antan – on se souvient du portrait initial – n'est plus qu'une référence pour marquer le degré de dégradation relativement au teint (« le plus beau teinct ») et aux yeux (« le plus doux et plaisant regard »). L'emploi des superlatifs indique encore plus clairement la dénaturation du personnage. Le regard amoureux de jadis s'est transmué en une affreuse grimace voluptueuse (« horrible et furieux »). Est accentué notamment le rougissement du visage dû au feu du désir qui brûle en lui. À en croire N. Cazauran, il est ici question de l'image du feu (« feu tres ardent estincelast »), emprunté au répertoire métaphorique des poésies pétrarquistes, dont Marguerite se servait, en moraliste, pour dénoter le désir dont brûlent de l'intérieur bon nombre de ses personnages[123]. Les notions d'horreur et de fureur qui accompagnent le portrait d'un « Amadour altéré » ne représentent que des variantes hyperboliques de ce même feu amoureux à même de chavirer dans la rage de la concupiscence. Plus qu'un simple rougissement dû à un embarras, à l'instar de celui qui trahissait par exemple les sentiments cachés de Florinde avant son automutilation, le désir qui anime Amadour l'enlaidit physiquement. Tout paraît être une question de mesure et dans le cas du vaillant chevalier, la démesure passionnelle s'aligne sur la laideur. Il n'est donc pas surprenant que de nombreux critiques aient placé Amadour du côté du violeur-agresseur[124].

L'évolution intérieure se déplace vers l'extérieur et se manifeste par une véritable mutation physique, par laquelle la passion se fait chair :

---

122 *Ibid.*, vol. 1, p. 143.

123 N. Cazauran donne un panorama quasi exhaustif des personnages qui brûlent de ce « feu » du désir dans *L'Heptaméron de Marguerite de Navarre*, *op. cit.*, p. 152-153. Elle précise que la flamme intérieure déclenche des effets somatiques, se traduisant aussitôt par un « bouleversement physique » (p. 151).

124 Voir par exemple P. Cholakian, *Rape and Writing in the* Heptaméron *of Marguerite de Navarre*, Carbondale-Edwardsville, Southern Illinois University Press, 1991.

le bel Amadour du début de la nouvelle, poussé par le feu intérieur de la passion amoureuse, devient hideusement rouge et repoussant. Lucien Febvre déjà, dans son étude pionnière sur les nouvelles de la reine, attribue un effet surprenant au changement d'Amadour : « Il y a, qui nous étonne, le brusque revirement d'Amadour : le soupirant discret, fidèle et paisible qui, tout d'un coup, se change en brute et réclame sa proie[125]. » Dans cette transmutation momentanée, le corps parlant d'Amadour assume toutefois une qualité révélatrice, dès lors qu'il dévoile une intériorité jusqu'à présent dissimulée. La lecture du corps laid comme signifiant d'une vérité, conduit Christine Martineau à reconnaître dans ce lapsus révélateur une forme de manifestation divine. À propos de l'expérience de l'amour humain, elle interprète le feu intérieur des personnages de *L'Heptaméron* comme une flamme divine : « Le feu est de Dieu, le froid du Serpent[126]. » Le cœur d'Amadour serait donc de provenance divine. Il n'escamote plus le feu amoureux qui brûle en lui, mais le laisse s'exposer librement. C'est la dynamique entre dissimulation et découverte – dialectique déterminant la trame des récits de *L'Heptaméron*[127] – qui anime cette exposition situant la laideur du côté de la vérité dévoilée. Amadour est en effet un personnage complexe, sinon contradictoire. Rappelons que la fin du devis précédant annonce un personnage vertueux : Parlamente compte prouver « par exemple l'amour vertueuse d'un gentilhomme jusques à la mort[128] ». Sur le plan moral, son comportement transgressif vis-à-vis de Florinde

125 L. Febvre, *Amour sacré, amour profane*, *op. cit.*, p. 287.

126 C. Martineau, « Le Platonisme de Marguerite de Navarre », *Bulletin de l'Association d'étude sur l'Humanisme, la Réforme et la Renaissance*, n° 4, 1976, p. 29 : « Quelque folie honteuse que l'amour a pu lui faire commettre, Amadour est un élu, un aimé de Dieu. Sa fin nous en assure. Mais aussi durant toute l'histoire, le feu de sa passion. On pourrait presque émettre une espèce d'axiome, du type : "Il n'est du cœur inflammable que d'une créature de Dieu". Et Dieu sourit en la voyant dans l'égarement [...], son égarement étant précisément ici de croire pouvoir accomplir une montée platonicienne ! C'est-à-dire découvrir "en une beauté exterieure et une grace visible et aux vertuz moralles, la souveraine beaulté, grace et vertu". Digne et noble comportement d'adulte-philosophe, auquel Marguerite substitue la colère de la petite fille rejetant ses poupées qui l'ont déçue. »

127 Dans son article « Des masques et des voiles », dans *Conversation conteuse*, *op. cit.*, G. Mathieu-Castellani identifie comme dynamique ou dialectique paradigmatique de *L'Heptaméron* celle de la dissimulation, du cacher et du contrefaire à l'opposé de celle de la découverte et de la mise à nu : « de la *couverture* et de l'*ouverture* », (p. 233).

128 M. de Navarre, *L'Heptaméron*, éd. citée, vol. 1, p. 102. Sur le fond des multiples tentatives de viol que commet Amadour, cette louange paraît toutefois quelque peu ironique.

ne fait pas de lui un mauvais chrétien. Parlamente nous apprend que le vaillant chevalier, menacé par la captivité musulmane, choisit le suicide pour ne pas être obligé de renoncer à sa foi. Ainsi, Amadour meurt en martyre chrétien, « en baisant la croix de son espée (rendant corps et ame à Dieu)[129] ».

Par ailleurs, la scène de l'ultime rencontre entre Florinde et Amadour rend visible l'abîme insurmontable entre la réalisation de l'amour humain et l'accomplissement de l'amour courtois. C'est l'échec d'un néoplatonisme amoureux qui marque ici l'expérience terrestre du gentilhomme enragé aussi bien que celle de Florinde. Leurs deux visages enlaidis sont finalement la métaphore d'une critique des codes de l'amour courtois. Comme le montre David LaGuardia pour la 10e nouvelle[130], aussi bien Amadour que Florinde sont pris dans des modèles de conduite imposés par un système de domination patriarcale dont les enjeux se cristallisent autour de la beauté féminine. En anéantissant cruellement sa perfection physique, Florinde pense agir en bonne chrétienne et selon la convenance courtoise. Ses croyances internalisées sont pourtant menées jusqu'à l'absurde. La cruauté des images de la laideur physique – rage amoureuse d'Amadour ou visage violemment mutilé de Florinde – exprime la virulence de la critique anti-courtoise de la reine. Par ailleurs, Marguerite s'oppose aux excès pour favoriser une posture de modération : ainsi n'approuve-t-elle ni le « fol amour » du jeune chevalier, ni la défiguration brutale de Florinde, comme le résume N. Cazauran : « elle [M. de Navarre] invite à se défier de ses excès qui ruinent le corps et qui s'emparent de tout l'être, au point que "raison, conscience, ordre et mesure" n'y ont plus de "lieu". Plus encore peut-être que des plaisirs conquis et goûtés, elle se défie des désirs inassouvis dont elle éclaire avec insistance toute la dangereuse violence[131]. » Les visages enlaidis de la 10e nouvelle incarnent donc un appel à la modération des passions et de la conduite à l'égard du corps – Marguerite suit à ce propos la vision paulinienne – tout en servant de critique des conventions de l'amour courtois susceptibles de provoquer de tels excès de la chair.

---

129 *Ibid.*, vol. 1, p. 151.

130 D. LaGuardia, « The Voice of the Patriarch in the *Heptaméron* I : 10 », art. cité, 510-513.

131 Voir N. Cazauran, L'Heptaméron *de Marguerite de Navarre*, *op. cit.*, p. 151.

BEAUTÉS MÉDIOCRES : ROLANDINE (21e NOUVELLE) ET FRANÇOISE (42e NOUVELLE)

La notion de «*plain ugly*» – exprimant l'idée d'une laideur ordinaire et banale – dont N. Baker fait le titre de son étude sur le corps féminin peu attirant dans la première modernité[132], nous apparaît la plus appropriée pour cerner les quelques protagonistes féminines de *L'Heptaméron* dépourvues de charmes physiques. Marguerite de Navarre va en effet à l'encontre des idéaux courtois en introduisant dans l'univers des récits quelques laiderons qui échappent aux canons conventionnels de la beauté. Souvent il s'agit de personnages de second plan passant presque inaperçus. On trouve ainsi par endroits des portraits mitigés – par exemple celui d'une dame du Périgord munie d'« assez de beauté et de bonne grace, pour estre desirée[133] » par son mari (23e nouvelle), ou encore on apprend de l'orpheline Françoise qu'elle est « assez belle, pour une clere brune[134] » (42e nouvelle) – gradations qui ajoutent un certain réalisme à l'univers de *L'Heptaméron* foisonnant par ailleurs en physionomies parfaitement topiques. Dans d'autres cas, les laiderons interviennent pour faire contraste avec la grande beauté d'une dame qui sera aimée et non comme elles négligée. Dans la 53e nouvelle, par exemple, on lit que le beau prince de Behoste « avoit espousé une femme qui n'estoit pas de grande beaulté[135] » mais qui lui manifeste une loyauté sans réserve. Or, le physique ingrat de cette épouse forme un contraste significatif avec la grande beauté d'un deuxième personnage féminin, la dame de Neufchastel qui gagne l'amour du prince mais qui est clairement du côté de la sournoiserie.

Deux cas de jeunes célibataires médiocrement belles, Rolandine et Françoise, orienteront notre analyse dans ce domaine. Il s'agit chez elles

132 N. Baker, *Plain Ugly*, *op. cit.* Même si Baker emploie la notion de «*plain ugly*» dans le titre de son ouvrage, elle n'explicite pas ce qu'elle entend précisément par ce terme. La précision « *the unattractive body* » [le corps peu attirant] dans le sous-titre suggère qu'on ne se préoccupe pas du paradigme du monstrueux ou du prodigieux. C'est à partir de ses analyses que nous inférons qu'elle s'intéresse avant tout à une laideur médiocre ou un manque de beauté qui ne choque guère et passe inaperçue.

133 M. de Navarre, *L'Heptaméron*, éd. citée, vol. 2, p. 348-349.

134 *Ibid.*, vol. 2, p. 525.

135 *Ibid.*, vol. 2, p. 622.

d'une mauvaise grâce qui se situe aux antipodes d'une laideur exécrable. Leurs cas rappellent le personnage secondaire d'Aventurade[136] de la 10e nouvelle qui forme un contraste avec la protagoniste Florinde, également sur le plan des attraits physiques. Ni dramatiques ni excessifs, leurs physiques peu séduisants sont plats et sans relief descriptif. Si leurs corps s'effacent par manque d'éclat, cette lacune est comblée par la portée de leurs prises de parole. Sachant que ces laiderons apparaissent sous la plume d'une écrivaine – leurs corps échappent alors à l'écriture masculine –, Marguerite fait-elle en sorte que le manque de beauté physique soit compensé par la beauté d'une parole révélant une intelligence riche et vertueuse enveloppée dans une écorce mal avenante ? Suivant l'exemple socratique, la reine conçoit-elle ces beautés médiocres comme de premiers silènes féminins ? Par ailleurs, la question des attraits physiques joue un rôle important pour les célibataires quant à leur insertion, bon gré, mal gré, dans le marché marital. Ce sont notamment les propos qu'elles tiennent qui sont précieux quand il s'agit de souligner le poids discursif de la laideur physique dans le débat matrimonial.

« CAR VOUS SÇAVEZ QU'IL N'EST PAS BEAU » : ROLANDINE ET SON CHOIX D'UN ÉPOUX LAID

On l'a vu pour Amadour : non seulement il a « la grace tant assurée, et le sens si bon » mais encore « ce bon sens là estoit accompaigné d'une si grande et naïfve beauté, qu'il n'y avoit oeil qui ne se tint content de le regarder[137] ». Le héros de la 10e nouvelle unit la beauté physique aux mérites de l'âme et aux vertus intérieures – la grâce comprise aussi comme aptitude à la moralité –, et répond ainsi à l'idéal néoplatonicien selon lequel la beauté du corps est signe d'une bonté intérieure. Il serait aisé de multiplier les exemples qui confirment un tel modèle. Toutefois, l'univers de *L'Heptaméron* paraît remettre constamment en cause la certitude d'un lien indissociable entre éthique et esthétique. Marguerite de Navarre heurte la sensibilité néoplatonicienne en troublant les évidences esthético-éthiques, comme nous le verrons avec le cas de Rolandine. Aussi P. de Lajarte introduit-il son analyse sur le protagoniste de la 21e nouvelle en observant que « les âmes vertueuses ne jouissent point toujours, dans

136 Nous traitons *infra*, p. 163, son exemple en lien avec les couples mal assortis.
137 *Ibid.*, vol. 1, p. 104.

L'Heptaméron, du privilège de la beauté physique » et qu'au contraire « beauté et vertu y sont fréquemment opposées[138]. » Philip Ford remarque de la même manière que « *platonic considerations are played down in this story : beauty is not a factor* [Les considérations platoniciennes sont minimisées dans ce récit; la beauté ne compte pas. (Nous traduisons) ». Néanmoins, il affirme que le manque de beauté est significatif[139]. Il comprend cette absence de beauté comme élément annonciateur du fait que l'amour terrestre – l'amour conjugal compris – ne permet aucunement l'ascension de l'âme[140]. Cet échec de l'amour humain se lit comme un résultat des *a priori* reproduits par Rolandine au sujet du rôle que joue le physique pour la constitution d'un couple. Son erreur consiste à condamner par principe la beauté physique et de croire trouver dans la laideur de son époux un signe extérieur de vertu, garant d'un mariage heureux.

La 21e nouvelle nous raconte le sort de sa protagoniste Rolandine, fille célibataire qui, à l'âge de trente ans, n'est toujours pas mariée. Son statut de jeune femme solitaire s'explique par la rencontre de plusieurs facteurs qui combinent des enjeux de pouvoir, de fortune et – ce qui nous intéresse le plus – d'allure physique. À cause des querelles d'héritage, ni son père ni la reine, dont elle dépend, ne sont disposés à la marier. La mesquinerie paternelle et la mauvaise foi de sa protectrice royale la condamnent par conséquent au célibat malgré elle, statut qu'elle vit comme déshonorant – « comme celle qui se fascha à la longue, non tant pour l'envie qu'elle eust d'estre mariée, que pour la honte qu'elle avoit de ne l'estre point[141] » – d'autant plus qu'elle considère le mariage comme la volonté de Dieu[142]. Parlamente, chargée de raconter cette première histoire de la troisième journée, nous peint le portrait de Rolandine en insistant sur la médiocrité de sa beauté :

138 P. de Lajarte, « *L'Heptaméron* et le ficinisme », art. cité, p. 339-371.

139 P. Ford, « Neo-platonic themes of ascent in Marguerite de Navarre », dans *A Companion to Marguerite de Navarre*, éd. G. Ferguson et M. B. McKinley, Leiden/Boston, Brill, 2013, p. 89-108.

140 *Ibid.*, p. 106. : « This lack of beauty is significant. Despite Rolandine's fidelity, despite her courage in facing the queen, her mistress, after it becomes apparent that she has been consistently defying her, there is no suggestion in this story that love truly leads to spiritual enlightenment. God's intervention in the end is far more practical and earthly, when Rolandine discovers her husband's infidelity. »

141 M. de Navarre, *L'Heptaméron*, éd. citée, vol. 1, p. 299.

142 *Ibid.*, vol. 1, p. 306 : « Je sçay qu'en vous espousant je n'offense point Dieu, mais fais ce qu'il commande. »

> Combien que ceste fille ne fust pas des plus belles ne des plus laides, si estoit elle tant sage et vertueuse, que plusieurs grands seigneurs et personnages la demanderent en mariage [...][143]

La narratrice paraît laisser délibérément vague le portrait de la protagoniste. Imprécision qui provient de l'emploi d'une négation double (« ne...pas, ... ne ... ») défendant toute caractérisation catégorique en termes d'esthétique. On n'est désormais plus dans un paradigme affirmatif, comme c'était encore le cas pour le portrait d'Amadour. Sur le plan esthétique, Rolandine se situe donc dans un vaste entre-deux qui permet à l'imagination du lecteur d'élaborer un éventail de possibilités quant à son physique, dont les détails sont passés sous silence. Il suffit d'indiquer sa déviation par rapport à la norme sans expliciter les détails. La subordonnée concessive (« Combien que [...], si [...] ») sert à souligner le contraste entre un physique ostensiblement dépourvu de grâce et les mérites de son caractère. Juxtaposition qui vise à excuser la beauté médiocre en renvoyant à la noblesse de l'âme. Cette dernière qualité atténue le manque de beauté et fait mériter à Rolandine bon nombre de prétendants. À l'encontre de toute conception néoplatonicienne harmonique de l'être humain, Rolandine revêt donc plutôt les qualités d'un silène : son enveloppe mal avenante renferme un intérieur noble. Sa laideur n'est qu'épidermique dans le sens où elle ne renvoie pas à l'intérieur et ne détermine pas tout son être. Force est de constater que Rolandine n'est pourtant guère comparable à un silène comme l'était Socrate, dont l'écorce grandiosement grotesque enveloppait un esprit sublime. Si on interprétait Rolandine comme un silène, ce serait donc à un degré bien plus mesuré. Une telle modération s'explique par le fait que l'imaginaire silénique représente à la Renaissance une catégorie rigoureusement masculine, comme le note N. Baker :

> *While a physically ugly male character has the potential to be virtuous despite the irregularities of his body, an unattractive female character possesses an excessive, unregulated corporeality that is inseparable from moral depravity. Ugly men are often represented as Silenus figures, their unappealing exteriors belying their inner nobility. Women, on the other hand, are most likely to be depicted as inverted Sileni, those whose ostensibly attractive forms disguise their true deformity*[144].

143 *Ibid.*, vol. 1, p. 299.
144 N. Baker, *Plain Ugly*, *op. cit.*, p. 60.

> « Alors qu'un personnage masculin physiquement laid a le potentiel d'être vertueux malgré les irrégularités de son corps, un personnage féminin, peu séduisant, possède une corporalité excessive et non régulée qui est inséparable de la dépravation morale. Les hommes laids sont souvent représentés comme des silènes, leur extérieur peu attrayant démentant leur noblesse intérieure. Les femmes, quant à elles, sont le plus souvent représentées comme des silènes inversés, dont les formes apparemment attrayantes dissimulent leur véritable difformité. »

Avec la protagoniste Rolandine, cet ordre esthétique genré semble pourtant bouleversé : dans une tentative encore prudente, Marguerite revisite une catégorie qui, à la Renaissance, appartenait plutôt au masculin. Quoi qu'il en soit, Rolandine adopte effectivement des gestes autodéterminés, autrement dit plus virils, au moment où elle décide, de bon gré, d'engager un mariage clandestin[145] :

> Quand elle fut approchée des trente ans, il y eut un gentilhomme bastard d'une grande et bonne maison, autant gentil compaignon et homme de bien, qu'il en fut de son temps : mais la richesse l'avoit du tout delaissé, et avoit si peu de beaulté qu'une dame, quelle que fust, pour son plaisir ne l'eust choisi. Ce pauvre gentilhomme estoit demeuré sans party, et comme un malheureux souvent cherche l'autre, vint aborder ceste pauvre damoiselle Rolandine : car leurs fortunes, complexions, et conditions estoient fort pareilles : et se plaignans l'un à l'autre de leurs infortunes, prindrent une tresgrande amitié[146].

Qui se ressemble, s'assemble : Rolandine trouve un compagnon à peu près aussi laid qu'elle (« avoir *si peu* de beaulté »). De manière implicite, ce passage révèle une dimension esthétique du marché marital. Si la fortune chez un homme n'est pas agrémentée ou remplacée par la beauté, même la plus laide dame – « quelle que fust » – ne serait pas intéressée. En réalité, la gouvernante de Rolandine lui fait part des bruits qui courent sur le fait « qu'elle parloit tant à un homme qui n'estoit assez riche pour l'espouser, ne assez beau pour estre aimé[147]. » Les priorités quant au choix de l'époux sont bien déterminées : le mariage est relié à la fortune, l'amitié à la beauté. À cet égard, le pauvre bâtard dépossédé

145 Sur le mariage clandestin dans la prose narrative à la Renaissance, voir L. Dion, *Histoires de mariage. Le mariage dans la fiction narrative française (1515-1559)*, Paris, Classiques Garnier, 2017, p. 177-180. L. Dion consacre les pages indiquées au cas de Rolandine.

146 M. de Navarre, *L'Heptaméron*, éd. citée, vol. 2, p. 300.

147 *Ibid.*, vol. 2, p. 300.

de sa fortune subit un sort beaucoup plus dommageable que sa bien-aimée Rolandine qui, elle, profite d'un important choix de candidats malgré sa moindre beauté. Désormais le couple bien assorti – « car leurs fortunes, complexions, et conditions estoient fort pareilles » – essaie de fuir les regards inquisiteurs de la reine envieuse qui désapprouve les rencontres clandestines entre le bâtard et Rolandine. Quand la nourrice de Rolandine s'adresse à elle pour lui faire des remontrances, elle lui répond :

> Helas, ma mere ! vous voyez que je ne puis avoir un mary selon la maison dont je suis, et que j'ay tousjours fuy ceux, qui sont beaux et jeunes, de peur de tomber aux inconveniens où j'en ay veu d'autres. Et j'ay trouvé ce gentilhomme si sage et vertueux, comme vous sçavez, lequel ne me presche que choses bonnes et vertueuses : quel tort puis-je tenir à vous et à ceux qui en parlent, de me consoler avecques luy de mes ennuiz[148] ?

Rolandine justifie son choix en mobilisant d'un côté le statut social (« un mary selon la maison ») et de l'autre une dimension esthétique. Il se trouve qu'elle s'est toujours méfiée de la beauté des hommes (« ceux, qui sont beaux et jeunes ») sous prétexte qu'elle risque d'occasionner une chute (« peur de tomber »), de la faire basculer dans le péché charnel. Comme le résume P. de Lajarte, la « beauté n'est rien à ses yeux qu'objet de vile concupiscence[149] ». Elle préfère donc son gentilhomme « sage et vertueux » aux « beaux et jeunes ». Rolandine justifie son choix d'un mari peu avenant par les qualités trompeuses de la beauté.

Sitôt après que sa protectrice a pris connaissance du mariage clandestin conclu par le couple, elle est convoquée par la reine et entame un long discours pour justifier son choix :

> Et par le conseil de la raison que Dieu m'a donnée, me voyant vieille et hors d'espoir de trouver mary selon ma maison, me suis deliberée d'en espouser un à ma volunté, non point pour satisfaire à la concupiscence des yeux (car vous sçavez qu'il n'est pas beau) ne à celle de la chair (car il n'y a point eu de consommation charnelle) ny à l'orgueil, ny à l'ambition de ceste vie (car il est pauvre et peu avancé) mais j'ay regardé purement et simplement à la vertu, honnesteté et bonne grace qui est en luy [...][150]

148 *Ibid.*, vol. 2, p. 301.

149 P. de Lajarte, « *L'Heptaméron* et le ficinisme », art. cité, p. 358.

150 M. de Navarre, *L'Heptaméron*, éd. citée, vol. 2, p. 317.

Ce propos met en exergue la nature à la fois rationnelle et désespérée (« hors d'espoir ») de son choix. Délibération volontaire qui va à l'encontre des *innamoramenti* fondant sur le regard la genèse de l'amour. De fait, le premier volet de son argument tripartite souligne qu'elle échappe à toute cupidité des yeux grâce au manque de beauté du bâtard (« car vous sçavez qu'il n'est pas beau »). La laideur de celui-ci devient, en un sens, le garant visible d'une liaison désincarnée et dépourvue de toute avidité terrestre, fondée entièrement sur la vertu et la pudeur. S'agit-il là de l'« aimer parfaictement », comme l'indique Parlamente dans le devis[151] ? On peut en douter car les amoureux désespérés sont rarement les plus sincères. P. de Lajarte recense un bon nombre de ces désespérés dans *L'Heptaméron*[152], ennui qui naît, d'après lui, d'une prise de conscience de l'échec de tout amour humain. Paradoxalement, le désespoir de Rolandine se manifeste dans une recherche de cet amour terrestre dans le mariage et il semble bien que sa plus grande erreur réside là. Pour Rolandine, la beauté n'aboutit qu'à une lâche convoitise. Tout son discours est orchestré autour d'un reniement des attraits physiques qui doit fonder le couple. Elle érige la laideur corporelle en un signe de vertu, mais elle apprend finalement que son époux, s'il est bien disgracieux, n'est nullement paré des nobles qualités d'un silène. Rolandine avait ainsi tort de se méfier de la beauté extérieure. La laideur ne lui garantit pas un amour heureux. Alors qu'elle justifiait son choix par les qualités intérieures du bâtard (« j'ay regardé purement et simplement à la vertu »), elle est sèchement détrompée. Quand leur mariage clandestin est découvert, suscitant la colère du roi et de la reine,

151 *Ibid.*, p. 326 : « Mais non vous, mes dames, de vous prier, pour continuer vostre gloire, ou du tout n'aimer point, ou que ce soit aussi parfaitement que ceste damoiselle [...] ? » Si Parlamente appelle les deux « parfaicts amans » (p. 307), au début du récit, elle relativise son propos vers la fin révélant les véritables intentions du bâtard : « vraye et parfaicte amour ne luy avoit pas tant faict pourchasser Rolandine que l'avarice et l'ambition » (p. 323). Voir aussi I. Garnier-Mathez, « Du conte divertissant à la méditation spirituelle : la *vraye et parfaicte amour* de Rolandine », dans *Lire l'*Heptaméron *de Marguerite de Navarre*, éd. D. Bertrand, Clermont-Ferrand, Presses universitaires Blaise Pascal, 2005, p. 107-122.

152 P. de Lajarte, « *L'Heptaméron* et le ficinisme », art. cité, p. 346 : « C'est sous les coups du désespoir qu'Elisor (dans la 24e nouvelle) et le gentilhomme de la 64e nouvelle se font, l'un ermite, l'autre moine. Si l'amoureux de Poline, dans la 19e nouvelle, se décide à entrer en religion, c'est pour éviter que son cueur ne se remplisse "de quelque desespoir dont la fin seroit malheureuse". C'est également par désespoir que Florinde dans la 10e nouvelle, et la sœur du Comte de Jossebelin dans la 40e nouvelle, renoncent définitivement à toute passion terrestre. »

le cher époux s'enfuit lâchement en Allemagne où il se livre à toutes sortes d'amourettes avec les dames du coin.

Rolandine avait fait de l'argument esthétique la pierre angulaire de sa tirade sur le mariage. Le « visage fort courroucé[153] » de la reine aurait pourtant dû lui servir d'avertissement quant à l'intégrité de son époux[154]. L'importance du consentement parental s'efface devant la prise de parole de Rolandine qui n'est au fond qu'un leurre rhétorique pour gagner la sympathie du lecteur, comme le remarque R. Leushuis[155]. De ce fait, l'évocation du physique ingrat du bâtard, dans sa plaidoirie pour son mariage clandestin, ne relève nullement de la modestie ou d'une démarche vertueuse, mais tout simplement d'un « caprice d'amoureuse[156] ». Dans le titre parlant de son article « Rolandine, ou "Il n'y a pas d'amour heureux" [...][157] », Simone de Reyff explique l'histoire malheureuse du laideron trentenaire par le pessimisme anti-platonicien de Marguerite. Son interprétation rejoint celle de Philippe Ford, qui met en relief l'impossibilité de tout amour humain : l'« erreur serait de croire que l'homme est en mesure de combler de son propre chef le gouffre qui sépare les acquis illusoires de sa carrière terrestre de la mystérieuse demeure à laquelle il aspire[158]. » Acharnée à réaliser une telle « carrière terrestre », Rolandine inverse les préceptes maritaux. Non seulement elle s'oppose au consentement parental, mais encore elle appuie sa résolution d'épouser un bâtard sans fortune sur le physique ingrat de ce dernier, laideur physique qu'elle voit paradoxalement comme garant de vertu.

---

153 M. de Navarre, *L'Heptaméron*, éd. citée, vol. 2, p. 314.

154 L'interdit de la reine est cependant douteux car Rolandine n'aurait jamais épousé le bâtard si la reine ne s'était opposée aux autres alliances possibles. Sur les incohérences textuelles dans *L'Heptaméron* voir A. de Ridder-Vignone, « Incoherent Texts ? Storytelling, Preaching, and the *Cent nouvelles nouvelles* in Marguerite de Navarre's *Heptaméron* 21 », *Renaissance Quarterly*, vol. 68, n° 2, 2015, p. 465–495 ; S. Francis, « Scandalous Women or Scandalous Judgment ? The Social Perception of Women and the Theology of Scandal in the *Heptaméron* », *L'Esprit Créateur*, vol. 57, n° 3, 2017, p. 33-45.

155 R. Leushuis, *Le Mariage et l'« amitié courtoise »*, *op. cit.*, p. 223 : « Le lecteur, en suivant Rolandine, s'est laissé entraîner par une rhétorique trompeuse. L'injustice de la reine et du roi n'était qu'apparente et, en fait, l'auteur, la Reine de Navarre, allait nous révéler par la voix de Parlamente que c'était un leurre. »

156 *Ibid.*, p. 223.

157 S. de Reyff, « Rolandine, ou "Il n'y a pas d'amour heureux" : quelques remarques à propos de la XXIe nouvelle de l'*Heptaméron* », *Bulletin de l'Association d'étude sur l'Humanisme, la Réforme et la Renaissance*, n° 30, 1990, p. 23-35.

158 *Ibid.*, p. 33.

« JE SOY UN VER DE TERRE, AU PRIS DE VOUS » : L'AUTO-ENLAIDISSEMENT DISCURSIF DE FRANÇOISE (42e NOUVELLE)

En pleine conscience de son infériorité de statut, l'orpheline Françoise se rabaisse constamment aux yeux du prince de sa maison pour fuir ses avances. Ses aveux d'humilité face à son maître, dont elle sait la supériorité, sont orchestrés autour de trois éléments : la préservation de son honneur avant tout, le rappel continuel de sa pauvreté, enfin, la mise en scène de soi-même comme d'un laideron indigne d'un prince si noble et si beau. En mobilisant ainsi son physique, qu'elle estime peu avenant, elle semble construire discursivement une *persona* laide pour justifier son rejet du prince. S'agit-il d'une stratégie de dissimulation qui se sert d'une prétendue laideur pour cacher d'autres intentions ? En tout cas, les devisants mettront en doute la vertu de l'humilité de la pauvre Françoise. Il faut donc retourner à son histoire pour interroger quelle fonction y prend le manque d'attraits physiques :

> Ceste fille (qui avoit nom Françoise) avoit une sœur bastarde, que son pere aymoit tresfort, et la maria à un sommelier d'eschansonnerie de ce jeune Prince, dont elle tint aussi grand estat, que nul de maison. Le pere vint à mourir, et laissa pour le partage de Françoise ce qu'il tenoit auprès de ceste bonne ville. Parquoy, après qu'il fut mort, elle se retira où estoit son bien : et à cause qu'elle estoit à marier, et jeune d'un seize ans [*sic*, jeune de seize ans], ne se voulut tenir seule en sa maison, mais se mist en pension chez sa sœur la sommeliere. Le jeune Prince, voyant ceste fille assez belle, pour une claire brune, et d'une grace, qui passoit celle de son estat (car elle sembloit mieux gentil-femme et princesse, que bourgeoise) il la regarda longuement. Luy, qui jamais encores n'avoit aymé, sentit en son cueur un plaisir non accoustumé [...][159]

Si les narrateurs dressent communément le portrait physique du personnage dont ils parlent respectivement, il en va autrement pour Françoise. En effet, la narratrice Parlamente s'abstient de décrire le physique de la jeune fille, en faveur d'un bref récit de filiation, biographique qui mentionne son orphelinat et les bons rapports avec une sœur illégitime. L'arrière-plan social s'avérera en effet un élément troublant dans l'évolution de l'intrigue. Quant à son portrait, ce n'est qu'à travers le regard du prince que le lecteur apprend que la demoiselle en question est « assez

159 M. de Navarre, *L'Heptaméron*, éd. citée, vol. 2, p. 525-526.

belle, pour une claire brune», tournure exprimant une certaine réserve à donner un jugement esthétique arrêté[160]. L'avis du prince paraît en effet mitigé. Ce qui soutient cette hésitation est le syntagme « pour une claire brune», qui exprime une certaine réticence devant ce genre de physique. Cependant, la spécification de la complexion ou la couleur des cheveux fait exception dans les portraits de *L'Heptaméron* : dans ce cas, elle pourrait indiquer que l'orpheline dévie dans une certaine mesure de l'idéal, par son penchant pour le foncé, sachant que selon les *topoi* courtois c'est plutôt le teint clair qui l'emporte en termes de beauté, à moins qu'on puisse reconnaître ici une louange des brunes à l'instar du *Cantique des cantiques*[161] dont s'inspire également Marot[162]. Le portrait vague de Françoise pâlit de toute manière si l'on le compare à celui du prince au tout début de la nouvelle : « Des perfection, grace, beauté, et grandes vertuz de ce jeune prince, ne vous en diray autre chose, sinon qu'en son temps ne trouva jamais son pareil[163].» Hautement élogieux, ce portrait ne laisse aucun doute quant à l'éclat du prince. Malgré cet apparent déséquilibre esthétique, le manque de beauté de Françoise est racheté par sa grâce qui l'anoblit et fait que le prince s'éprend de la pauvre orpheline. Toutefois, le statut désavantagé de Françoise laisse croire qu'elle est une proie facile (« pource qu'il la cognoissoit de bas et pauvre lieu») et lui inspire une initiative suspecte. Il envoie son serviteur pour tenter de convaincre la jeune fille réticente à lier connaissance avec son maître :

> [E]lle qui estoit sage, et craignant Dieu, dist qu'elle ne croyoit pas que son maistre, qui estoit si beau et honneste Prince, s'amusast à regarder une chose si laide qu'elle, veu qu'au chasteau où il demeuroit y en avoit de si belles, qu'il n'en falloit point chercher d'autres par la ville et qu'elle pensoit, qu'il le disoit de luy mesmes, sans le commandement de son maistre[164].

Doutant que le prince soit à l'origine d'une telle requête, Françoise construit son refus sur une double comparaison. D'abord, elle oppose

160 Le *Dictionnaire du Moyen Français (DMF)*, éd. citée, donne pour l'adverbe «assez» la signification de «beaucoup, très», mais signale également sa valeur d'atténuation au sens de «suffisamment» ou «relativement».

161 Voir *supra*, p. 53-54.

162 Voir *infra*, p. 217.

163 M. de Navarre, *L'Heptaméron*, éd. citée, vol. 2, p. 525.

164 *Ibid.*, vol. 2, p. 526.

le prince « si beau et honneste » à elle-même, s'autodégradant à « une chose si laide qu'elle ». La réification de sa propre personne paraît assez frappante et s'explique certainement par la conscience qu'elle a de son statut inférieur. L'humiliation est accrue par la laideur qu'elle semble reconnaître en elle-même et qu'elle confirme en se comparant aux autres dames, qu'elle estime « si belles ». L'opposition topique entre le château et la ville tend à raffermir l'opposition entre le monde de la cour, univers de la beauté, et celui de la ville associée au laid. Nonobstant son refus assez sévère, le prince continue sa poursuite. Françoise se voit obligée de se cacher « non pour fuyr de le veoir (car elle n'eust pas esté creature raisonnable, si elle n'eust prins plaisir à le regarder) mais elle craignoit d'estre veuë de luy, ne s'estimant digne d'en estre aimée, par honneur, ou par mariage : ne voulant aussi d'autre part, que ce fist par follie ou plaisir[165]. » Là encore, sa fuite semble occasionnée par une conscience d'infériorité vis-à-vis d'un prince dont on mentionne à nouveau le physique remarquable et qui attire le regard. Force est de présumer qu'elle se sent indigne « d'en estre aimée », certes en raison de son statut, mais également parce qu'elle paraît avoir intériorisé le fait que seules les belles femmes sont destinées à être aimées, au moins dans un contexte aristocratique. Cette logique dérive, outre des déterminismes sociaux, du néoplatonisme amoureux qui lie intrinsèquement l'amour à la beauté. Pourtant, le prince ne semble pas suivre cette logique et met tout en œuvre pour s'approcher de sa bien-aimée. Il la poursuit dans les chapelles, où elle va pour faire ses prières, et prétexte une chute de cheval non loin de la maison où loge Françoise avec sa sœur et son beau-frère. Afin de gagner quelque repos, il demeure dans la maison de son sommelier, le beau-frère de Françoise, où il fait une nouvelle tentative d'approche. L'orpheline lui adresse en retour une longue tirade :

> Non, monsieur, non, ce que vous cherchez ne se peult faire : car combien que je sois un ver de terre, au pris de vous, j'ay mon honneur si cher, que j'aymerois mieux mourir, que l'avoir diminué, pour quelque plaisir que ce soit en ce monde [...] Je ne suis point si sotte, mon seigneur, ne si aveuglée, que je ne voye, et cognoisse bien la beauté et grace, que Dieu a mis en vous [...] Quelle raison puis-je estimer qui vous face adresser à moy, sinon, que les dames de

165 *Ibid.*, vol. 2, p. 527.

> vostre maison (lesquelles vous aimez, si la beauté et la grace est aimée de vous) sont si vertueuses, que vous n'osez leur demander, ne esperer avoir d'elles, ce que la petitesse de mon estat vous faict esperer avoir de moy ? [...] Et si pour vostre passetemps vous voulez des femmes de mon estat, vous en trouverez assez en ceste ville de plus belles que moy, sans comparaison, qui ne vous donneront la peine de les prier tant [...][166].

De prime abord, cette longue tirade à l'humilité poussée mêle la défense de son honneur («j'ay mon honneur si cher») à l'argument de son statut («ny pour femme de ma sorte», «la petitesse de mon estat»). Mais à y regarder de plus près, Françoise intercale de manière systématique des insinuations concernant le déséquilibre physique qu'elle perçoit entre eux deux et qu'elle avance comme justification de l'impossibilité de leur union. Selon elle, l'écart est si évident qu'elle considère les avances du prince comme une offense à son intelligence et à son discernement («Je ne suis point si sotte [...], ne si aveuglée»). Elle se dénigre consciemment tout en mettant en avant «la beauté et grace, que Dieu a mis en vous», le prince. Une telle méconnaissance de soi culmine dans l'image du «ver de terre». Il s'agit d'une image d'origine biblique, tirée du psaume 22, 7 : «Je suis un ver et non un homme». Le verset en question se trouve dans un psaume qui est communément lu comme un passage prophétique de la parole du Christ sur la Croix[167]. Le fait que l'être divin s'auto-décrit en termes si bas a interpellé notamment le Pseudo-Denys comme on l'a montré *supra*[168]. Patricia Eichel-Lojkine dans son *Excentricité et humanisme* mentionne ces

> images dissemblantes telles que les décrivait Pseudo-Denys l'Aréopagite [...] lorsqu'il préconisait d'utiliser l'image du ver de terre, plutôt que la figure du roi, pour symboliser le Christ. Ce symbole repoussant oblige l'esprit à rechercher une interprétation anagogique et spirituelle, à se détacher de la figure vile pour s'élever vers son contraire[169].

Bien que le statut de locution biblique de cette image[170] semble prévaloir ici sur une référence dionysienne, le personnage de Françoise invite en

166 *Ibid.*, vol. 2, p. 530-531.

167 Voir *supra*, p. 61, n. 109.

168 Voir *supra*, p. 61 *sq.*

169 P. Eichel-Lojkine, *Excentricité et humanisme. Parodie, dérision et détournement des codes à la Renaissance*, Genève, Droz, 2002, p. 110.

170 N. Cazauran et S. Lefèvre lui attribuent un sens quasi proverbial qui, dans le contexte de la 42ᵉ nouvelle, s'inscrit dans un aveu d'humilité, voir *L'Heptaméron*, éd. citée, vol. 3, p. 980, n. 8.

effet à être vu comme un signe dissimilaire : de fait, tout en se présentant comme « ver de terre », elle adopte une allure quasi-christique en proclamant qu'elle serait même prête à donner sa vie pour le prince (« Car s'il failloit aujourd'huy que vostre vie ou la mienne fust demandée de Dieu, je me tiendrois bien heureuse, d'offrir la mienne, pour sauver la vostre[171]. ») Ce dernier ne désespère pas de gagner la faveur de la jeune Françoise (« Il feit ce qui luy estoit possible, pour luy faire croire qu'il n'aimeroit jamais femme qu'elle[172] »). Pourtant, ses autres démarches s'avèrent vaines, et le prince consent finalement à ce qu'elle se marie avec un de ses serviteurs, en accord avec son statut.

Les supplications et les aveux d'humilité de Françoise ont apparemment servi leur but et lui font mériter, notamment de la bouche d'Oisille, une comparaison avec Lucrèce : « car ceux qui ont tant loüé leur Lucresse l'eussent laissée au bout de la plume, pour escrire bien au long les vertuz de ceste cy[173] ». Parangon romain de la vertu païenne, elle devient dans *L'Heptaméron* une antonomase de la pudeur et de la chasteté féminines[174]. Hircan, on s'en doutait, va à rebours de ces comparaisons élogieuses et avance l'hypothèse selon laquelle la protagoniste ne serait pas sincère : « Ainsi peult estre que ceste fille aimoit *quelc'un aussi gentilhomme qu'elle*, qui luy faisoit despriser toute noblesse[175] ». Fait-elle donc exprès de répéter son infériorité vis-à-vis du prince pour l'éloigner d'elle et pour être avec un autre ? N'a-t-elle pas vu la « vraye amitié » que lui a portée son maître, amitié qui égale « prince et pauvre[176] », comme le prétend Saffredent ? On se doute que dans une perspective purement patriarcale, ce serait plutôt le prince – représentation voilée du dauphin François[177] – qui se ferait « ver de terre » et accomplirait ainsi le principe évangélique d'égalité, en phase avec l'enseignement paulinien

171 M. de Navarre, *L'Heptaméron*, éd. citée, vol. 2, p. 531.

172 *Ibid.*, vol. 2, p. 532.

173 *Ibid.*, vol. 2, p. 536.

174 Voir, pour les sources possibles *L'Heptaméron*, éd. citée, vol. 3, p. 981, n. 12. Voir aussi D. Duport, « La vérité du cœur. Explication littéraire d'un extrait de la Nouvelle 42 », dans *Lire l'*Heptaméron *de Marguerite de Navarre*, *op. cit.*, p. 155-169, qui rappelle dans son explication de la nouvelle que l'exemple de Lucrèce est délicat. Elle renvoie à la critique qu'en fait saint Augustin surtout par rapport au suicide qu'il interprète comme connivence avec le viol.

175 M. de Navarre, *L'Heptaméron*, éd. citée, vol. 2, p. 537.

176 *Ibid.*, vol. 2, p. 539.

177 *Ibid.*, vol. 1, p. 90, n. 2.

qui, dans l'Épître aux Romains 2, 11, affirme que « devant Dieu il n'y a point d'acception de personnes. » Suivant la logique masculiniste d'Hiran qui remet en doute le mérite de Françoise, Saffredent dénonce avec virulence « ce terme d'honneur » qui contrarie la réalisation de ses désirs et l'assimile à de la dissimulation ou de l'hypocrisie. Pour lui, la « mortification de soy-mesmes », telle que la pratique l'orpheline – elle se rapproche à cet égard de Florinde –, n'est guère signe de vertu. Si mortification il y a, c'est bien le prince qui en faisait preuve.

À l'encontre des devisants masculins, nous suggérons que les aveux d'humilité de Françoise paraissent trahir une stratégie discursive visant à dissuader son prétendant à des fins de préservation de l'honneur. Dans le cas de Françoise, le retour constant de « l'argument esthétique », c'est-à-dire la mention de sa laideur en contraste avec la beauté du prince, paraît mimer son statut bas qu'elle vit comme un abîme insurmontable entre elle et son prétendant. Nous reconnaissons dans l'autodénigrement de l'orpheline un stratagème volontaire déterminé par les contraintes sociales qu'elle doit subir[178]. C'est qu'il est socialement impossible pour Françoise d'épouser le prince, d'autant plus que le texte laisse dans le flou les propositions concrètes de ce dernier. Qu'elle base son argumentaire de manière répétée sur un apparent manque d'attrait physique témoigne d'une réalité sociale qui préconise la beauté physique comme prérequis pour la réussite maritale. Françoise reproduit en creux cette logique et s'en sert en l'inversant pour atteindre l'effet contraire. Son cas est exemplaire d'un enlaidissement volontaire par le discours en dépit d'une beauté qui excite visiblement l'intérêt de son prétendant. En dressant un portrait dévalorisant d'elle-même relativement à son physique, elle compte échapper à la domination sociale qu'exerce sur elle le prince.

Nous avons vu que *L'Heptaméron* admet, à l'encontre des *innamoramenti* courtois basés exclusivement sur la beauté, des laiderons qui attirent l'amour et qui suscitent, malgré leurs charmes prétendument réduits, l'attention de bon nombre de prétendants (Rolandine), voire les avances d'un prince (Françoise). En termes de jugement esthétique, Marguerite de Navarre pose un regard positif sur ces personnages disgracieux

178 À ce sujet, voir l'analyse socioéconomique de G. Ferguson, « Gendered Oppositions in Marguerite de Navarre's *Heptaméron* : The Rhetoric of Seduction and Resistance in Narrative and Society », dans *Renaissance Women Writers : French Texts / American Contexts*, éd. A. R. Larsen et C. H. Winn, Detroit, Wayne State University Press, 1994, p. 143-159.

qu'elle fait participer, au même titre que les belles princesses, aux ébats amoureux. Force est de remarquer que les beautés médiocres dans le genre de Rolandine apparaissent souvent dans un contexte marital. Leurs cas exposent, entre autres, les contraintes qui se présentent aux jeunes filles en termes de mariage. Outre les obligations extérieures comme le consentement parental ou le pouvoir des autorités responsables, auxquels déroge Rolandine, ou encore la différence de statut social entre le prince et Françoise, l'argument d'une semblable apparence des deux partenaires surgit pour rendre visible le conflit. Si Françoise mobilise l'écart physique entre elle et le prince comme obstacle à leur union, l'accord physique entre Rolandine et son bâtard ne remédie guère aux malheurs d'un mariage clandestin. Il nous faut donc revenir sur l'accord esthétique entre les époux en examinant les couples mal assortis du recueil.

LES COUPLES MAL ASSORTIS ET LA « CRISE DU MARIAGE[179] »

Dans son commentaire de la traduction allemande de *L'Heptaméron* par Walter Widmer, Peter Amelung qualifie l'œuvre de la reine d'amalgame des deux sujets de l'amour et du mariage dans toutes leurs variations[180]. En effet, l'institution du mariage, ou disons plutôt la mise en fiction de « toute la gamme complexe des rapports sentimentaux entre l'homme et la femme[181] », préoccupait non seulement Marguerite de Navarre, mais également ses contemporains. Ainsi Érasme critique dans ses *Colloques* (1518) les unions mal assorties et les mariages qui n'en sont pas[182], et Castiglione esquisse dans son *Livre du courtisan* (1528) une tentative alternative et aristocratique au modèle matrimonial[183] que l'on retrouve

179 Voir aussi S. Dembruk, « Le motif du couple mal assorti dans *L'Heptaméron* : l'esthétique de la "crise du mariage" », *Le Verger* [revue en ligne], n° 20, 2021, p. 1-17 : http://cornucopia16.com/wp-content/uploads/2021/03/Verger_Dembruk-finale.pdf (consulté le 28/03/2022).

180 M. de Navarre, *Das Heptameron*, trad. W. Widmer, Munich, dtv, 1979 : « "Das Heptameron" ist eine psychologique Studie des Themas "Liebe und Ehe" in allen seinen Variationen. »

181 R. Leushuis, *Le Mariage et l'« amitié courtoise »*, *op. cit.*, p. 209.

182 *Ibid.*, p. 31-93.

183 Voir R. Leushuis, *Le Mariage et l'« amitié courtoise »*, *op. cit.*

également chez Marguerite de Navarre ; il s'agit de « l'honnête amitié », une forme d'amitié courtoise qui s'approcherait de la *philia* classique entre hommes. Quoique la catégorie de « l'honnête amitié » ne soit pas propre à la reine, son association avec le thème du mariage fait l'objet d'un traitement singulier et d'enjeux précis dans *L'Heptaméron*, même si le concept est directement repris, presque textuellement, du roman courtois *La Châtelaine de Vergy*, une des sources de la 70e nouvelle[184]. Par ailleurs, il existe un vrai flottement conceptuel dans l'usage des expressions « vrai/honnête/parfait amour » chez Marguerite de Navarre[185]. La lecture d'Ullrich Langer va de fait dans ce sens :

> Le terme de *parfaicte amitié* peut désigner, dans certains cas, un rapport intime avant le mariage ou hors du mariage ; c'est aussi le cas *d'honneste amitié* (voir l'exemple de *l'Heptaméron*), surtout lorsque les hommes utilisent le terme. Cependant le sens positif le plus fréquent est celui d'un "amour fondé sur la bonté morale" par opposition à l'amour exclusivement érotique et à l'amitié fondée sur un intérêt monétaire ou autre[186].

Plus précisément, Marguerite nourrit, selon R. Leushuis, l'espoir de « combiner idéalement une *philia* matrimoniale ("une amour vertueuse"), les exigences de la société ("le consentement des parents") ainsi que les lois divines (le mariage comme *agapè*) et naturelles (le mariage comme éros contrôlé[187]) ». Les difficultés pour atteindre un tel idéal humaniste de l'amour conjugal sont au cœur de l'univers intra-diégétique de *L'Heptaméron* et animent les débats qui suivent les nouvelles, sans qu'une solution unanime puisse jamais aboutir au sujet du mariage. À l'origine de cette volonté de développer des alternatives se trouve une législation matrimoniale de plus en plus rigide formulée par l'Église[188]. C'est aussi le statut sacramental qu'attribuent les

---

184 Voir M. de Navarre, *L'Heptaméron*, éd. citée, vol. 3, p. 1036, n. 8.

185 Voir à ce sujet N. Cazauran, « Honneste, Honnesteté et Honnestement dans le langage de Marguerite de Navarre », dans *La Catégorie de l'honneste dans la culture XVIe siècle, Actes du colloque international de Sommières*, septembre 1983, Saint-Étienne, Presses de l'université de Saint-Étienne, 1985, p. 107-121.

186 U. Langer, « *L'honneste amitié* et le refus du désir dans la tradition morale latine », dans *Antéros, Actes du colloque de Madison (Wisconsin)*, 12 mars 1994, éd. U. Langer et J. Miernowski, Orléans, Paradigme, 1994, p. 100.

187 R. Leushuis, *Le Mariage et l'« amitié courtoise »*, *op. cit.*, p. 263.

188 *Ibid.*, p. 208 : « Cette crise explique l'empressement avec lequel les autorités ecclésiastiques, en 1547, mirent la législation matrimoniale au programme du Concile de Trente,

autorités ecclésiastiques au mariage qui se heurte à la réalité complexe de la vie conjugale au quotidien. Laetitia Dion met en avant la notion de « crise » de l'institution du mariage, qui représente en fait « la crise du XVIe siècle[189] », et R. Leushuis retient que pour « les devisants de l'*Heptaméron* en particulier, le défi consiste à réconcilier une institution humaine défectueuse et en pleine crise avec un univers sentimental exigeant[190] ». Il ne saurait être question de brosser ici un tableau historiographique de l'institution matrimoniale au XVIe siècle, d'autant que les travaux de R. Leushuis et L. Dion l'ont fait de manière exhaustive. Loin de donner un simple aperçu historique des discours sur le mariage, tels les discours juridiques et théologico-doctrinaux, ils soulignent bien les enjeux littéraires d'une telle crise socio-culturelle pour la prose narrative de l'époque. R. Leushuis s'intéresse à la « mise en texte » du mariage et L. Dion entreprend de « dégager, à partir du thème du mariage, des aspects inédits de l'histoire du genre narratif en France à la Renaissance[191]. » Ce sujet semble au cœur des préoccupations humanistes et affecte également la production littéraire. Si la prose narrative fait bien évidemment écho aux débats contemporains sur l'institution du mariage, elle développe néanmoins une voix à part entière sur ce sujet. Partant de cette caractéristique de l'écriture littéraire en ce domaine, nous souhaitons montrer que cette « crise » matrimoniale trouve aussi une forme d'expression inédite, en mettant en scène des couples mal assortis. C'est que la disparité esthétique entre deux époux intervient dans la narration pour trahir un conflit, une insincérité ou un adultère. Nous suggérons que la querelle au sujet des rapports conjugaux s'exprime sous la forme du thème des physiques dissonants des conjoints. Leurs apparences importent et quand, dans l'univers de *L'Heptaméron*, le laideron ose épouser le beau chevalier, la chute s'annonce inévitable. Les couples mal-assortis incarnent un conflit qui aboutit, dans la plupart des cas, à une sorte de rupture ou de menace

ainsi que les difficultés énormes qu'elles durent ensuite surmonter avant d'arriver à un consensus provisoire à ce sujet. »

189 L. Dion, *Histoires de mariage. Le mariage dans la fiction narrative française (1515-1559)*, Paris, Classiques Garnier, 2017, p. 57.

190 R. Leushuis, *Le Mariage et l'« amitié courtoise »*, *op. cit.*, p. 209.

191 L. Dion, *Histoires de mariage*, *op. cit.*, p. 13. L'originalité d'approche de L. Dion « consiste à s'interroger sur le rôle joué par les situations matrimoniales dans la dynamique narrative et dans certains traits structurels des textes étudiés » (p. 17).

pour l'union maritale. L'inégalité physique entre époux instaure un élément perturbateur dans l'harmonie conjugale. C'est par ce biais-là que nous interprétons les couples mal assortis comme une synecdoque pour une crise plus globale de l'institution du mariage. L'introduction de la laideur corporelle dans le discours sur l'amour conjugal serait une manière d'extérioriser ce débat dans le corps, ce qui nous amène à parler d'une crise matrimoniale incarnée. En effet, *L'Heptaméron* fait état de plusieurs exemples qui manifestent un déséquilibre physique trahissant de ce fait un dysfonctionnement conjugal. On a pu voir avec Rolandine et Françoise que le physique constitue un élément important mais conflictuel dans la formation du couple. Pour Rolandine, le physique ingrat de son époux devient prétexte à lui attribuer une vertu non méritée, tandis que, dans le cas de Françoise, la disparité en matière d'apparence signale une différence sociale trop importante pour conclure une union maritale. Effectivement, dans les deux cas, le physique ingrat signifie ou appelle des obstacles au mariage, révélant ainsi un malaise caché.

Le poids du physique réapparaît également en ce qui concerne les couples mal assortis de *L'Heptaméron*. Si l'on comprend, avec Karim B. Khamsa « le mariage comme adjuvant à la séparation[192] », il faut ajouter que cette séparation se traduit ou s'annonce en termes d'esthétique du corps. Dans un contexte d'amour conjugal, le physique ingrat d'un des conjoints peut en effet devenir signe de la disjonction du couple marié. L'infirmité de l'un face à la perfection de l'autre a de fait pour résultat de privilégier les amours adultérins. La typologie tripartite qu'établit Maurice Daumas pour les nouvelles de cocuage nous servira de cadre pour ce chapitre. Quant aux récits qui traitent d'adultère, il distingue trois tonalités : « la littérature courtoise (les histoires d'amour) », représentée par le mariage mal assorti entre Amadour et Aventurade ; s'agissant du registre plus léger de la « littérature facétieuse », la ruse de Seigneur de Bonnivet (14e nouvelle), qui est motivée

192 C'est-à-dire l'union conjugale dans tout ce qu'elle contient de conflictuel, étant donné les contraintes légales et sociales par lesquelles elle est déterminée. Voir K. B. Khamsa, « Du mariage à l'adultère : la séparation dans quelques nouvelles de la Renaissance », dans *La Séparation à l'œuvre, Actes du Colloque International du Département de français, Institut Supérieur des Langues*, université de Gabès (Tunisie), 5-7 mars 2009, éd. K. B. Khamsa et C. Schaeffer, Paris, L'Harmattan, 2010, p. 217-239.

par une dissonance ostensible entre une dame milanaise et son époux maladroit, nous servira d'exemple ; enfin, nous recourrons à l'exemple d'une dame fort pieuse mariée à un laid vieillard (13e nouvelle) pour illustrer la tonalité d'une « littérature édifiante[193] ». Indépendamment du registre, le physique ingrat d'un des personnages intervient pour démasquer un amour adultérin, excepté le dernier exemple qui connaîtra une autre issue.

AMADOUR ET AVENTURADE (10e NOUVELLE) : UN MARIAGE BLANC

Nous avons déjà exploité à plusieurs reprises la 10e nouvelle pour nos considérations sur la laideur[194]. Elle nous servira une dernière fois de cas d'école pour introduire la casuistique des couples mal assortis. Si nous y revenons, c'est pour mettre en exergue, cette fois-ci, la relation entre Amadour et Aventurade, un couple mal assorti qui passe presque inaperçu. Du fait que leur union maritale est un événement d'arrière-plan, on n'apprend qu'en passant qu'Amadour s'approche de son frère

> qui estoit majordomo de la Royne d'Espaigne, et luy dist le bon party qu'il avoit trouvé en la maison de la Comtesse d'Arande, de la damoiselle Aventurade, le priant qu'en son absence il feist tout son possible que le mariage vint à exécution[195].

Amadour perçoit en Aventurade, « fille d'un vieil chevalier[196] », l'instrument parfait pour atteindre l'objectif qui est le sien d'être auprès de sa bien-aimée, Florinde. Son choix relève de deux autres raisons encore : « tant pour l'honnesteté qu'il trouva en elle, que pource qu'elle avoit bien trois mille ducats en rente de mariage, delibera de l'entretenir comme celuy qui la vouloit espouser[197]. » Si Aventurade est estimée pour sa vertu, sa dot importante n'est pas négligeable. Aventurade par contre, « desja

193 Pour ces trois « tonalités », nous citons d'après L. Dion, *Histoires de mariage*, *op. cit.*, p. 256, l'ouvrage de M. Daumas, *Au Bonheur des mâles. Adultère et cocuage à la Renaissance*, Paris, A. Colin, 2007, p. 194, p. 197 et p. 267.

194 Voir *supra*, p. 132 *sq.*

195 M. de Navarre, *L'Heptaméron*, éd. citée, vol. 1, p. 111.

196 *Ibid.*, vol. 1, p. 107.

197 *Ibid.*

aimoit Amadour, plus que tous les hommes du monde[198] » et lui voue un amour sincère, innocent, voire quelque peu naïf. Malgré l'amour qu'elle lui porte, Amadour y reste insensible. Par ailleurs, la narratrice passe sous silence tout détail relatif aux attraits physiques de ce personnage féminin. Certes, il s'agit d'une figure d'arrière-plan, mais cette omission paraît accentuer davantage le fait qu'Amadour ne l'a pas choisie pour sa beauté. On nous fournit un portrait fort positif d'une jeune femme qui excelle par sa loyauté ainsi que son dévouement absolu envers Florinde et surtout envers son mari Amadour qui, lui, dissimule ses véritables intentions.

Sur le plan de l'intrigue, le couple légitime[199] est aussitôt effacé devant l'amitié courtoise[200] qu'entretiennent les deux protagonistes, Amadour et Florinde, dont l'union officielle est pourtant impossible pour des raisons de statut. Il faudrait, par ailleurs, mentionner qu'il y a dès le début une forme de parallélisme entre Florinde et sa dame de compagnie qui sait « tout ce qui estoit caché en son cueur[201] », complicité marquée pourtant par un fort déséquilibre. Elles ont en commun leur amour pour Amadour et sont jalouses lorsque celui-ci commence à entretenir Pauline comme maîtresse. Mais l'opposition surgit aussitôt : Aventurade est l'épouse légitime du chevalier, Florinde n'est que son amie qui l'aime en secret. Florinde est belle, Aventurade laide.

Les échanges entre Amadour et Florinde se multiplient, et, pour écarter d'éventuels soupçons malveillants, Amadour « se meit à entretenir une fort belle dame nommée Pauline, femme qui en son temps fut estimée si belle que peu d'hommes qui la voyoient eschappoient de ses liens[202]. » Cette maîtresse remplit un rôle clé dans le récit dès le moment où elle révèle à Amadour ses doutes au regard de son mariage, doutes qui s'appuient sur la mauvaise grâce de son épouse :

---

198 *Ibid.*, vol. 1, p. 109.

199 Légitimité qui s'obtient au moyen du consentement des autorités responsables. Outre le frère d'Amadour, il faut convaincre le père d'Aventurade, un vieux chevalier avare. Vu qu'Amadour est dépourvu de fortune, il est fort probable que le père soit opposé à ce mariage. Pour cette raison Aventurade implore son amie Florinde : « Madame, vous voyez ce gentilhomme Castillan, qui si souvent parle à moy, je croy que ce qu'il pretend, n'est que de m'avoir en mariage : vous sçavez quel pere j'ay, lequel jamais ne s'y consentiroit, si par madame la Comtesse et vous, il n'en estoit fort prié. » (p. 107).

200 Sur la *philia* entre Florinde et Amadour, voir R. Leushuis, *Le Mariage et l'« amitié courtoise »*, *op. cit.*, p. 236.

201 M. de Navarre, *L'Heptaméron*, éd. citée, vol. 1, p. 107.

202 *Ibid.*, vol. 1, p. 114-115.

> Ceste Pauline ayant entendu comme Amadour avoit mené l'amour à Barselonne et Perpignan, en sorte qu'il estoit aimé des plus belles et honnestes dames du pais, et sur toutes d'une Comtesse de Pallamons qu'on estimoit en beauté la premiere de toutes les Espaignes, et de plusieurs autres, luy dist qu'elle avoit grand pitié de luy, veu qu'après tant de bonnes fortunes il avoit espousé une femme si laide que la sienne. Amadour entendant bien par ces paroles qu'elle avoit envie de remedier à sa necessité, luy tint les meilleurs propos qu'il luy fut possible, pensant qu'en luy faisant croire un mensonge, il luy couvriroit une vérité. Mais elle fine et experimentée en amour, ne se contenta point de parler : mais sentant tresbien que son cueur n'estoit point satisfaict de son amour, se douta qu'il ne la voulust faire servir de couverture : et pour ceste occasion le regardoit de si près qu'elle avoit toujours le regard à ses yeux, qu'il sçavoit si bien feindre qu'elle n'en pouvoit rien juger, sinon par obscur soupçon, mais ce n'estoit sans grande peine au gentil homme[203].

Si, jusque-là, le portrait d'Aventurade était purement moral, Pauline y ajoute l'élément physique. En la comparant aux conquêtes ultérieures d'Amadour (« des plus belles et honnestes dames du païs »), Aventurade est présentée comme un laideron pitoyable (« une femme si laide que la sienne »). Sachant qu'Amadour est un des plus beaux chevaliers du pays, il est sous-entendu qu'ils forment un couple inégal, et c'est cette différence esthétique qui sème le doute quant à l'honnêteté du mariage. Certes, Pauline inscrit stratégiquement l'évocation du physique ingrat d'Aventurade dans un discours de séduction[204] (« Amadour entendant bien par ces paroles qu'elle avoit envie de remedier à sa necessité »). Or, même si Amadour poursuit son jeu de dissimulation, Pauline saisit qu'elle n'est elle-même qu'un prétexte, tout comme Aventurade, pour cacher un autre amour. Ce n'est que par la suite qu'elle verra que cet amour est destiné à Florinde. Sur le plan discursif, l'élément de la laideur physique d'Aventurade est avancé pour révéler « que le mariage luy estoit couverture et moyen de hanter le lieu où son esprit demouroit incessamment[205]. » Il s'agit alors clairement d'un mariage blanc. Par ailleurs, ce passage est révélateur car on y voit à quel point la reconnaissance de la laideur de son épouse déconcerte le protagoniste. Ce qu'il savait dissimuler jusque-là devient maintenant évident et se manifeste

203 *Ibid.*, vol. 1, p. 115-116.

204 Voir N. Cazauran, « Quand la séduction est affaire de mots : l'*Heptaméron* "en beau langage" », dans *Littérature et séduction.* Mélanges en l'honneur de Laurent Versini, Paris, Klincksieck, 1997, p. 637-648.

205 M. de Navarre, *L'Heptaméron*, *op. cit.*, vol. 1, p. 112.

dans le corps de son épouse. La différence physique renvoie dès le début au double jeu du chevalier rusé. Au moment où l'on explicite cet écart, Amadour est piégé : ce que les paroles ou les regards ont pu cacher, le corps laid ne saurait le faire.

Quelques lignes plus loin, le jeune chevalier se voit forcé de déclarer son amour à Florinde. L'infidélité de son époux est source de chagrin pour la vertueuse Aventurade, dont la chute finale[206] est mortelle et représente, en un sens, la rupture ultime entre les époux. Le déséquilibre esthétique contient en germe l'ultime séparation. C'est comme si le physique ingrat d'Aventurade trahissait les intentions malhonnêtes du mari et la laideur devenait signe révélateur d'une suspecte entreprise maritale. Même si la disgrâce physique d'Aventurade passe quasi inaperçue, elle ressort néanmoins comme une conception alternative à la beauté problématique de Florinde. Il apparaît que, dans la dixième nouvelle, seule la femme laide – qu'elle le soit naturellement ou par le moyen de la défiguration volontaire[207] – saura se montrer vertueuse car elle ne succombe pas au désir charnel. Le personnage d'Aventurade représente l'esquisse silencieuse d'une tentative de sortir des contraintes du corps féminin. La beauté semble augmenter ces contraintes, tandis que la laideur en libère. Marguerite propose manifestement un point de vue bienveillant envers le corps disgracieux.

Le cas d'Amadour et d'Aventurade illustre la « crise » du mariage à plusieurs égards. Malgré le caractère légal de l'union des conjoints, la *philia* – l'idéal humaniste des rapports quasi amicaux entre les deux époux – est réservée à Florinde. Même si Amadour reconnaît qu'avec le décès de son épouse « il perdoit l'une des plus femmes de bien qui oncques fut », son deuil est motivé également par le fait « de jamais pouvoir reveoir Florinde, dont il tomba en telle maladie, qu'il cuida soudainement mourir[208]. » Chagrin ambigu qui rappelle la nature équivoque de ce mariage de couverture transformant une institution sacramentelle en pure stratégie de dissimulation. Un tel abus ne fait que relever son statut problématique et il semble que la disparité esthétique

206 *Ibid.*, vol. 1, p. 130 : « Car le Roy pour quelque affaire d'importance manda incontinant Amadour, dont sa femme eut si grand regret, qu'en oyant ces nouvelles, elle s'esvanouït, et tumba d'un degré où elle estoit, dont elle se blessa si fort, qu'oncques puis n'en releva. »
207 Voir *supra*, p. 134 *sq.*
208 M. de Navarre, *L'Heptaméron*, éd. citée, vol. 1, p. 131.

entre les deux époux vise à renforcer ou à mettre à nu le malaise des conventions matrimoniales. Si Pauline nourrit des soupçons, c'est eu égard à la disgrâce d'Aventurade. On saisit la logique esthétique sous-jacente qui détermine également la formation du couple. Une union mal assortie paraît heurter les mentalités, qui seraient en faveur d'un équilibre harmonieux entre les époux et lisent les disparités physiques comme miroir d'une disjonction plus profonde. L'harmonie matrimoniale trouve un pendant dans l'accord des physionomies qui devraient, de préférence, être belles. Système esthétique qui est de plus déterminé par les considérations de statut, la beauté physique constituant un privilège propre à la noblesse. Le cas d'Amadour est d'emblée compliqué, car il est trop beau pour son statut. S'il adopte ici un côté machiavélique, c'est que justement les contraintes matrimoniales ne lui permettent pas de conclure un mariage selon un « doux accord ». Notons que ces rares cas d'union harmonieuse ne sont cependant pas à l'abri des regards mal intentionnés, comme dans la 3e nouvelle, par exemple :

> Le Roy voyant tant de perfections en un corps : ne print pas tant de plaisir au doux accord de son mary et d'elle, qu'il feit à penser comme il le pourroit rompre. Et la difficulté qu'il en faisoit, estoit la grande amitié qu'il veoit entre eulx deux [...][209]

C'est l'un des rares cas « d'honneste amitié » dans un cadre conjugal où, de surcroît, les époux sont beaux tous les deux. Cette alliance rompt toutefois sous l'effet d'un pouvoir extérieur. De la même manière, la 40e nouvelle raconte un mariage heureux d'une sœur du comte Jossebelin. Les deux conjoints formaient « l'une des plus belles [*sic*] couples qui fust en la Chrestienté, et de la plus grande et parfaicte amitié[210] ». Néanmoins, ici, c'est le frère qui, abusant de son pouvoir de consentement parental, vient déranger leur heureux ménage. Il semble que le cas des couples en « doux accord » intègre l'idéal d'une amitié vertueuse. Tandis que leur mise en danger provient de l'extérieur, le conflit chez les couples mal assortis se situe à l'intérieur du couple lui-même. Dans le cas d'Amadour et Aventurade, cette discordance débouche sur un dénouement tragique. Il en va tout autrement dans le cas suivant, où la différence esthétique entre les époux sert à des fins comiques.

---

209 *Ibid.*, vol. 1, p. 40.
210 *Ibid.*, vol. 2, p. 506.

« MAUVAISE GRACE » ET ADULTÈRE DÉMASQUÉ

La 14ᵉ nouvelle, à l'instar de la 10ᵉ nouvelle, évoque également la disparité physique entre les époux comme moyen de démasquer une dissimulation, à savoir un amour adultère. Cette fois, pourtant, on s'éloigne du milieu de l'aristocratie espagnole pour montrer que les couples mal assortis existent aussi au sein de l'univers non courtois. Dans « un registre facétieux[211] », le récit expose la vengeance du seigneur de Bonnivet, dont les tentatives pour gagner les faveurs d'une dame milanaise restent vaines. Cette dernière échappe à ses avances « en l'asseurant qu'elle n'aimoit et n'aimeroit jamais autre que son mary, et qu'il ne s'y attendist en aucune maniere[212] », propos tout à fait honorable et vertueux que Bonnivet n'arrive pourtant pas à prendre au pied de la lettre. Ce qui sème, là encore, le doute, tient au physique disparate des deux époux :

> Pour toute resolution il la trouva ferme en propos de n'aimer ne luy ne autre : ce qu'il ne peut croire, veu la mauvaise grace que son mary avoit, et la grande beauté d'elle[213].

Le soupçon d'adultère de la part de Bonnivet se fonde exclusivement sur l'incompatibilité physique entre les deux époux. En une parfaite opposition esthétique, l'éclat de la femme contraste avec la « mauvaise grace » de son conjoint. Cette épithète exige quelques clarifications lexicales. Si la notion de « grace » sert une panoplie de significations, elle est communément comprise comme bienveillance ou faveur que l'on porte envers quelqu'un[214]. En l'occurrence, l'expression correspond à une tournure figée. Nicot signale la formule « *Qui a mauvaise grace*, Inconcinnus homo, Frigidus[215] » pour exprimer une connotation double. L'explication latine bipartite retient d'abord l'attribut « inconcinnus » qui marque l'aspect non harmonieux[216] du personnage en question, et,

---

211 D'après L. Dion, *Histoires de mariage*, *op. cit.*, p. 256, M. Daumas repère comme tonalité principale des histoires d'adultère-cocuage le « registre facétieux ».

212 M. de Navarre, *L'Heptaméron*, éd. citée, vol. 1, p. 199-200.

213 *Ibid.*, vol. 1, p. 200.

214 *Dictionnaire du Moyen Français (DMF)*, éd. citée, s. v. « grâce ».

215 J. Nicot, *Thresor de la langue francoyse, tant ancienne que Moderne*, Paris, D. Douceur, 1606, s.v. « grace », p. 318.

216 F. Gaffiot, *Dictionnaire latin-français*, Paris, Hachette, 1934, p. 799, donne pour « inconcinitas » : « défaut de symétrie », et pour « inconcinnus » : « qui n'est pas en harmonie, maladroit ».

outre cette portée esthétique, elle signale au moyen du second adjectif, « frigidus », un comportement maladroit. Si ce personnage farcesque manque d'harmonie, c'est aussi en raison de sa conduite et de sa démarche balourde. Le texte ne décrit pas clairement le physique de l'époux malhabile, mais l'opposition nette avec « la grande beauté » de sa conjointe laisse entendre qu'il ne figure pas parmi les plus beaux. Sa grossièreté ne peut que rester étrangère à toute forme de charme, d'autant que le lecteur de *L'Heptaméron* aura remarqué que la beauté physique chez l'homme va de pair avec un savoir-vivre en société. Amadour en est à ce titre l'exemple parfait puisqu'il réunit la grâce physique, le bon parler et un tas d'autres vertus qui lui font mériter une grande renommée. La dissonance entre les deux époux ne saurait donc être plus frappante.

Le deuxième volet de la traduction latine suggère qu'un physique disgracieux pourrait s'accomagner d'une frigidité sexuelle. Dans le cas du mari balourd, la laideur va de pair avec une certaine défaillance libidinale. La rubrique de Nicot aligne de fait sans broncher la laideur sur une froideur érotique. Un tel déséquilibre entre les deux époux trahit, selon Bonnivet, une dissimulation qui anime par la suite une ruse de sa part : il songe à la façon de tromper la dame qui l'a refusé. « Il se delibera puis qu'elle usoit de dissimulation, d'user aussi de tromperie, et des l'heure laissa la poursuitte qu'il luy faisoit, et s'enquist si bien de sa vie, qu'il trouva qu'elle aimoit un gentil-homme Italien bien sage et honneste[217]. » Le soupçon de Bonnivet s'avère juste. L'apparent amour conjugal cache un amour adultérin pour un italien anonyme. Bonnivet se renseigne sur la nature de leur rapport et apprend que la dame le fait attendre lui aussi. Rusé comme il est, Bonnivet conseille le jeune italien inexpérimenté sur la manière d'atteindre son objectif, conseils qui portent leurs fruits car l'amant est convoqué pour passer une nuit avec la dame milanaise. L'italien met au courant le gentilhomme français de cet accord, lui en fournit les détails convenus, confidences dont profite Bonnivet pour se mettre à la place de l'italien. La vengeance est parfaite, car le quiproquo réussit. En se mettant dans le lit de la dame milanaise, Bonnivet lui ôte son honneur. À ce propos, L. Dion retient à juste titre que la « substitution d'une autre personne que celle attendue dans le lit marital constitue [...] une menace pour l'honneur féminin[218]. »

217 M. de Navarre, *L'Heptaméron*, éd. citée, vol. 1, p. 200.

218 L. Dion, *Histoires de mariage*, *op. cit.*, p. 270.

Ce qui demeure pertinent pour notre propos d'une laideur révélatrice est que la « mauvaise grace » de l'époux contribue, malgré lui bien évidemment, à dévoiler l'hypocrisie de sa conjointe. Suite au refus de la dame, Bonnivet questionne l'affirmation de l'amour exclusif de celle-ci pour son mari uniquement à partir du constat de leur incompatibilité extérieure. La différence physique trahit des vérités dissimulées qui, une fois révélées, menacent non seulement l'honneur de la dame, mais encore la stabilité matrimoniale, dévoilant la disjonction à l'intérieur d'une prétendue union conjugale harmonieuse – rappelons-nous que la dame milanaise affirmait sans broncher son amour et sa fidélité envers son mari. Le côté farcesque du récit permet une variante comique à propos du corps discordant. L'époux malhabile n'intéressera pas les devisants, qui sont partagés quant au mérite moral des deux protagonistes. Quoique le laid époux passe inaperçu, il faut bien admettre que son apparition détermine clairement l'évolution de l'intrigue : c'est là que la ruse de Bonnivet prend son origine.

LAIDEUR ET *AGAPÈ* (13e NOUVELLE)

L'Heptaméron ne serait pas un *World of Many Loves*[219] [Un monde fait d'amours divers] s'il ne nous présentait pas aussi l'exemple heureux d'un couple mal assorti. Ainsi en est-il dans la 13e nouvelle où l'antithèse esthétique, ou plus précisément la différence d'âge de deux conjoints, est rachetée par une posture dévote de l'épouse. On y trouve une approche alternative, que l'on pourrait désigner d'amour « agapique », aux discordances de la vie conjugale. Cet amour matrimonial est en effet apparenté à l'*agapè*, c'est-à-dire à l'amour du prochain comme fondement de l'amour chrétien. Outre la dimension de la charité, l'*agapè* prend chez

219 Voir l'ouvrage de J. Gelernt, *World of Many Loves : The Heptameron of Marguerite de Navarre*, Chapel Hill, The University of North Carolina Press, 1966, dont R. Leushuis, *Le Mariage et l'« amitié courtoise »*, *op. cit.*, p. 210, donne une synthèse utile : « Jules Gelernt, tout en admettant que les nouvelles forment autant de cas différents et hétérogènes ("a world of many loves"), croit pouvoir distinguer dans l'*Heptaméron* une prédilection fondamentale pour le mariage fondé sur l'amour chrétien. Tandis que les nouvelles démontreraient peu à peu l'idéal de l'amour courtois en le confrontant à la réalité ("wordly"), la conversation des devisants chercherait à réintégrer l'idée d'un "parfait amour" à l'intérieur de l'institution matrimoniale. Dans ce "traité d'amour" ("treatise of love"), la Reine idéaliste ("idealistic") déploierait une véritable propagande matrimoniale : le mariage reste le meilleur arrangement humain. »

Marguerite de Navarre, selon Leushuis, le rôle d'un « amour collectif et fraternel » qui se reflète également dans les rapports entre les sexes, comme Leushuis le montre à partir du prologue. L'*agapè* navarrienne s'inscrit alors aussi « dans une perspective essentiellement affective et matrimoniale[220] », constituant une partie essentielle de l'union maritale et aussi de « l'honneste amityé » qui peut être extra-matrimoniale. Quoi qu'il en soit, il faut bien retenir que Marguerite s'intéresse moins à la représentation d'un amour concret du prochain qu'aux formes d'un amour sublimé entre les sexes, « sublimierte Geschlechterbeziehungen » [les relations sublimées entre les genres], comme l'indique Axel Schönberger dans son ouvrage sur le désir et l'amour dans *L'Heptaméron*[221]. Le couple mal assorti de la 13e nouvelle est à ce titre un exemple parlant :

> En la maison de Madame la Regente, mere du Roy François, y avoit une dame fort devote, mariée à un gentil homme de pareille volonté. Et, combien que son mary fust vieil et elle belle et jeune, si est-ce qu'elle le servoit et aimoit comme le plus beau et le plus jeune homme du monde. Et pour luy oster toute occasion d'ennuy, se meit à vivre comme une femme de l'aage dont il estoit, fuyant toutes compaignies, accoustremens, dances, et jeux, que les jeunes femmes ont accoustumé d'aymer, mettant tout son plaisir et recreation au service de Dieu. [...] Et advint un jour que le gentilhomme lui dist, que des sa jeunesse il avoit eu desir de faire le voyage de Jerusalem [...] Le bon homme en fut si aise, qu'il luy sembloit desja estre sur le mont Calvaire[222].

D'emblée, le récit se situe dans un contexte pieux : entretenant un rapport conjugal sublimé par la foi et la volonté de servir Dieu, notre couple mal assorti prévoit un départ en voyage-pèlerinage en Terre promise, entreprise qui peut paraître hasardeuse vu l'âge avancé du gentilhomme en question. Marguerite mobilise à cet endroit le *topos* du *senex amans*, souvent impuissant[223], que fait volontiers figurer Érasme dans ses colloques, mais aussi le thème du mariage joséphite qui exclut les rapports intimes. Qu'un vieillard se retrouve aux côtés d'une jeune

---

220 R. Leushuis, *Le Mariage et l'« amitié courtoise »*, *op. cit.*, p. 232, introduit la typologique d'un amour fondé sur l'*agapè* qu'il contraste avec la *philia*.

221 A. Schönberger, *Die Darstellung von Lust und Liebe im* Heptaméron *der Königin Margarete von Navarra*, Francfort-sur-le-Main, Domus Editoria Europaea, 1993, p. 425.

222 M. de Navarre, *L'Heptaméron*, éd. citée, vol. 1, p. 177-178.

223 La 13e nouvelle paraît en être un cas comme le laisse entendre le propos de la jeune épouse : « puisque Dieu nous a privé d'enfans » (p. 177). Le mari borgne de la 6e nouvelle est un autre exemple de la même topique.

épouse ne fait pas exception dans *L'Heptaméron*. La 26e nouvelle, par exemple, dépeint un cas similaire, où la mariée bien qu'elle « ne fust aagée que de vingt-trois ans, si est-ce que, parce que son mary approchait du cinquantiesme, s'habilloit tant modestement, qu'elle sembloit plus vefve que mariée[224]. » Austérité vestimentaire et sobriété de style de vie font de ces femmes des *mulieres fortes*[225] auxquelles les maris confient tous leurs biens et avoirs, confiance qui ne sera pas déçue car les épouses pieuses ne se laissent pas séduire par des prétendants, si jeunes et beaux soient-ils, comme le Seigneur d'Avannes dans la 26e nouvelle : « Elle, qui avoit Dieu et l'honneur devant les yeux, se contentoit de sa veuë et parolle, où gist la satisfaction d'honnesteté et bonne amour, en sorte, que jamais elle ne luy feit signe, parquoy il peust penser et juger, qu'elle eust autre affection à luy, que fraternelle et chrestienne[226]. » Tandis que dans le cas de cette jeune mariée, l'*agapè* qu'elle manifeste envers le jeune homme est ambiguë, l'amour de la « dame fort devote » – attribut qui n'est pas gratuit – de la 13e nouvelle pour son époux âgé se présente comme inconditionnel.

Si, pour le couple mal assorti de la 26e nouvelle, le narrateur ne retient que l'écart d'âge – il passe sous silence une éventuelle disparité esthétique, même si l'âge avancé va souvent de pair avec la laideur –, la 13e nouvelle est plus complexe à ce sujet. L'incipit du récit marque clairement une opposition entre les deux époux, en termes d'âge et aussi en insinuant un écart esthétique (« combien que son mary fust vieil et elle belle et jeune »). Cette opposition paraît pourtant résolue dans la mesure où la perception de la jeune mariée est transformatrice : « si est-ce qu'elle le servoit et aimoit comme le plus beau jeune homme du monde. » Moment d'anamorphose où le laid époux est sublimé en gracieux jouvenceau. Quel autre amour, sinon l'*agapè*,

224 M. de Navarre, *L'Heptaméron*, éd. citée, vol. 2, p. 387.

225 Selon l'expression très connue de « la femme forte » dépeinte en Proverbes 31.

226 M. de Navarre, *L'Heptaméron*, éd. citée, vol. 2, p. 390. Contrairement à la protagoniste toute pieuse de la 13e nouvelle, la dame de Pampelune de la 25e nouvelle n'est pas insensible aux charmes du jeune seigneur, p. 388 : « Et celle qu'il menoit, au contraire regardoit plus la grace et beauté dudict seigneur, que la dance où elle estoit, combien que par sa grand' prudence elle n'en feist un seul semblant. » En effet, on apprend dès le début du récit que le seigneur d'Avannes excelle en attraits extérieurs à tel point qu'il est aimé par tout le monde « et plus que nulle autre, d'une femme demourante en la ville de Pampelune en Navarre, laquelle estoit mariée à un fort riche homme, avec lequel vivoit fort honnestement » (p. 387).

peut susciter un tel changement de perception ? L'effet rappelle celui des illusions d'amour qu'expose Érasme dans son *Éloge de la Folie*, où il pose la question en guise de jeu, en inversant les sexes : « Si une femme est remarquablement laide, mais que son mari voit en elle une rivale de Vénus, n'est-ce pas comme si elle était réellement belle[227] ? » *L'Heptaméron* fait également état des effets idéalisants de l'amour. Si, chez Érasme, c'est Cupidon qui tire les flèches, il semble que, chez Marguerite de Navarre, l'anamorphose du vieillard en jeune homme semble être occasionnée par la posture dévote qui fait écho à « l'œil de la foy » de la 19e nouvelle – le regard purifié par la foi – qui rectifie tous les maux et toutes les infirmités ou qui les perçoit différemment. On y reconnaît une transmutation de la perception qui n'est pourtant pas due à l'aveuglement par amour sensuel mais à l'amour de Dieu. La vraie subversion consiste dans le fait de dépasser la différence esthétique par la dévotion. Qu'elle perçoive son mari comme beau malgré la réalité qui confirme le contraire est ici lié à l'élan divin et rappelle de près la phrase programmatique du prologue à laquelle nous consacrerons une analyse à part dans ce qui suit : « car qui congnoist Dieu veoit toutes choses belles en luy et sans luy tout laid[228]. » La perception esthétique paraît intrinsèquement liée à la connaissance divine, sur laquelle, aussi bien que sur « l'œil de la foy », nous allons insister dans la partie suivante.

Ce début fort pieux ne doit pas nous faire oublier la légère ironie exercée à l'encontre du vieillard qui s'endort régulièrement lors des rencontres de l'épouse avec le capitaine des galères. Ce dernier est pris d'un *fol amour* pour la belle dame et essaie de gagner ses faveurs en lui racontant sa propre histoire, qu'il introduit comme un aveu quasi pénitentiel :

> Il luy declara qu'il estoit un pauvre gentilhomme, qui pour parvenir à richesse et honneur, avoit oblié sa conscience, et espousé une femme trop proche son alliée, pource qu'elle estoit riche, combien qu'elle fust laide et vieille et qu'il ne l'aimast poinct [...] Mais depuis qu'ils avoient eu congnoissance ensemble, elle estoit cause par ses sainctes parolles et bons exemples, de luy avoir faict changer sa vie [...][229]

227 Sur le sujet de l'amour aveugle chez Érasme, voir *infra*, p. 192 *sq*.
228 M. de. Navarre, *L'Heptaméron*, éd. citée, vol. 1, p. 13. Voir *infra*, p. 192 *sq*.
229 *Ibid.*, vol. 1, p. 180-181.

Confession à double tranchant qui suscite chez le lecteur un trouble à l'égard de ce capitaine à la morale fort ambiguë. C'est qu'il avoue, d'une part, des motifs bien peu nobles par rapport au choix de son épouse (« pource qu'elle estoit riche ») et que, d'autre part, sa sincérité dévote est susceptible de s'inscrire dans une démarche de séduction. Afin d'entrer dans les bonnes grâces de cette dame fort pieuse, il déclare sa conversion (« changer sa vie ») et sa réconciliation avec son épouse (« à laquelle il esperoit bien tost se reconcilier »). Discours stratégique, comme le narrateur nous le confirme, car un prétendu amour pour Dieu cache dans les faits un amour tout à fait humain : « Mais à fin qu'elle ne s'en apperceust, se mettoit à parler des saincts lieux de Jerusalem, où estoient les signes de la grande amour, que Jésus-Christ nous a portée. Et en parlant de cest amour, couvroit la sienne [...][230] » Cette dissimulation se confirmera par la suite quand le capitaine, après son départ, enverra une lettre à la dame, accompagnée d'un diamant, où il lui confessera son amour. Tout en niant que son affection soit fondée sur une « vilaine folie[231] », son propos reste ambigu comme l'indiquent N. Cazauran et S. Lefèvre : « La déclaration du capitaine est celle d'un amour "parfait", détaché de tout appétit de "jouissance" et fondé sur la parfaite vertu de la dame [...]. Mais est-ce conversion d'un "hardy compaignon" ou illusion sur soi-même ? ou encore discours d'ange couvrant son "diable" [...][232]. » La nature équivoque de cette épître éclaire d'un autre jour l'évocation de la laideur de l'épouse dans le passage cité ci-dessus (« combien qu'elle fust laide et vieille »). Comme dans un effet de miroir, le capitaine raconte à la dame dévote sa propre histoire en inversant l'antinomie esthétique : cette fois-ci, c'est lui qui est beau et jeune, mal marié avec une épouse âgée et disgracieuse. Il établit ainsi un parallélisme entre les deux couples, suggérant qu'elle aussi s'est éventuellement mariée pour de mauvaises raisons, vu l'âge de son conjoint.

Ce parallèle frappe R. Leushuis, sauf qu'il l'interprète dans un sens contraire au nôtre. Pour lui, la 13e nouvelle constitue, ainsi que la dixième nouvelle, un exemple de la *philia* entre homme et femme, en l'occurrence le capitaine et la dame dévote. C'est en effet au moment de leur départ que la dame a « les larmes aux yeux, pour l'honneste amitié qu'elle luy

230 *Ibid.*, vol. 1, p. 180.
231 *Ibid.*, vol. 1, p. 186.
232 *Ibid.*, vol. 3, p. 875-876, n. 18.

portoit[233] ». R. Leushuis valorise cette « honneste amitié » au détriment des unions légitimes de chacun, en disant que « les partenaires sont tous les deux engagés dans un mariage existant et malheureux[234] ». Si c'est bien le cas pour le capitaine – nous apprenons que le physique ingrat de sa vieille épouse explique l'absence d'affection à son endroit (« et qu'il ne l'aimast point ») – la dame « fort devote » ne paraît pas sérieusement souffrir de son union visiblement mal assortie. Quoi qu'il en soit, la suite du récit montre qu'elle n'avait point en tête de substituer à son laid époux le beau capitaine. La preuve en est qu'elle ne répond pas à l'épître de son soupirant et renvoie le diamant à la malheureuse femme de ce dernier, assurant, en bonne chrétienne, la réconciliation des deux époux légitimes. Jusqu'à la fin, cette dame « fort devote » paraît être animée par l'*agapè*, cet amour à destination divine qui transforme un vieillard en beau jeune homme, et elle tâche de surmonter la « crise » matrimoniale en cherchant à réconcilier le capitaine des galères avec sa laide épouse.

Toutefois, en termes d'amour, l'univers navarrien ne fournit guère de vérités incontestables. Il en est de même dans le cas particulier des unions conjugales. Bien que la topique du couple mal assorti puisse mettre à jour de manière plus tangible l'impossibilité d'un rapport matrimonial heureux, dans les deux cas – « doux accord » ou couple inégal – la fin est la même : un amour impossible ou tragique. Ce pessimisme à l'égard de l'amour humain se manifeste également par la remise en cause d'un lien intrinsèque entre idéal esthétique et idéal moral. Concernant ce dernier point de vue, il est indispensable d'interroger la lecture navarrienne du néoplatonisme qui succombe à un flottement conceptuel sur lequel nous revenons dans ce qui suit.

233 *Ibid.*, vol. 1, p. 181-182.
234 R. Leushuis, *Le Mariage et l'« amitié courtoise »*, *op. cit.*, p. 237.

« AIMER PARFAICTEMENT » QUELQUE LAIDEUR ?

On vient de le voir au chapitre précédent, l'amour que porte la dame « fort devote » de la 13e nouvelle à son vieux mari est, à bien des égards, exceptionnel. En vérité, il constitue un cas à part dans l'univers du recueil. Non seulement la dame en question porte vis-à-vis de son conjoint un amour incorruptible – elle paraît en effet insensible aux charmes aussi bien qu'aux avances du capitaine de galères –, mais encore son affection pieuse semble susciter une véritable transformation dans sa perception du physique ingrat de son époux qu'elle voit désormais en version rajeunie et embellie. La coïncidence des contraires est rendue possible par le regard dévot. Nous avons compris cette anamorphose de la laideur en beauté non comme aveuglement amoureux, mais au contraire comme un regard sublimé ou sublimant le destinataire de cet amour *agapique*. N'est-ce pas là un « parfaict amant » ? Comme nous l'avons évoqué à plusieurs reprises, « l'aimer parfaictement » constitue un sujet courant dans *L'Heptaméron*, et ce sont notamment les devisants qui examinent les contes dans une telle perspective. Nous souhaitons revenir sur ce sujet central en cherchant à savoir par quel biais la laideur peut entrer dans le discours de « l'aimer parfaictement ». Étant donné que le néoplatonisme amoureux célèbre unanimement la beauté comme origine de l'amour, les personnages laids entrent en conflit avec un tel système esthético-amoureux. Toutefois, dans un monde animé par l'amour chrétien, les questions relatives au sujet de la beauté et de la laideur sont susceptibles de trouver une réponse en fonction d'une perception purifiée par la croyance du fidèle, que l'on trouve dans *L'Heptaméron* sous le nom de « l'œil de la foy » et qui, selon nous, constitue la clé permettant de déchiffrer les choses terrestres, aussi laides et sordides qu'elles soient.

LAIDEUR ET NÉOPLATONISME(S)
Les doctrines de l'amour chez Marguerite de Navarre

Le souci de cerner la notion d'amour détermine la pensée renaissante et occupe aussi l'œuvre de la reine[1]. Il s'agit d'un thème qui est à la Renaissance, on l'a déjà vu avec Marsile Ficin, intrinsèquement lié aux questions d'esthétique. Il suffit de répéter la définition que donne le philosophe florentin dans son commentaire du *Banquet* de Platon pour illustrer l'interdépendance entre amour et beauté : « Car vray amour, autre chose n'est que quelque evertuement de voler jusques à la divine beaulté, esmeu par le regard de beaulté corporelle[2] ». On a affaire à une transposition de l'amour humain en amour divin par le biais de la beauté terrestre. Il s'agit d'une conception purement néoplatonicienne de l'amour qui met au centre la beauté et l'âme, au détriment du corps matériel, simple point de départ ou support initial du mouvement ascensionnel de l'âme. Par conséquent, la laideur, associée à la matière dans le raisonnement ficinien, représente un intrus perturbateur dans le système relativement univoque du néoplatonisme amoureux.

Aussi la production poétique contemporaine manifeste-t-elle une logique esthético-éthique qui se traduit par l'évidence que seule la belle dame peut être aimée – parce que la beauté est aimée en soi – tandis que le laideron ne mérite aucun retour amoureux. C'est notamment chez un poète très proche de Marguerite, Antoine Héroët – dont la sœur, Marie Héroët, devient d'ailleurs la protagoniste victorieuse de la 21e nouvelle –, représentant à la fois d'un néoplatonisme amoureux prononcé et de sa

1 Voir A.-J. Festugière, *La Philosophie de l'amour de Marsile Ficin et son influence sur la littérature française au* XVIe *siècle*, *op. cit.* ; P. de Lajarte, « L'Heptaméron et le ficinisme », art. cité ; C. Martineau, « Le Platonisme de Marguerite de Navarre ? », art. cité ; B. Roger-Vasselin, « Marguerite de Navarre et le ficinisme dans L'*Heptaméron* : l'exemple de la Nouvelle 19 », *Réforme, Humanisme, Renaissance*, vol. 65, 2007, p. 93-100 ; J. Miernowski, « La contradiction amoureuse de Marguerite de Navarre. La poétique de la mésentente », *Réforme, Humanisme, Renaissance*, vol. 72, 2011, p. 43-51 ; P. Ford, « Neo-platonic themes of ascent in Marguerite de Navarre », art. cité ; J. Vernqvist, « Negotiating Neoplatonism and the Androgyne Metaphor in *Heptaméron* 70 and 19 », *L'Esprit Créateur*, vol. 57, n° 3, Baltimore, John Hopkins University Press, 2017, p. 93-104.

2 M. Ficin, *Le Commentaire de Marsille Ficin, Florentin*, éd. citée, p. 180.

remise en cause catégorique[3], que l'on trouve un bon exemple d'une telle discrimination esthétique. Par exemple, Antoine Héroët peint la « Description d'une femme de bien » en opposant naturellement cette dernière à une femme laide :

> Description d'une femme de bien
>
> Premierement il fault qu'elle soit belle
> Et desirable, affin que sa beaulté
> Appelle ceulx qui forcent loyaulté,
> Qu'on face vers et faictz d'armes pour elle,
> Que l'un la loue et l'autre la querelle.
> A une layde on ne demande rien,
> Nul ne se mect en effort d'estre sien ;
> Sans la prier, son visaige esconduict ;
> Et ne doibt nommer femme de bien,
> A qui laideur a donné saufconduict[4].

À la recherche d'un code éthique – il s'agit bien entendu de dresser le portrait moral d'une femme –, le poète a recours en premier lieu à un critère esthétique (« Premierement il fault qu'elle soit belle »). La priorité de la beauté implique une obligation morale (« Appelle ceulx qui forcent loyaulté »), mais reflète également un souci poétique et un mérite guerrier (« Qu'on face vers et faictz d'armes ») selon le topos de *arma et amores* ; la dame belle est l'objet d'éloge (« l'un la loue ») et de revendication (« l'autre la querelle »). La beauté qui « appelle », évoque notamment l'idéal grecque de la *kalokagathia* – qui désigne littéralement la bonté qui est appelée (*kaleo*) ou attirée par la beauté –, étymologie explicitée par Ficin lui-même dans son commentaire du *Banquet*[5] et apparemment reprise ici par A. Héroët. On voit donc s'esquisser l'idéal de la « parfaicte amye » qui entre en opposition tranchante avec la « layde ». Cette dernière est dépeinte avant tout de manière négative. Notons la présence de ces tournures négatives pour se référer au non-désirable

3 Voir S. M. Francis, « Anticipating Misogyny », art. cité.

4 « Description d'une femme de bien », dans *Blasons anatomiques du corps féminin*, éd. J. Gœury, Paris, GF Flammarion, 2016, p. 120.

5 M. Ficin, *Le Commentaire de Marsille Ficin, Florentin*, éd. citée, p. 92 : « Et pour ce ceste grace seulement [...] pource que principallement provoque l'esprit, est appellée provocation κάλλος en Grec, en nostre vulgaire Beaulté. » L'éditeur note que le traducteur S. Silvius abrège ici l'original latin. Ficin mentionne également la forme verbale κάλέω qui signifie « appeler ».

(« ne… rien », « Nul ne… », « Sans la », « ne doibt »). Une laide dame n'est donc sollicitée par aucun regard, car elle est repoussante en raison de son visage répugnant (« son visaige esconduict »). Le dizain termine ironiquement en suggérant que la laideur acquitte de tout mérite moral (« saufconduict »). Dans une perspective strictement néoplatonicienne, la femme laide semble ainsi catégoriquement exclue de tout discours amoureux. Il faudrait, sinon, imaginer un silène féminin, thème que nous n'avons pas rencontré dans la littérature d'inspiration néoplatonicienne.

Nos analyses de *L'Heptaméron* ont montré que Marguerite de Navarre ne reproduit guère une doctrine de l'amour qui manifesterait un tel binarisme. Bien que ce soient, pour la plupart, de belles protagonistes dont tombent amoureux les beaux gentilshommes, les études de cas révèlent des implications bien plus complexes et diversifiées que l'opposition réductrice du néoplatonisme amoureux rappelée par Héroët dans son dizain. Si de telles lignes sont peu susceptibles d'apparaître sous la plume de la reine, c'est que le néoplatonisme amoureux recule chez Marguerite de Navarre devant sa variante religieuse, représentée par ses tuteurs, Jacques Lefèvre d'Étaples et Guillaume Briçonnet. À notre sens, la rencontre de différentes doctrines de l'amour et leurs contestations dans l'œuvre navarrienne explique les implications hétéroclites du statut de la laideur chez Marguerite. Nous y reviendrons dans ce qui suit. Étudions d'abord, en guise de propos liminaire, les spéculations que Marguerite de Navarre fournit elle-même sur la notion de l'amour. La question de l'amour a pour notre auteure une telle portée qu'elle lui dédie un cycle de poèmes intitulé les *Definitions du vray amour en dizains*[6]. Le caractère central du « vray amour » ou de l'« amour vaincqueur » est celui d'une force transformatrice comme on peut le lire dès le dizain initial, notamment aux vers 8-10 :

DIFINITION 1

Amour mourant voiant amour vaincqueur
De tout amour, entré dedans mon cueur
Pour l'en oster et se mectre en sa place,
Cria : « O toy de vray amour [honneur],
Ne soy en moy de ton non [*sic*] destructeur

6 M. de Navarre, *Œuvres complètes*, t. 8 : *Chrétiens et mondains, poèmes épars*, éd. R. Cooper, Paris, Honoré Champion, 2007, p. 503-534.

> En deffaisant [*sic*] ma fresle et vayne masse,
> Mais envers moy use de telle grace
> Que l'imparfaict te plaise reformer,
> Affin qu'en toy de moy soudain tu passe
> Pour au parfaict l'imparfaict transformer[7]. »

Ces vers peignent l'entrée du « vray amour » dans l'intériorité du je lyrique. L'amour mourant implore son remplaçant de lui épargner l'anéantissement (« non destructeur », « en deffaissant ») et de montrer de la grâce envers son infirmité (« fresle et vayne masse »). Sémantiquement, il y a un jeu sur la notion de la forme (« reformer », « transformer ») en lien avec les catégories esthétiquement valorisantes (« parfaict » et « imparfaict »). La qualité réformatrice de l'amour vainqueur s'exprime dans les termes d'une transfiguration de la laideur en beauté par la grâce. Constituant une notion évangélique importante (*sola gratia*), la polysémie de ce terme prend ici toute son étendue : la grâce est tout d'abord miséricorde inclinée envers l'imparfait. Ce principe contredit la doctrine néoplatonicienne qui fait naître l'amour exclusivement à partir de la beauté. Cette miséricorde va également de pair avec la *viva fides* des évangéliques et la mise en relief de la charité. C'est dans une deuxième étape que cette grâce prend aussi sa signification plus esthétique de *gratia*, dans la mesure où elle fait ressortir, dans une dynamique de reformation, la beauté[8]. Force est de parler d'une véritable topique du potentiel transformateur de l'amour telle qu'on la trouve déjà dans le *Commentaire sur le* Banquet *de Platon* (ou *De Amore*) par Marsile Ficin. Or, rappelons qu'en marge d'un néoplatonisme strict, excluant la laideur de la sphère du divin, Ficin peint la réconciliation ou la transfiguration des opposés esthétiques, la conjugaison du beau avec le laid par les forces transformatrices de l'amour[9]. Par le biais de l'idée de la coïncidence des contraires – correspondance dissimilaire qui évoque les exposés du Pseudo-Denys – Marguerite se rapproche décidément de Ficin. En tant que sujette à la transfiguration, la laideur

7 *Ibid.*, p. 505.

8 En latin, *gratia* renvoie à la beauté en tant qu'elle plaît, alors que la *venustas* est la beauté qui séduit, la *pulchritudo* la beauté en soi reposant sur des formes parfaites, et l'*honestum* la beauté morale. Pour les différentes significations latines du mot « beauté », voir P. Monteil, *Beau et laid en latin*, *op. cit.*, p. 15-28.

9 Voir *supra*, p. 38 *sq.*

peut donc être considérée comme stade indispensable à l'intervention de la grâce.

Outre la dimension évangélique de la grâce dans laquelle est prise et assumée la difformité chez Marguerite de Navarre, on trouve des images platonisantes reproduites avant tout dans sa poésie religieuse, prioritairement au sujet du rapport entre âme et corps. Nous trouvons, notamment dans les *Prisons* – production poétique contemporaine de celle de *L'Heptaméron* – un regard assez méprisant envers le corps et l'amour humains, dédain hérité d'un dualisme platonicien concevant le corps comme prison de l'âme. L'œuvre de la reine fourmille de tels symboles platoniciens[10] qui ne reculent devant aucune désignation dépréciative du corps :

> Fy, qu'elle est layde et salle la prison
> Que j'aymoys tant, par sa doulce poyson
> [...]
> Puys, regardant ceste grosse muraille
> Que j'estimoys de grand pierre de taille,
> Je n'y viz rien, sinon boue et crachat (v. 425-437)[11]

La renonciation au corps terrestre passe par un lexique qui regroupe la laideur avec l'ordure (« layde et sale prison ») – composition quasi-topique qui est souvent adoptée dans *L'Heptaméron* pour désigner les chambrières[12]. L'image de la boue trouve une variante dans l'« Oraison 5 », où elle est assimilée à la fange (« C'est à vous pere auquel je me viens rendre / En renonsant ce corps de fange et de cendre », v. 25-26[13]). Cette conception du corps à coloration platonisante se répète à maintes reprises dans l'œuvre poétique de Marguerite de Navarre. La « méditation 2 » montre le désir de se séparer du corps (« Quant sera ce que de ceste prison / Sera l'ame desjoincte et delivrée », v. 7-8[14]). La laideur intervient également dans l'*Oraison de l'ame fidele* pour marquer le paradigme de l'extérieur. En tant

10 Pour des études plus exhaustives de tel symboles platoniciens dans l'écriture de M. de Navarre, voir C. Martineau, art. cité et Y. Oria, « Platonic Symbolisme of Marguerite d'Angoulême in the Royal Courts of France and Navarre (1492-1549) », *Príncipe de Viana*, vol. 177, 1986, p. 319-329.

11 M. de Navarre, *Les Prisons*, éd. S. Glasson, Genève, Droz, 1978, p. 90.

12 Voir *supra*, p. 87 et les nouvelles 37 et 38.

13 M. de Navarre, *Œuvres complètes*, t. 8 : *Chrétiens et mondains, poèmes épars*, éd. citée, p. 322.

14 *Ibid.*, p. 233.

qu'évangélique, Marguerite privilégie l'intériorité et fait correspondre le moment d'introversion avec la découverte, suscitée divinement, que le corps n'est que laideur : « Je viens à vous de vous premier tirée, / Car vous m'avez dedens moy retirée, / En me monstrant la laideur de dehors / Et que ce n'est du tout Rien de mon corps [...][15] ». En ce qui concerne sa poésie religieuse, Marguerite déploie donc abondamment des images platonisantes qui associent la laideur au corps. Son œuvre lyrique est clairement imprégnée d'un néoplatonisme religieux, manifestant *a priori* une lecture pessimiste du paradigme charnel. Pessimisme qui est pourtant racheté par l'intervention de la grâce comme le montre le dizain de la *Diffinition de vray amour*.

Les choses se présentent de manière plus complexe dans sa prose. Son écriture s'inscrit, nous l'avons compris, dans un syncrétisme flou qui fait se concurrencer néoplatonisme amoureux et religieux[16]. Ces courants de pensée jouent, d'une manière ou d'une autre, dans la production littéraire de l'auteure, et leur éclaircissement va nous permettre d'inscrire la signification de la laideur « prosaïque » dans un ensemble doctrinal plus large. La pensée philosophico-religieuse de la reine est nourrie majoritairement par les lectures des Écritures saintes telles que les faisait Guillaume Briçonnet, l'évêque de Meaux, avec quelques idées néoplatoniciennes dérivées du Pseudo-Denys l'Aréopagite et de Nicolas de Cues, dont Lefèvre d'Étaples édite les oeuvres. Par ailleurs, son écriture semble s'alimenter d'un néoplatonisme amoureux, auquel on associe communément les écrits de Marsile Ficin. Rappelons que la traduction du *Commentaire de Marsille Ficin* par Jean de la Haye lui est dédiée. Comme le souligne S. Murphy dans sa nouvelle édition du texte ficinien[17], les liens quant à la réception chez Marguerite du commentaire platonicien demeurent obscurs, on ne peut donc pas être sûr qu'elle ait eu une connaissance directe de ce texte de Ficin. Il est malgré tout impossible de nier toute influence ficinienne, comme l'illustre Philip Ford[18]. Si Philippe de Lajarte reconnait dans *L'Heptaméron* des liens étroits

15 *Ibid.*, p. 80.

16 Voir C. Martineau, « Le Platonisme de Marguerite de Navarre », art. cité, p. 13-14.

17 M. Ficin, *Le Commentaire de Marsille Ficin, Florentin*, éd. citée, p. 89-90.

18 Voir P. Ford, « Neo-platonic themes of ascent in Marguerite de Navarre », art. cité, p. 90-91. L'implication de la reine dans le néoplatonisme renaissant se fait avant tout à travers des liens éditoriaux. De fait, Marguerite est considérée par A.-J. Festugière comme une véritable « protagoniste » du regain platonicien à la Renaissance. Elle soutient et

avec le néoplatonisme amoureux de l'humaniste italien[19], André-Jean Festugière, des dizaines d'années auparavant, dans sa grande étude sur la *Philosophie de l'amour de Marsile Ficin et son influence sur la littérature française*, laisse deviner ses doutes sur un tel rapport doctrino-textuel quand il constate ce qui suit :

> L'amour est désir de Beauté, l'identification de la Beauté et de la Bonté, la progression de la beauté et de l'amour humain à la Beauté et à l'Amour divin, les trois points fondamentaux de la doctrine du *Commentaire* n'apparaissent pas chez Marguerite[20].

André-Jean Festugière semble exclure ainsi tout lien entre le ficinisme et l'œuvre de Marguerite. Le critique ne s'explique pas davantage, mais sa pensée trouve un écho chez Christine Martineau qui décèle, quant à elle, un véritable anti-ficinisme chez Marguerite[21]. Elle souligne que la préoccupation centrale de la reine était de démontrer non que l'amour humain sert de point de départ pour une montée harmonieuse vers Dieu, mais qu'il constitue plutôt un obstacle à cette ascension, comme l'indique Oisille dans le devis de la 79e nouvelle :

> Il me semble que devez tirer exemple de cecy, pour vous garder de mettre vostre affection aux hommes. Car quelque honneste et vertueuse qu'elle soit, elle a tousjours à la fin quelque mauvais deboire. Et vous voyez encores, que sainct Paul ne veult, que les gens mariez ayent ceste grande amour ensemble : car d'autant que nostre cueur est affectionné à quelque chose terrienne, d'autant s'eslongne il de l'affection celeste : et plus l'amour est honneste et vertueuse, et plus difficile en est à rompre le lien[22].

Oisille dénonce ici l'amour entre époux comme lien à rompre pour libérer un amour qui vise uniquement les cieux. À l'encontre de la montée ficinienne, l'attachement affectif à «quelque chose terrienne» a pour conséquence, chez Marguerite, un éloignement de «l'affection celeste». C. Martineau prétend sans équivoque que «[s]ur le plan de l'amour, il

---

encourage les traductions de Platon, éditées par Dolet et Ramus. C'est sur sa commande que Bonaventure des Périers et Jean de la Haye effectuent des traductions du corpus platonicien, à savoir du *Lysis* et du *De Amore* ficinien. Elle protège par ailleurs les poètes platoniciens comme Antoine Héroët et Charles de Sainte-Marthe.

19 P. de Lajarte, «*L'Heptaméron* et le ficinisme», art. cité.

20 A.-J. Festugière, *La Philosophie de l'amour de Marsile Ficin*, *op. cit.*, p. 16.

21 Voir C. Martineau, «Le Platonisme de Marguerite de Navarre», art. cité.

22 M. de Navarre, *L'Heptaméron*, éd. citée, vol. 2, p. 763-764.

n'y a pas, en effet, de platonisme de Marguerite de Navarre. On pourra peut-être même parler [...] d'un véritable anti-platonisme chez elle en ce domaine[23]. » En effet, c'est l'échec de l'amour humain qui mène à Dieu. Il faut donc une rupture radicale entre le monde d'ici-bas et le monde céleste pour s'approcher du divin. Paradoxalement, c'est exactement le moment de la disjonction ou de la déception, représentée souvent dans *L'Heptaméron* par le laid et le bas, qui se présente comme condition préliminaire pour la connaissance de Dieu. M. Tetel résume ainsi cette position :

> Le mythe d'une Marguerite de Navarre platonicienne devient difficile à justifier même à la lecture de toutes ses œuvres. Traditionnellement, sa poésie a fourni une bonne source pour la thèse platonicienne, parce qu'elle est intensément lyrique, émotionnelle et personnelle. Elle dépeint, par-dessus tout, l'envol à partir du laid et du terrestre vers le beau et le spirituel. Le point essentiel négligé, cependant, est que Marguerite ne désavoue pas le terrestre ; au contraire, elle en indique sa désillusion. La différence d'interprétation devient alors tout à fait significative parce qu'elle révèle une âme torturée, encore solidement retenue au sol, au lieu d'une âme renonçant à elle-même en faveur d'une union avec Dieu[24].

Dans la pensée navarrienne, le laid intègre donc incontournablement le périple de l'élévation vers Dieu. Dans la même optique, P. de Lajarte souligne l'importance de l'idée de rupture[25] pour *L'Heptaméron*, *a contrario* de la sérénité graduelle que propose Ficin. Si gradation vers le haut il y a, elle s'opère en quelque sorte à l'envers, par la *via negativa*, rappelant la théologie négative du Pseudo-Denys : on se rapproche du divin par ce qui lui est le plus étranger. Comme l'énonce Bruno Roger-Vasselin pour la 19e nouvelle, il s'agit là d'« une relecture évangélique et exigeante de la théorie platonicienne de l'amour, mise à l'épreuve d'un vécu authentique, lui-même empreint de quête spirituelle et métaphysique[26]. » On entend l'affrontement entre l'aspiration vers un idéal et la réalité

---

23 C. Martineau, « Le Platonisme de Marguerite de Navarre », art. cité, p. 15.

24 M. Tetel, *Marguerite de Navarre's* Heptameron *: Themes, Language, and Structure*, *op. cit.*, p. 10.

25 P. de Lajarte, « *L'Heptaméron* et le ficinisme », art. cité, p. 348 : « Loin d'être, comme chez Ficin, un prolongement, un épanouissement naturel de l'amour humain, la conversion à l'amour divin naît, chez la Reine, d'une rupture radicale avec ce dernier : anti-chambre de l'amour divin chez Ficin, l'amour humain apparaît bien plutôt, dans *L'Heptaméron*, comme un écran, un obstacle entre l'homme et Dieu. »

26 B. Roger-Vasselin, « Marguerite de Navarre et le ficinisme dans L'*Heptaméron* », art. cité, p. 110.

de la faillibilité humaine. La pensée navarrienne, fondamentalement, entreprend de démontrer la disjonction ontologique qui existe entre le monde d'ici-bas et le monde céleste, à l'instar de la *regio dissimilitudinis* augustinienne[27], comprenant le péché comme perversion de la vie créée. Rien ne sert mieux cette fin que de mobiliser la laideur ou l'enlaidissement des personnages pour marquer l'imperfection humaine, qu'elle soit corporelle ou morale. Le dépassement de l'abîme consiste, chez Marguerite évangélique, dans une forme d'humiliation de soi, c'est-à-dire dans la reconnaissance à partir de sa propre laideur, signifiant de la nature pécheresse de l'homme.

ANAMORPHOSES ÉVANGÉLIQUES ET « L'ŒIL DE LA FOY »

C'est le devis de la 19e nouvelle qui est communément retenu comme donnant la définition de l'« aimer parfaictement » constituant un élan qui comprend l'amour du terrestre comme condition préalable à l'amour pour Dieu. Ce précepte rejoint le propos de Simontault à la fin du devis qui paraphrase à cet égard la première Épître de Jean 4, 20[28] : « "celuy qui n'aime son frere qu'il veoit, comment aimera-il Dieu qu'il ne veoit pas." car par les choses visibles, on est attiré à l'amour des invisibles[29]. » L'amour humain serait donc nécessaire pour connaître le divin, de même que ce serait à partir du terrestre que l'âme s'élève vers le céleste. Cette implication de la créature, forcément inférieure à Dieu, n'est pas de nature platonicienne, ni liée en soi à l'idée de la beauté comme origine de l'ascension. Elle est gouvernée par la notion chère aux évangéliques de la grâce comprise comme une intervention surnaturelle. En effet, Ennasuitte questionne avec ironie cette plaidoirie pour l'« aimer parfaictement » en se demandant qui était « ainsi parfaict que vous le

27 Voir *supra*, p. 65, n. 119.

28 1 Jean 4, 20 : « Si quelqu'un dit : J'aime Dieu, et qu'il haïsse son frère, c'est un menteur ; car celui qui n'aime pas son frère qu'il voit, comment peut-il aimer Dieu qu'il ne voit pas ? Et nous avons de lui ce commandement : que celui qui aime Dieu aime aussi son frère. »

29 M. de Navarre, *L'Heptaméron*, éd. citée, vol. 1, p. 286.

dictes[30] ? » Or nous avons vu que Marguerite ne propose pas d'exemple d'ascension graduelle et sans heurt de l'amour humain vers l'amour divin. Le passage de l'un à l'autre est toujours, chez elle, conditionné par une épreuve dramatique ou par un échec. Cette faillibilité de l'amour humain reflète, on l'a expliqué ci-dessus, un syncrétisme conflictuel qui met en concurrence un néoplatonisme amoureux, incomplet ou tronqué, avec son pendant religieux, représenté en l'occurrence par la pensée issue de la première Épître de Jean.

Même si la notion de laideur n'apparaît nommément que pour désigner les « chambrieres laydes et ordes » vers la fin du devis, on reconnaîtra dans ce passage sur l'amour parfait, sinon une plaidoirie pour l'imperfection terrestre, au moins un désillusionnement quant au statut de de la beauté mondaine. Nous allons voir qu'à l'inverse des théories ficiniennes, l'amour parfait croît dans la mesure où il y a éloignement des attraits d'ici-bas. Dans une telle perspective, c'est à partir de la reconnaissance du manque et de l'insuffisance, et non de l'abondance, que l'âme s'élève vers Dieu. C'est justement un tel refus du néoplatonisme amoureux qui nous incite à revisiter ce devis sous les auspices de la laideur. Le rejet d'un système qui a pour thème central la beauté permet une relecture de la laideur.

La nouvelle à partir de laquelle la discussion est engagée raconte l'histoire tragique entre Pauline et un gentilhomme dont l'amour, tout spirituel et fort qu'il soit[31], demeure impossible en raison des contraintes sociales. L'impuissance des amants devant ces obstacles les force à réorienter l'amour qu'ils ont l'un pour l'autre vers Dieu, l'amour pour la créature se transformant en amour pour le créateur. Conséquence incontournable : ils entrent tous les deux dans les ordres et consacrent leurs vies à l'amour de Dieu. Si la narratrice Ennasuitte loue la grandeur de l'amour conté, Hircan s'en moque et Oisille en fait une interprétation proprement ficinienne : « Appelez-vous follie, dist Oisille, d'aymer honnestement en la jeunesse, et puis de convertir cest amour du tout à Dieu ? ». À l'encontre de tous ces commentaires, Parlamente entend rectifier la lecture des autres : « Encores ay-je une opinion, dist Parlamente, que jamais homme n'aimera parfaictement

30 *Ibid.*, vol. 1, p. 287.

31 Voir M. de Navarre, *L'Heptaméron*, éd. citée, vol. 1, p. 277 : « Car nostre amour mutuelle / Sera tant spirituelle, / Que Dieu s'en contentera ». Il s'agit d'une épître que le jeune gentilhomme adresse à Pauline.

Dieu, qu'il n'ait parfaictement aimé quelque creature en ce monde[32]. » Même si cet énoncé mime le lien entre paradigme humain et paradigme divin, l'échec de l'amour humain est sous-entendu, selon C. Martineau, dans l'emploi des temps verbaux[33]. Si le futur « n'aimera » est réservé à l'amour de Dieu, le subjonctif passé « n'ait aimé » marque l'amour faillible des créatures terrestres[34]. À la suite de cette déclaration, Saffredent interroge le caractère non-charnel de cet amour : « Qu'appelez-vous parfaictement aimer ? dist Saffredent : estimez vous parfaicts amans ceux qui sont transiz, et qui adorent les dames de loing sans oser monstrer leur volonté[35] ? » L'interrogation de Saffredent engage la célèbre tirade néoplatonicienne de Parlamente :

> J'appelle parfaicts amans [...] ceux qui cerchent en ce qu'ils aiment quelque perfection, soit bonté, beauté ou bonne grace, tousjours tendans à la vertu, et qui ont le cueur si hault et si honneste qu'ils ne veullent pour mourir mettre *leur* fin aux choses basses, que l'honneur et la conscience reprouvent. Car l'ame, qui n'est creée, que pour retourner à son souverain bien, ne faict tant qu'elle est dedans le corps, que desirer d'y parvenir. Mais à cause que les sens par lesquels elle en peut avoir nouvelle, sont obscurs et charnels par le peché du premier pere, ne luy peuvent monstrer que les choses visibles plus approchante de la perfection, après quoy l'ame court[36], cuidans trouver, en une beauté extérieure, en une grace visible et aux vertuz morales, la souveraine beauté, grace et vertu[37].

32 *Ibid.*, vol. 1, p. 284. Ce parallélisme entre amour humain et amour divin exemplifie le double commandement d'amour que Jésus expose dans l'Évangile selon Matthieu 22, 37-40 : « Jésus lui répondit : Tu aimeras le Seigneur, ton Dieu, de tout ton cœur, de toute ton âme, et de toute ta pensée. C'est le premier et le plus grand commandement. Et voici le second, qui lui est semblable : Tu aimeras ton prochain comme toi-même. De ces deux commandements dépendent toute la loi et les prophètes. »

33 C. Martineau, « Le Platonisme de Marguerite de Navarre », art. cité, p. 27.

34 Par ailleurs, pour le néoplatonisme amoureux tout dépend de la réciprocité simultanée des amoureux qui s'aiment dans le présent. C'est à partir du moment présent de la mutualité amoureuse que l'âme s'élève. Dans la sentence que formule Parlamente l'amour au passé devient indispensable à l'amour de Dieu sachant que, selon l'interprétation que Marguerite de Navarre donne du mythe de l'androgyne, l'amour parfait se fait uniquement en union avec Dieu, jamais avec un être humain. Voir M. Rothstein, *The Androgyne in Early Modern France : Contextualising the Power of Gender*, New York, Palgrave Macmillan, 2015.

35 M. de Navarre, *L'Heptaméron*, éd. citée, vol. 1, p. 284.

36 Ce passage évoque une image qu'on a également repérée dans les *Ennéades* de Plotin, *op. cit.*, p. 104-106 : « Car si on voit les beautés corporelles, il ne faut pas courir à elles, mais savoir qu'elles sont des images, des traces et des ombres ; et il faut s'enfuir vers cette beauté dont elles sont les images. [...] ». Voir *supra*, p. 49-50.

37 M. de Navarre, *L'Heptaméron*, éd. citée, vol. 1, p. 284.

Dans un mouvement ascensionnel, l'âme humaine recherche la perfection dans les dons visibles : la beauté extérieure et les vertus morales. Les « choses basses » semblent désormais exclues de cette quête du souverain bien, dès lors qu'elles contredisent l'idée platonicienne de l'élévation de l'âme à partir du beau, terme général recouvrant « bonté, beauté ou bonne grâce » en vue du « souverain bien ». Ce retour de l'âme, qui doit toujours être informée par les choses visibles, est toutefois contrarié par le rôle qu'y prennent les sens. Dans l'*Oraison de l'ame fidele* le je lyrique déplore son corps parce qu'il « a des yeulx desquels Riens il ne void[38] ». Sa « condition corporelle » est conçue comme obstacle à la montée platonicienne car les sens se trouvent obscurcis en raison du péché originel « du premier pere » ; on est tous héritiers de la faute d'Adam[39]. Cet obstacle, ou cette imperfection pécheresse, peut aussi être désigné de manière positive et dynamique comme le fait saint Paul, parlant du miroir dans 1 Corinthiens 13, 12, dans un sens anagogique : « Aujourd'hui nous voyons au moyen d'un miroir, d'une manière obscure, mais alors nous verrons face à face ; aujourd'hui je connais en partie, mais alors je connaîtrai comme j'ai été connu. »

Il est donc question d'une perception corrompue par le péché, le *propter peccata nostra* augustinien : notre œil extérieur est embué et se laisse tromper facilement par une beauté *déceptive*[40], comme le constate P. de Lajarte pour *L'Heptaméron*[41]. Non seulement la beauté extérieure est trompeuse, mais elle est en plus niée comme voie menant à Dieu. La deuxième partie de la tirade retrace le parcours décevant de toute beauté terrestre car l'âme « n'y trouve point celuy qu'elle aime ». S'apercevant

38 M. de Navarre, *Œuvres complètes*, t. 8 : *Chrétiens et mondains, poèmes épars*, éd. citée, p. 80.

39 Sur le rôle des sens dans *L'Heptaméron* voir S. Dembruk, « Les quiproquos de *L'Heptaméron* brisés par les sens : pour une lecture "sensuelle" des nouvelles navarriennes », dans *« Une honnête curiosité de s'enquérir de toute choses ». Mélanges en l'honneur d'Olivier Millet, de la part de ses élèves, collègues et amis*, éd. M. Champetier de Ribes, S. Dembruk, D. Fliege, V. Oberliessen, Genève, Droz, 2021, p. 93-101.

40 L'effet trompeur de la beauté extérieure trouve son pendant dans le débat de la 8e nouvelle où Dagoucin invite ses interlocuteurs à ne pas construire son amour sur des facteurs extérieurs, voir *L'Heptaméron*, éd. citée, vol. 1, p. 89-90 : « je veux dire que si nostre amour est fondé sur la beauté, bonne grace, amour et faveur d'une femme, et nostre fin soit plaisir, honneur ou profit, l'amour ne peut longuement durer. Car si la chose surquoy nous la fondons deffault, nostre amour s'en volle hors de nous. Mais je suis ferme en mon opinion, que celuy qui aime, n'ayant autre fin ne desir que bien aimer, laissera plustost son ame par la mort, que ceste ferme amour saille de son cueur ».

41 P. de Lajarte, « *L'Heptaméron* et le ficinisme », art. cité, p. 357.

qu'aux « choses territoires n'y a nulle perfection ne felicité », elle cherche à se réorienter. Le fait d'exclure les beautés terrestres comme signes divins rappelle de nouveau la lecture négative, apophatique, du Pseudo-Denys. Désillusionnement qui doit s'accompagner chez Marguerite de Navarre d'un changement de perspective :

> Toutefois si Dieu ne luy ouvre l'œil de la foy, seroit en danger de devenir d'un ignorant un infidèle philosophe. Car foy seulement peult monstrer et faire recevoir le bien, que l'homme charnel et animal ne peult entendre[42].

L'adverbe concessif (« Toutefois ») marque une rupture avec le néoplatonisme graduel que Parlamente esquissait auparavant et le remplace avec l'ouverture radicale de « l'œil de la foy ». L'intervention divine[43] se fait donc par un renouvellement de la perception, nécessaire, comme le remarquent aussi N. Cazauran et S. Lefèvre, pour souligner l'importance de la grâce : « Parlamente rompt l'évocation de cette ascension de l'âme pour marquer la vanité d'un mouvement vers Dieu que Dieu lui-même ne soutiendrait pas par sa grâce[44]. » La grâce divine opère donc à travers une transposition, vouée à la quête des « choses visibles plus approchantes de la perfection [...] les plus belles que son œil peut veoir », de l'œil sensuel et extérieur à l'œil intérieur et mystique, d'où procède une perception animée par le *sola fide* (« car foy seullement peult monstrer et faire recevoir le bien que l'homme charnel et animal ne peult entendre. ») La logique du passage laisse supposer que l'œil de la foi dépasserait alors les canons de beauté humains pour percevoir selon une autre échelle. Comme le résume G. Mathieu-Castellani : « À cet œil extérieur, aisément aveuglé par les apparences, s'oppose l'œil de la foi, seul capable de voir en vérité la lumière authentique[45]. » Par conséquent, la laideur extérieure est susceptible de recevoir une importance

42 M. de Navarre, *L'Heptaméron*, éd. citée, vol. 1, p. 285.

43 Voir B. Roger-Vasselin, « Marguerite de Navarre et le ficinisme dans L'*Heptaméron* », art. cité, p. 107 : « Si la Reine suit le mouvement platonicien qui part de la beauté et de la vertu humaines pour s'élever au souverain bien, la N. 19 de *L'Heptaméron* ménage une rupture aussi bien entre les amants que dans le mouvement ascensionnel. Une telle rupture rend possible l'intercession divine. La montée de l'homme vers Dieu ne va pas, en effet, sans une descente de Dieu vers l'homme, que retrace la dernière partie du texte. Le salut par la "foy" suppose la grâce divine qui "ouvre l'œil" de l'homme. »

44 M. de Navarre, *L'Heptaméron*, éd. citée, vol. 3, p. 900, n. 42.

45 G. Mathieu-Castellani, « Des voiles et des masques », art. cité, p. 237.

nouvelle et significative dans un système esthétique que l'on pourrait qualifier d'esthétique chrétienne. C'est que l'œil de la foi ne juge pas selon l'aspect visible mais est en état de poser un regard positif même sur ce qui apparaît méprisable à première vue.

À propos du rôle de l'œil de la foi dans *L'Heptaméron*, l'étude de J. Miernowski souligne l'importance de l'intertexte augustinien[46]. Notamment dans l'élaboration du « Sermon des béatitudes » par le père de l'Église, nous lisons : « Lorsque l'œil sera purifié et rendu simple, il va être capable de regarder attentivement et de contempler sa lumière intérieure, car un tel œil est l'œil du cœur[47]. » L'*oculus simplex* prend chez Augustin la fonction d'une lampe éclairant de l'intérieur le fidèle. Désormais, cet éclairage divin purifie également la perception des choses. À ce sujet, Gérard Roussel, membre du cénacle de Meaux (donc proche de Marguerite de Navarre), dans sa *Familiere exposition* (1548), montre la nécessité de l'œil de la foi et lui attribue la puissance de voir au-delà des apparences :

> L'œil de foy voit et recongnoist Dieu par tout, recongnoist, avec saint Augustin, toutes les creatures masques de Dieu, desquelles il se couvre. Mais le fidèle ne s'arreste point à la masque [*sic*], à la robe, mais à celluy qui s'en couvre, recognoit Dieu en tout et partout[48].

Le fidèle dispose alors d'un discernement qui perce à travers les masques humains pour reconnaître « en tout et partout » le divin. À l'instar des boîtes de silènes érasmiennes qui dérobent leur contenu « aux regards profanes », mais s'ouvrent à celui qui « examine les choses de plus près ». Cependant, à la différence des silènes qui indiquent la supériorité du difforme vis-à-vis du beau, dans une perspective navarrienne, toute création n'est au fond qu'une écorce pour cacher Dieu. Dans ce type d'immanence du transcendant, l'intelligence ne devient possible que si Dieu accorde sa grâce. Ce n'est donc qu'à travers l'œil de la foi que

---

46 Voir J. Miernowski, « L'intentionnalité dans *L'Heptaméron* de Marguerite de Navarre », *Bibliothèque d'Humanisme et Renaissance*, vol. 62, n° 2, 2001, p. 201-225.

47 Nous citons la traduction fournie par J. Miernowski, « L'intentionnalité dans *L'Heptaméron* », art. cité, p. 209 à partir de l'original latin, que voici : « *Mundatus ergo oculus simplexque redditus, aptus et idoneus erit ad intuendam et contemplandam interiorem lucem suam. Iste enim oculus cordis est.* », *De sermone Domini in monte* (75-76), *Patrologia latina*, vol. 34, p. 1304.

48 G. Roussel, *Familiere Exposition du simbole, de la loy, et oraison dominicale, en forme de colloque*, ms. BnF fr 419, f° 45 v°.

la laideur peut être perçue, malgré sa non-ressemblance, comme un « masque de Dieu », devenant alors un *signe dissimilaire* à proprement parler. À l'image de la dame fort dévote de la 13e nouvelle qui perçoit son vieil époux en beau jouvenceau, l'œil de la foi exerce un effet anamorphotique sur la perception. C'est aussi la force de la « vraye amour » telle qu'elle est présentée dans la « Difinition 14 » : « C'est celluy seul qui peult mon [cueur] repaistre / [...] / Et l'imparfaict pour luy l'on void parfaict[49]. » La transfiguration de l'imparfait en parfait est déclenchée par un changement de perspective (« l'on void »). Suite au changement du cœur par le Christ, le je lyrique voit différemment « pour luy », grâce à lui.

« CAR QUI COGNOIST DIEU... » : LAIDEUR ET CONNAISSANCE DIVINE

L'œil de la foi de la 19e nouvelle trouve un pendant éloquent dans le prologue à *L'Heptaméron* quand Oisille lie la perception et le jugement esthétique du « beau » ou du « laid » à la connaissance personnelle que chaque croyant a de Dieu. Au tout début de *L'Heptaméron*, en effet, la plus âgée des *devisants* propose une vision du monde qui lie la perception du beau et du laid à la connaissance divine : « Car qui congnoist Dieu, voit toutes choses belles en luy, et sans luy tout laid[50] ». Cette sentence se lit comme une paraphrase de l'écrit augustinien *De Genesi Contra Manicheos* qui dit : « *video tamen omnia in suo genere pulchra esse, quamvis propter peccata nostra multa nobis videantur adversa*[51]. » [je vois que toute chose est belle en son genre, même si on y voit de la laideur en raison de nos péchés. (Nous traduisons)]. C'est en raison de *propter peccata nostra* que l'être humain est incapable, aveuglé par ses péchés, de discerner la beauté des choses dans une laideur apparente[52]. En revanche, si nous

49 M. de Navarre, *Œuvres complètes*, t. 8 : *Chrétiens et mondains, poèmes épars*, éd. citée, p. 518.

50 M. de Navarre, *L'Heptaméron*, éd. citée, vol. 1, p. 13.

51 Augustin, *Sur la Genèse contre les Manichéens* [*De Genesi Contra Manicheos*], éd. citée, ch. I, XVI, 26.

52 *Cf.* H. R. Jauß, « Die klassische und die christliche Rechtfertigung des Hässlichen in mittelalterlicher Literatur », art. cité, p. 145. Dans son article pionnier sur la laideur,

arrivons à percevoir toute chose à travers le filtre divin – l'œil de la foi purifié –, nous serons capables d'en saisir la beauté. La capacité de juger si quelque chose est beau ou laid s'entend désormais comme un processus ou bien une perspective intérieure qui dépend de notre propre relation à Dieu (« Car qui congnoist Dieu »).

La déduction synthétique d'Oisille expose une conception esthétique qui se construit à partir de la connaissance de Dieu et se situe, sur le plan du récit-cadre, au moment de la recherche d'un passe-temps par les devisants, « ceste compaignye miraculeusement assemblée » à l'abbaye de Serrance. La poursuite d'une récréation adéquate s'avère être une question de vie ou de mort et rejoint par cet aspect le modèle italien du *Décaméron*[53]. Pour trouver un moyen d'échapper à la mélancolie mortifère, on fait appel à Oisille, la plus âgée et dévote du groupe, qui insiste sur la parole de Dieu comme remède principal : « car, ayant cherché ce remede toute ma vie, n'en ay jamais trouvé qu'un, qui est la lecture des sainctes lettres, en laquelle se trouve la vraye et perfaicte joye de l'esprit, dont procede le repos, et la santé du corps[54]. » Les lectures bibliques[55] assureront donc une allégresse aussi bien mentale que physique, expérience qu'Oisille propose aux autres membres du groupe en leur suggérant le même divertissement spirituel : « Il me semble que si tous les matins vous voulez donner une heure à la lecture, et puis durant la messe faire voz devotes oraisons, vous trouverrez en ce desert la beauté qui peut estre en toutes les villes[56]. » L'œil de la foi, aiguisé notamment par la lecture biblique, trouve alors une application immédiate dans les circonstances concrètes des devisants : c'est qu'il permet de voir partout, même au désert, de la beauté. La proposition d'Oisille établit un lien direct entre la situation apparemment sans issue du groupe et la contemplation des textes sacrés. La difficulté des circonstances, notamment le fait d'être

---

H. R. Jauß renvoie au même passage augustinien pour expliquer la justification chrétienne du laid dans la littérature médiévale.

53 Dans le recueil de Boccace, le retrait loin de la ville des personnages et leur activité narrative sont clairement conçus comme un moyen d'échapper à la peste mortifère qui touche Florence en 1348.

54 M. de Navarre, *L'Heptaméron*, éd. citée, vol. 1, p. 11-12.

55 Voir C. Martineau, « La *Lectio Divina* dans l'Heptaméron », dans *Études sur L'Heptaméron de Marguerite de Navarre, Actes du colloque de Nice*, université de Nice-Sophia Antipolis, 15-16 février 1992, éd. C. Martineau-Génieys, Nice, Publications de la Faculté des lettres, arts, et sciences humaines de Nice, 1992, p. 21-42.

56 M. de Navarre, *L'Heptaméron*, éd. citée, vol. 1, p. 13.

immobilisé à cause des pluies diluviennes, est sublimée par la pratique de la foi, la *vive foy*. Éléments qui engendrent, si l'on a recours à l'image utilisée par Oisille, la transformation du désert en beauté de la ville. Une telle anamorphose, du manque désertique en abondance urbaine, a lieu sous le jour d'un regard renouvelé par la foi.

Toutefois, la proposition d'Oisille ne rencontre pas un accueil favorable chez tous les membres du groupe, qui signalent la négligence, de sa part, de l'exercice physique. Le corps concurrence l'âme et va trouver alors sa place grâce à un compromis. Or c'est Parlamente qui, à la suite des réclamations de son mari Hircan vis-à-vis de la proposition d'Oisille, tente de suggérer une alternative. Ce qui se situerait à mi-chemin entre le sacré et le profane serait la narration : « Et s'il vous plaist que tous les jours depuis midi jusques à quatres heures [...], chacun dira quelque histoire qu'il aura veuë ou bien ouy dire à quelque homme digne de foy[57]. » C'est désormais la production narrative, dont nous lisons en fait le résultat littéraire, qui permettra de passer le temps, en constituant une activité à la fois divertissante et utile, selon le principe humaniste du lien entre *delectare* et *docere*. Aux lectures de la Bonne Nouvelle se joint la narration des nouvelles[58] qui, en tant que « signes dissimilaires », font figurer plus d'un personnage disgracieux. Si les devisants causent sur toutes sortes de sujet grivois, la laideur corporelle surgit pour rappeler que l'imperfection de l'être humain faillible se manifeste également en termes d'esthétique. Toutefois, « l'œil de la foy », qui est aussi l'œil de la grâce divine, paraît reconnaître en toute créature, aussi laide soit-elle, un reflet possible de la beauté souveraine.

57 M. de Navarre, *L'Heptaméron*, éd. citée, vol. 1, p. 16.

58 Voir G. Defaux, « De la Bonne Nouvelle aux nouvelles : remarques sur la structure de *L'Heptaméron* », *French Forum*, nº 27, 2001, p. 23-43.

CONCLUSION

Chez Marguerite, le corps est une affaire de l'esprit, comme l'explique Oisille dans le devis de la 63e nouvelle : « Mais, quant le corps est subgect à l'esprit, il est quasi insensible aux imperfections de la chair[1] ». Dans une intentionnalité spirituelle, la laideur physique devient presque insignifiante, pour le moins imperceptible. On reconnaît là l'idée de l'œil intérieur, d'une vision qui sait voir en dépit des apparences sensibles. Pour ce qui est de la représentation du corps disgracieux, Marguerite de Navarre fait bouger les lignes, et notamment celles des codes courtois de la beauté dont elle réemploie les motifs sans observer strictement les pratiques littéraires alors en cours. Dans le détail, elle transforme le sens que sont censés porter les motifs traditionnels de la littérature et de la philosophie amoureuse. Chez la reine, la beauté peut s'avérer trompeuse, ce qui trouble l'association topique qui en est faite avec la vertu. De même, le défaut physique n'est pas d'emblée à considérer comme un signe extérieur de péché ou d'immoralité. Au contraire, et de manière inédite dans la prose de la Renaissance, les récits navarriens accordent souvent une fonction positive aux personnages dénués de charmes physiques, surtout s'il s'agit de figures féminines. Les apparences ainsi que les jugements en matière de beauté et de laideur se mesurent selon des principes qui échappent aux normes mondaines. Avec « l'œil de la foy » Marguerite de Navarre introduit un élément central dans son esthétique évangélique, qu'elle ne réserve pas, nous l'avons vu également, à sa production prosaïque. Terminons donc ce chapitre par une poésie qui illustre bien la revendication d'une vision de l'intériorité en dépit des apparences déplaisantes. Il s'agit de l'épigramme 29, qui s'intitule « Pour homme laid disant à une jeune dame, faict par la royne de Na[var]re » construit autour du calembour « laid-lait », dans laquelle un homme physiquement laid invite une

1 M. de Navarre, *L'Heptaméron*, éd. citée, vol. 2, p. 702.

jeune fille à accepter ses avances aussi favorablement qu'un nourrisson répond à l'offre du lait :

> De riens tant que du laict ung enfant n'a envye
> Et ne desire mieulx pour conserver sa vie.
> Parquoy en contemplant ton enfantin visaige
> Je pense veoir d'amour enfant l[e] vray imaige,
> Qui me fist davant toy sans crainte presenter,
> Saichant que l'enfant doit du laict se contenter.
> Si tu dis qu'il est blanc et peu à moy semblable,
> Le vesseau en est noir, qui n'est moins agreable :
> Mais voyant le dedans l'enffant prent le vesseau,
> Et s'en sert aussi bien que s'il estoit plus beau.
> Ne refuse doncq point ma volunté tant bonne,
> Regardant du bon laid le cueur non la personne[2].

2 M. de Navarre, *Œuvres complètes*, t. 8 : *Chrétiens et mondains, poèmes épars*, éd. citée, p. 385.

TROISIÈME PARTIE

« POÉT(H)IQUES » DE LA LAIDEUR CHEZ CLÉMENT MAROT

« O povre pou etique[1] » : par cet hémistiche en forme de calembour, un des ennemis les plus illustres de Marot, François de Sagon[2], fait coup double contre le poète quercinois : s'il dénonce sa poétique, il s'en prend aussi à l'infirmité corporelle du poète. C'est qu'« etique » signifie littéralement « malade », plus particulièrement « qui est atteint de fièvre consumante, d'étisie, qui est d'une extrême maigreur[3] ». Cette insulte place Marot du côté de la difformité physique : pour son détracteur, il n'est qu'un pou chétif. L'accusation vise à la fois la production poétique et le poète lui-même, attaquant en même temps et son corps et sa posture morale, son éthique, comme nous le verrons. Or, ces imputations, qui s'inscrivent dans la joute oratoire de la fameuse querelle entre Marot et de Sagon commencée en 1534, peuvent se lire, au moins à partir de 1536, par rapport à l'arrière-plan du concours des blasons et plus particulièrement celui des contreblasons. Incitant les « nobles esprits de France Poëtiques » à peindre les parties du corps en leurs aspects « les plus laidz[4] », Marot cherche à lancer une véritable poétique de la laideur qui sera indissociablement liée à sa personne. Pour autant que le laid intègre chez Marot le paradigme corporel, le thème du physique ingrat se rapporte aussi au poète lui-même. Si le premier volet de ce chapitre est consacré aux images du poète et à la manière dont il s'approprie le masque de la laideur, nous souhaitons revisiter, dans un second temps, ce que l'on peut aisément appeler une « poétique du laid », c'est-à-dire la manière dont l'écriture poétique fait figurer le corps laid. C'est sur ces deux plans que se déploient les « poét(h)iques » de la laideur chez Marot. Le choix d'employer le pluriel pour désigner cette esthétique se

1 L'hémistiche est tiré de : « Le coup d'essai de Françoys de Sagon secretaire de l'abbé de Sainct Eburoul », dans *Querelle de Marot et Sagon*, [fac-similé de l'édition É. Picot et P. Lacombe, Rouen, A. Lainé, 1920], Genève, Slatkine Reprints, 1969, ici C III v°. La grande majorité des écrits constituant ce différend sont rassemblés dans cette anthologie.

2 Même si la critique moderne a enlevé la particule « de », Sagon signe toujours ou presque "François de Sagon". Nous privilégions cette forme, qui est correspond par ailleurs avec la notice de la Bibliothèque nationale de France.

3 *Dictionnaire du Moyen Français (DMF)*, éd. citée, s.v. « chétif ».

4 Nous revenons de manière approfondie sur le concours des blasons et contreblasons *infra*, p. 238 *sq*.

justifie par la diversification des thèmes et des points de vue que l'œuvre marotique développe à l'endroit du laid qui implique, à bien des égards, comme nous le verrons, une herméneutique chrétienne aussi bien qu'un militantisme poétique.

LAIDEUR ET *PERSONA* MAROTIQUE

Marot manifeste une grande propension non seulement à se mettre en scène dans ses pièces, mais également à exposer « *l'intention de l'auteur* dans le discours du poète[1] », comme le montrent Guillaume Berthon ou encore, tout récemment, Scott Francis, qui explore entre autres les *personae* auctoriales chez Marot[2]. En effet, la forte volonté de représentation de soi peut être identifiée comme un fil conducteur de la poésie marotique. C'est la volonté de vouloir s'écrire qui fait, selon Gérard Defaux, toute l'originalité de ce « prince de poëte[3] ». Henri Weber lie la disposition à se dire à la position du poète courtisan, que Marot occupe à partir de 1519 : « Le poète n'a plus à s'effacer derrière de longs éloges allégoriques, il peut parler de lui-même[4] ». Le seul titre de l'*Adolescence clémentine* est preuve de ce que Robert Mélançon qualifie de « prosopographie », le fait d'inscrire sa propre personne dans son œuvre : « La poésie de Marot se présente comme une autobiographie, plus précisément comme une variété morale de prosopographie[5] ». Si le

1 G. Berthon, *L'Intention du poète. Clément Marot « autheur »*, Paris, Classiques Garnier, 2014, p. 14.

2 S. Francis, *Advertising the Self in Renaissance France. Lemaire, Marot & Rabelais*, Newark, University of Delaware Press, 2019.

3 G. Defaux, « Introduction » dans C. Marot, *Œuvres poétiques*, éd. G. Defaux, Paris, Classiques Garnier, 1993, t. 1, p. XCIX-C : « S'il fallait véritablement reconnaître à Marot une quelconque originalité, c'est très certainement là qu'il faudrait la situer, dans ce souci d'intériorité et de présence. Marot, avec le temps, devient de plus en plus un poète qui se prend lui-même pour sujet de sa poésie, qui fait de sa poésie le lieu privilégié – le lieu unique – de l'inscription et de l'expression de son moi. Constatation qui, naturellement, débouche sur des questions de rhétorique et de poétique [...]. » Voir aussi R. Griffin, *Clément Marot and the Inflections of Poetic Voice*, Berkeley, University of California Press, 1974 ; G. Defaux, « Rhétorique, silence et liberté dans l'œuvre de Marot. Essai d'explication d'un style », *Bibliothèque d'Humanisme et Renaissance*, vol. 46, nº 2, 1984, p. 299-322.

4 H. Weber, *La Création poétique au XVIe siècle en France. De Maurice Scève à Agrippa d'Aubigné*, Paris, Nizet, 1969, p. 68.

5 R. Mélançon, « La personne de Marot », dans *Clément Marot. « Prince des poëtes françois »*, dans *Actes du Colloque international de Cahors en Quercy*, 21-25 mai 1996, éd. G. Defaux

critique met en avant la dimension morale de ce mode d'écriture chez Marot, nous souhaitons exploiter le sens premier de prosopographie qui désigne *a priori* une « espèce de description qui a pour objet de faire connaître les traits extérieurs, la figure, le maintien d'un homme [...][6] ». Le but de notre analyse est donc d'étudier la *persona* marotique du point de vue de ses propriétés physiques, caractérisées, nous allons le voir, par l'infirmité et la disgrâce.

Quelle est l'éthique véhiculée par une telle mise en scène de soi ? Il serait certes tentant pour l'expliquer de supposer une recherche de gloire mondaine de la part de l'auteur. Sauf que l'*ethos* marotique permet difficilement une telle interprétation. Suivant une logique paradoxale, Marot se met en scène comme « chétif » et « dépourvu » non seulement en matière pécuniaire, mais également en termes physiques. C'est sur ce dernier élément que s'appuie notre propos, c'est-à-dire revisiter l'*ethos* du poète dans le but d'interroger la représentation esthétique qu'il fait de lui-même comme poète dénué de grâce physique. Y-a-t-il une éthique de la laideur ? Notons que la mise en avant de soi correspond paradoxalement chez Marot à un effacement du moi – suivant le *topos* de la modestie –, ce qui a aussi des répercussions stylistiques, à savoir le recours au style simple, autrement désigné comme style bas ou *stylus humilis*. Corinne Noirot montre la correspondance essentielle entre éthique de vie et expression poétique :

> L'usage de la rhétorique au XVIe siècle, et l'appropriation de sa puissance et de son autorité se pensent, s'exercent et se justifient chez les grands poètes du temps sur un arrière-plan presque toujours éthique, de l'individuel au politique, de la vue du chrétien à celle du courtisan, que le choix du style simple peut au demeurant faire se rencontrer. Cette résolution contradictoire de se montrer petit à une époque soulevée d'ambitions colossales pourrait bien cacher des visées autrement plus grandes, sur le plan éthique au sens large, c'est-à-dire la réflexion sur les rapports humains et les valeurs qui orientent divers choix de vie : un monde relationnel dont fait partie la poésie[7].

---

et M. Simonin, Paris, Classiques Garnier, (1997) 2007, p. 522.

6 É. Littré, *Dictionnaire de la langue française*, Paris, L. Hachette, 1873-1874, t. 3, s. v. « prosopographie », p. 1361.

7 C. Noirot, « Entre deux airs ». Style simple et ethos *poétique chez Clément Marot et Joachim Du Bellay (1515-1560)*, Paris, Hermann, 2013.

Pour exprimer l'interférence entre éthique et poétique, C. Noirot avance le mot-valise de « poéthique[8] », amalgame qu'elle reprend à une tradition qu'on fait remonter à Michel Deguy et qui renvoie à l'*ethos* aristotélicien tout en l'élargissant à une conception plus holistique de l'éthique, et à la notion de poétique regroupant à la fois un discours méta-rhétorique aussi bien que la production poétique elle-même. Suivant la tradition aristotélicienne, l'*ethos* se traduit tout d'abord par « caractère » mais désigne, au sens large, un concept beaucoup plus complexe qui englobe un idéal de posture morale et une disposition à la modération[9]. La « poéthique » comprend « l'interaction de l'éthique et du poétique comme arrière-plan des rapports entre style simple et œuvre versifiée[10] », la construction d'« une façon d'être et de vivre à travers le dire[11] ». Cette superposition du style bas et d'une certaine philosophie morale est cohérente avec la tendance volontaire au rabaissement de soi – qui passe souvent par la représentation de soi comme laid –, éthique assez répandue parmi les poètes de la cour qui expriment ainsi leur dépendance à l'égard de leurs mécènes. À ce propos, Marot n'est donc pas un cas isolé et nous allons voir de quelle manière il rejoint ses prédécesseurs. Par ailleurs, l'emploi du style bas s'inscrit dans un *ethos* évangélique, comme le remarque encore C. Noirot : « Le style simple en lui-même paraît moins compatible avec la gloire mondaine qu'avec l'humilité évangélique, et la pensée chrétienne joue à l'évidence un grand rôle dans la réactivation de ce mode à la Renaissance[12]. » Françoise Joukovsky résume que « c'est aux yeux de Marot une des faiblesses de la morale païenne que cet immense appétit de gloire humaine[13] ». Sans pour autant exclure toute gloire humaine, il la subordonne à la gloire divine[14]. La simplicité du style marotique

8 Nous empruntons cet amalgame lexical entre poétique et *ethos* à C. Noirot, « Entre deux airs », *op. cit.*, qui applique la notion de *poéthique* à l'œuvre de Clément Marot et de Joachim Du Bellay.

9 *Historisches Wörterbuch der Rhetorik*, éd. G. Ueding, Tübingen, Max Niemeyer Verlag, 1994, t. 2, article « Ethos », p. 1516-1556. Voir aussi F. Cornilliat, *Èthos et Pathos. Le statut du sujet rhétorique*, Paris, Honoré Champion, 2000, p. 9 : « l'èthos [...] qui désigne non seulement l'usage, mais la disposition ou le caractère qui en résulte – ou qui le crée. »

10 C. Noirot, « Entre deux airs », *op. cit.*, p. 14.

11 *Ibid.*, p. 4.

12 *Ibid.*, p. 9.

13 F. Joukovsky, *La Gloire dans la poésie française et néo-latine du* XVI*e siècle (des Rhétoriqueurs à Agrippa d'Aubigné)*, Genève, Droz, 1969, p. 178.

14 *Ibid.*, p. 179.

s'inscrit alors dans une éloquence et une éthique chrétiennes. L'effet de spontanéité désinvolte de sa « commune maniere de parler », critiquée par Du Bellay dans la *Deffence*[15], mais surtout le rejet affiché des artifices rhétoriques, que l'on a également observé chez Marguerite de Navarre, caractérisent son écriture évangélique. C'est en particulier par le biais de la tradition augustinienne que Marot adopte l'idée du sublime du simple. C. Noirot décrit ainsi ce processus de valorisation du style bas : « D'emblée un effet d'*ethos* concerté investit le *decorum* référentiel simpliste censé accorder ton bas, sujet bas, et implicitement parfois, poète de bas étage ou de médiocre inspiration. C'est ainsi que Clément Marot opère dans la première moitié du XVIe siècle une discrète révolution poétique. Son vers expert relève le bas[16]. » Un tel dispositif n'est-il pas favorable à la prise en considération de la laideur, communément associée au paradigme du bas et du terrestre ?

Le bas devient en effet, de manière quasi méta-poétique, un *leitmotiv* dans la poésie marotique. Dans l'épître encomiastique « Au reverendissime Cardinal de Lorraine » (1528), Marot introduit son propos par un autoportrait où il se rabaisse devant le destinataire, le « Prince tresnoble ». Cette diminution de soi se décline sur différents plans, mettant en lien, dans ce que C. Noirot appelle la « métarhétoricité du style marotique[17] », un physique ingrat avec un style simple :

> L'Homme qui est en plusieurs sortes bas,
> Bas de stature et de joye, & d'esbas,
> Bas de sçavoir, en bas degré nourry,
> Et bas de biens, dont il est bien marry,
> [...]
> Puis qu'il n'a donc que humble & basse value,
> Par ung bas style humblement vous salue[18].

15 J. Du Bellay, *Œuvres complètes*, t. 1 : *La Deffence, et illustration de la langue françoyse*, éd. F. Goyet et O. Millet, Paris, Honoré Champion, 2003. p. 48.

16 C. Noirot, « Entre deux airs », *op. cit.*, p. 123. Notons avec C A. Mayer que « la "bassesse" du style de Marot n'est pas pauvreté, mais plutôt une espèce de modestie, et surtout un sens de la mesure », dans C. Marot, *Les Epîtres*, éd. C. A. Mayer, London, The Athlone Press, 1958, p. 43.

17 C. Noirot, « Entre deux airs », *op. cit.*, p. 123, souligne que le *decorum*, concentré autour de l'épiphonème "bas", touche ici également le portrait physique et moral du poète.

18 Pour toute référence à l'œuvre de C. Marot, nous citons désormais d'après l'édition *Œuvres poétiques*, éd. G. Defaux, Paris, Classiques Garnier, t. 1 (désormais *OP I*) et t. 2 (désormais *OP II*), 1990-1993, ici *OP I*, p. 318-320.

Les dix premiers vers qui introduisent le panégyrique adressé au cardinal illustrent de manière pertinente la grande cohérence « poétique » que manifeste l'œuvre de Marot. « L'Homme qui est en plusieurs sortes bas » – et qui n'est personne d'autre qu'« ung Marot » (v. 14) – a recours, tout naturellement, à « ung bas stile », correspondance quasi organique entre l'*ethos*, caractère et disposition du poète, et le *logos*. La recherche d'une posture d'humilité et de modestie – Ernst Robert Curtius parle du *topos* de la modestie affectée[19] – envers le récepteur noble de cet écrit (« humble & basse value », « humblement ») coudoie une *persona* qui est à bien des égards modestes, elle aussi. Le bas s'exprime en termes de constitution humorale tendant à un tempérament plutôt flegmatique (« Bas [...] et de joye & d'esbas »), aussi bien qu'en manque d'érudition (« Bas de sçavoir »), allusion sans doute à l'ignorance, qui sera reprochée plus tard au poète, des savoirs antiques, « Marotus latine nescivit[20] ». En revanche, ce sont les précisions physiques que nous souhaitons souligner ici. Nous apprenons que la *persona* du poète est de petite taille (« Bas de stature ») et d'une certaine maigreur (« en bas degré nourry »). Bien que « nourry » signifie surtout « élevé » ou « éduqué » au XVIe siècle – Marot a grandi dans une famille humble –, on joue ici sur la polysémie du verbe qui prend, selon le *Dictionnaire du Moyen français*, aussi une dimension physique : « bien exercé, fort, puissant[21] ». Ces deux éléments concernant la taille et le poids suggèrent un physique plutôt ingrat. Par ailleurs, G. Defaux suggère de lire les qualificatifs que Marot attribue à son style comme un reflet de sa personne. Si Marot qualifie son style de « dur », « rude » et « trop mince[22] », il faut aussi attribuer ces adjectifs, censés être révélateurs d'une relative laideur physique, à la *persona* marotique elle-même. Inutile de préciser que l'analyse ne vise

19 Voir « Affektierte Bescheidenheit » [Modestie affectée (Nous traduisons)], dans E. R. Curtius, *Europäische Literatur und lateinisches Mittelalter*, Tübingen/Bâle, Francke Verlag, 1993 (1948), p. 93-95.

20 Jugement souvent cité par la critique pour exprimer le manque d'érudition humaniste de Marot, qui apparaît dans une lettre de Jean de Boyssoné à Jacques de Lect (1547). Voir à ce propos M. Magnien, « Marot et l'humanisme (suite) : Jean de Boyssoné et le *Maro Gallicus* », dans *La Génération Marot. Poètes français et néo-latins (1515-1550), Actes du Colloque International de Baltimore*, 5-7 décembre 1996, éd. G. Defaux, Paris, Honoré Champion, 1997, p. 261-279.

21 *Dictionnaire du Moyen Français (DMF)*, éd. citée, s. v. « nourrir ».

22 G. Defaux, « Rhétorique, silence et liberté dans l'œuvre de Marot. Essai d'explication d'un style », art. cité, p. 309.

pas à constituer le portrait-robot du poète : il s'agit d'interroger la particularité d'une création littéraire d'une *persona* qui se veut laide et les visées éthiques, aussi bien que stratégiques, qu'une telle représentation de soi peut comporter.

LES MASQUES AUCTORIAUX DE MAROT

La critique est unanime sur le fait que la panoplie de diverses *personae* employées par Marot est un élément constitutif de son œuvre[23]. Ces images ou « masques » d'auteur varient selon l'intentionnalité qui les motive[24] – que ce soit à des fins de divertissement courtois ou de requête – ou répondent aux différentes circonstances. Dans son ouvrage *Les Épîtres de Marot*[25], Joseph Vianey établit une typologie des différentes *personae* marotiques présentes dans ce type de texte. Celles-ci varient selon les occasions épistolaires – souvent calquées sur des circonstances bien précises – et servent généralement des stratégies interpersonnelles. Ainsi, Marot assume tantôt le rôle du « dépourvu », tantôt du « prisonnier », du « poète de roi », de « l'exilé » ou du « fugitif », du berger, du « traverseur des voies périlleuses » ou encore du « chetif », lors de son emprisonnement au Châtelet. Notons en l'occurrence que l'adjectif « chetif » signifie à la fois captif mais également faible physiquement. Nous souhaitons élargir cette liste des *personae* en y incluant celle du poète laid ou dépourvu de grâce physique, c'est-à-dire interroger la *persona* marotique en termes d'esthétique physionomique.

C'est que la rhétorique se comprend aussi comme art de la personne[26]. Marc Fumaroli précise que le « bien dire », le *bene dicere*, équivaut à « bien se montrer » et qu'on y retrouve « la démonstration et la mise

23 Voir R. Mélançon, « La personne de Marot », art. cité, aussi bien que F. Preisig, *Clément Marot et les métamorphoses de l'auteur à l'aube de la Renaissance*, Genève, Droz, 2004, en particulier p. 97-109.

24 Voir F. Rigolot, « Intentionnalité du texte et théorie de la *persona* », dans *Le Texte de la Renaissance*, Genève, Droz, 1982, p. 59-75.

25 J. Vianey, *Les Épîtres de Marot*, Paris, Nizet, 1962 (1935).

26 Voir F. Cornilliat, *Sujet caduc, noble sujet : la poésie de la Renaissance et le choix de ses arguments*, Genève, Droz, 2009, p. 9 : « le sujet "se" représente *dans* le discours ».

en scène de la *persona*[27] ». Plus récemment, Blandine Perona a proposé une riche analyse de la *persona* rhétorique qu'elle met en lien direct avec le discours. Elle montre à quel point la production d'un discours construit en une seule fois les traits caractéristiques d'une *persona*, répondant à l'exigence de la conformité entre les propos et la personnalité. Le choix des mots n'étant évidemment pas anodin, il faut aller chercher dans la construction du discours les indices qui renvoient à la *persona* de l'auteur :

> [L]e livre construit nécessairement une image de l'auteur, sa *persona*. En outre, le choix même de faire intervenir un personnage fictif et de lui donner la parole dit quelque chose de la personnalité de l'auteur et de ses intentions. Par conséquent, on constate que les effets de voix [polyphonie] engendrés par la prosopopée sont indissociables d'effets de présence, présence de la figure fictive que l'auteur fait parler et présence de l'auteur qui se signale plus ou moins nettement dans le choix d'utiliser un personnage ou un masque[28].

L'effet de présence, notion qui fait écho aux travaux de G. Defaux[29], est donc au cœur même de la création littéraire de la *persona*. La notion de *persona* se rapproche en fait de la notion d'*ethos*, évoquée auparavant. Pour Florian Preisig, ces deux notions sont quasiment interchangeables : ce qui est la *persona* en poétique est l'*ethos* en rhétorique[30].

Marot, quant à lui, hérite de la manière des Grands Rhétoriqueurs[31] qui s'inventaient des doubles, des épithètes ou des périphrases descriptives – pas forcément flatteurs – sur lesquels nous reviendrons également. Ce résidu du passé persiste donc dans l'écriture marotique qui cherche à faire évoluer les formes traditionnelles plus qu'à s'en libérer[32]. C'est à ce titre que l'autoreprésentation de la *persona* marotique se distingue

27 M. Fumaroli, *L'Âge de l'éloquence. Rhétorique et « res literaria »* de la Renaissance au seuil de l'époque classique, Paris, Albin Michel, 1994, p. IV.

28 B. Perona, *Prosopopée et* persona *à la Renaissance*, Paris, Classiques Garnier, 2013, p. 13.

29 G. Defaux, *Marot, Rabelais, Montaigne : l'écriture comme présence*, Paris, Honoré Champion et Genève, Slatkine, 1987.

30 F. Preisig, *Clément Marot et les métamorphoses de l'auteur*, *op. cit.*, p. 97.

31 Voir P. Zumthor, *Le Masque et la lumière. La poétique des grands rhétoriqueurs*, Paris, Éditions du Seuil, 1978.

32 Voir E. Delvallée, *Poétiques de la filiation. Clément Marot et ses maîtres : Jean Marot, Jean Lemaire et Guillaume Cretin*, Genève, Droz, 2021, qui fait de Marot un héritier, plutôt qu'un détracteur, de ses prédécesseurs. Cette perspective est d'ailleurs porteuse dans le cadre d'une étude du thème de la laideur, comme nous le verrons *infra*, p. 217.

foncièrement d'une peinture du moi telle qu'on la trouvera chez les poètes de la Pléiade. À cet égard, Marot marque une différence générationnelle dans la mesure où sa conception de la gloire est finement motivée par une conscience chrétienne. G. Defaux situe la naissance de cette « nouvelle poétique de soi » après *L'Adolescence clémentine* et reconnaît dans les genres de l'épître et de l'épigramme les lieux privilégiés de ce lyrisme personnel[33]. L'apparition de cette parole du *moi* se conçoit également comme libération de la poétique rigide et traditionnelle des Grands Rhétoriqueurs. Nous allons voir de quelle manière la valorisation du sujet permet une nouvelle manière d'approcher la laideur qui devient pour ainsi dire *intériorisée.* Elle ne reste plus dans l'abstraction de l'allégorie médiévale, mais devient une singularité de la figure du poète.

« SI M'Y VEU NOYR, & PAR LA BARBE GRIS » : MAROT COMME POÈTE DÉPOURVU DE GRÂCE PHYSIQUE

Loquere, ut te videam – « parle que je te voie » car « la nature d'un homme ne se découvre pas tant aux traits de son visage qu'à son discours, parce que ce dernier est le miroir le plus fidèle et le moins mensonger de l'âme[34]. » Telle est la devise qu'évoque Érasme dans ses *Apophtegmes*, rapportant un énoncé de Socrate qui illustre la supériorité du *verbum* sur l'apparence physique insuffisante pour en déduire des vérités sur l'âme. Les évangéliques suivent à ce sujet la conception du discours comme miroir de l'âme, *oratio speculum animi*[35], attribuant à la parole sans artifices rhétoriques, et non à la physionomie – comme c'était le cas pour la pensée grecque[36] –, une puissance révélatrice sur la personne. Les auteurs évangéliques s'inspirent de ce principe scripturaire pour faire figurer leurs écrits à titre de portrait véritable de leur personne.

Toutefois, dans le cas de Marot, cette mise en avant de la parole, qui prône justement une représentation désincarnée, demeure paradoxalement dans une dialectique contrastant avec le paradigme corporel : dynamique qui met face à face la beauté de la poésie avec la laideur corporelle du

33 G. Defaux, « *Introduction* », *dans OP I*, p. CXV.

34 Érasme, *Apophtegmata*, *LB IV*, 162 D, cité d'après G. Defaux, *L'Écriture comme présence*, *op. cit.*, p. 38.

35 Voir Érasme, *Ciceronianus, Œuvres choisies*, éd. J. Chomarat, Paris, Le Livre de Poche, 1991, p. 967.

36 Nous pensons notamment à la correspondance entre esthétique et éthique exprimée dans l'idéal grec de la *kalokagathia*.

poète. Comme pour répondre au défi de Socrate, Marot compose à ce sujet une épigramme, genre dont il lance la mode en France, mais dont la date de rédaction aussi bien que l'insertion dans l'économie de l'œuvre restent incertaines[37] : sa contextualisation demeure donc floue, sa dimension référentielle inconnue. Nonobstant, ce dizain nous intéresse parce que Marot s'y met en scène de manière à promouvoir ses écrits contre son corps dépourvu de grâce physique :

D'une dame desirant veoir Marot

Ains que me veoir en lisant mes escripts
Elle m'ayma, puis voulut veoir ma face.
Si m'a veu noyr, & par la barbe gris,
Mais pour cela ne suis moins en sa grâce.
O gentil cueur, Nymphe de bonne race,
Raison avez : car ce corps jà grison
Ce n'est pas moy, ce n'est que ma prison.
Et aux escripts dont lecture vous feistes,
Vostre bel œil (à parler par raison)
Me veit trop mieulx, qu'à l'heure que me veistes[38].

Si Gérard Defaux relève cette épigramme comme exemple-phare pour démontrer sa thèse de « l'écriture comme présence[39] », c'est effectivement le premier vers – « me veoir en lisant mes escripts » – qui justifie à ce propos la nature quasi méta-poétique de ce poème. Dans un effet de mise en abyme, le je lyrique, nommé « Marot » dans le titre, non seulement se fait à la fois sujet et objet de son écriture mais explique également que ses écrits en révèlent davantage sur lui que sa physionomie. Comme le rappelle G. Berthon, l'inscription du nom propre de l'auteur permettait l'association directe avec la composition[40]. Cette double représentation de soi nous intéresse avant tout en raison des éléments descriptifs qu'elle évoque sur le physique du poète. Nous souhaitons reprendre cette poésie brève en examinant les particularités qu'elle affiche quant à la *persona*

37 Sachant que l'économie des œuvres marotiques est assez difficile à reconstituer, et ceci est surtout vrai pour les poésies courtes telles que les épigrammes, blasons et dizains, on peut néanmoins dire avec certitude que le texte apparaît pour la première fois dans l'édition à l'enseigne du Rocher de 1544. Aucune publication antérieure à 1544 n'est connue. Le texte est classé dans la section « Épigrammes » dans *OP II*, p. 401-402.

38 C. Marot, *OP II*, p. 311.

39 Voir G. Defaux, *L'Écriture comme présence*, *op. cit.*, p. 39 ; C. Marot, *OP II*, p. 1114, n. 2.

40 G. Berthon, *L'Intention du poète*, *op. cit.*, p. 221, n. 3.

marotique, qui s'empare, en l'occurrence, du masque de la laideur physique dans le but d'opposer son corps frappé par l'âge avec la beauté de ses écrits. C'est le polyptote autour du verbe « veoir » (« veu », « veit », « veistes ») qui oriente le poème et invite à une « lecture esthétique », si l'on considère le sens premier de l'*aisthesis*, la perception à travers les sens. Paradoxalement, les conceptions esthétiques traditionnelles se trouvent contestées, jouant en faveur du physique ingrat du poète. Ce dernier mobilise sa laideur corporelle en tant que prétexte à la création poétique, cachant également, à l'instar des boîtes de silènes, derrière un corps laid des « escripts » qui font s'enamourer la nymphe du poète.

L'épigramme échappe, de manière générale, à une classification univoque en termes de rhétorique. En ce qui concerne le dizain en question, il recourt plutôt à un style bas en raison de sa veine divertissante et légère. Il s'agit d'une illustration parlante d'une poésie « réflexive » et personnelle, caractéristiques que C. Noirot relève pour le style bas[41]. Les thèmes de l'*innamoramento* et de la première vision sont plaisamment brouillés par une inversion des éléments topiques : à la louange de la beauté de l'aimée se substitue l'autodérision d'un poète dépourvu de tout éclat physique ; paradoxalement ce sont les écrits du poète laid qui suscitent l'amour, dans une logique où le premier regard correspond au moment de la lecture (« aux escripts dont lecture vous feistes »). Le dizain est composé de décasyllabes, typiques des compositions marotiques. L'épigramme marque la césure canonique après le premier quatrain (abab) qui correspond à un discours rapporté du je lyrique relatant les incidents préalables, situés dans le passé (« m'ayma, puis voulut », v. 2), à la rencontre avec la dame intéressée. Le sixain (bccdcd) rapporte un discours direct, marqué par l'apostrophe « O gentil cueur », destiné à la Nymphe bien aimée. Cette césure indique non seulement la structure énonciative de l'épigramme, mais paraît mimer la logique d'une double vue : la disparité entre le moment de lecture, égalé à la beauté, et puis celui de l'aperçu du corps laid, toutefois sublimé par la lecture.

La coupure correspond donc à un basculement désinvolte de la situation d'énonciation mettant en regard l'autoreprésentation dépréciative du poète avec l'interprétation qu'en fait la dame. Le passage correspond à l'articulation de deux *topoi* distincts relatifs à l'authenticité des écrits

41 C. Noirot, « *Entre deux airs* », *op. cit.*, p. 10.

sur la personne physique : le *topos* de l'épistolographie humaniste se mêle ici aux lieux communs courtois. Les quatre vers liminaires exposent non seulement l'idée de voir ou reconnaître une personne par ses écrits, mais situent la source même de la naissance de l'amour au sein de la production poétique, faisant précéder dans un *innamoramento* désincarné, l'activité intellectuelle de la lecture à l'activité sensorielle de la vue (« en lisant [...] / Elle m'ayma, puis voulut veoir ma face », v. 1-2). Le verbe « voir » obtient donc un sens double, celui de « connaître en lisant » et de « voir » dans son sens premier de percevoir. En effet, toute l'épigramme se construit autour de la polysémie de ce verbe, suggérant une perception qui transcende, grâce à la lecture précédente, le physique ingrat du poète. À l'instar de l'œil de la foi, que l'on avait repéré chez Marguerite de Navarre, la Nymphe lit différemment le corps terne et noirâtre (« Raison avez : [...] / Ce n'est pas moy »), sa lecture lui permettant de voir au-delà de la laideur physique (« Me veit trop mieulx, qu'à l'heure que me veistes. »). L'image platonisante du corps comme prison dont il faut se débarrasser (« ce n'est que ma prison ») est mobilisée afin de marquer la dissociation entre une écorce mal avenante et le « moy », qui devient véritablement visible « aux escripts ».

Quant à la Nymphe – parangon de la beauté qui entre en contraste avec le poète laid – Marot l'a fait apparaître dans son « Epistre faicte par Marot », composée en 1537 peu de temps après son exil ferrarais, et restée inédite de son vivant. À l'instar de l'épigramme « D'une dame désirant veoir Marot », la mention dans cette épître de la Nymphe, d'identité obscure, s'inscrit dans la topique du poète qui cherche à gagner, faute d'attraits physiques, l'amour de la belle dame par le biais de ses « beaulx escriptz ». La bien-aimée, la « Nymphe de pris » (v. 3), adopte la même posture bienveillante envers le poète que dans l'épigramme citée (« ne suis moins en sa grâce », v. 4). Dans une logique destinée à convaincre la belle dame de s'éprendre du poète, Marot étoffe son argumentaire par une énumération des déesses tombées amoureuses de simples humains. S'il faut bien admettre que les mortels en question représentent des personnages fort beaux – tels qu'Athis, Adonis et Endymion – Marot intègre cette liste, mais sous couvert d'un poète connu pour son physique ingrat :

L'heureux Helain, dont la Muse est tant fine,
Ne feust il pas aymé de la daulphine,

Qui se disoit bien heureuse d'avoir
Baisé la bouche en qui tant de sçavoir
Se descouvroit ? [...][42]

L'évocation d'Alain Chartier, « l'heureux Helain » (v. 51), est pertinente. Ce poète est une figure tutélaire pour Marot, mais il est surtout entré dans les annales de l'histoire littéraire comme un homme d'une laideur remarquable. Et si la dauphine réserve néanmoins un baiser pour ce poète disgracié par son physique, c'est en raison de la beauté de ses propos. Nous reviendrons sur cette anecdote relatée par des historiographes comme Gilles Corrozet, Jean Bouchet et Étienne Pasquier au chapitre suivant. Retenons pour le moment que Marot s'apparente à son modèle de manière à intégrer le thème du poète laid au sein d'un discours amoureux. Vu que la trame de cette épître est de convaincre la belle nymphe de la précellence du poète, ce n'est sans doute pas un hasard si Marot se souvient ici de Chartier, l'auteur du poème dialogué *La Belle Dame sans merci* (1424), qui reprend justement le scénario de l'amant suppliant sa bien-aimée. Étant donné que Marot ne peut pas impressionner par le don de la beauté physique, il a recours à celui de la beauté de ses écrits. Le poète qui excelle par la qualité de ses vers, doit, cette fois-ci, s'imposer contre un prince :

Donc si de faict ne suys prince ou vainqueur,
Au moins le suys je en vouloir, & en cueur :
Et mon renom en aultant de provinces
Est despendu comme celluy des princes.
S'ilz vainquent gens en faict d'armes divers,
Je les surmonte en beaulx escriptz, & vers[43]

La beauté des écrits est évoquée cette fois pour marquer la différence entre le prince et le poète. Contrairement à la noblesse héréditaire du prince, le poète emporte par un cœur anobli, le *pectus* évangélique, v. 64[44]. Outre la mise en avant d'une intériorité vertueuse, l'importance du renom du poète (v. 65) est à rapprocher de l'*amour de renommée*, topique que Jacqueline Cerquiglini-Toulet repère pour Guillaume de Machaut,

42 C. Marot, *OP II*, p. 135-136.

43 *Ibid.*

44 Voir G. Berthon, *L'Intention du poète*, *op. cit.*, p. 376, qui retrace le lien entre A. Chartier, « le bon poete annobly » et Marot en montrant la supériorité d'une noblesse méritée par la vertu et non par le sang.

lointain prédécesseur de Marot. Dans son *Voir Dit*, Machaut rapporte avoir été peint à sa dame comme « lai, rude et mal gracieus[45] ». Toutefois, la dame en question tombe amoureuse, malgré le portrait peu flatteur qu'on dresse de lui, par la seule « renommée de poète[46]. » La posture qu'adoptent ici les poètes est porteuse de sens dans la mesure où le recours à la laideur physique est motivée par une infériorité de statut – soit la noblesse du prince à l'encontre du statut du poète dépourvu – et aussi par un désavantage quant à la place de l'amant[47]. Il y a, en fait, deux types de renommée basés sur la topique des *armas et litteras* : si les princes « vainquent gens en faict d'armes divers », le poète – on remarque bien l'opposition audacieuse entre « ilz » et l'affirmation du « Je » – renchérit sur les armures princières par ses « beaulx escriptz, & vers ». Quoique le portrait de laideur intervienne pour marquer une infériorité ou bien exprimer une modestie, la supériorité du poète sur le prince aboutit paradoxalement à une posture orgueilleuse du premier. La laideur physique du poète n'est alors qu'un prétexte pour signifier sa véritable primauté.

UN PORTRAIT AUX COULEURS LAIDES ?

En quoi consiste alors la laideur de cette *persona* marotique ? Le premier volet de l'épigramme fournit quelques détails descriptifs sur le portrait que dresse de lui-même le poète. Son visage (« ma face », v. 2) qui revêt les attributs de l'âge (« par la barbe gris », v. 3) trouvera son pendant dans « ce corps jà grison » (v. 6). Outre le gris, le je lyrique paraît atteint d'une certaine noirceur, qui tire vers le brun, « Si m'a veu noyr » (v. 3), susceptible de rebuter la dame en question. Ces éléments de vieillissement s'inscrivent dans un symbolisme des couleurs[48] fort

45 G. de Machaut, *Le Livre du Voir-Dit*, éd. P. Paris, Paris, Société des Bibliophiles français, 1975, p. 118.

46 J. Cerquiglini-Toulet, « L'écriture louche. La voie oblique chez les Grands Rhétoriqueurs », dans *Les Grands Rhétoriqueurs, Actes du Ve colloque international sur le moyen français*, Milan, 6-8 mai 1985, Milan, Vita e pensiero, 1986, t. 1, p. 62.

47 Voir J. Cerquiglini-Toulet, « L'écriture louche », art. cité.

48 Nous regrettons de ne pas avoir pu consulter à ce sujet l'ouvrage suivant qui consacre un chapitre entier à Marot : N. A. Jordan, *Des Couleurs et des signes : Essai sur la symbolique*

parlant en termes de laideur. Marot semble hériter, certes à sa manière, de la codification des couleurs, prédilection du Moyen Age tardif. Annie Bertin mène à ce propos une étude éclairante sur le codage des couleurs dans *L'Adolescence clémentine*. Encore que l'épigramme déjà commentée ne figure pas parmi les œuvres de jeunesse, les conclusions qu'elle tire paraissent pouvoir s'appliquer à l'œuvre entière de Marot, surtout si on met aussi à contribution les travaux décisifs de Michel Pastoureau sur la nature symbolique des couleurs[49]. Si l'on suit le recensement qu'établit A. Bertin des occurrences de la palette de couleurs (vert, rouge, bleu, tanné, gris, blanc, noir) selon les différents écrits[50] de Marot, nous constatons que le noir occupe une place prépondérante. Sont à regrouper le noir, le gris et le tanné, tous les trois désignant le paradigme de l'obscur et du sombre. Selon le traité d'héraldique intitulé *Le Blason des couleurs en armes, livrees et devises* (1528)[51] – auquel renvoie A. Bertin pour connaître la signification des couleurs – le tanné, et en raison de leur proximité on y subsume aussi le noir et le gris, est à ranger parmi les couleurs laides :

> QUESTION
> Quelle couleur esse qui est la plus layde ?
>
> RESPONSE
> C'est le tanné[52].

Ce bref échange ludique, qui clôt la deuxième partie du traité sur les blasons, intitulée « toutes couleurs en general et especial », permet d'inscrire le symbolisme des couleurs dans un système esthétique qui recourt aux étiquettes de beauté et de laideur. La laideur est donc représentée au mieux par la palette de couleurs sombres. De fait, c'est Marot lui-même qui regroupe dans le rondeau XLIII les « trois couleurs, gris, tanné et

---

des couleurs chez quelques auteurs du moyen âge et de la Renaissance, Ph. D. thesis, Berkeley, University of California, 1976.

49 Voir M. Pastoureau, *Figures et couleurs. Étude sur la symbolique et la sensibilité médiévales*, Paris, Le Léopard d'or, 1986.

50 A. Bertin, « Les couleurs dans *L'Adolescence clémentine* », dans *Clément Marot. À propos de* L'Adolescence clémentine, éd. J. Dauphiné et P. Mironneau, Biarritz, J & D Éditions, 1996, p. 41-56, ici p. 44.

51 *Le Blason des couleurs en armes, livrées et devises. Livre tresutille et subtil pour scavoir et congnoistre dune et chascune couleur la vertu et propriété. Ensemble la manière de blasoner les dictes couleurs en plusieurs choses pour apprendre à faire livrees devises et leur blason*, Lyon, O. Arnoullet, 1528.

52 Faute d'accès au document original, nous citons d'après A. Bertin, « Les couleurs dans *L'Adolescence clémentine* », art. cité, p. 46.

noir[53] », par référence à Marguerite de Navarre, la « fleur des fleurs » (v. 1), et propose aussitôt une clé d'interprétation : « Car le Noir dit la fermeté des Cueurs : / Gris le travail : et Tanné les langueurs » (v. 6-7). Ces couleurs sombres sont cependant déchiffrées en tant que valeurs tout à fait positives et sobres, rappelant la « Ferme Amour » qui réside au cœur du *Temple de Cupido*, poème de jeunesse figurant dans *L'Adolescence clémentine*. A. Bertin repère la même association dans l'épître VI, v. 19 : « Car fermeté c'est le noir par droicture » et le rondeau XXXV où le gris apparaît en lien avec l'espérance : « Mais du seul Gris je t'ay voulu pourvoir, / Dont sont vestuz plusieurs humains qui vivent / Soubz Esperance[54] ». Puis elle mentionne enfin l'allégorie du Bon Espoir – apparition souvent associée au père, Jean Marot – qui « vint arriver (à tout sa barbe grise) » dans l'*Epistre du Despourvu*, sur laquelle nous reviendrons plus tard. Nous retenons la mention de la barbe grise que porte également le Marot de l'épigramme que nous avons analysée. Outre le fait de marquer l'âge du poète, le gris sert donc à connoter positivement ce dernier.

Tantôt associés à la tristesse et à l'obscurité, le gris et le noir, si l'on en croit le traité du blason, sont aussi les médiateurs de l'espérance et de la constance. Le noir est lié à la mort et a comme élément correspondant la terre. En termes de rhétorique, le *stylus humilis* – étymologiquement lié au sol, *humus* – paraît ici déployer toute son étendue sémantique. L'esthétique achromatique de Marot se sert alors de ce qu'on propose d'appeler « couleurs dissimilaires », c'est-à-dire d'une gamme sombre qui symbolise pourtant des valeurs essentiellement positives, témoignant d'un christianisme qui promeut la modestie et la discrétion, y compris sur le plan vestimentaire. Tandis que les couleurs sont associées au fard et aussi aux artifices rhétoriques telles que les pratiquent abondamment les Grands Rhétoriqueurs, l'esthétique marotique prône une absence de couleurs, un chromoclasme dont Michel Pastoureau a montré la filiation protestante[55]. Quant à la méfiance envers les couleurs[56], M. Pastoureau

53 C. Marot, *OP I*, p. 160.

54 *Ibid.*, p. 154.

55 M. Pastoureau, « Morales de la couleur : le chromoclasme de la Réforme », dans *La Couleur. Regards croisés sur la couleur du Moyen Âge au XXe siècle*, éd. M. Pastoureau, Paris, Le Léopard d'or, 1994, p. 27-45.

56 M. Pastoureau, « Morales de la couleur », art. cité, p. 30 : « Pour eux [saint Bernard et les prélats proches de lui], la couleur n'est pas la lumière mais de la matière. C'est une enveloppe qui habille les corps et les objets, une substance trompeuse, un artifice inutile

fait voir «comment la Réforme a rapidement et intensément valorisé la couleur noire», mettant en avant «un axe noir-gris-blanc» qui «au même titre que la diffusion du livre imprimé et celle de l'image gravée, a largement contribué à opposer, dans la sensibilité de l'Occident moderne, le monde du noir et du blanc et celui des couleurs proprement dites[57].» La sobriété chromatique dans le dizain de Marot s'inscrit alors dans une esthétique promulguée par la culture issue de la Réforme qui prône un christianisme purifié, loin des pourpres intensément colorées et bigarrées de l'église romaine. Par sa méfiance envers la couleur, Marot s'inscrit, selon A. Bertin, «dans un long débat sur les rapports du beau et du vrai, débat réactivé par les controverses religieuses dont il est acteur[58]». En fait, le rejet de couleurs s'inscrit également dans l'héritage d'un platonisme qui privilégie le vrai sans parures[59].

Selon Florian Preisig, la mise en avant d'un physique ingrat et de la vieillesse est reprise dans l'iconographie marotique elle-même[60], le portrait du poète étant empreint d'une humble modestie. «Il s'agit d'un portrait noble : on y voit un homme dans la force de l'âge, la barbe fournie et le crâne dégarni»; à l'opposé d'un Ronsard, «Marot ne sera pratiquement jamais représenté au XVIe siècle en prince des poètes couronné de lauriers[61]». F. Preisig interprète l'absence des marques iconographiques par la primauté accordée au texte, typique de la génération de Marot. Il faudra désormais se tourner vers l'«image textuelle» pour se faire une idée de l'auteur «*en lisant*».

---

et immoral qui gêne le contact entre l'homme et Dieu. Il faut la combattre, l'exclure du culte, la chasser du temple. Ceux qui pensent ainsi convoquent même des raisons philologiques pour expliquer leur position : ils rattachent l'étymologie du mot latin *color* à la famille du verbe *celare*, cacher. La couleur c'est ce qui cache, ce qui travestit, ce qui dénature. Le bon chrétien doit s'en détourner car elle l'éloigne de l'essentiel.»

57 M. Pastoureau, «Morales de la couleur», art. cité, p. 36.

58 A. Bertin, «Les couleurs dans *L'Adolescence clémentine*», art. cité, p. 43.

59 Dans l'adage 3331, *Les Adages*, éd. citée, t. 4, p. 2143-2144, Érasme évoque les *Monogrammoï* [Les silhouettes] : «Jadis, les individus émaciés, graciles, maigrelets, au teint terne, étaient par dérision appelés *monogrammoï*. [Cette expression] conviendra donc pour un homme laid, au teint sans couleur ou d'une seule couleur, à la manière des portraits Anciens.»

60 D. Bentley-Cranach, «The iconography of Clément Marot», dans *Literature and the arts in the reign of François I, Essays presented to C. A Mayer*, Lexington, French Forum Publishers, 1985, p. 17-45 ; voir aussi J. Wirth, «Voir et entendre. Notes sur le problème des images de saint Augustin à l'iconoclasme», *Micrologus : I cinque sensi / The Fives Senses*, Firenze, Sismel Edizioni Del Galluzzo, vol. 10, 2002, p. 71-86.

61 F. Preisig, *Clément Marot et les métamorphoses de l'auteur*, *op. cit.*, p. 82-84.

Revenons à notre épigramme de départ : la particularité de ce dizain réside dans le fait que Marot applique ces couleurs laides à son propre portrait, afin d'exprimer une posture de modestie. Cette autoreprésentation dépréciative de soi en termes d'aspect physique est parlante à double titre. Son physique disgracieux devient sinon source, du moins prétexte à la création poétique et à la valorisation de celle-ci. Il semble qu'il n'y ait rien de plus avantageux pour marquer le contraste avec son œuvre poétique, voire la supériorité de l'écrit sur le portrait, que de se représenter comme disgracieux. Le poète se veut délibérément laid et fait de sa laideur le lieu privilégié d'un dépassement de la chair par la parole : la beauté de ses écrits rend, sinon invisible, du moins insignifiante pour sa dame la laideur de son corps[62]. À la manière de la belle noire du *Cantique des cantiques*[63], Marot dédie une chanson à la femme brunette valorisée pour sa fermeté morale[64].

SUR QUELQUES LAIDS DEVANCIERS DE MAROT : EUSTACHE DESCHAMPS ET ALAIN CHARTIER

Le choix de se mettre en scène comme poète dépourvu de tout attrait physique n'est pas sans précédent. Marot suit, à ce propos, ses précurseurs. Comme le remarque J. Cerquiglini-Toulet, la propension à invoquer un physique ingrat ou une infirmité corporelle est propre à certains poètes médiévaux :

> Les auteurs quand ils parlent d'eux-mêmes se désignent généralement, en tant que poètes, par une marque distinctive, codée, comme une marque de naissance. C'est le plus souvent la laideur, sur le modèle de la laideur légendaire de Socrate, d'Ésope ou d'Aristote. Que le trait retenu soit réel ou fictif, il est mis en avant, pour autre chose que ce qu'il dit au premier degré. Il dresse le portrait d'humilité, voire d'humiliation du clerc par rapport au chevalier, ou du clerc pauvre, par rapport au riche laïque[65].

62 On peut retenir qu'une telle représentation sépare un Marot, qui suit à cet égard une tradition clairement médiévale, d'un Ronsard, qui fera de la gloire l'attribut *sine qua non* du poète. Nous verrons que Du Bellay adopte une posture encore différente en créant le sujet mélancolique des *Regrets*.

63 Voir *supra*, p. 53-54.

64 C. Marot, *OP I*, « Pour la Brune » (chanson 36), p. 197 : « Pourtant si je suis Brunette, / Amy n'en prenez esmoy, / Aultant suis ferme, et jeunette, / Qu'une plus blanche que moy. / Le Blanc effacer je voy. // Couleur Noire est tousjours une : / J'Ayme mieulx donc estre Brune / Avecques me fermeté, / Que Blanche comme la Lune / Tenant de legiereté. »

65 J. Cerquiglini-Toulet, F. Lestringant, G. Forestier et E. Bury (éd.), *La Littérature française : dynamique & histoire I*, dir. J.-Y. Tadié, Paris, Gallimard Folio, 2007, p. 69-71.

Quant aux auteurs concernés, il s'agit majoritairement de poètes du Moyen Âge tardif. C'est notamment dans les vers de Rutebeuf, Guillaume de Machaut, Eustache Deschamps, Alain Chartier, Jean Meschinot et aussi Jean Molinet, que les *personae* laides, et pour la plupart borgnes, foisonnent. Les épithètes « lay », « letz » ou « lais » – déclinaisons orthographiques de l'adjectif laid – côtoient les champs sémantiques de la vue déficitaire (« borgne d'oeul », « devenu louche ») et de la faiblesse physique généralisée (« ung chetif », « Viellesse aussi, rides, touz, boutz et rongne[66] »). L'évocation systématique de ces éléments disgracieux est d'autant plus cruciale qu'elle semble impliquer une « loi qui, par-delà les temps, semble lier laideur et écriture[67] ». Il ne faudrait certes pas chercher pour cela les indices d'une éventuelle « écriture laide ». L'interrogation devrait plutôt porter sur la fonction que revêt la volonté d'adopter la posture, guère flatteuse, du poète laid. La laideur, en tant que stigmate visible, est instrumentalisée comme signe dissimilaire pour renvoyer vers un esprit exquis. Quant aux Grands Rhétoriqueurs – prédécesseurs immédiats de Marot –, J. Cerquiglini-Toulet montre que la mise en avant des déficiences physiques est non seulement à rapprocher d'une éthique de modestie mais aussi à réintégrer au cœur d'une réalité sociale. Au-delà d'une simple représentation anodine d'un défaut physique, la laideur assume la fonction de rendre au mieux visible une condition : celle du poète dépourvu – *persona* souvent adoptée par Marot – qui est entièrement dépendant de la faveur de son mécène. Cet enlaidissement de soi mime également une mise à l'écart sociale. Dans la mesure où le poète se voit dans une situation de dépendance envers son prince, il va accroître les signes de son infirmité corporelle. Au poète en quémandeur, la laideur sert donc souvent des fins purement stratégiques, pour ne pas dire matérielles.

Revenons maintenant à quelques exemples qui illustrent la parenté de laideur qui semble lier Marot à certains de ses devanciers. Le plus laid de tous, le « roi des Laids » est sans aucun doute Eustache Deschamps, poète de la Cour dans les années 1380, qui, à la différence de bon nombre d'autres poètes, ne dépend pas d'un mécène. Christine M. Scollen-Jimack rapproche Deschamps et Marot par le rôle que tous les deux occupent au

66 Voir J. Cerquiglini-Toulet, « L'écriture louche », art. cité, p. 22-24.
67 *Ibid.*, p. 21.

sein de la Cour : « The position of the court entertainer was an uncomfortable and precarious one, with the necessity of standing on one's head to amuse, while simultaneously holding out the begging bowl[68] » [La position du poète de la cour était inconfortable et précaire, puisqu'il devait se mettre en quatre pour amuser tout en tendant la sébile. (Nous traduisons)]. L'évocation de la laideur physique s'inscrit alors dans un but de divertissement et de requête pécuniaire. Ainsi Deschamps se proclame sans gêne et avec une certaine allégresse « le roy des Lays » :

Se nulz doit estre roy de Laidure,
Pour plus laideur c'on ne pourroit trouver,
Estre le doy par raison et droiture,
Car j'ay le groing con hure de sangler,
Et aux singes puis assés ressambler ;
J'ay grans dens et nez camus,
Les cheveulx noirs, par les joes barbus
Suy et mes yeux resgardant de byays,
Par le front sui et par le corps velus :
Sur tous autres doy estre roy des Lays[69].

Cette auto-déclaration humoristique rappelle le concours carnavalesque élisant le roi des fous. Le portrait auto-dénigrant se construit sur le mode de l'éloge paradoxal, contreblasonnant sur les différentes parties difformes de son corps[70]. Deschamps se contente de se dire laid sans forcément lier ce discours à une requête. Nous apprenons dans la ballade 792 que sa laideur comporte des éléments disgracieux assez explicites :

J'ay dès long temps trop estrange figure.
Cômme un More me puet on figurer :
Pintelez sui et formez sanz mesure,
Cours, rons et gros, ne me puis acoler.
[…]
Je sui courbez et bossus,
Gresles [mince] dessoubz et espès [épais, gros] par dessus[71]

68 C. Scollen-Jimack, « Marot et Deschamps : the Rhetoric of Misfortune », *French Studies*, n° 42, 1988, p. 24.

69 E. Deschamps, *Œuvres complètes*, éd. Le Marquis de Queux de Saint-Hilaire, Paris, F. Didot et Cie, 1884, t. 4, p. 273-274.

70 E. Deschamps, *Anthologie*, éd. C. Dauphant, Paris, Librairie Générale Française, 2014, p. 409.

71 E. Deschamps, *Œuvres complètes*, éd. citée, t. 4, p. 274.

C'est donc un physique hideux que celui de ce roi des laids, devant lequel la laideur marotique ne peut faire jeu égal. Le degré d'amplification rhétorique semble marquer une fois de plus une mesure de distinction entre la représentation de la laideur médiévale et celle de Marot. En raison de son penchant pour la représentation du *moi*, la poésie de Deschamps a souvent inspiré des approches d'interprétation biographique. En effet, Karin Becker note que le « souci de réel », la « précision quasiment clinique » et la corporalité malingre qui sont au cœur de ses complaintes[72] invitent à prendre la *persona* pour le vrai Eustache. C'est certainement par le biais de cette forme d'auto-fictionnalité précoce que Marot se rapproche de son prédécesseur. En effet, la parenté de ces deux poètes se remarque souvent à propos de leurs *personae* de poète de cour, quémandeur car dépourvu, comme l'examine C. Scollen-Jimack[73]. Or, s'ils se ressemblent, c'est aussi par leur veine divertissante.

Si Marot suit le *topos* du poète disgracieux, il n'encombre pas son portrait de qualificatifs aussi explicites et hyperboliques. La rhétorique médiévale du corps laid fait habituellement l'objet d'une amplification par le biais de métaphores, de couleurs sombres ou encore d'un lexique animal. Elle recèle souvent des jugements moraux implicites. C. Dauphant remarque à propos du noir chez Deschamps que « la revendication de laideur qu'appuie son patronyme Morel, à la noirceur physique, et peut-être morale, des Maures[74] ». Tandis que Deschamps recourt au statut de roi pour anoblir paradoxalement sa laideur, Marot paraît être plus modéré : « ne suis Roi, ne rien ». Même si cette apostrophe tirée de « L'Epistre au Roy, du Temps de son exil à Ferrare[75] » n'est guère en lien avec le physique du poète, elle témoigne néanmoins d'une volonté de modération qui semble aussi affecter la *persona* en termes de physique. Jan Miernowski y reconnaît une nouvelle posture, à savoir « celle d'un moi qui tente de se tailler une portion d'être particulière entre les extrêmes du Tout et du Rien. » Une telle recherche de sobriété nous conduit à lire différemment les supplications de Marot teintées

72 K. Becker, « La corporalité du "povre Eustache" : le moi physique revisité », dans *Eustache Deschamps, témoin et modèle. Littérature et société politique* (XIVe-XVIe *siècles)*, éd. T. Lassabatère et M. Lacassagne, Paris, PUPS, 2008, p. 89-102.

73 C. Scollen-Jimack, « Marot et Deschamps : the Rhetoric of Misfortune », art. cité.

74 C. Dauphant, « Introduction », dans E. Deschamps, *Anthologie*, éd. citée, p. 11.

75 C. Marot, *OP II*, p. 80-86.

de modestie : « Malgré ses constantes protestations d'humilité, le sujet poétique ne suit pas l'Absolu dans l'auto-anéantissement, mais s'affirme, même au prix des négations multipliés[76]. » La laideur marotique diffère donc de celle de Deschamps par une forme de modération. Cette posture devient plus visible dans son épitre au Roy, examinée ci-dessous, où Marot se dit « pas *si* laid » : cette sorte de laideur modérée échappe aux analogies hyperboliques.

C'est aussi par le biais du cas d'Alain Chartier, maître tutélaire de Marot, qu'on découvre un autre témoignage sur la précellence du poète en dépit de sa laideur. C'est Marot lui-même, on l'a vu ci-dessus, qui évoque cette parenté. L'anecdote qui met en scène un Chartier étonnamment laid, est rapportée, entre autres, par Bouchet dans les *Annalles d'Aquitaine*[77] et par Corrozet dans ses *Divers propos memorables*[78]. Nous reproduisons ici la version relatée par Pasquier dans ses *Recherches de la France* :

> On recite une chose memorable qui luy advint un jour entr'autres : car estant endormy en une salle, par laquelle Marguerite femme du Dauphin, qui depuis fut appellé Roy Louys XI, passant avecque une grande suitte de Dames et grans Seigneurs, elle l'alla baiser en la bouche. Chose dont s'estans quelques-uns esmerveillez parce que pour dire le vray, nature avoit enchassé en luy un bel esprit dans un corps laid et de mauvaise grace, cette Dame leur dit qu'ils ne se devoient estonner de ce mystere, d'autant qu'elle n'entendoit avoir baisé l'homme qui estoit laid et mal proportionné de ses membres, ains la bouche de laquelle estoient issus tant de mots dorez : En quoy certes elle ne s'abusoit nullement[79].

Endormi sur un banc, Chartier, employé en fonction de secrétaire de Charles VII, aurait alors été embrassé par la future reine, Marguerite de Savoie. L'émerveillement causé par ce baiser intrépide s'explique évidemment par la laideur physique du poète malhabile, l'expression « mauvaise grace », renvoyant au fait d'être maladroit. La dame remédie toutefois à ce malentendu. C'est qu'à l'instar du modèle socratique son physique ingrat cache la beauté de son âme, plus précisément la beauté que sait produire

76 J. Miernowski, *Signes dissimilaires*, *op. cit.*, p. 90.

77 J. Bouchet, *Annales d'Aquitaine, faicts et gestes en sommaire des roys de France, et d'Angleterre, et païs de Naples et de Milan*, Poitiers, les frères Bouchet, 1524.

78 G. Corrozet, *Divers Propos memorables des Nobles & illustres hommes de la Chrestienté*, Anvers, C. Plantin, 1557.

79 É. Pasquier, *Les Recherches de la France*, éd. M.-M. Fragonard et F. Roudaut, Paris, Honoré Champion, 1996, p. 1228-1229.

sa bouche. La bouche devient une métonymie de sa poésie, voire de tout son être masquant sa laideur. Cette image demeure toutefois ambivalente. Sachant que la bouche représente dans la hiérarchie des sens le goût, le sens le moins noble, elle se trouve néanmoins valorisée par les « mots dorez » qui sont qualifiés chez Corrozet « d'excellents propos, matieres graves & parolles elegantes[80] ». En soulignant que non seulement le poète était laid, mais encore difforme, c'est comme si la reine recherchait une justification pour son élan amoureux, reproduisant le lieu commun que la laideur est repoussante et ne saurait susciter l'amour. Cet exemple rejoint évidemment celui de la lectrice de l'épigramme « D'une dame desirant veoir Marot » qui est séduite par les vers d'un Marot grisonnant.

LES ATTAQUES *AD PERSONAM*
La laideur du poète dans les controverses du temps

On l'a vu ci-dessus, dans la mesure où le physique ingrat du poète est paradoxalement mobilisé pour exalter la production poétique, la laideur possède la fonction d'un silène, comportant une qualité dissimulée au préalable. Tant qu'on reste dans l'autoreprésentation, l'éloge de la laideur reste inoffensif. Les enjeux se compliquent pourtant lorsque la laideur du *poetus silenicus* intervient comme argument dans un contexte de controverse publique et se trouve réhabilitée comme arme de combat. Nous pensons notamment à la polémique déclenchée au milieu des années 1530 : Marot, bien « couché » à la cour de François Ier, doit affronter les jalousies de François de Sagon, poète provincial et abbé de Saint-Évroult de Montfort, près de Rouen. La fameuse querelle débute le 16 août 1534 à Alençon lors de la cérémonie du mariage d'Isabeau d'Albret, nièce de Marguerite de Navarre, et de René Comte de Rohan[81].

80 G. Corrozet, *Divers Propos memorables*, éd. citée, nous citons d'après C. Marot, *OP II*, p. 917, n. 9.

81 Pour un résumé de cette querelle, voir N. Mueggler, « L'affaire Marot-Sagon : du conflit personnel à la controverse collective », *Relief*, vol. 9, nº 2, 2015, p. 7-21, et la récente thèse de Jérémie Bichüe, *« Par satire replicquer ». La querelle Marot-Sagon : une œuvre collective (1535-1539)*, sous la direction de Nathalie Dauvois et Guillaume Berthon, soutenue le 15 septembre 2020 à l'université Paris 3.

Marot compose à cette occasion une épître, « L'Epistre présentée à la Royne de Navarre par madame Isabeau[82] », qui est cause directe de la brouille entre les deux opposants. Cette controverse prendra par ailleurs des dimensions claniques : les disciples de Marot – tels un Bonaventure des Périers, un Charles Fontaine et un Nicole Glotelet, joints à des personnages purement fictifs comme le valet Frippelippe – affrontent les adeptes de Sagon, dont le plus connu sera Charles de la Hueterie, auteur des contreblasons. La querelle se joue sur plusieurs plans, prenant des dimensions d'une ampleur inattendue : le catholique de Sagon accuse Marot de se tourner vers la Religion réformée. À des inculpations d'ordre théologique s'ajoutent des raisons purement privées aussi bien que littéraires : en résumé, les adhérents de la nouvelle « école marotique » s'opposent à ceux qu'ils veulent faire passer pour les parangons de la mauvaise poésie[83]. Dans la mesure où les deux camps souhaitent gagner la faveur du roi, les échanges de coups prennent une nature tout à fait personnelle. Leurs diverses répliques donnent lieu à un véritable feuilleton[84]. La situation s'aggrave avec l'affaire des Placards en 1534, à la suite de laquelle Marot est condamné par contumace et fuit en exil à Ferrare[85]. Nous souhaitons revisiter ici cette joute oratoire pour voir de quelle manière la laideur y est mobilisée pour dénoncer l'ennemi.

« JE NE SUIS PAS SI LAID COMME ILZ ME FONT » : UN LAID MAROT AU MIROIR DE L'ÉVANGILE

Quoique non communément associée avec la querelle entre Marot et de Sagon, l'épître VIII « Au Roy, nouvellement sorty de maladie[86] », s'inscrit de fait dans la suite immédiate de la première controverse, qui, aggravée par les accusations autour de l'affaire des Placards, oblige Marot

82 C. Marot, *OP II*, p. 75.

83 Pour un aperçu général sur les différentes lectures et les enjeux de cette controverse au fil du temps, voir T. Mantovani, « La querelle de Marot et Sagon : essai de mise au point », dans *La Génération Marot. Poètes français et néo-latins (1515-1550), Actes du colloque international de Baltimore*, 5-7 décembre 1996, Paris, Honoré Champion, 1997, p. 381, n. 1.

84 P. Desan, « Le feuilleton illustré Marot-Sagon », dans *La Génération Marot. Poètes français et néo-latins (1515-1550)*, *op. cit.*, p. 348-379.

85 G. Defaux souligne le lien étroit entre l'écriture et ses retombées éventuelles dans la vie publique : « Marot vit à une époque où parler et écrire sont des actes lourds de conséquences, des actes qui engagent toute l'existence et qui peuvent parfois mener leur auteur au bûcher », « Introduction », dans *OP I*, p. XVIII.

86 C. Marot, *OP II*, p. 92-93.

à quitter la France. C'est donc depuis son exil à Ferrare en 1535 qu'il invoque, en tant que poète dépourvu et disgracié, la faveur de François Ier dont il célèbre d'abord la santé retrouvée. Il s'agit d'une épître sous forme de panégyrique teintée d'emblée d'un substrat fortement évangélique[87]. Toutefois, Marot oppose à l'éloge envers son roi des éléments de moquerie que portent contre lui ses ennemis : « Mes ennemys (Roy d'honneur couronné) / Disent partout que m'as habandonné. » (v. 29-30). Il résume les railleries de ses adversaires dans une formule notable qui joue sur la notion de rime : « Le Roy l'a bien (ce disent ilz) aymé, / Mais c'en est fait, pour luy tout est rymé » (v. 93). G. Berthon montre que le « rymé » revêt ici un sens plus existentiel, semblant indiquer que la renommée de Marot est désormais mise à mal[88]. Le reproche sous-entendu qui lui est adressé est aussi de n'être qu'un « rimeur rimasseur » et non un vrai poète. Sur un ton de supplication, que Jan Miernowski rapproche de celui du psalmiste[89], Marot implore son roi :

O Sire donq, renverse leurs langaiges
Vueilles permettre (en despit d'eulx) mes gaiges
Passer les montz, & jusqu'icy venir,
Pour à l'estude ung temps m'entretenir
Soubz Celius, de qui tant on aprent.
Et si desir apres cela te prent
De m'appeler en la terre gallique,
Tu trouveras ceste langue italique
Passablement dessus la mienne entée,
Et la latine en moy plus augmentée,
Si que l'exil, qu'ilz pensent si nuysant,
M'aura rendu plus apte, & plus duysant
A te servir myeulx à ta fantasie,
Non seullement en l'art de poesie,
Ains en affaire, en temps de paix ou guerre,
Soit pres de toy, soit en estrange terre.

Dans ces quinze vers, Marot tâche de convaincre le roi des « bienfaits de l'exil » pour remédier aux défauts de langue (« Et la latine en moy

87 La circonstance de la grossesse de Renée de Ferrare thématisée dans cette épître (v. 6-12) rappelle l'histoire d'Élisabeth, mère de Jean-Baptiste. L'eau du ruisseau (v. 53) renvoie, par ce biais, à l'eau purifiante du baptême.

88 Sur la fonction de la rime chez Marot, voir G. Berthon, *L'Intention du poète*, *op. cit.*, p. 279-307.

89 J. Miernowski, *Signes dissimilaires*, *op. cit.*, p. 105.

plus augmentée », v. 46), et du manque d'érudition (« Doubz Celius, de qui tant on aprent », v. 41) que lui reprochent ses adversaires. S'il veut, entre autres, s'améliorer dans « l'art de poésie » (v. 50) durant son séjour à Ferrare, il semble que ce soit pour répondre aux critiques *ad poeticam* que lui ont adressées ses ennemis. Marot conclut de manière désinvolte cette épître avec un moment de repli sur soi où il se contemple comme dans un miroir :

> Je ne suis pas si laid comme ilz me font :
> Myré me suis au cler ruysseau profont
> De Vérité, et à ce qu'il me semble,
> A Turc ne Juif en rien je ne ressemble.
> Je suis Chrestien, pour tel me veulx offrir
> Voire plus prest à peine & mort souffrir
> Pour mon vray Dieu et pour mon Roy, j'en jure.

Ce moment est parlant à plusieurs égards. Notons d'abord la façon dont sont articulées les considérations sur les soi-disant déficiences de sa langue poétique avec l'apologie qu'il fait à son propre endroit, se positionnant par rapport aux coups de ses ennemis : « *Je* ne suis pas [...] comme *ilz* me font[90] ». Comme si les attaques *ad poeticam* s'accordaient intrinsèquement avec les injures *ad hominem*, mettant en cause non seulement la poétique mais également la posture éthique du poète – rappelons que de Sagon l'attaquera comme un « pouvre pou eticque[91] ». Qu'une telle « poéthique » soit subsumée sous le qualificatif relativisant de « pas si laid » ouvre, par-delà une simple manifestation de modestie, vers ce qu'on pourrait appeler une esthétique chrétienne ou évangélique. Esthétique qui se déploie, paradoxalement, à partir de la notion de la laideur.

En prenant ses distances avec le discours fabriqué (« ilz me *font* », v. 53) qu'élaborent contre lui ses ennemis, Marot entreprend une justification qui se situe dans une perspective de vérité chrétienne. La tentative de désamorcer les accusations et la volonté de rectifier ou bien de relativiser la laideur qu'on lui reproche correspondent à un moment dans l'épître où G. Defaux observe un changement de ton, une rupture qui marque le franchissement du poète courtisan quémandeur à un Marot qui ne

90 Nous soulignons.
91 Voir *supra*, p. 199.

« “badine” plus[92] ». Le passage est donc significatif dans la mesure où il marque « une mutation intérieure du poète », un « dépassement du discours courtisan par celui du prédicateur évangélique », selon J. Miernowski[93]. Marot quitte le registre mondain pour faire hommage à son véritable roi (« Pour mon vray Dieu et pour mon Roy, j'en jure », v. 59). Que ce changement de ton soit introduit par une référence à la laideur prête à l'interprétation. Certes, Marot sous-entend d'abord une laideur morale, en lien avec les accusations d'hérésie portées lors de l'affaire de Placards. Toutefois, le motif spéculaire du reflet de l'eau (« Myré me suis… ») met en évidence la dimension physique et esthétique du scénario. Notamment le vers-clé – « Je ne suis pas si laid comme ilz me font » – nous permet de proposer une réévaluation de la laideur en vue d'une esthétique chrétienne. C'est que, chez le « Marot évangélique », beauté et laideur ne se mesurent guère selon les standards mondains mais face « au cler ruysseau profont de Verité » (v. 54-55). L'image du cours d'eau renvoie ici à l'évangile, la parole de Dieu purifiante et libératrice, ou encore au Christ lui-même, qui est « la Vérité, et la vie » et notamment « l'eau vive[94] ». Michael Screech rappelle à ce sujet l'*evangelicae doctrinae speculum* qu'Érasme évoque dans ses paraphrases et son *Ciceronianus*[95]. Selon lui, le thème du croyant qui se contemple dans le miroir est certainement inspiré de l'Épître de Jacques 1, 23-25 :

> Car sy aucun est auditeur de la parolle et non facteur : cestuy sera acompare a lhome qui considere en ung miroir la face de la nativite. Car il s'y est considere / puis s'en est alle : incontinent a oublie quel il a esté. Mais celuy qui aura regardé en la loy de parfaicte liberte / y aura persevere en icelle sans estre audite oblieux / mais facteur de l'œuvre / cestuy sera bienheureux en son faict[96].

Le moment de miroitement est donc, par analogie, celui de la *lectio divina* : le véritable chrétien se mire dans la loi libératrice de l'évangile[97]. Marot

92 C. Marot, *OP II*, p. 874.

93 J. Miernowski, *Signes dissimilaires*, *op. cit.*, p. 104, n. 31.

94 Voir l'Évangile de Jean 4, 23-24. Voir également M. A. Screech, « Clément Marot and the Face in the Gospel », dans *Pre-Pléiade Poetry*, éd. J. C. Nash, Kentucky, Lexington, 1985, p. 70-71.

95 Voir *supra*, p. 208.

96 *La Saincte Bible en francoys translatee selon la pure et entiere traduction de sainct Hierome*, J. Lefèvre d'Étaples, Anvers, M. Lempereur, 1530, f° LXXXVI v° 1.

97 Voir E. R. Curtius, *Europäische Literatur und lateinisches Mittelalter*, *op. cit.*, chap. 16 « Das Buch als Symbol » [Le livre comme symbole (Nous traduisons)], p. 314-315.

se scrute face à la Parole, le *speculum animi* par excellence, pour mesurer sa laideur. S'il s'y reconnaît en tant que pécheur, d'où l'évocation de la laideur, il en est aussitôt délivré, ce qui le rend moins laid que ses ennemis le veulent. De fait, tout l'argumentaire vise à renforcer une posture évangélique : l'image que lui renvoie la parole est celle d'un chrétien (« Je suis Chrestien »), et non celle d'un « Turc ne Juif ». Marot se distingue clairement de ces derniers qui ont renié le Christ.

Il conjugue ce thème biblique avec une scène ovidienne dont il opère une transposition christianisée. La scène évoquée rappelle le moment de réflexion du beau Narcisse, au 3e livre des *Métamorphoses*[98], qui se trouve remplacé dans l'épître en question par l'apparition d'un Marot disgracieux[99]. Nos observations suivent à ce propos les analyses de M. Screech – qui rapproche par ailleurs le miroitement marotique du *Miroir de l'âme pécheresse* de Marguerite de Navarre[100] – excepté que nous souhaitons souligner, dans une perspective chrétienne, la portée décisive de la laideur, opposée à la beauté fatidique de Narcisse. L'amour narcissique, associé à la beauté, trouve son remède dans la reconnaissance d'une certaine faillibilité : c'est dans cette reconnaissance de soi comme laid que réside en fait toute beauté. L'inversion des rôles ne

98 Voir Ovide, *Métamorphoses*, trad. O. Sers, Paris, Les Belles Lettres, 2016, p. 131-133.

99 Ce remplacement du beau Narcisse par un figurant disgracieux rappelle la scène avec Socrate dans le *Commentaire sur le Banquet de Platon* de M. Ficin, voir *supra* p. 44, ainsi que celle avec le laid Polyphème dans les *Paradoxes* de C. Estienne, voir *supra* p. 73-74.

100 Voir M. A. Screech, *Clément Marot : a Renaissance Poet Discovers the Gospel : Lutherism, Fabrism and Calvinism in the Royal Courts of France and of Navarra and in the Ducal Court of Ferrara*, Leiden / New York / Köln, E. J. Brill, 1994, p. 177 : « Marot came to see his face reflected in a stream of truth. [...] A man may see his "natural face in the mirror" and then walk away: [*sic*] but the Christian must look into the perfect law of liberty. The *lex perfecta libertatis* is the Gospel–the *Evangelicae doctrinae speculum*, as Erasmus wrote in his paraphrase. Like Narcissus looking into the pool and seeing his face, Marot discovered his own self, reflected deep within the pages of his Bible. [...] In his case he found a sinner, but a sinner purified by suffering and justified by faith. Like Narcissus, he saw his face and it pleased him: it was by no means as ugly as his enemies contended. » [Marot est venu pour voir son visage reflété dans un courant de vérité. [...] Un homme peut voir son "visage naturel dans le miroir" et s'en aller : [*sic*] mais le chrétien doit regarder dans la loi parfaite de la liberté. *La lex perfecta libertatis* est l'Évangile – l'*Evangelicae doctrinae speculum*, comme l'écrit Érasme dans sa paraphrase. Comme Narcisse regardant dans l'eau et voyant son visage, Marot a découvert son propre moi, reflété au plus profond des pages de sa Bible. [...] Dans son cas, il a trouvé un pécheur, mais un pécheur purifié par la souffrance et justifié par la foi. Comme Narcisse, il vit son visage et cela lui plut : il n'était pas du tout aussi laid que ses ennemis le prétendaient. (Nous traduisons)]

s'opère néanmoins pas uniquement en termes d'esthétique – la beauté de Narcisse se trouve remplacée par une relative laideur du poète –, mais également en termes de qualité de l'eau. En effet, il ne s'agit plus ici comme chez Ovide d'eaux fatales, mais bien des eaux purifiantes du baptême. Justifié par la grâce, le chrétien peut se regarder avec clémence : si Marot ne revendique pas d'être beau, il ne s'auto-anéantit pas non plus – après tout il n'est pas «*si* laid» que cela. Selon J. Miernowski, Marot se situe «entre les extrêmes du Tout et du Rien[101] », propension qui s'exprime dans l'épître en question précisément par un entre-deux esthétique : la laideur ne détermine pas tout l'être de Marot mais sert d'amorce pour signifier sa nature chrétienne. Et savoir se reconnaître comme laid, paraît être le propre du chrétien.

LA LAIDEUR DANS L'INVECTIVE : UN CONTREBLASON[102] SUR MAROT

La querelle Marot-Sagon prend des proportions beaucoup plus importantes encore après 1535, lors du retour de Marot, notamment avec le «Coup d'essay» (1536) de Sagon, et puis une deuxième rencontre délicate à laquelle Marot réagit avec la fameuse «Épître de Frippelippes» (1537). Dans le cadre de ce différen – il s'agit en fait de la seule pièce satirique sortie de la plume marotique – ses amis s'y engageant plus que Marot lui-même. De Sagon lui répond avec «Le rabais du caquet de Frippelippes et de Marot dit Rat pelé». La seule cacophonie des titres de cette correspondance polémique en vers, qui dessine un Marot chauve, «rat pelé», est prometteuse en matière de laideur. D'un point de vue rhétorique, l'invective et le thème de la laideur vont de pair. Le genre du blâme relie la laideur et l'injure. Le *Dictionnaire Francoislatin* (1549) de Robert Estienne recense en effet la construction verbale «laidoyer, *ou* laidanger *aucun, c'est luy dire parolles laides, iniurieuses et oultrageuses*[103] ». La relation sémantique entre l'invective et la laideur est donc attestée. Elle se résume dans le syntagme de «parolles laides». L'entrée correspondante en latin suggère même une proximité avec la malédiction : «*hoc est,* Conuitiari, Maledictis incessere». Même si de Sagon ne va pas jusqu'à

101 J. Miernowski, *Signes dissimilaires*, *op. cit.*, p. 91.

102 Nous consacrons un chapitre entier à la question des blasons chez Marot *infra*, p. 238 *sq*. La bibliographie sera citée à ce moment-là.

103 R. Estienne, *Dictionnaire Francoislatin*, éd. citée, p. 341.

maudire son rival, il l'accuse de certaines laideurs, morales certes, sans pour autant épargner le physique du poète. À cette fin, les deux clans opposés puisent dans l'onomastique en mobilisant des calembours sur les noms des protagonistes, à la manière des Grands Rhétoriqueurs, ou bien en mobilisant l'imagerie d'un véritable bestiaire[104]. C'est notamment le singe – dans toutes ses variations zoologiques – qui devient l'animal de prédilection pour dénoncer l'autre. De Sagon devient un « sagouin », un tamarin, et Marot a l'honneur d'être associé à la race des « marmots », un petit singe[105].

Ce n'est qu'au moment où la polémique intègre le concours des contreblasons que le corps difforme apparaît pour dénoncer le poète. Ceci est particulièrement vrai pour « L'Epistre de Francoys Sagon, secretaire de l'abbé de sainct Eburoul, responsive à une epistre de Charles de la Hueterie », tirée des *Blasons anatomiques du corps femenin ensemble les contreblasons*[106]. L'épître que nous souhaitons évoquer s'inscrit dans la polémique autour du concours des contreblasons lancé en 1536 par Marot qui, depuis son exil ferrarais, invite les poètes à célébrer une partie laide du corps féminin. De Sagon et son fidèle La Hueterie critiquent de façon véhémente cette entreprise et font aussitôt un véritable contreblason du corps du blasonneur en chef, Marot lui-même. Dans une réponse à La Hueterie, de Sagon dénonce l'écriture blasonnique qui dissimulerait, selon lui, « soubz poetique fable / La verité du corps abominable ». Le corps de Marot devient l'objet d'attaques de ses adversaires :

---

104 N. Mueggler, « L'affaire Marot-Sagon », art. cité, p. 10 : « Ces invectives consistent principalement à dégrader le nom de son adversaire en le parodiant : alors que Marot est défini comme un "double marault", La Hueterie est quant à lui transformé en "Huet de Sottegrâce". L'un des moyens rhétoriques souvent exploités à cette fin consiste à assimiler un nom propre et un nom d'animal, sous l'influence à la fois des Grands Rhétoriqueurs et de l'imagerie animale. C'est sans doute dans ce répertoire singulier que sont puisées les nombreuses illustrations qui ouvrent les textes, où l'on voit par exemple un homme "bastonnant" un singe. Ainsi, Sagon est apparenté au "sagouyn", mais également à une truie, à un babouin ou à un ânon. [...] Marot est aussi traité de "prince des marmotz" – le syntagme faisant ironiquement référence à l'appellation "Prince des Poètes" qui qualifiait le poète de Cahors à cette époque. »

105 Voir P. Dorio, « Sagouins et marmots : la déformation polémique du nom propre dans la querelle de Marot et Sagon », *Français préclassique*, vol. 16, 2014, p. 125-138.

106 Voir « Epistre par Francoys de Sagon, secretaire de l'abbé de sainct Eburoul, responsive à une epistre de Charles de la Hueterie », dans *Blasons anatomiques du corps femenin ensemble les contreblasons*, Paris, C. Langelier, 1543, 83 r°-84 v°. Nous citons d'après l'édition *Blasons anatomiques du corps féminin*, éd. J. Gœury, Paris, GF Flammarion, 2016, p. 181-186.

Car en ayant de ce corps connaissance,
D'en bien juger tu auras la puissance,
Et entendant des membres la raison,
Faire en pourras un bon contreblason.
[...]
D'un homme ayant si très mauvais renom,
Qu'il est infect non seulement d'esprit,
Quand il prétend à mettre par écrit,
Mais aussi n'a pour naturel service
Membre sur lui, qui n'ait macule ou vice,
Les yeux, la langue, oreille, bouche et main,
Lui font un corps plus serpentin qu'humain.
Le pied fuitif [fugitif] lui sert bien pour cette heure.
Il n'a partie au corps pour lui meilleure.
De français fit le corps ferrarien,
Et maintenant le fait vénitien,
Pour mieux fuir à ce qu'on lui prépare[107].

Sous l'égide moralisatrice de la « correction » (v. 130), de Sagon mobilise le corps qui lui sert de mur de projection. L'idée est ingénieuse puisqu'elle fait coup double : en contreblasonnant sur le corps de l'innovateur même de l'écriture blasonnique, il y a non seulement blâme envers Marot, mais également renversement de sa poésie[108]. Comme le montre Nathalie Dauvois, l'invective mélange des éléments corporels avec les imputations de nature morale (« infecte », v. 137, « macule ou vice », v. 140), d'ordre politique (« pied fugitif », v. 143, « corps ferrarien », v. 145) et religieux (« corps plus serpentin », v. 142). La vitupération contre un Marot hérétique trouve ici son comble. C'est sur le corps marotique que de Sagon inscrit tous les vices déformant chaque membre, corps qui devient désormais maculé, voire serpentine. Le discours épidictique prend le dessus sur le modèle judiciaire dans la mesure où il y a « attaque *ad hominem* et *ad poeticam* ». Il s'agit des modes d'écriture que N. Dauvois qualifie de « poétique du contre » et qui présentent sous un nouveau jour, notamment celui de la querelle littéraire, la fonction de la laideur[109].

107 *Blasons anatomiques du corps féminin*, éd. citée, 2016, p. 181-186.

108 N. Dauvois, « Des contreblasons de La Hueterie au *Contrepoison* d'Artus Désiré, enjeux et formes d'une poétique du contre à la Renaissance », dans *Texte et contre-texte pour la période pré-moderne*, éd. N. Labère, Bordeaux, Ausonius Éditions, 2013, p. 219.

109 *Ibid.*, p. 215.

LE CORPS LAID COMME *STIMULUS* AU RENOUVELLEMENT DES FORMES POÉTIQUES

C'est par le biais d'une *persona* grisonnante et peu gracieuse que Marot fait entrer le thème de la laideur dans son œuvre poétique. Au-delà de s'approprier ce masque peu avenant, Marot fait figurer la laideur à titre indépendant. Ainsi, il fait figurer une allégorie de la Crainte, affreuse et laide, dont l'effet sur le poète se manifeste par un enlaidissement passager. Puis dans un stade plus tardif de son œuvre, Marot développe une véritable rhétorique du laid, ouvrant le champ poétique aux sujets que notre poète juge, semble-t-il, insuffisamment exploités.

« UNE VIEILLE HIDEUSE M'APPROCHA » : LE POÈTE ENLAIDI PAR LA CRAINTE

Introduite en deuxième place dans la section des épîtres de *L'Adolescence clémentine*, recueil de *juvenilia*[1] publié pour la première fois en 1532, « L'Epistre du Despourveu » représente un exemple important de rupture esthétique. On y relate la quête troublée de nouvelles formes poétiques contre les anciennes, recherche qui se présente comme une « crise momentanée de l'écriture », comme la décrit Pauline Dorio[2].

1 Voir D. Maira, « Les "erreurs" rhétoriques de Pétrarque et de Pontus de Tyard ou la collection éditoriale des *Juvenilia* », dans *Les Poètes français de la Renaissance et Pétrarque*, éd. J. Balsamo, Genève, Droz, 2004, p. 171-183.

2 P. Dorio, « Les épîtres de *L'Adolescence clémentine* : le parti-pris du familier », *Babel* [revue en ligne], Hors-série Agrégation, 2019, p. 127. Le thème de la quête (poétique) se décline de manière fort diverse dans l'œuvre de jeunesse de Marot. Voir à ce sujet R. Crescenzo, « L'antique, l'ancien et le nouveau dans le *Temple de Cupido* », dans *Clément Marot. À propos*

Afin de donner corps à cette crise, le poète mobilise la figure allégorique de la Crainte, vision cauchemardesque qui introduit dans cet écrit de jeunesse un corps laid comme défi à la « jeune hardiesse » d'un Marot qui cherchait, entre 1518-1519, à gagner la protection de Marguerite de Navarre. Dans la mesure où l'épître est adressée à une destinataire réelle, à savoir la « Dame la Duchesse d'Alençon & de Berry, Sœur unique du Roy », elle est à classer parmi les épîtres « naturelles », et non « artificielles[3] », c'est-à-dire fictionnelles. La lettre s'inscrit donc dans un contexte socio-poétique précis qui marque l'infériorité du poète – d'où l'épithète du « despourveu » – vis-à-vis de sa mécène. Cette posture d'humilité sillonne toute *L'Adolescence clémentine*, montrant prétendument un poète de « basse condition et de basse élocution[4] ». La recherche d'une position s'accorde avec celle d'une voix poétique personnelle.

Quant à la structure de l'épître, elle suit une disposition non-linéaire, enchâssant les propos de plusieurs personnages de manière à créer un agencement dialogué. Le récit cadre fait entendre la voix du dépourvu qui raconte à la « treshaulte Princesse » (v. 2) son rêve dans une sorte d'intradiégèse. Il s'agit d'un songe allégorique dans lequel, à tour de rôle, prennent la parole des personnages mythologiques, des figures allégoriques ainsi que le dépourvu lui-même qui y apparaît sous le nom de *L'autheur*. La voix est donc répartie entre plusieurs *personae*, telle que Mercure, *L'autheur* qui interagit ou répond à ses interlocuteurs, le personnage de la Crainte (prosopopée) et le vieillard Bon Espoir (*sermocinatio*). L'alternance des différents masques va de pair avec l'apparition de genres poétiques distincts : les formes fixes médiévales, comme le rondeau ou la ballade, sont intercalées dans un discours décasyllabique plus important à chaque fois que l'auteur intervient : rencontre inédite de la tradition et l'innovation poétique qui s'inscrit dans la dimension de la quête d'une voix poétique[5].

Les vers liminaires de l'épître le situent en la « simple jeunesse » (v. 1) du poète. L'insécurité juvénile appelle l'apparition du « grand Dieu

de L'Adolescence clémentine, éd. J. Dauphiné et P. Mironneau, Biarritz, J&D Éditions, 1996, p. 73-87.

3 Voir P. Dorio, « Les épîtres de *L'Adolescence clémentine* », art. cité, p. 138.

4 C. Noirot, « *Entre deux airs* », *op. cit.*, p. 119.

5 Voir M.-F. Notz, « Ballades et rondeaux dans *L'Adolescence clémentine* : au confluent de la tradition et de l'invention », dans *Clément Marot. À propos de* L'Adolescence clémentine, éd. J. Dauphiné et P. Mironneau, Biarritz, J&D Éditions, 1996, p. 7-18.

Mercure / Chief d'Eloquence » (v. 12-13), un François Ier voilé, qui met en garde le poète, sous forme d'un rondeau : « Mille douleurs te feront souspirer, / Si en mon art tu ne veulx inspirer » (v. 23-24). Divinement inspiré par les paroles de Mercure, *L'autheur* se met en route de « bons propos » (v. 44) et de « belles matières » (v. 45) :

> Que diray plus ? Certes les miens espritz
> Furent des lors comme de joye espris :
> Bien disposez d'une veine subtile,
> De vous escripre en ung souverain stile.
> Mais tout soubdain, Dame tresvertueuse,
> Vers moy s'en vint une Vieille hideuse,
> Maigre de corps, et de face blemie,
> Qui se disoit de Fortune ennemye :
> Le cueur avoit plus froid que glace, ou marbre,
> Le corps tremblant, comme la feuille en l'arbre,
> Les yeux baissez, comme de paour estrainte,
> Et s'appeloit par son propre nom Crainte :
> Laquelle lors d'ung vouloir inhumain
> Me feist saillir la plume hors la main,
> Que sur papier tost je voulois coucher,
> Pour au labeur mes espritz empescher.
> Et tous ces motz de me dire print cure
> Mal consonnans à ceulx du Dieu Mercure[6].

D'humeur à rechercher un *genus subtilis*, un style simple et agréable, le poète s'apprête à écrire « en ung souverain stile » (v. 51). Selon Mary McKinley, il est question d'un « style digne d'un souverain, mais aussi du style noble et élevé, marque de la Grande rhétorique[7]. » Cette recherche poétique est pourtant brisée par l'apparition impromptue d'une figure affreuse. On s'ébahit un peu devant les vers qui font rimer « Dame vertueuse » – soit Marguerite de Navarre – avec « Vieille hideuse ». En un vers seulement, on livre au lecteur un portrait de ce personnage allégorique, dont l'âge et la laideur sont associés à un corps décharné et à une pâleur du visage. Le physique disgracieux prend ici le rôle d'un signe négatif, puisque la Vieille possède la puissance de détourner la

6 C. Marot, *OP I*, p. 73.

7 M. McKinley, « Marot, Marguerite de Navarre et "L'Epistre du Despourveu" », dans *Clément Marot. « Prince des Poëtes françois » 1496-1996, Actes du colloque international de Cahors en Quercy*, 21-25 mai 1996, éd. G. Defaux et M. Simonin, Paris, Classiques Garnier, 2007 (1997), p. 615-626.

course chanceuse des choses[8]. Marot mobilise à ce sujet l'allégorie de la Fortune qui apparaît aussi dans le *Roman de la Rose* dont il est censé être l'éditeur à la Renaissance. Ainsi, Jean de Meun nous peint un personnage inconstant qui peut changer de physionomie à sa guise (« Sa chiere et son habit remue », v. 6148) et dont la maison est comme un silène inversé, belle et laide à la fois : « Mout reluist d'une part », v. 6095, et « D'autre part sont li mur de boe », v. 6102[9]. La Vieille hideuse chez Marot, outre son apparence contrefaite, désigne également un état d'âme peu favorable à l'acte créateur, la Crainte. Non seulement elle est munie d'un « cœur [...] plus froid que glace » – sachant que le cœur participe des sens, ou des parties du corps, liés à la création poétique[10] – mais encore son corps frissonne attisé par un effroi paralysant. L'entrevue de sa laideur affreuse prend ici tout son effet : le poète se retrouve la « plume hors la main » et ses « espritz empescher » « au labeur » v. 61-63.

L'apparition de la Crainte représente un thème récurrent chez les Grands Rhétoriqueurs[11], et Marot lui-même le mobilise déjà dans une épître en prose au roi antéposée à son *Temple de Cupido* où il fait dialoguer « une fille inconstante nommée Jeune hardiesse[12] » avec le je lyrique qui exprime ses angoisses. Pourtant, nous suggère M. McKinley, il faut reconnaître aussi un substrat évangélique à cette Crainte qu'il s'agit de dépasser par la fermeté de la foi, apportée par Bon Espoir. Les vers de l'« Envoy » (v. 141-145) rassemblent beaucoup d'éléments de cette frayeur : les toponymes – « Au lac de paour » et « Au val de paour » – rappelle l'épouvante du psalmiste[13] tout comme l'épithète que Marot se choisit, « le traverseur du val périlleux ». C'est toujours

8 E. Berriot-Salvadore, « La Mutation de Fortune de Clément Marot », dans *Clément Marot. À propos de* L'Adolescence clémentine, éd. J. Dauphiné et P. Mironneau, Biarritz, J & D Éditions, 1996, p. 89-101.

9 G. de Lorris et J. de Meun, *Le Roman de la Rose*, éd. A. Strubel, Paris, Livre de poche classique, 1992, p. 344-349.

10 J. Lecointe, *L'Idéal et la Différence. La perception de la personnalité littéraire à la Renaissance*, Genève, Droz, 1993, p. 144 : « L'étude physiologique met alors en évidence les organes plus particulièrement concernés par l'activité littéraire, cerveau, cœur, foie et estomac [...]. »

11 M. McKinley donne un bref aperçu de cette convention, « Marot, Marguerite de Navarre et "L'Epistre du Despourveu" », art. cité, p. 618 : « Qu'un artiste de la cour se représente tout à tout découragé par Crainte et encouragé par Espoir n'a rien d'insolite. La tradition des poètes Rhétoriqueurs a édifié pour lui le théâtre de cette crise, et elle a depuis longtemps mis celle-ci en scène. »

12 C. Marot, *OP I*, p. 417.

13 *Cf.* Psaume 23, 4.

dans le dépassement de la crainte – nous savons que « La crainte n'est pas dans l'amour. » (1 Jean 4, 18) – que le fidèle forge sa foi. Aussi, dans l'épître en question, faudra-t-il ainsi compter sur l'arrivée de Bon Espoir. En attendant, Crainte prend la parole et elle parle « laidement », si l'on peut dire, car « ces motz » apparaissent « mal consonnans à ceulx de Mercure » (v. 64-65). Dans un rondeau-prosopopée, Crainte reproche au poète d'être trop brave (« trop hardiment », v. 66, 74, 80), trop jeune (v. 67), pas assez bon en comparaison des « Orateurs parfaictz » (v. 71). Le rondeau répète des rimes suffisantes sur « -faiczt » (« mesfaictz », « faictz », « fais », « contrefaictz », « parfaictz », « forfaictz »), en une monotonie qui met ainsi à mal tous les « faictz » (v. 35), c'est-à-dire toute la production poétique antérieure de *L'autheur* qu'avait louée Mercure. Il n'est pas anodin qu'après l'intervention de Crainte, le poète retombe dans le style des Grands Rhétoriqueurs. Une rhétorique d'antan, avec ses allitérations tautogrammatiques que M. McKinley commente ainsi :

> Les sept vers de rimes senées (v. 82-87) que L'autheur prononce après le rondeau de Crainte ne sont pas un lapsus poétique, mais la représentation consciente et voulue d'un tel lapsus, d'une étape que le jeune Marot maîtrise pour la dépasser. Ces vers sont le souvenir d'un souverain style qui ne sera pas en fin de compte celui du poète[14].

Selon Marie-Françoise Notz il faut lire cette insertion des conventions traditionnelles dans l'œuvre de jeunesse comme un processus de métamorphose qui intègre justement les procédés de la Grande Rhétorique pour les transformer[15] :

> L'autheur
>
> Ces motz finiz, demeure mon semblant
> Triste, transi, tout terny, tout tremblant,
> Sombre, songeant, sans seure soustenance,

14 M. McKinley, « Marot, Marguerite de Navarre et "L'Epistre du Despourveu" », art. cité, p. 622.

15 Ce retour aux formes traditionnelles ne doit pas se comprendre comme un carcan, voir M.-F. Notz, art. cité p. 16 : « Parce qu'elles sont traditionnelles, les formes de la ballade et du rondeau sont traitées par Marot comme les circonstances qui bien souvent l'inspirent : nécessités de la vie qui impose au poète impécunieux de célébrer les Grands, amour et badinages, fausses nouvelles, méchantes langues, petites contingences. Les formes qui pouvaient mourir d'apparaître vides dans leur fixité sont sauvées par le mouvement qui les métamorphose. »

Dur d'esperit, desnué d'esperance,
Melancolic, morne, marry, musant,
Pasle, perplex, paoureux, pensif, pensant,
Foible, failly, foulé, fasché, forclus,
Confuz, courcé. [...][16]

En un sens, l'autoportrait de *L'autheur* fait écho à celui de Crainte. Amplifiés par des énumérations allitératives, on y retrouve notamment les éléments de la pâleur et de la peur, aussi bien que celui du tremblement. La rencontre avec la Vieille hideuse a donc laissé des traces sur la physionomie du poète. Sous l'emprise de la sensation de crainte, celui-ci se dit expressément « Melancolic ». Les nombreux adjectifs suggèrent l'influence de la bile noire et renvoient aux caractéristiques typiques des êtres saturniens. Diane Robin conclut à ce sujet que les « hommes au teint livide reflètent la pâleur de Saturne. [...] Saturne entre en correspondance avec l'homme difforme, qui tire son caractère avare, laborieux et mélancolique de sa disposition astrale et humorale[17] ». Le poète s'enlaidit à travers le tempérament mélancolique[18]. En effet, la référence astrologique sillonne cette épître, notamment par l'apparition des planètes Mercure, au tout début, puis Vénus (v. 134) et Phébus (v. 149) au cours du poème.

La mélancolie marotique, pour ainsi dire, se distingue pourtant clairement d'une mélancolie comme symptôme du génie divin. Ce lien est développé par Ficin et sera pertinent pour les poètes de la Pléiade, comme nous verrons par la suite avec l'exemple de Du Bellay[19]. Chez Marot, la mélancolie n'est qu'un état transitoire que le croyant, porté par l'espoir, doit bientôt dépasser. De ce fait, le tempérament littéraire qui correspond le mieux pour décrire le génie de Marot est celui du sanguin. Avant que la mélancolie soit célébrée par Marsile Ficin, c'était en effet le tempérament sanguin qu'on associait le plus au génie littéraire, comme le remarque J. Lecointe : « Tout au plus certains tempéraments, le sanguin surtout, prédisposaient-ils à une certaine forme d'excellence,

16 C. Marot, *OP I*, p. 74.

17 D. Robin, *Aux Origines de l'esthétique*, *op. cit.*, p. 70.

18 Nous constatons le même phénomène de l'enlaidissement par la mélancolie pour la *persona* bellayenne, notamment dans *Les Regrets*. Le thème de l'influence saturnienne prendra, toutefois, des proportions beaucoup plus importantes que chez Marot. Voir *infra*, p. 290 *sq.*

19 Voir J. Lecointe, *L'Idéal et la Différence*, *op. cit.*, p. 308-309.

dans les lettres comme dans les autres domaines, tandis que certaines planètes, comme Saturne, liée à la mélancolie, incitaient plus ou moins à la spéculation[20]. »

La crainte devant l'acte créateur pétrifie le poète lui faisant adopter une certaine forme de laideur. Ce thème se poursuit encore dans l'épître suivante « L'Epistre du camp d'Attigny, à ma dicte Dame d'Alençon », où la Crainte se traduit par un tremblement causé par la page blanche :

> La main tremblant dessus la blanche carte
> Me voy souvent : la plume loing s'escarte,
> L'encre blanchist, & l'esperit prend cesse,
> Quand j'entreprens (tresillustre Princesse)
> Vous faire escriptz : & n'eusse prins l'audace,
> Mais Bon Vouloir, qui toute paour efface,
> M'a dict, crains tu à escrire soubdain
> Vers celle là, qui oncques en desdain
> Ne print tes faictz[21] ?

L'allégorie du Bon Espoir avec sa barbe grise – rappelons que la couleur grise signifie également l'espoir –, trouve ici son pendant avec « Bon Vouloir ». Le dénouement heureux de l'écriture est comparable au dépassement de « toute paour » auquel parvient le bon chrétien grâce à l'espoir et la bonne volonté que le Seigneur lui confère : « Car c'est Dieu qui produit en vous le vouloir et le faire », lit-on dans l'Épître aux Philippiens, 2, 13.

La rencontre avec la Vieille hideuse paralyse le jeune poète lors de la rédaction de ses premières œuvres. Dans ses écrits plus tardifs, toutefois, Marot fait du laid un sujet de prédilection. Il y recourt déjà pendant la querelle avec de Sagon, mais y consacre plus d'attention avec le concours des blasons, comme nous allons le voir.

20 *Ibid.*, p. 307.

21 C. Marot, *OP I*, p. 78 *sq.*

« FAIRE UN CHEF-D'ŒUVRE DE LAIDEURE[22] » : POÉTIQUE DES CONTREBLASONS ET RHÉTORIQUE DE LA LAIDEUR

En envoyant, depuis son exil ferrarais au début de l'année 1535, son « Blason du [beau] tétin » à la cour de François Ier, Marot lance non seulement avec succès un projet d'écriture collective, mais réinvente aussi le genre du blason. Il y propose une poétique qui joue du détail, plus particulièrement qui manie l'éloge et le blâme à travers les descriptions minutieuses de parties du corps féminin. De fait, le dit concours des blasons a lieu en deux temps. On peut retenir d'abord l'émulation collective que suscite la parution du « Beau tétin », incitant quelques-uns des amis poètes de Marot à blasonner à leur tour la beauté du corps féminin. Fort du succès de cette expérimentation collégiale, Marot conçoit, en février 1536, une épître en guise d'appel à contribution. Le poète y engage non seulement à peindre le corps laid, mais même à élaborer une véritable poésie de la laideur[23].

L'écriture blasonnique représente une sorte de dissection littéraire, dont la dimension médicale résonne dans le titre ultérieur *Blasons anatomiques du corps femenin ensemble les contreblasons*[24]. En tant que forme littéraire, le blason procède de l'héraldique[25] (ce qui aura des répercussions sur le lexique[26]) aussi bien que du *Dit* médiéval[27]. Pourtant, ce n'est qu'avec le « Beau et le Laid Tetin » de Marot que cette forme poétique se déploie, à travers notamment le paradigme corporel, tout en acquérant une dimension divertissante. Outre la fragmentation ludique du corps, Alison Saunders souligne la dimension subjective

22 Vers tiré du « Contreblason du nez » par J. Rus. Tout texte poétique en lien avec le concours des (contre)blasons sera cité d'après *Blasons anatomiques du corps féminin*, éd. citée, ici p. 227.

23 Nous reviendrons en détail sur cette épître *infra*, p. 241 *sq*.

24 *Blasons anatomiques du corps femenin ensemble les contreblasons*, Paris, C. Langelier, 1543.

25 Voir A. Saunders, *The Sixteenth-Century French Emblem Book. A decorative and useful genre*, Genève, Droz, 1988.

26 Voir J. Gœury, « Introduction. Une mariée mise à nu par ses célibataires », dans *Blasons anatomiques du corps féminin*, éd. citée, p. 8.

27 Voir C. Kinch, « Les blasons du beau et du laid tétin », dans *La Poésie satirique de Clément Marot*, Genève, Slatkine Reprints, 1969, p. 109-129.

de ces formes brèves qui doivent se lire comme des poèmes d'amour[28]. Ces poésies amoureuses véhiculent en même temps un idéal de beauté féminine, « la beauté que femme doibt avoir ». Lawrence D. Kritzman se propose de lire le corps fragmenté comme une architecture utopique qui se construit sous le regard désirant du poète masculin[29]. Dans son édition récente, Julien Gœury met en avant les enjeux plus larges des *Blasons anatomiques du corps féminin*, notamment leur « dimension aussi bien éditoriale que rhétorique, morale ou politique[30] ». Pour ce qui est de la description de la beauté féminine, les blasonneurs s'inspirent majoritairement, à en croire Alison Saunders, de la figure d'Oiseuse, allégorie qui apparaît dans le *Roman de la Rose* et dont la description de la gorge aurait inspiré le beau tétin de Marot. Partant des modèles médiévaux et avec l'exemple du blason sur le beau tétin sous les yeux, un groupe hétéroclite de poètes se lancent dans l'écriture blasonnique : Maurice Scève peint les blasons du front, du sourcil, de la larme, du soupir et de la gorge, Eustorg de Beaulieu en compose sept, à savoir ceux sur la joue, la langue, le nez, la dent, le cul, le pet et la voix. Jean de Vauzelles écrit sur les cheveux et la mort et même l'ennemi de Marot, François de Sagon, contribue à l'entreprise avec deux blasons sur le pied et la grâce. En effet, plus d'une vingtaine de poètes composent des blasons qui seront ensuite décriés comme poésies licencieuses. Dans les faits, la catégorisation des différentes parties du corps se fait comme suit :

> Cette poésie aux accents très variés, où se côtoient presque immédiatement un raffinement pétrarquiste chaste, pudique et spiritualisé (cheveux, front, œil, sourcil, main), un érotisme mignard où la chair affleure (joue, bouche,

28 A. Saunders, « "La beauté que femme doibt avoir" : La vision du corps dans les Blasons anatomiques », dans *Le Corps à la Renaissance, Actes du 33e colloque international d'études humanistes*, Tours, 2-11 juillet 1987, éd. J. Céard, M.-M. Fontaine et J.-Cl. Margolin, Paris, Aux amateurs de livres, 1990, p. 48-50 : « En tant que poème d'amour, les blasons sont entièrement subjectifs, et chaque fois que le blasonneur analyse la beauté de la partie de l'anatomie qu'il a choisie, il analyse ensuite l'effet qu'exerce cette beauté sur sa propre sensibilité. [...] Pour le blasonneur, donc, cette partie de l'anatomie constitue plutôt un objet autour duquel il peut élaborer un tissu complexe d'images et d'associations, en même temps qu'une série d'allusions aux rapports entre cette partie de l'anatomie et lui-même, en tant que poète-amant. »

29 L. D. Kritzman, « Architecture of the Utopian Body : the Blasons of Marot and Ronsard », dans *The Rhetoric of Sexuality and the Literature of the French Renaissance*, Cambridge, Cambridge University Press, 1991, p. 97-112.

30 *Blasons anatomiques du corps féminin*, éd. citée, p. 35.

> gorge, tétin, ventre, cuisse), voire disparaît, au profit de catégories morales abstraites (esprit, grâce, honneur), ou bien réapparaît brutalement dans un sursaut d'obscénité satyrique (con, cul, pet et vesse)[31].

L'ensemble des pièces qui apparaissent dans le cadre de ce concours lègue à la postérité un corpus assez instable. Annexé dès 1536 à l'*Hécatomphile* de Leon Battista Alberti et au recueil des *Fleurs de Poésie Françoyse*, sa première apparition indépendante eut lieu en 1543 chez Charles Langelier, regroupant aussi bien les blasons anatomiques du corps féminin que les contreblasons, tous les deux accompagnés d'illustrations.

Notons que déjà les blasons censés louer uniquement la beauté des parties du corps féminin, invoquent en creux la laideur. Les poètes préfigurent ainsi la polarité entre beauté et laideur qui caractérise le discours épidictique, dont le sujet profond demeure toutefois le beau. Par exemple, le « Blason de l'honneur » par Antoine Héroët oppose de manière nette la « Description d'une femme de bien », forcément belle, à une laide à laquelle « on ne demande rien » (v. 15)[32]. Dans son « Blason du nez », I. N. Darles saute de manière désinvolte de l'éloge, « Ô noble nez, organe odoratif / Du corps humain membre décoratif » (v. 1-2), à une tonalité « contreblasonique » à part entière :

> Du corps humain, tant que sans toi n'est rien
> Ains est difforme, hideux, épouvantable,
> Et cinq cents fois plus qu'un monstre exécrable.
> Nez ennemi d'infecte puanteur,
> Grand adversaire de mauvaise senteur[33].

Il s'agit d'une esthétique qui se construit sur la notion du manque, plus évident encore dans le « Blason de la joue » écrit par Eustorg de Beaulieu. Tout en cherchant à dire ce qui fait une belle joue, le poète passe par le négatif, par peindre ce qu'elle n'est pas :

> Joue non flétrie, ou pendante,
> Point grosse, rouge ou flamboyante,
> Ains tenant le moyen partout.
> Joue haïssant aussi surtout

31 *Ibid.*, p. 14.
32 *Ibid.*, p. 120.
33 *Ibid.*, p. 57-58.

D'user sur soi d'autre peinture
Que de Dieu seul et de Nature.
Joue ni maigre, ni trop grasse,
Mais replète, de bonne grâce,
Ni trop pâle, ni noire aussi[34].

En évoquant les éléments propres à la laideur, on procède à une description de la beauté par la voie négative. Là encore, on remarque le procédé rhétorique connu depuis Aristote qui mobilise le laid pour, par contraste, rehausser le beau. Cette logique se retrouve par exemple dans le « Blason de la bouche », dans lequel Victor Brodeau dit que la belle bouche doit être « sans nulle tache noire » (v. 43), ou encore dans le « Blason du bras » où c'est l'absence du bras qui « rend fort l'image laide » (v. 4).

À la suite du succès des blasons, Marot lance, entre 1535-1536, un nouvel appel à contributions. C'est avec son épître « À ceux qui après l'épigramme du beau tétin en firent d'autres[35] » qu'il donne une véritable ligne directrice pour la rédaction des contreblasons. L'épître fournit des éléments précis à ce sujet : on pourrait même parler d'un discours méta-rhétorique sur la mise en forme littéraire du laid. Après avoir loué ceux qui l'avaient suivi pour les blasons, Marot les incite, dans une épître en vers conçue en février 1536, à en prendre le contre-pied :

Or, chers amis, par manière de rire
Il m'est venu volonté de décrire
À contre poil un tétin, que j'envoie
Vers vous, afin que suiviez ceste voie.
Je l'eusse peint plus laid cinquante fois,
Si l'eusse peu : tel qu'il est toutesfois,
Protester veux, afin d'éviter noise
Que ce n'est point un tétin de Françoise,
Et que voulu n'ai la bride lâcher
À mes propos, pour les dames fâcher :
Mais volontiers, qui l'esprit exercite,
Ores le blanc, ores le noir recite.
Et est le peintre indigne de louange
Qui ne sait peindre aussi bien diable qu'Ange.
[...]

34 *Ibid.*, p. 59.
35 *Ibid.*, p. 198-200.

Là donc, là donc, poussez, faites merveilles.
À beaux cheveux et à belles oreilles;
Faites-les moi les plus laids que l'on puisse;
Pochez cet œil; fessez-moi ceste cuisse;
Décrivez-moi en style épouvantable
Un sourcil gris, une main détestable;
[...]
Bref, faites-les si horribles à voir
Que le grand diable en puisse horreur avoir[36].

D'emblée, la nouvelle façon d'écrire s'inscrit dans une verve satirique (« par manière de rire », v. 37) et dans ce que les critiques ont récemment identifié comme « une poétique du contre », mode d'écriture assez prolifique à la Renaissance[37]. Ainsi Marot cherche à « décrire A *contre* poil un Tetin » (v. 39) dont il faudrait « *Le Rebours* chanter » (v. 57). Cette démarche est également motivée par un souci purement rhétorique qui consiste à exalter le beau en le faisant valoir par son contraire. Le beau serait le sujet profond du laid, dans ce cas-là. Comme le remarque J. Gœury dans son édition récente des blasons anatomiques : « Le blason est souvent l'instrument ludique d'un apprentissage des normes rhétoriques de l'éloge et du blâme[38] ». Sous les auspices de la variété, le bon poète doit savoir adapter et différer son style pour « peindre aussi bien Diable, qu'Ange » (v. 50). Loin de se préoccuper d'une quelconque morale – Marot semble suggérer de peindre le diable sans aucun scrupule ! –, le blason marotique paraît viser une fin technique, d'entraînement ou d'exercice rhétorique, à l'instar des éloges paradoxaux étudiés plus haut[39]. En effet, le maître des contreblasons tâche d'écarter toute volonté d'injure. Ce n'est guère « pour les Dames fâcher : / Mais volontiers, qui l'Esprit exercite / Ore le Blanc, ore le Noir récite » (v. 46-48). C'est donc la pratique de peindre les extrêmes, ou les opposés, qui paraît être au cœur de l'exercice. Toutefois, il est bien remarquable que presque aucun des poètes qui avait participé au premier tour des blasons, ne réponde à l'appel de peindre le laid. Est-ce, peut-être, que le « Laid tétin » de Marot est plus qu'un simple entraînement au blâme? Qu'il comporte des enjeux plus concrets? Nous le verrons plus bas.

36 *Blasons anatomiques du corps féminin*, éd. citée, p. 198-200.
37 Voir par exemple l'ouvrage collectif *Texte et contre-texte pour la période pré-moderne*, *op. cit.*
38 *Blasons anatomiques du corps féminin*, éd. citée, p. 7.
39 Voir *supra* p. 75 *sq.*

C'est justement à titre d'exercice de style que Thomas Sébillet dans son *Art poétique français* fait mention des blasons marotiques sur le beau et le laid tétin. Il les présente comme exemples à suivre pour illustrer les genres épidictiques de l'éloge et du blâme :

> Car autant bien se blasonne le laid comme le beau, et le mauvais comme le bon : / témoin Marot en ses Blasons du beau et du laid Tétin : / et sortent les deux d'une même source, comme louanges et invectives[40].

Le fait que les deux blasons, pourtant si opposés dans l'objet qu'ils peignent, sortent « d'une même source » rejoint l'idée qu'exprime Marot dans son épître. Il importe peu que le tétin soit parfait ou affreux – mauvais ou bon par extension morale. Au-delà de toute préoccupation morale, l'enjeu concerne la variation du style dans chaque registre (« louange et invectives »). Tout cela fait, selon Charles Kinch, que ce « genre descriptif [...] n'est en somme qu'un exercice de pure rhétorique » et ceci peut être « de toute chose, soit réelle, soit fictive[41] ». Rhétoriquement parlant, beauté et laideur paraissent être des catégories interchangeables – sauf si le thème profond est le beau – mises au profit de la *variatio*. Le choix du laid comme sujet poétique ne semble pas poser de problème éthique. Ceci peut surprendre de la part d'un Marot évangélique, surtout si l'on relit un passage de l'Épître de Jacques 3, 9-11 où ce dernier critique justement l'effet contradictoire que peut engendrer la langue :

> Par elle nous bénissons le Seigneur notre Père, et par elle nous maudissons les hommes faits à l'image de Dieu. De la même bouche sortent la bénédiction et la malédiction. Il ne faut pas, mes frères, qu'il en soit ainsi. La source fait-elle jaillir par la même ouverture l'eau douce et l'eau amère ?

Le mélange satirique du beau et du laid, de l'éloge et du blâme, intègre difficilement la perspective chrétienne. Si, pour Marot, la morale ne joue pas dans la représentation de la laideur, le contexte dans lequel le poème apparaît, y est pour quelque chose. Ainsi Marot tient à préciser que s'il a « la bride lâcher / A [s]es propos » – la rhétorique du laid paraît être une rhétorique de relâchement –, ce n'est aucunement pour peindre

40 T. Sébillet, *Art poétique françois, Traités de poétique et de rhétorique de la Renaissance*, éd. F. Goyet, Paris, Librairie Générale Française, 1990, p. 136.

41 C. Kinch, « Les blasons du beau et du laid tétin », dans *La Poésie satirique de Clément Marot*, *op. cit.*, p. 109.

« un Tétin de Françoise » (v. 44). Cette clarification montre que le poète est soucieux de ne pas vexer, depuis son exil italien, ses compatriotes, les dédicataires de cette lettre : « Nobles Esprits de France poétiques » (v. 1), et notamment le « roi français » (v. 33), sachant que François Ier participait également au concours des blasons[42]. En termes de morale, il faut souligner que Marot prend toutefois soin de préconiser une censure, si ironique qu'elle puisse être : « Mais, je vous prie, que chacun blasonneur / Veuille garder en ses écrits honneur : / Arrière mots, qui sonnent salement, / Parlons aussi des membres seulement, / Que l'on peut voir sans honte découverts, / Et des honteux ne souillons point nos vers. » (v. 75-80)

Étant donné qu'il s'agit chez Marot de donner des éléments directifs pour ce qu'on pourrait aisément appeler une rhétorique de la laideur, nous constatons que l'écriture du laid s'inscrit d'emblée dans une démarche hyperbolique : « Je l'eusse peint plus laid cinquante fois, / Si l'eusse pu » (v. 41-42), et puis l'impératif « Faites-les moi les plus laids que l'on puisse » (v. 63). L'emploi du mode subjonctif non seulement montre la difficulté à dire le laid, mais marque presque l'impossibilité de l'exprimer pleinement, comme si la laideur se rangeait du côté de l'ineffable. Si E. R. Curtius réserve le *Unsagbarkeitstopos*[43] uniquement pour le registre de l'éloge, Marot semble, avec sa rhétorique du contreblason, en proposer un pour le blâme. Par digression, nous aimerions faire mention d'un passage parallèle qui met justement en jeu l'impossibilité d'une rhétorique pour exprimer la laideur, chez un des prédécesseurs de Marot, Jean Lemaire de Belges. Le sujet lyrique dans *L'Amant vert* se retrouve devant l'impossibilité de mettre en mots la description de l'enfer :

> Ce roch se dit en latin Tenarus,
> Dont Herculés entrainna Cerberus.
> Si treshideux que nulle rhetoricque
> Ne sçauroit bien sa laideur exprimer :
> Au fons duquel alasmes abismer,
> Mercure et moy. [...][44]

42 Il semble avoir écrit un « Blason du corps », voir *Blasons anatomiques du corps féminin*, éd. citée, p. 130-133.

43 E. R. Curtius, *Europäische Literatur und lateinisches Mittelalter*, *op. cit.*, p. 168.

44 J. Lemaire de Belges, *Les Epîtres de l'Amant vert*, éd. J. Frappier, Genève, Droz et Lille, Girard, 1948, p. 20.

La description de la descente aux enfers illustre le *topos* de l'ineffabilité vis-à-vis des laideurs infernales auxquelles se voit confronté le je lyrique, et que « nulle rhetoricque » ne saurait exprimer.

C'est peut-être aussi dans ce sens qu'il faut entendre l'appel de Marot à écrire « en style épouvantable » (v. 65). Le *Dictionnaire du Moyen français* glose ainsi l'adjectif : « Qui effraie, qui fait peur, qui cause l'épouvante[45] ». Ce champ sémantique sera en effet repris par Marot lui-même dans les vers suivants : « Bref, faites-les si horribles à voir, / Que le grand diable en puisse horreur avoir » (v. 73-74). Mais en plus de l'atroce, le terme « épouvantable » peut qualifier le merveilleux, l'étrange ou l'excessif, voire le divin[46]. Là encore, Marot semble suggérer cette dimension avec son impératif « faites merveilles » (v. 61). Afin de peindre une telle laideur épouvantable, les vers 66-72 donnent des éléments aussi concrets qu'approximatifs : sont à rapprocher de la laideur la couleur grise (« un sourcil gris », v. 66), une fausseté morale (« cette Larme [...] d'un hypocrite », v. 69-70) ou encore les anthropomorphismes (« d'un Taureau le Mufle, pour la Bouche », v. 72[47]).

Malgré toutes les indications stylistiques fournies par Marot, son invitation à dire la laideur demeure sans grand écho. Mis à part les contreblasons de La Hueterie, celui du nez par Jean Rus, et un autre du cœur par Jacques Peletier du Mans, le blâme ne paraît pas susciter le même enthousiasme poétique qu'avait su le faire l'éloge du beau tétin. Comment expliquer une telle réticence à peindre l'envers du beau et du noble ? Est-ce par souci moral ? Une étude détaillée du laid tétin pourra nous en révéler davantage.

45 *Dictionnaire du Moyen Français (DMF)*, éd. citée, s.v. « épouvantable ».

46 E. Huguet, *Dictionnaire de la langue française du seizième siècle*, Paris, Didier, 1946, t. 3, s.v. « espouvantement », p. 684.

47 Voir M. Habert, « Fêtes de la beauté, faîtes de la laideur dans les recueils des "Blasons anatomiques du corps féminin" », dans *Fête et imagination dans la littérature du XVIe au XVIIIe siècle, Actes du colloque international du centre de recherches aixois sur l'imagination de la Renaissance à l'âge classique*, 13-15 février 2003, Aix-en-Provence, université de Provence, éd. H. Krief et S. Requemora, Aix-en-Provence, PUP, 2004, p. 113-131.

LES TÉTINS MAROTIQUES

De la théorie, on passe à la pratique du « style épouvantable » qui trouve son illustration la plus originale dans le « Blason du laid tétin[48] ». Marot propose cette écriture du blâme par rapport à l'arrière-plan des attaques et des accusations portées lors de la querelle avec de Sagon. Comme le souligne N. Dauvois, on passe donc d'un principe de réfutation selon le modèle judiciaire à un mode de variation et d'amplification rhétorique[49]. Ces formes d'une « poétique du contre » font figurer la laideur comme signifiant des enjeux politiques, ainsi que nous le verrons. Dans la mesure où le contreblason se conçoit suite au blason sur le beau tétin – ils forment à eux deux les derniers poèmes du premier livre des épigrammes dans l'édition Dolet de 1538 –, nous mettons l'un en regard de l'autre[50], afin aussi de mieux illustrer l'effet de ce que N. Dauvois appelle une « poétique de la réversibilité[51] ».

La juxtaposition de ces deux poèmes montre à quel point « le blâme procède d'un jeu de variation sur l'éloge[52] ». Au registre laudatif qui célèbre en style doux le portrait érotico-amoureux de la beauté fait écho celui de l'invective en style bas[53] qui fait la satire d'une laide vieille[54], le vers en octosyllabes étant communément celui des écrits satiriques. Les parallélismes découlent non seulement de structures anaphoriques et syntaxiques identiques, mais également d'un jeu de contrastes entre la jeune fille appétissante et la vieille repoussante. Rencontre qui préfigure en un sens le diptyque bellayen de « L'Antérotique de la vieille et de

48 Pour l'histoire éditoriale et les différents titres de ce poème (« Du laid Tétin », « Le Blason du laid Tétin », « Contreblason du tétin », « Le contre tétin de Marot »), voir *Blasons anatomiques du corps féminin*, éd. citée, p. 155, n. 10.

49 N. Dauvois, « Des contreblasons de La Hueterie au *Contrepoison* d'Artus Désiré », art. cité, p. 215.

50 Voir C. Marot, *OP II*, p. 241-242.

51 N. Dauvois, « Des contreblasons de La Hueterie au *Contrepoison* d'Artus Désiré », art. cité, p. 216.

52 *Ibid.*, p. 216.

53 Voir P. Chiron, « Les styles de Marot », *L'Information grammaticale*, n° 72, 1997, p. 21-24.

54 J. Bailbé, « Le thème de la vieille femme dans la poésie satirique du seizième et du début du dix-septième siècle » *Bibliothèque d'Humanisme et Renaissance*, Genève, Droz, vol. 26, n° 1, 1964, p. 98-119.

la jeune amye », poème sur lequel nous revenons au chapitre suivant[55]. Encore plus que d'une réversibilité des éléments topiques, on pourrait peut-être parler d'un dispositif de renversement, dans la mesure où la réversibilité est *a priori* unidirectionnelle : la beauté peut toujours basculer en laideur rien que sous les effets enlaidissants du temps. L'inverse, pourtant, semble heurter la logique naturelle. Si en rhétorique, le laid sert parfois à mettre en avant par contraste le beau, les descriptions de la laideur ne recourent aux éléments de la beauté que pour les subvertir et les transposer dans le registre de l'invective ou de la satire.

La logique de renversement opère au niveau de plusieurs éléments thématiques. Ainsi, pour décrire le beau tétin, on accumule des détails qui signifient la plénitude et la fermeté (« Tétin refait, plus blanc qu'un œuf », « Tétin dur [...] petite boule d'ivoire », v. 1-6), une certaine raideur (« Tétin, qui jamais ne se bouge », v. 12) et un idéal de mesure (« Ô tétin ni grand, ni petit », v. 25) garni d'un vermeil érotisant (« Une fraise, ou une cerise, / Que nul ne voit, ne touche aussi », v. 8-9). L'évocation du « lait » (v. 32) aussi bien que l'invitation au mariage (« Mariez moi tôt, mariez », v. 28) et l'accomplissement de la femme par la maternité (« Tétin de femme entière », v. 33), font proposer à Lance Donaldson-Evans une lecture évangélique de ce poème. Quoiqu'on range communément les blasons sous l'étiquette de poésie légère, il propose d'y lire non la marque de « *fol'amour* comme l'ont prétendu jusqu'ici la grande majorité des critiques littéraires, mais plutôt [celle] de *ferme amour*, thème capital dans l'œuvre de Marot[56] ». Pour lui, le blason du beau tétin est une plaidoirie en faveur du mariage et, par ce biais, une critique du clergé qui prônait le célibat. Bien que cette lecture soit un peu inhabituelle, elle laisse entrevoir le potentiel virulent de cette poésie légère – potentiel qui, à notre sens, sera davantage assumé dans le cas du laid tétin.

Dans le « Blason du laid tétin », on reprend un schéma descriptif similaire, tout en inversant les éléments caractéristiques. À l'opposé du beau tétin rebondi et plein, le laid tétin est introduit par une variation

55 Voir *infra*, p. ###.

56 L. K. Donaldson-Evans, « Le *Blason du Beau Tetin* : une relecture », dans *Clément Marot. « Prince des Poëtes françois » 1496-1996, Actes du colloque international de Cahors en Quercy*, 21-25 mai 1996, éd. G. Defaux et M. Simonin, Paris, Classiques Garnier, 2007(1997), p. 559-572.

qui renvoie à sa vacuité. La laideur se définit d'emblée par une absence de forme : « Tétin, qui n'as rien que la peau », v. 1. Cette peau est associée à des plis d'une étoffe flasque et sans forme (« drapeau ») d'une telle mollesse que le poète mime sa malléabilité en déformant la morphologie même du mot « tétin », qui devient à un moment « Grand' tétine » (diminutif paradoxal) pour ensuite se métamorphoser en « longue tétasse » (sens péjoratif), v. 3. L'image de la « pâte » (v. 10) molle et malléable est ici pleinement assumée. La rime en « besace » (v. 4) est révélatrice à plusieurs égards. D'abord « besace » signifie : « Sac long ouvert par le milieu (de manière à former un double sac), pendant de part et d'autre de la selle ou de l'épaule » dont une variante lexicale est « bissac[57] ». Ce rapprochement avec un ustensile ménager sera conjugué par la suite, notamment aux vers 21-22 : « Tétin boyau long d'une gaule / Tétasse à jeter sur l'épaule ». L'obscénité cachée de cette image provient certainement de la polysémie du terme « boyau » qui peut aussi désigner le membre viril. Puis on le compare à « un chaperon du temps passé » (v. 24), allusion aux capuchons à queue des docteurs en théologie de la Sorbonne qui se portait justement sur l'épaule. Nous reviendrons sur cette comparaison assez délicate dans la suite de notre analyse. Par ailleurs, Georges Guiffrey reconnaît aussi dans ce poème des emprunts paternels[58]. Tout comme son fils, Jean Marot est en exil italien courant 1515 quand il écrit dans son « Epistre des Dames de Paris aux Courtisans de France estans pour lors en Italye » : « Fermes sommes, et le serons. / Tetons avons, elles tetasses, / Pendans comme vieilles bezaces / Dessus leurs jambes de herons[59] ». L'héritage des Grands Rhétoriqueurs se poursuit encore si l'on regarde les vers sortis de la plume d'Octovien de Saint-Gelais – clerc, poète et traducteur proche de Charles VIII et dont s'inspira Marot – dans son poème « La chasse & départ d'amours » :

> Ne monstrez plus vostre tetine
> Elle est trop grande et trop mollasse,
> Elle ressemble une besasse
> Pendue au col d'une coquine.
> Si dure estoit, raide & poupine,

57 *Dictionnaire du Moyen Français (DMF)*, éd. citée, s. v. « besace ».

58 C. Marot, *Les Œuvres*, éd. G. Guiffrey, Genève, Slatkine Reprints, 1969, t. 4, p. 103.

59 J. Marot, *Les Deux Recueils*, éd. G. Defaux et T. Mantovani, Genève, Droz, 1999, p. 30.

De bon cueur ie la regardasse,
Mais ce n'est rien qu'une tripasse
Pour quelque varlet de cuysine,
Ne monstrez plus vostre tetine[60].

Les proximités stylistiques sont évidentes, les variations sur le mot « tétin » paraissent reprises quasi littéralement.

En dehors de cette référence insistante au vide qui est déclinée encore par le rapprochement opéré avec un autre contenant, à savoir un tonneau ou un tube (« entonnoir », v. 6), le paradigme du laid est renforcé par des notations chromatiques singulières. Par sa gamme de couleur sombre et fanée (« Tétin flétri », v. 12), le laid tétin s'oppose au beau tétin dont la blancheur de la peau trouve son pendant dans le blanc du lait maternel. La rime homophonique sur « lait-laid » (v. 13-14) paraît rapprocher les deux tétins, tout en spécifiant qu'un des deux se trouve dans un état de manque : « en lieu de lait », il ne reste au laid tétin qu'un reliquat répugnant qui « toujours bave », v. 38. C'est le manque de lait maternel qui transforme ce dernier en nourrice de l'enfer (« Le diable te fit bien si laid », v. 14, « Tétin propre pour en Enfer / Nourrir l'enfant de Lucifer », v. 19-20). Par-delà ce renversement, le poème renvoie vers d'autres instances de la laideur comme celle de l'ordure et de la salissure, notamment par le biais des sens bas, tels le toucher (« Une envie dedans les mains / De te prendre avec des gants doubles », v. 26-27) et l'odorat (« Va, grand vilain tétin puant », v. 31). Tous ces éléments étant assez topiques pour peindre la vieillesse laide et repoussante, l'originalité de Marot consiste dans la variation des images, présentées selon la tradition médiévale du catalogue.

Si Marot s'inscrit avec son « Blason du laid Tétin » dans la tradition satirique des poèmes d'Horace et de Martial qui peignent en style bas les *vetulae*[61], les vieilles repoussantes dont s'inspirera Du Bellay pour ses vers sur « L'Antérotique », on peut également rapprocher son poème d'intertextes chronologiquement plus proches. Notamment la mention d'« un chaperon du temps passé » (v. 24) paraît faire écho à un poème de François Villon

60 C. Marot, *Les Œuvres de Clément Marot*, éd. citée, t. 4, p. 103.

61 Horace, *Odes et épodes*, éd. F. Villeneuve, Paris, Les Belles Lettres, 1991, notamment l'épode 8 (p. 217-218) et l'épode 12 (p. 223-224) ; Martial, *Épigrammes*, t. 1 : *Livre des spectacles* (Livres I-V), éd. H.-J. Izaac et S. Malick-Prunier, Paris, Les Belles Lettres, 2021, livre III, 93, p. 169-170.

– dont Marot fut l'éditeur – *Les Regretz de la belle heaulmyere ja parvenue a vieillesse*[62]. Dans la manière avec laquelle ce poème relate les transformations d'un corps beau et jeune, justement aux « petiz tetins » (v. 503), en masse difforme aux « Mamelles [...] toutes retraictes » (v. 520). Peut-être qu'un rapprochement avec les sottes chansons et ballades d'Eustache Deschamps, poète de la génération précédente dont nous avons déjà évoqué la parenté avec Marot, a pu aussi servir de source. Par exemple, la « Sotte chanson à trois strophes sur une vieille extraordinaire[63] » fournit des éléments de détail sur la laideur féminine diabolique qui retentissent dans le blason marotique sans pourtant manifester la même originalité. Selon Lawrence D. Kritzmann, l'influence la plus probable paraît être celle de Guillaume Coquillart qui décrit dans ses *Droits Nouveaux* aussi bien la beauté que la laideur du tétin[64].

Quant aux interprétations des deux blasons marotiques, elles diffèrent. Alison Saunders, qui se concentre avant tout sur les blasons qui peignent la beauté, propose de n'y voir aucun but moral et d'y lire seulement une volonté du poète pour amuser son lecteur selon une veine érotique. Lance K. Donaldson-Evans, en revanche, invite à ne pas négliger le contexte politique dans lequel les blasons ont été conçus. Quoique le concours ait l'apparence d'un jeu poétique amusant, les circonstances pèsent sur l'« élégant badinage » marotique. C'est que, lors de la rédaction des blasons, Marot se trouve, suite à l'affaire des Placards en 1534, en exil à Ferrare. Pour des raisons d'hétérodoxie, le poète doit quitter la France et ses œuvres sont mises à l'index par la Sorbonne. La situation politique est donc assez tendue et amène à lire sous un jour plus sérieux les blasons. Comme le formule Julien Gœury, si Marot lance ce concours poétique, c'est parce qu'il recherche aussi la solidarité des poètes compatriotes : « Le poète exilé espère qu'ils vont littéralement faire corps avec lui et autour de lui, former une sorte de corporation (*members only* !) jouant en sa faveur[65] ». Si le « Blason du beau tétin » a déclenché avec succès une vague importante d'écriture collective, l'appel à chanter « A *contre* poil

62 F. Villon, *Lais, testament, poésies diverses*, éd. J.-C. Mühlethaler et *Ballades en Jargon*, éd. E. Hicks, Paris, Honoré Champion, 2004, p. 110-114.

63 E. Deschamps, *Anthologie*, éd. citée, p. 527-528.

64 Voir L. D. Kritzman, « Architecture of the Utopian Body : the Blasons of Marot and Ronsard », dans *The Rhetoric of Sexuality*, *op. cit.*, p. 99.

65 *Blasons anatomiques du corps féminin*, éd. citée, p. 21.

un tétin » (v. 39) suscite moins d'enthousiasme. Comment expliquer une telle réticence à peindre le laid ? Peut-être, finalement, le concours des blasons n'est-il pas *juste* un exercice de style ? Les différentes variantes du texte sont révélatrices. Georges Guiffrey note que les manuscrits B. N. ms. 4967 et ms. 189 A & 189 B donnent pour les vers 23-24 une variante qui subit la censure de Dolet pour l'édition de 1538 : « Et qui pour faire seroit bonne / Un chaperon a la Sorbonne[66] ». Le « chaperon du temps passé » dont il est question au vers 24 est en réalité, ou était censé être, une allusion au chaperon des docteurs de la Sorbonne, comme nous l'avons déjà évoqué ci-dessus. Comparer les docteurs en théologie à un laid tétin était sans aucun doute audacieux. Il se trouve que sous le couvert d'un jeu poétique, Marot intègre *en catimini* une attaque assez virulente contre la Sorbonne. G. Guiffrey résume ainsi :

> Dans la variante que nous fournissent les manuscrits sur ces deux vers on retrouve la rancune de Marot contre la Sorbonne. Mais la mauvaise humeur du poète ne lui faisait point oublier la prudence & à l'impression il eut la précaution de remplacer sa méchanceté par une banalité. Le chaperon de la Sorbonne, que Marot cherche à ridiculiser, n'était autre que le « Liripipion à l'anticque » avec lequel Janotus de Bragmado se présente devant Gargantua [...]. Il devient difficile de donner une description exacte de cette coiffure officielle en présence des dissertations aussi savantes que contradictoires auxquelles les auteurs les plus érudits se sont livrés à son sujet [...]. De ces explications, [...] il semble ressortir que le chaperon des docteurs de Sorbonne était retenu par un morceau d'étoffe en forme de tuyau ou de gaine plate qui pendait sur l'épaule[67].

C'est peut-être alors le rapprochement comique, mais très osé, du chaperon sorbonnard à un laid tétin qui explique la fin précipitée du poème : « Bren ma plume, n'en parle plus, / Laissez-le là, ventre saint-George, / Vous me feriez rendre ma gorge » (v. 39-41). Comme si Marot devait se retenir lui-même pour ne pas se perdre davantage dans des propos risqués. Peut-être est-ce justement la dimension polémique de ce poème qui explique la prudence des poètes compatriotes à y répondre.

En effet, les réactions au blason du laid tétin demeurent peu nombreuses. On peut seulement retenir deux contreblasons qui suivent à peu près la veine satirique illustrée par Marot : le « Contreblason du nez » de

66 C. Marot, *Les Œuvres*, éd. citée, t. 4, p. 104-105.
67 *Ibid.*, p. 105.

Jean Rus[68] ou encore le « Contreblasons du cueur » de Jacques Peletier du Mans[69]. Sinon, la grande partie des contreblasons sortent de la plume d'un ennemi de Marot, à savoir La Hueterie qui est proche de François de Sagon. On peut s'imaginer que dans « les contreblasons de la beauté des membres du corps humain faits par Charles de La Hueterie[70] », l'auteur fait exprès de démentir la poétique du laid que suggère Marot. De fait, les contreblasons de La Hueterie ne répondent guère à la tonalité ludique que propose Marot, mais adoptent une posture purement moralisatrice envers le corps, présenté comme un « ennemi » de l'âme, qui, quant à elle, est le « beau diamant que Dieu dedans a mis[71] ». Ce discours manichéen vise donc à critiquer l'éloge du corps qui avait été dressé par les blasonneurs.

Gilles Corrozet s'en prend également aux blasonneurs. Il publie son propre recueil de blasons, intitulé les *Blasons domestiques* (1539), en tête duquel il place la pièce « Contre les blasonneurs des membres » :

> L'honnêteté qui doit être en la bouche,
> Les mots dorés que par écrit on couche,
> Donnent louange et honneur non en vain,
> Au bon diseur et au juste écrivain.
> Tout au contraire une parole dite,
> Laide et vilaine, ou en papier écrite,
> Rend son auteur de macule taché.
> Parquoi aucuns ont-ils doncques tâché
> Se rendre obscurs, perdant leur renommée,
> Tant qu'en tous lieux leur personne est blâmée ?
> La volupté et sensualité
> Leur ont ainsi leur cœur débilité
> Tant et si fort, que le mal par dehors
> Montre l'effet de ce qu'est dans le corps.
> Selon la chose en quoi le cœur abonde,
> La bouche parle, ou soit nette, ou immonde.
> Ô qu'on dit bien proverbes évidents :
> Du sac ne sort que ce qui est dedans.
> On le connaît. Je ne sais quels rimeurs,
> Tous corrompus de parole et de mœurs,
> Ne font écrits que de choses trop vaines,
> En corrompant toutes vertus humaines :

68 *Blasons anatomiques du corps féminin*, éd. citée, p. 226-230.
69 *Ibid.*, p. 239-240.
70 *Ibid.*, p. 149-187.
71 *Ibid.*, p. 149-187, v. 5-6.

L'un s'entremet de décrire un tétin,
Et l'autre un ventre aussi blanc que satin[72].

Le propos de Gilles Corrozet relève clairement d'une lecture purement morale des blasons, rattachant le bien dire, soit les « mots dorés », à une éthique de l'honneur et de l'honnêteté. Pour les vers 15-16, J. Gœury met en avant l'intertexte évangélique, à savoir le passage dans l'évangile de Matthieu 12, 34 : « De l'abondance du cœur la bouche parle. » La correspondance entre le parler et une certaine posture morale s'inscrit dans une perspective chrétienne et rejoint, en un sens, le passage de l'épître à Jacques que nous avons cité en lien avec la théorisation des blasons par Thomas Sébillet[73] : le chrétien ne saura pas faire sortir d'une même bouche belle et laide parole, soit éloge et blâme. En revanche, le blasonneur, parce que sa parole est « laide et vilaine », est moralement infect (« de macule taché »). Toutefois, Gilles Corrozet ne s'en prend pas ici aux blasonneurs – c'est « sans faire nuisance / À leur parler et parfaite élégance » (v. 31-32) – mais formule sa critique en raison de la nature érotique de leurs écrits. La critique vise alors avant tout le choix du sujet : « Mais du sujet c'est le plus ord et sale / Dont fut parlé jamais en chambre ou salle. / Les noms sont beaux qu'appropria nature / Aux membres bas de toute créature, / Mais blasonner ces membres vénériques, / Les exaltant ainsi que déifiques, / C'est une erreur et une idolâtrie » (v. 33-39). En blasonnant, les poètes commettent le péché de l'idolâtrie. En blasonnant sur la laideur, ils manifestent « en quoi [leur] cœur abonde » (v. 15).

Initialement affichés par Marot comme un mode d'expérimentation littéraire de l'écriture satirique, les blasons – et surtout ceux qui chantent la laideur – doivent affronter des lectures et répliques moralisatrices qui mésestiment la valeur innovante de ce projet collectif où se renouvelle une rhétorique de la laideur héritée des traditions médiévales, en particulier celles de la Grande Rhétorique. Or, cette initiative arrive à un moment politiquement délicat. Marot lui-même se trouve en exil et l'appel à la conception des contreblasons correspond de surcroit avec la période de sa querelle avec de Sagon à laquelle se joignent bon nombre de poètes de l'époque. En effet, les adversaires conservateurs sur le plan

72 *Ibid.*, p. 202-203.
73 Voir *supra*, p. 243.

religieux de Marot jettent une ombre sur le côté ludique et expérimental de cette entreprise ostensiblement joviale. Toutefois, les ambiguïtés et les attaques faites à la Sorbonne qui transparaissent dans le « Blason du laid tétin » renforcent le potentiel tout à fait sérieux de cette invective qui s'est faite « par maniere de rire ».

CONCLUSION

Nous avons pu démontrer que la laideur physique intervient, chez Marot, sur deux plans, illustrant bien le mot-valise « poét(h)iques », sur lequel nous basons nos analyses : celui d'une représentation de la *persona* marotique et celui d'un exercice rhétorique qui vise la variation et le renouvellement des codes poétiques aussi bien que de leurs sujets. À ces deux égards, le thème de la laideur apparaît comme un élément constitutif de l'œuvre marotique.

Les liens intrinsèques, que maints critiques ont observés chez Marot, entre l'*ethos* évangélique et le choix du style simple, se déploient également par rapport à la laideur. Dans la mesure où Marot inscrit son physique disgracieux dans sa propre écriture poétique, il devient révélateur d'une posture chrétienne prônant l'humilité et le rabaissement de soi. En même temps, la reconnaissance de soi en tant que pécheur laid intègre la logique de pénitence qui précède la justification par la foi, défendue par les évangéliques. Le passage par l'enlaidissement physique représente, à cet égard, une étape indispensable dans l'économie de la rédemption. C'est sur une telle éthique que s'aligne une lecture positive du physique ingrat, mobilisé comme échappatoire à la gloire humaine mais visant aussi souvent des fins purement stratégiques. En effet, le choix de se mettre en scène comme laid, vieilli ou peu attrayant –le corps âgé étant associé à une certaine disgrâce physique[1] – s'explique par une volonté de mise en valeur de la production poétique qui, elle, assure le revenu du poète. Marot suit à ce sujet les Grands Rhétoriqueurs qui exploitent *in extenso* le topos du poète laid à des fins pécuniaires. Dans la mesure où une telle représentation de soi traduit également la dépendance vis-à-vis d'un mécène, elle est aussi, paradoxalement, un moyen de libérer

1 De fait, la vieillesse s'aligne de manière topique sur la laideur physique. Si, chez la femme, le corps âgé est dénoncé comme repoussant et dégoûtant, le corps vieilli masculin, à travers notamment la chevelure grisonnante, est associé à la sagesse.

la *persona* du poète, dans la mesure où elle permet d'exprimer le mal-être matériel et corporel dans lequel se trouvent les poètes de l'époque.

Cependant, le fait d'assumer un tel masque de disgrâce physique – sachant que l'iconographie marotique confirme l'image d'un poète plutôt dépourvu d'attrait physique, dont les tempes dégarnies marquent le vieillissement – n'est pas réservé à la seule écriture de soi. Les ennemis de Marot s'en prennent au physique du poète lors de la célèbre querelle qui l'oppose à de Sagon. Ce différend produit une véritable esthétique de l'ennemi qui relie le registre de l'invective à l'écriture « contreblasonique », laquelle prend pour sujet les défauts et tares corporels de l'adversaire.

En deuxième instance, nous avons pu illustrer la manière dont le corps hideux représente un stimulant au renouvellement des formes et du langage poétiques. Sur un plan métapoétique, la rencontre du jeune poète inexpérimenté avec la vieille hideuse dans « L'Epistre du Despourveu » marque un moment de métamorphose intégrant les procédés de la Grande Rhétorique tout en les transformant en un style personnel. Il est remarquable que ce changement soit suscité par la vue de la laideur – la vieille Hideuse serait-elle une allégorie de la Grande Rhétorique ? – qui a un effet enlaidissant sur le poète. Étape nécessaire, semble-il, qui témoigne de nouveau d'une posture d'humilité, pour provoquer un renouveau du langage poétique.

C'est indubitablement avec le concours des blasons que l'on assiste à l'apogée d'une poétique de la laideur à la Renaissance. Inspirés des modèles médiévaux et suivant l'exemple pionnier donné par Marot lui-même, les (contre-)blasonneurs marotiques développent des formes innovatrices pour dire un membre laid du corps, *a priori* dans le but de l'opposer à son bel équivalent. Il s'agit là avant tout d'un exercice rhétorique d'apprentissage des normes épidictiques de l'éloge et du blâme aussi bien qu'un entraînement à la variation poétique. L'enjeu est plus ambitieux, nous semble-t-il, avec l'épigramme du « laid tétin ». Pour chanter la laideur, Marot revendique l'élaboration d'un nouveau style, le « style épouvantable ». Son incitation ne sera pas suivie par ses amis poètes. S'il est peu probable qu'une telle réticence à peindre le laid soit liée aux incapacités poétiques des blasonneurs, il se peut que le sujet du laid, contrairement à celui du beau, suscite des gênes et puisse provoquer des polémiques plus délicates. Avec son poème « Du laid tétin », Marot semble libérer la forme du blason, alors cantonnée à la poésie légère ou à l'exercice rhétorique, pour en faire aussi une arme de virulence politique et théologique et en profiter en l'occurrence pour placer quelques banderilles contre la Sorbonne.

QUATRIÈME PARTIE

L'IDÉAL SOUS MENACE

LA LAIDEUR CHEZ JOACHIM DU BELLAY

Dans l'une des rares études sur le statut du laid dans l'œuvre de Joachim Du Bellay, George Hugo Tucker montre comment l'impossibilité d'atteindre un idéal tant désiré – que ce soit la beauté céleste ou le pays natal – a pour conséquence la prise de conscience du présent comme un état de souffrance et de manque se manifestant par des symboles de la laideur. Malgré une préoccupation apparente pour le beau, il reconnaît qu'il y a chez Du Bellay une esthétique fondée sur ce qui déplaît à la vue, « the esthetics of the unsightly[1] ». G. H. Tucker conçoit ce mode de perception comme constitutif d'un système poétique qui se nourrit d'un rapport symbiotique entre deux opposés : le beau et le laid, mais aussi le plaisir et la souffrance, le transcendant et l'ici-bas, ou pour être plus concret, le pays natal et l'exil romain, la beauté française – symbolisée par la figure de Marguerite de France, destinataire de certains sonnets finals du recueil des *Regrets* – et les laideurs romaines, que ce soit celle de la papauté débauchée ou celle des courtisanes dépravées. Françoise Joukovsky envisage ce rapport entre manque et accomplissement sous le jour de la menace. C'est par rapport à l'esthétique de la Pléiade qu'elle observe que « ces poètes se sont créé des refuges imaginaires, menacés toutefois par la laideur et le chaos, qu'ils s'efforçaient vainement d'en bannir[2]. » La critique esquisse alors un rapport problématique entre laideur et beauté dont la réconciliation par l'acte créateur engendre chez Du Bellay une forme de souffrance, de mélancolie et de désenchantement.

Ces états de négativité remettent en cause un idéalisme amoureux, formel et littéraire. De ce fait, c'est également dans un rapport poétique avec le beau, que le laid surgit à la fois comme le signe d'un désillusionnement, et comme une espèce d'expérimentation avec les codes poétiques d'un système littéraire donné. On pense notamment au pétrarquisme, dont la parodie, ou sa subversion sous forme antipétrarquiste, mobilise souvent le champ sémantique de la laideur. En ce sens,

1 G. H. Tucker, « Beyond Beauty. The Esthetics of the Unsightly in the Poetry of Joachim Du Bellay », *Compar(a)ison. An International Journal of Comparative Literature : Ästhetiken des Hässlichen*, éd. M. Jakob, n° 2, 1997, p. 73.

2 F. Joukovsky, *Le Bel Objet. Les paradis artificiels de la Pléiade*, Paris, Classiques Garnier, 1991.

le laid intègre – comme chez Marguerite de Navarre et Marot – une quête de véridicité. Que ce soit le désir du « franchement deviser » ou bien le passage par la satire pour montrer plus véritablement les maux romains, Du Bellay met sous les feux croisés un soi-disant idéal qu'il revisite en le confrontant aux référents du laid. Force est de remarquer que les occurrences du mot « laid » sont rares dans l'œuvre bellayenne[3]. Toutefois, nous verrons que Du Bellay déploie l'univers sémantique de la laideur de diverses manières dans sa poésie.

La question de la laideur se pose autrement chez Du Bellay que chez nos deux auteurs précédents, dont la posture évangélique détermine également, à des degrés divers, l'approche du laid. Dans la mesure où la production ouvertement chrétienne de Du Bellay – tel son recueil *Œuvres de l'invention de l'autheur* (1552) – ne traite aucunement de la laideur[4], on passe avec ce poète de la Pléiade d'une christianisation de la laideur à sa poétisation à part entière. Quoique les résonances évangéliques dans l'œuvre bellayenne – notons que Du Bellay participe également aux tombeaux pour Marguerite de Navarre[5] – aient été relevées par Isabelle Garnier[6], elles n'ont pas de répercussions notables sur le traitement du laid. Chez Du Bellay, le thème de la laideur implique avant tout une remise en question de l'esthétique néoplatonicienne que reprennent les poètes de la Pléiade, par exemple avec le pétrarquisme et la quête de « l'idée de la beauté ». En même temps, la Pléiade s'intéresse à la dimension sensible et plastique des réalités terrestres. C'est dans un entre-deux dynamique, dans la coïncidence et la concurrence du beau avec le laid, dans leur mélange satirique qu'il faut situer l'interrogation. Le statut du laid se conçoit constamment par rapport à une remise en cause satirico-ludique des critères du beau. Dès lors que le poète rend

---

3 Voir K. Cameron, *Concordance des œuvres poétiques de Joachim Du Bellay*, Genève, Droz, 1988 : sept lemmes pour le mot « laid » (2) et ses dérivés « laids » (1), « laide » (3) et « laideur » (1), dont la plupart se trouvent dans les recueils romains, notamment *Les Regrets* (sonnet 62) et les *Divers Jeux rustiques* (« Complainte des Satyres aux nymphes »). Les trois autres occurrences apparaissent dans « L'Antérotique » et dans les *Vers lyriques* (« À Mercure et à sa lyre »).

4 La seule exception est la « Complainte du désespéré » ; voir à ce propos *infra*, p. 294-296.

5 Voir J. Du Bellay, « Le tombeau de Marguerite de Valois, royne de Navarre », dans *Œuvres complètes*, éd. O. Millet, Paris, Classiques Garnier, 2013, t. 3, p. 9-46.

6 Voir I. Garnier, « Entre pétrarquisme et néoplatonisme : réminiscences évangéliques dans *L'Olive* », *Cahiers textuel : Du Bellay :* La Deffence & L'Olive, *lectures croisées*, éd. J. Vignes, n° 31, 2008, p. 107-126.

compte de l'absence ou de l'instabilité de l'idéal, il se sert des images du laid pour à la fois exprimer son désenchantement et louer la diversité du monde, car toute véritable beauté est dans le jeu des contrastes.

C'est dans une telle optique que nous interrogerons dans un premier temps le statut du laid dans la poésie pétrarquiste. Entreprise en apparence paradoxale vu la prédilection du poète-amant pour le beau. Or, c'est en creux que ces textes du beau permettent d'interroger son antonyme. Outre le corpus pétrarquiste, nous étudierons le champ sémantique du difforme dans les recueils romains, en particulier dans *Les Regrets*, qui représentent le laid sous trois aspects : l'enlaidissement et la *persona* du poète mélancolique, le mélange du beau et du laid dans la satire et, enfin, la fonction de la courtisane romaine.

LA LAIDEUR EN CREUX

Éléments antipétrarquistes dans les premières poésies de Du Bellay

Du Bellay débute sa carrière poétique avec le premier recueil pétrarquiste en sonnets français, *L'Olive*[1]. Publié en 1549 puis augmenté considérablement l'année suivante, le recueil se présente sous la forme d'un *canzoniere* qui, célébrant les grâces d'une belle femme, imite le « modèle pétrarquiste[2] ». L'élément décisif pour notre propos est paradoxalement la beauté de la dame célébrée. Quoique ses grâces soient louées selon un apparat métaphorique riche, mais figé, la belle n'est nullement impressionnée par les louanges du poète-amant et rejette son soupirant. En fin de compte, le chant de la beauté aboutit à l'abandon du plaisir et s'épuise dans un désenchantement qui met le beau du côté du leurre.

La quête de la beauté et de l'amour, tout comme l'impossibilité de les atteindre, sont au cœur du propos pétrarquiste. Ainsi que le résume Françoise Joukovsky, les « pétrarquistes étaient des esthètes[3] » dont la préoccupation première consistait en la recherche d'une représentation idéale du beau. Or, tout comme la perfection de la *bella donna* n'est pas à l'abri du déclin, le pétrarquisme lui aussi est pris dans une dialectique de l'harmonie et de « la fragmentation » ou de « la dispersion », des « laideurs du monde », comme le rappelle Eva Kushner dans son article sur « le rôle catalyseur de la désharmonie dans la poésie pétrarquiste[4] ».

1 Pour tous les renvois à *L'Olive*, nous citons d'après l'édition *Œuvres complètes*, t. 2 : *L'Olive et quelques autres œuvres poêtiques*, éd. M.-D. Legrand, M. Magnien et O. Millet, Paris, Classiques Garnier, 2003.

2 Voir A. Gendre, « Vade-mecum sur le pétrarquisme français », *Versants : Revue suisse des littératures romanes*, vol. 7, 1985, p. 37-64 ; voir aussi D. Maira, *Typosine. La Dixième Muse. Formes éditoriales des canzonieri français*, Genève, Droz, 2007.

3 F. Joukovsky, *Le Bel Objet*, *op. cit.*, p. 180.

4 E. Kushner, « Le rôle catalyseur de la désharmonie dans la poésie pétrarquiste », dans *Disarmonia, bruttezza et bizzarria nel Rinascimento, Atti del VII convegno internazionale*,

C'est au moment où les poètes pétrarquistes interrogent la stabilité de l'idéal que leurs écrits deviennent susceptibles d'intégrer comme sujet la laideur. Chez Du Bellay, nous repérons deux modes pour envisager ce thème, tous les deux intégrant la critique d'un code poétique au sein du système littéraire du pétrarquisme[5] et que l'on pourrait qualifier de ce fait d'antipétrarquistes. Le premier concerne la révocation d'un discours amoureux ressenti comme artificiel, générant alors un retour vers un style plus naturel, non-factice. Ce retour nécessite le passage par la satire (« Contre les pétrarquistes »), par l'invective (« L'Antérotique »), ou par les « vers imparfaits » et prosaïques du *sermo pedestris* dans *Les Regrets*. Dans le deuxième mode, le sujet de la laideur surgit sur un plan thématique. Que ce soient dans les laideurs des ruines romaines ou bien dans le fait de troubler le désir amoureux en remplaçant la bien-aimée par une femme hideuse, Du Bellay trouve de multiples formes pour exploiter la dimension contestataire du laid. À ce titre, l'introduction de la vieille mégère, l'emblème de la laideur dans la poésie amoureuse, représente l'opposition la plus virulente au modèle platonisant du pétrarquisme. Ce dernier dessine l'idéal d'un mouvement ascensionnel, qui démarre en partant du beau corps de la dame pour s'achever dans la contemplation de l'idée du beau. Le discours antipétrarquiste, en revanche, peint au mieux le trouble d'un tel discours amoureux en faisant de la femme laide sa protagoniste.

En réalité, il est plus commode, pour cerner les lieux constitutifs du pétrarquisme français, d'interroger les textes qui se présentent ouvertement comme antipétrarquistes et qui prétendent aller à rebours du style pétrarquisant. Ces textes, qui relèvent d'une métarhétoricité importante, reproduisent en creux les procédés qu'ils cherchent à contester, et percent à jour ce que Jean-Claude Carron appelle une « stratégie de la satire du pétrarquisme[6] ». Cette satire peut être conçue comme une poésie du

Chianciano-Pienza, 17-20 luglio 1995, éd. L. Rotondi Secchi Tarugi, Firenze, F. Cesati, 1998, p. 19-30.

5 S. Jossa et S. Mammana, « Petrarchismo e petrarchismi : forme, ideologia, identità di un sistema », dans *Nel libro di Laura : le pétrarquisme amoureux à la Renaissance*, éd. L. Collarile et D. Maira, Bâle, Schwabe, 2004, p. 91-116. Voir aussi D. Maira, « Le "godmicy" d'Hélène : pétrarquisme sexuel et virilité restaurée », *Romanic Review*, n° 108, 2017, p. 51-75.

6 J.-C. Carron, « Stratégies de la satire du pétrarquisme chez Du Bellay et Ronsard », dans *La Satire dans tous ses états. Le « meslange satyricque » à la Renaissance française*, éd. B. Renner, Genève, Droz, 2009, p. 221-244.

contre, qui, on l'a montré pour Marot[7], fait appel au thème de la laideur, celui-ci se prêtant facilement à l'expression contestataire. Tel le poème bellayen, « Contre les petrarquistes » (1558), qui parcourt en creux bon nombre d'isotopies pétrarquistes et contient, par ailleurs, depuis la version primitive intitulée « À une Dame » (1553), la première occurrence du verbe « petrarquizer ». Les poètes des années 1550 sont communément associés avec une telle subversion parodique des conventions pétrarquistes, tout en les pratiquant par ailleurs. D'après François Rigolot, la rupture entre pétrarquisme et antipétrarquisme est accomplie au moment où « Ronsard abandonne Cassandre pour Marie[8] », délaisse une jeune aristocrate louée dans un style élevé pour une paysanne inconnue que l'on chante habituellement en style bas. Changement de modèle et de style qui ne montre pourtant, selon F. Rigolot, que « le goût de la diversité formelle », la femme n'étant que prétexte à l'exercice poétique :

> Le pétrarquisme bascule dans son contraire, non pas parce que la mode a changé, mais parce que le poète veut exhiber ses dons multiples et montrer qu'il est capable de jouer avec succès sur tous les registres du lyrisme. Que ce soit la veine pétrarquiste ou antipétrarquiste, sur le plan du désir amoureux, ce sera d'ailleurs toujours le même échec[9].

Sous les auspices de la diversité, le passage du pétrarquisme à l'antipétrarquisme n'est donc, au moins chez Ronsard, qu'une simple expérimentation poétique qui vise le maniement de différents registres, à l'instar de l'écriture des blasons et des contreblasons. Il importe peu que la femme célébrée soit belle ou laide comme le constate Yvonne Bellenger : « Souvent ce sont les mêmes poètes qui idolâtrent et méprisent les femmes, ce qui fait de la poésie antipétrarquiste une polémique autour des conventions littéraires plutôt qu'une attaque misogyne contre les femmes représentées[10] ». Dans la mesure où cette polémique exploite le champ sémantique du laid, notamment quand il s'agit – *a priori* dans le mode antipétrarquiste – de blâmer le féminin, le thème de la laideur manifeste aussi sa valeur non-conformiste sur le plan métapoétique. C'est qu'elle intègre la critique des codes du pétrarquisme.

---

7 Voir *supra*, p. 246.

8 F. Rigolot, *Poésie et Renaissance*, Paris, Éditions du Seuil, 2002, p. 196.

9 *Ibid.*, p. 202.

10 Y. Bellenger, « Femmes mal aimées, femmes malmenées dans la littérature française de la Renaissance », *Folia Litteraria*, nº 14, 1985, p. 41-56.

Sur le plan métaphysique cependant, qui renvoie au modèle platonisant du pétrarquisme, il en est autrement. On ne peut nier que le pétrarquisme néoplatonicien reste intrinsèquement lié à l'idée de beauté. Du Bellay conçoit *L'Olive* en référence aux théories néoplatoniciennes, cadre doctrinal absent du *canzoniere* pétrarquien. Suivant le néoplatonisme christianisé de Ficin, le circuit amoureux est celui d'une ascension à partir de l'amour terrestre qui se veut la clé ou le point de départ vers l'amour céleste, dans la perspective de remplacer l'« aele [du] desir[11] » (sonnet 81, v. 1) par l'« aele bien empanée » (sonnet 113, v. 8), dont le but ultime est l'envol « au plus hault ciel » (v. 12) pour saisir enfin l'idée de beauté : « Tu y pouras recongnoistre l'Idée / De la beauté, qu'en ce monde j'adore[12] » (v. 13-14). Le couple idée-beauté, lié sémantiquement par sa forme latine commune de *forma*, est pris dans un mouvement contradictoire entre la sphère céleste et le monde terrestre. C'est autour de cette dialectique que s'anime le fameux débat entre Jakobson et Spitzer[13]. Sans entrer dans le détail de cette controverse entre école structuraliste et approche stylistique, il s'en dégage que la beauté se trouve apparemment dans un rapport de tension ou d'instabilité entre l'au-delà idéel et l'ici-bas matériel. Bien qu'il ne soit question, au sonnet 113, des laideurs du monde, on constate néanmoins que l'âme amoureuse est enfin retenue par la beauté terrestre, susceptible de retomber dans un état inférieur, plus bas et, par conséquent, menacée de se compromettre avec la laideur. L'analyse de G. H. Tucker sur le sonnet 113 corrobore notre lecture :

> *In fact, the absence of the object of desire may be seen, paradoxically, to generate a poetics of presence–the presence of desire itself, in all its immediacy, its pain and its dubious pleasures, whose manifest symbols and realm are those of the unsightly and the sickly, the disappointing and the illusory, the ruined and the disfigured. These are the external, concrete markers of that here and now, of that dark side of desire, which remains unilluminated by the ideal beauty whither the poet would espace*[14].

11 J. Du Bellay, *L'Olive*, éd. citée, sonnet 81, p. 203.

12 *Ibid.*, sonnet 113, p. 219.

13 D. Maira, « Roman Jakobson contre Leo Spitzer. Militantisme critique et défense d'une méthode », *Romanische Studien*, vol. 5, 2016, p. 135-153.

14 G. H. Tucker, « Beyond Beauty », art. cité, p. 74 ; [En fait, l'absence de l'objet du désir peut être considérée, paradoxalement, comme générant une poétique de la présence – la présence du désir lui-même, dans toute son immédiateté, sa douleur et ses plaisirs douteux, dont les symboles et le royaume manifestes sont ceux du laid et du malade, du décevant et de l'illusoire, de la ruine et du défiguré. Ce sont les marqueurs extérieurs,

L'âme « bien empannée » de la poésie platonisante pétrarquiste, tout en tendant vers l'harmonie ultime, demeure solidement ancrée dans le monde. C'est le goût pour la beauté terrestre qui apparemment complique ou trouble le circuit amoureux. G. H. Tucker va encore plus loin dans l'analyse de ce sonnet sur le beau. Du Bellay conjugue le désir au présent, « the presence of desire itself », c'est-à-dire le désir dans sa forme la plus immédiate et terrestre, laquelle s'exprime dans une panoplie de symboles, tels la souffrance, l'illusion, l'infirme et aussi le laid. Nous retrouverons ces éléments – que l'on pourrait qualifier d'« antipétrarquistes » dans la mesure où ils menacent l'idéal – dans les recueils romains de Du Bellay, en particulier dans *Les Regrets*. Mais c'est déjà bien avant que Du Bellay manifeste son penchant pour l'antipétrarquisme.

« CONTRE LES PÉTRARQUISTES » : « FRANCHEMENT DEVISER » DE LA LAIDEUR ?

Depuis le début, Du Bellay exprime une propension au rejet de sa propre poétique, tout particulièrement celle qu'il hérite du modèle pétrarquiste qu'il pratique dans *L'Olive*. Ce rejet se présente sous la forme d'une écriture négative que F. Rigolot a caractérisée comme « poésie du refus[15] ». Sa pièce « À une Dame », parue en 1553 dans la version augmentée du *Recueil de Poésie*, puis modifiée en 1558 sous le titre « Contre les pétrarquistes » dans les *Divers Jeux rustiques*, fait état d'une telle palinodie. Ce revirement a souvent été interprété comme une rupture esthétique avec l'écriture pétrarquiste, voire comme le premier écrit antipétrarquiste[16] :

J'ay oubliez l'art de Petrarquizer,
Je veulx d'Amour franchement deviser,
Sans vous flatter, et sans me deguizer :

concrets, de cet ici et maintenant, de ce côté sombre du désir, qui reste non éclairé par la beauté idéale où le poète voudrait s'aventurer. (Nous traduisons)]

15 Voir F. Rigolot, « Du Bellay et la poésie du refus », *Bibliothèque d'Humanisme et Renaissance*, n° 63, 1974, p. 489-502.

16 Voir Y. Bellenger, « Du Bellay antipétrarquiste en 1553 », *Revue des amis de Ronsard*, n° 2, 2012, p. 83-101.

Ceulx qui font tant de plaintes,
N'ont pas le quart d'une vraye amitié,
Et n'ont pas tant de peine la moitié,
Comme leurs yeux, pour vous faire pitié,
Jette de larmes feintes[17].

On passe de manière désinvolte d'un titre qui s'attaque aux personnes, à savoir les poètes pétrarquistes, à « l'art de Pétrarquizer ». Sachant que le terme « art » prend au XVIe siècle la signification péjorative d'artifice[18], la poésie amoureuse pétrarquiste est ici rapprochée négativement d'un discours de feinte et d'hypocrisie. La revendication du « franchement deviser » s'inscrit alors dans une recherche d'authenticité, comme le montre F. Rigolot[19], non faussée par des « plaintes » qui amplifient considérablement (« non pas le quart », « de peine la moitié ») les vrais sentiments. Faut-il reconnaître, dans cette requête, une plaidoirie pour chanter la bien-aimée telle qu'elle est, « sans [la] flatter », par exemple en évoquant également ses tares et ses défauts ?

Du Bellay attaque un code poétique précis, à savoir les conventions pétrarquistes. Ainsi que le résume très bien Jean-Yves Vialleton, Du Bellay mine ici l'ensemble des styles. Le critique montre de manière détaillée comment Du Bellay revendique dans ce long poème, à travers le parcours de tous les lieux communs rhétoriques, un discours amoureux « sans obstacle [à] la transparence de la communication[20] ». Sa critique ne vise alors pas les poètes qui pétrarquisent mal, mais le code poétique en soi qui est devenu victime de ses propres conventions :

L'un meurt de froid, et l'autre meurt de chault,
L'un vole bas, et l'autre vole hault,

17 Pour les citations de « Contre les pétrarquistes », nous renvoyons désormais à l'édition *Œuvres complètes*, t. 4.1 : *1557-1558*, éd. M. Magnien, O. Millet et L. Petris, Paris, Classiques Garnier, 2020, p. 112.

18 *Dictionnaire du Moyen Français (DMF)*, éd. citée, s.v. « art ».

19 F. Rigolot, *Poésie et Renaissance*, *op. cit.*, p. 270.

20 J.-Y. Vialleton, « Le Pétrarque des antipétrarquistes français des années 1550 », *Cahier d'études italiennes*, n° 4, 2006, p. 104 : « La dénonciation de l'artifice du discours amoureux y reprend les lieux de la dénonciation de la rhétorique présentée comme sophistique. [...] Mais le poème a une visée encyclopédique et c'est à l'ensemble des styles possibles que Du Bellay s'en prend. La strophe 3 évoque la préciosité de la rhétorique du *delectare* (fin or, perles, cristal, marbre, ivoire), la strophe 5 la rhétorique de la *copia* (richesse, abondance), l'asianisme, le style fleuri, la rhétorique des peintures de la seconde sophistique ».

L'un est chetif, l'autre a ce qu'il luy fault,
L'un sur l'esprit se fonde,
L'autre s'arreste à la beauté du corps :
On ne vid onq' si horrible discords
En ce cahos, qui troubloit les accords
Dont fut basty le monde[21].

On reconnaît la métaphore des *genera dicendi*. Que les poètes recourent au style bas (« L'un vole bas ») ou au style élevé (« l'autre vole hault »), ils se fourvoient dans une construction discordante par l'emploi excessif d'antinomies (« L'un meurt de froid, et l'autre meurt de chault ») et par la non-correspondance entre esprit et corps, d'autant que la beauté corporelle à elle seule est insuffisante pour former un rapport harmonieux. Discordance qui devient l'image même d'une écriture poétique écartelée, voire chaotique.

En dépit de cette critique des conventions, Du Bellay n'hésite pas à revenir au pétrarquisme, comme le révèle la dernière strophe, très connue, du poème :

Si toutefois Petrarque vous plaist mieux,
Je reprendray mon chant melodieux,
Et voleray jusqu'au séjour des Dieux
D'une æle mieux guidée :
Là dans le sein de leurs divinitez
Je choisiray cent mille nouveautez,
Dont je peindray vos plus grandes beautez
Sur la plus belle Idée[22].

J.-C. Carron reconnaît là une stratégie du paradoxe, en phase avec la mode de l'écriture paradoxale ; celle-ci a été introduite en France avec la traduction par Charles Estienne des *Paradossi* de Lando, publiée à partir de 1553[23]. Pour J.-C. Caron, « l'essentiel de la démarche de Du Bellay n'est pas de faire coïncider pétrarquisme et antipétrarquisme, [...] mais bien plutôt de justifier son recours au pétrarquisme exigé par la dame, une fois qu'il aura été passé par l'épreuve révélatrice et la cure guérisseuse de la satire[24] ».

21 J. Du Bellay, « Contre les pétrarquistes », éd. citée, p. 115.
22 *Ibid.*, p. 117-118.
23 J.-C. Carron, « Stratégies de la satire du pétrarquisme », art. cité, p. 225.
24 *Ibid.*, p. 223.

Une étape de cette démarche satirique consiste à adopter un style simple et naturel, qui permette de « franchement deviser ». Cette franchise semble pousser le poète à un aveu : la beauté du corps féminin est une condition absolument nécessaire à sa propre inspiration. Celui-ci admet ouvertement que les « graces cachées » de la dame, c'est-à-dire son intelligence, ne l'intéressent pas :

> Si vous trouvez quelque importunité
> En mon amour, qui vostre humanité
> Préfère trop à la divinité,
> De voz graces cachées.
> Changez ce corps, object de mon ennuy :
> Alors je croy que de moy ny d'autruy,
> Quelque beauté que l'esprit ait en luy,
> Vous ne serez cherchées[25].

Ce sont les charmes physiques, et non la beauté de l'esprit, qui incitent à l'amour. En raison de cette beauté, le poète-amant, qui incline vers le terrestre (« qui plus terrestre suis », v. 16), aspire également à la jouissance. Par conséquent, la mutation du corps, en particulier l'enlaidissement par l'âge, mettrait fin tant à l'amour qu'au chant poétique.

Paradoxalement, Du Bellay consacre les trois strophes suivantes à celle qui a « chang[é] ce corps », perdu sa beauté sous l'influence de « la grand' faux du Temps » (v. 177). Sur un ton satirique, il dresse un portrait de la future dame vieillie, qui devient pour l'occasion un contre-modèle pétrarquiste :

> Et qu'ainsi soit, quand les hyvers nuisans
> Auront seiché la fleur de vos beaux ans,
> Ridé ce marbre, esteinct ces feux luisans,
> Quand vous voirez encore
> Ces cheveux d'or en argent se changer,
> De ce beau sein l'ivoyre s'allonger
> Ces lis fanir, et de vous s'estranger
> Ce beau teinct de l'Aurore,
> Qui pensez-vous, qui vous aille chercher,
> Qui vous adore, ou qui daigne toucher
> Ce corps divin, que vous tenez tant cher ?
> Vostre beauté passée [...][26].

25 J. Du Bellay, « Contre les pétrarquistes », éd. citée, p. 116.
26 *Ibid.*, p. 116-117.

Les éléments du style moyen que vise le *delectare* (fleur, marbre, ivoire, or) sont tous atténués par les effets du vieillissement (sèche, faner, éteint, argent). La perte de la fermeté d'antan fait partie de ce processus, par exemple la dissolution d'une beauté statuaire (« Ridé ce marbre », « l'ivoyre s'allonger »). Peut-on voir dans ce style une tentative de pétrarquiser sur le vieux et le laid ? La recherche de l'expression poétique pour dire une « beauté passée » demeure au fond un portrait en creux de la beauté. Sous la forme d'une réminiscence nostalgique des « neiges d'antan » est réhabilité tout l'appareil métaphorique de la beauté. Si la laideur guette le portrait, c'est surtout pour exprimer l'idée qu'une vieille femme n'est guère désirable.

Un autre trait du « franchement deviser » concerne la métaphore du fard, signifiant à la fois un style factice et une femme trop maquillée. Du Bellay loue d'abord les anciens qui savaient s'abstenir de tout apprêt oratoire :

Nos bons ayeulx, qui cest art demenoient,
Pour en parler, Petrarque n'apprenoient,
Ains franchement leur Dame entretenoient
Sans fard ou couverture[27]

Insinuant que l'on peut bien éviter l'imitation de Pétrarque, Du Bellay évoque ici des poètes anciens qui, selon lui, maîtrisaient le « franchement deviser » revendiqué par le poète dès la première strophe.

Le thème du fard est illustré de manière plus plastique dans le sonnet VII des *Contr'amours* d'Étienne Jodelle, également membre de la Pléiade et dont les sonnets font écho à l'esprit antipétrarquiste bellayen. Ce sonnet exploite le rapprochement entre le style fardé et le fard de la dame. Jodelle montre de manière presque cosmétique, en chirurgien de la beauté, les effets transformateurs du lyrisme idéalisant :

Combien de fois mes vers ont ils doré
Ces cheveux noirs dignes d'une Meduse ?
Combien de fois ce teint noir qui m'amuse,
Ay-je de lis et roses coloré ?

Combien ce front de rides labouré
Ay-je applani ? et quel a fait ma Muse

27 *Ibid.*, p. 116.

Ce gros sourcil, où folle elle s'abuse,
Ayant sur luy l'art d'Amour figuré ?

Quel ay-je fait son œil se renfonçant ?
Quel ay-je fait son grand nez rougissant ?
Quelle sa bouche ? et ses noires dents quelles ?

Quel ay-je fait le reste de ce corps ?
Qui, me sentant endurer mille morts,
Vivoit heureux de mes peines mortelles[28].

À en croire Jodelle, toute beauté n'est au fond que laideur embellie par le vers poétique. Le renversement de la laideur en beauté par l'acte de l'écriture poétique est significatif. N'est-ce pas le pétrarquisme qui, de façon anamorphique, permet de voir, sous différents angles, beauté ou laideur ? On revient à l'une des fonctions principales de la poésie, qui est de faire voir différemment. Le pétrarquisme comprend un inventaire de procédés stylistiques qui fonctionnent au final comme des miroirs idéalisants ou déformants de la muse chantée.

Contrairement au Marot des blasons qui revendique le renouveau du langage poétique pour peindre vigoureusement le laid[29], Du Bellay ne semble pas se demander comment pétrarquiser sur l'antagoniste du beau. Dans l'écriture pétrarquiste, la laideur n'apparaît que comme un effet du vieillissement. C'est seulement la poésie qui permet d'échapper à l'écoulement du temps, ce qui explique la prétention de la dame de pouvoir conserver sa beauté grâce au chant, et cela en dépit de ses défauts physiques. La recherche du beau, même à travers les ravages inévitables du temps qui enlaidissent toujours, demeure primordiale. Les strophes décidément antipétrarquistes esquissent l'absence de beauté tout en recourant aux *topoi* pétrarquistes pour dire la beauté. La présence de la laideur n'est jamais affirmée, elle ne transparaît qu'en filigrane, car rachetée aussitôt par le chant poétique.

28 *Poètes du* XVIe *siècle*, éd. A.-M. Schmidt, Paris, Gallimard, 1953, p. 733.
29 Voir *supra*, p. 241 *sq*.

L'ANTÉROS ET SES VIEILLES SŒURS : UNE LAIDEUR MÉDIÉVALE ?

C'est par le biais du personnage de la vieille que la laideur fait son entrée dans la poésie amoureuse. Trois rôles sont attribués à cette figure : la vieille folle d'amour, la sorcière et la courtisane, qui devient entremetteuse puis se repentit de son passé pour mener désormais une vie dévote[30]. Rien n'empêche pourtant que ces masques ne s'imbriquent l'un dans l'autre. Les portraits de vieilles laides font par ailleurs souvent contrepoint à ceux de beautés juvéniles, comme dans le long diptyque de « L'Antérotique de la vieille, & de la Jeune Amye[31] » annexé à *L'Olive.* Le choix de faire suivre un *canzoniere* qui chante la beauté de la bien-aimée par une invective contre une vieille hideuse peut-il être entendu comme une satire pétrarquiste ? L'invective constitue en effet un mode de prédilection pour dire la laideur. Du Bellay mobilise le registre du blâme, s'inscrivant ainsi dans la tradition satirique de la vitupération contre les vieilles depuis Horace, Properce et Ovide[32]. Le poète mêle peut-être déjà « les épines aux fleurs », annonçant le programme satirique des *Regrets.*

Le goût bellayen pour les contraires s'exprime dans les oppositions entre vieillesse et jeunesse, laideur et beauté. De surcroit, « L'Antérotique » relève sans aucun doute de l'écriture satirique. C'est pour ces raisons que V.-L. Saulnier décrivait le poème de Du Bellay comme un « exercice de composition marotique[33] », à l'instar des blasons et contreblasons. Même si Du Bellay se prononce décidément contre la « manière marotique », des continuités avec le « Blason du laid tétin » de Marot sont certaines. Jacques Bailbé suggère en revanche d'interroger le potentiel antipétrarquiste du poème : « les vieilles représentent une parodie de la lyrique amoureuse. [...] N'est-il pas significatif de voir Du Bellay placer à la suite

30 J. Bailbé, « Le thème de la vieille femme dans la poésie satirique du seizième et du début du dix-septième siècles », art. cité, 109-114.

31 Pour « L'Antérotique de la vieille, & de la Jeune Amye », nous citons d'après *Œuvres complètes*, t. 2 : *L'Olive et quelques autres œuvres poëtiques*, éd. M.-D. Legrand, M. Magnien et O. Millet, Paris, Classiques Garnier, 2003, p. 39-44.

32 Voir *supra*, p. 249, n. 61.

33 Voir V.-L. Saulnier, *Du Bellay. L'Homme et l'œuvre*, Paris, Bovin, 1951, p. 38.

de l'*Olive* son *Antérotique de la vieille et de la jeune Amie*[34] ? » Poursuivons cette interrogation, tout en nuançant la manière dont cette satire est conçue. D'un point de vue formel, ce poème est sans aucun doute en contraste avec le *canzoniere* qui le précède : aux 50 sonnets du recueil se juxtapose un poème de 214 vers octosyllabiques en rimes plates, qui relate une petite intrigue amoureuse assombrie par l'intervention d'une vieille hideuse. Cette dernière refroidit l'éros du je lyrique au point que le baiser des amoureux échoue. Nous allons nous pencher davantage sur la valeur contestataire de ce dyptique, en analysant le titre, puis la signification du portrait de la vieille, qui est mis en relation avec celui de la jeune aimée.

Le titre du poème propose une première clé de lecture. « L'Antérotique » paraît être une version féminisée, en tout cas une invention bellayenne à partir du terme Antéros. Barthélemy Aneau traduit ce mot par « contr'amour[35] » pour signifier un élan antagoniste du « fol amour[36] ». La compréhension de ce terme est ambiguë et rend difficile son univocité sémantique, ainsi que l'a rappelé F. Rigolot :

> Dans *Antéros*, la préposition grecque *anti* peut signifier « à la place de » (ce qui postule l'échange) ou « à l'égal de » (ce qui entraîne la similarité). De là la possibilité contradictoire de voir dans *Antéros* ce qui unit (l'amour partagé) ou ce qui oppose (l'amour perturbé). Pour les poètes du début du siècle, influencés par le renouveau évangélique, le « fol amour », fondé sur la beauté extérieure et le désir sensuel, doit s'effacer devant le « ferme amour », sentiment vertueux et qui émane du cœur. *Éros* fait place à *Antéros*, symbole de sincérité et d'authenticité. Pour les sonnetistes plus tardifs des « Contr'amours », en revanche, *Antéros* sera l'emblème de ce qui nie « le ferme amour » : véhicule de la rancœur, on l'identifie au désir égoïste de rabaisser et à la jouissance perverse d'humilier[37].

Cette contradiction inhérente au terme d'Antéros fait hésiter également Daniel Aris et F. Joukovsky quant au rôle qu'il faut attribuer à ce

34 J. Bailbé, « Le thème de la vieille femme dans la poésie satirique », art. cité, p. 99.

35 Cette traduction du grec est proposée par B. Aneau dans son *Quintil Horatian*. Voir J. Du Bellay, *Œuvres poétiques*, t. 1 : *L'Olive. L'Anterotique. XIII Sonnetz de l'Honneste Amour*, éd. H. Chamard, Paris, Nizet, 1982 (1908), p. 127, n. 1.

36 B. Aneau traduit également l'*Emblematum liber* d'Alciat ; dans un emblème est représenté Antéros, voir A. Alciat, *Emblemes*, trad. B. Aneau, Lyon, G. Roville, 1549, p. 135 : « Contr'Amour, ou Amour de Vertu surmontant l'autre Cupidon ».

37 F. Rigolot, *Poésie et Renaissance*, *op. cit.*, p. 208.

contr'amour dans le poème de Du Bellay : « Faut-il établir un rapport entre ce titre et le personnage d'Anteros, le frère d'Éros, qui est soit l'amour partagé, soit (ce serait le cas ici) l'Amour céleste [...] ? Cet Anteros est à la Renaissance l'Amour néo-platonicien, qui n'est pas désir[38]. » Les deux éditeurs semblent privilégier une lecture néoplatonicienne, comme l'a bien établi Robert V. Merill dans son étude pionnière « Eros and Anteros[39] ». Inspiré du courant néoplatonicien importé d'Italie, Antéros remplissait, dans la première moitié du XVIe siècle, le rôle de l'amour spirituel pour Dieu, l'*agapè*. Il se peut dès lors que le personnage de la vieille, dans « L'Antérotique », empêche l'amour charnel, et qu'elle remplisse curieusement le rôle d'Anteros, rappelant ainsi aux amoureux que le véritable amour est celui qui poursuit le spirituel et l'éternel, comme dans *L'Olive*.

Cette hypothèse contredirait pourtant l'observation de F. Rigolot à propos des représentants de la deuxième vague antérotique à laquelle appartient Du Bellay. Celui-ci est loin de faire de l'Anteros l'expression du « ferme amour » évangélique. Pour nous, l'Anteros bellayen correspond à un amour perturbateur étant donné que la laideur de la vieille déstabilise le sujet-amant dans son élan amoureux. Un deuxième axe interprétatif complètera cette lecture : le discours antérotique de la première moitié du XVIe siècle puise moins chez les néoplatoniciens italiens que chez des auteurs de la tradition littéraire française, tels que Jean de Meung et Christine de Pizan[40]. C'est notamment le lien avec le *Roman de la Rose* qui permettra de reconnaître dans la vieille mégère de « L'Antérotique » non seulement une subversion du pétrarquisme, mais également une survivance médiévale qui corrobore l'interprétation d'Antéros comme désir rancunier.

Le diptyque est un modèle souvent utilisé pour la présentation des vieilles, opposées aux jeunes[41]. Dans « L'Antérotique », la juxtaposition se fait, quant au nombre de vers, au profit de la vieille. Les premiers 46 vers sont ainsi entièrement consacrés à la description de l'épouvantable laideur de la vieillarde, dont le grand âge remonte aux temps primitifs,

---

38 J. Du Bellay, *Œuvres poétiques*, éd. D. Aris & F. Joukovsky, Paris, Classiques Garnier, 2009, t. 1, p. 312.

39 R. V. Merill, « Eros and Anteros », *Speculum*, vol. 19, n° 3, 1944, p. 265-284, traduction française dans *Anteros, Actes du colloque de Madison (Wisconsin)*, 12 mars 1994, éd. U. Langer et J. Miernowski, Orléans, Paradigme, 1994, p. 27-59.

40 Voir G. Defaux, « Les Deux Amours de Clément Marot », *Revue d'Histoire Littéraire de la France*, vol. 93, n° 1, 1993, p. 3-29.

41 Voir J. Bailbé, « Le thème de la vieille femme dans la poésie satirique », art. cité, p. 106.

soit au tout début de l'humanité, c'est-à-dire après le déluge de Deucalion (« Vieille, [...] / Qui après l'Unde universelle », v. 2). L'évocation du grand âge fait d'elle une créature qui perdure, voire dépasse le temps. Elle en devient une abstraction allégorique, d'autant plus qu'on apprend qu'elle ne « moura point » (v. 71). La vieille mégère vaut ici pour la femme sans âge, en témoigne la description hyperbolique des rides – aussi profondes que le doigt – qu'elle porte au visage (« Des Sillons à coucher le doy », v. 10). Elle est rapidement comparée à une « vieille Beste » (v. 11) ; l'animalité convoquée pour décrire les femmes renvoie depuis le Moyen Âge au détournement de l'*imago dei*[42]. Son corps témoigne d'un désordre ou d'un renversement anatomique (« Plus d'yeux que de cheveux en Teste », v. 12). L'insistance sur le mauvais état des dents (« Vieille, à trois petiz bouz de dentz / Tous rouillez dehors & dedens », v. 13-14) et donc sur la mauvaise haleine (« Vieille, qui rends semblable haleine », v. 40) constitue un motif récurrent du portrait physique de la vieille, qui remonte aux sources antiques. De manière générale, la *descriptio* de la vieille femme à la Renaissance se présente selon J. Bailbé avec une régularité monotone, qui se décline sur plusieurs axes thématiques, comme l'anatomie burlesque, la puanteur et le grand âge[43]. La vieillarde de « L'Antérotique » répond sans exception à ce canon de laideur. Maurice de La Porte fait figurer dans ses *Épithètes* (1571), notamment sous l'entrée « Vieille », certains attributs et isotopies qui rappellent le portrait de la vieille belayenne :

> VIEILLE. Édentée, attise-querelle, froide, ternie, cadavéreuse, plombée, accroupie, ridée, odieuse, moleste, dague à rouelle, morfondue, chassieuse, basanée, injurieuse, bigote, farineuse, blême, rusée, immonde, bavarde, crasseuse, hypocrite, maquerelle, chauve, enchanteresse, marmotte ou marmottante, envieuse, barbue, méchante, furieuse, orde, pelée, malicieuse, bégayante, ridicule, contrefaite, rompue, baveuse[44].

Réunissant des indices majeurs de la laideur, Maurice de La Porte retient de la poésie belayenne concrètement les termes « immonde » et « crasseuse »

42 I. Kasten, « Häßliche Frauenfiguren in der Literatur des Mittelalters », dans *Auf der Suche nach der Frau im Mittelalter, Fragen. Quellen, Antworten*, Munich, Wilhelm Fink Verlag, 1991, p. 261.

43 Voir J. Bailbé, « Le thème de la vieille femme dans la poésie satirique », art. cité, qui dresse un inventaire des sources des vieilles dans la littérature antique et italienne (p. 99-102).

44 M. de La Porte, *Les Épithètes*, éd. F. Rouget, Paris, Honoré Champion, 2009, entrée « vieille », p. 590.

qui mettent en valeur la nature dégoûtante et sale du personnage de la vieille. Du Bellay non seulement alimente les codes poétiques conventionnels, il s'en inspire sans aucun doute. Les recoupements de «L'Antérotique» avec les épithètes du lexicographe sont plus qu'évidents.

Par ailleurs, Carolin Fischer attire l'attention sur le recours insolite à l'allégorie[45], qui se manifeste dans un rapprochement serré de la vieille avec l'Avarice (« Vieille, plus sale qu'Avarice », v. 5) et avec l'Envie :

> Vieille, qui as telle Couleur
> Que celle, qui par grand' douleur
> Du bien d'autruy se lamentant,
> Se va soymesmes tormentant,
> Et couchée à plat sur le ventre
> En lieu, où point le Soleil n'entre,
> Pour nourrissement de ses œuvres
> Se paist de Serpens, & Couleuvres[46].

Dans ces quelques lignes, le vice de l'Envie est attribué à la vieille hideuse dont le bonheur d'autrui est cause de trouble[47]. L'allusion aux serpents, symboles de l'Envie, corrobore la lecture allégorique. Ici, on a moins affaire à une figure humaine, sorte de sorcière-entremetteuse, qu'à de véritables personnifications des vices, rappelant celles du *Roman de la Rose.* On pense plus précisément à la rencontre de l'Amant avec Jalousie qui représente le dernier obstacle à l'accomplissement du désir amoureux[48]. Quand il s'agit de peindre la laideur, Du Bellay semble recourir aux modèles médiévaux des vices. Une telle proximité avec l'univers allégorique de Guillaume de Lorris ne contredit pourtant pas l'idéal littéraire affiché dans la *Deffence.* En effet, Du Bellay condamne les « épiceries » d'antan, mais à une exception près : « De tous les anciens Poëtes Francoys, quasi un seul Guillaume de Lauris, & Jan de Meun sont dignes d'estre leuz, non tant pour qu'il y ait en eux beaucoup de choses, qui se doyvent

45 C. Fischer, « Die hässliche Alte funkt dazwischen. Psychologische Liebeshindernisse bei Du Bellay und Ronsard », dans *Abkehr von Schönheit und Ideal in der Liebeslyrik*, éd. C. Fischer et C. Veit, Stuttgart/Weimar, J. B. Metzler, 2000, p. 79-90.

46 J. Du Bellay, « L'Antérotique de la vieille, & de la Jeune Amye », éd. citée, p. 39.

47 Cette même figure apparaît dans « La complainte du désespéré » dans *Œuvres complètes*, t. 3 : *1551-1553*, éd. M.-D. Legrand, M. Magnien, D. Ménager et O. Millet, Paris, Classiques Garnier, 2013, ici p. 189, v. 463-464.

48 G. de Lorris et J. de Meun, *Le Roman de la Rose*, éd. A. Strubel, Paris, Le Livre de Poche, 1992, p. 214-215, v. 3530.

immiter des Modernes comme pour y voir quasi comme une premiere Imaige de la Langue Francoyse, venerable pour son antiquité[49]. » La laideur fait alors ressortir ce qui n'est pas tout à fait en phase avec l'esthétique de la Pléiade, notamment la reprise des *topoi* et genres médiévaux. En termes de représentation de la laideur, la vieille bellayenne matérialise poétiquement ce qui n'avait pas été prévu par la *Deffence*.

En réalité, l'allégorie de l'Envie fait déjà son apparition dans un sonnet de *L'Olive* :

> O faulse vieille ! ô fille de l'Envie,
> Et de l'Amour, fille qui à ton pere
> As enfanté dommage, et vitupère,
> En corrompant le miel de nostre vie.
> O gehinne ! ô fleau de nostre fantasie,
> Qui jusqu'en l'ame as ton cruel repere !
> O seul mal du bien, que l'on espere !
> Faulse aveuglée, inique Jalousie [...][50] !

Ce sonnet présente une certaine désinvolture en substituant au registre élogieux du recueil pétrarquiste, celui de l'invective. Les vieilles dont il est question préfigurent celle de « L'Antérotique ». Il faut en effet parler au pluriel car l'Envie suscitera l'apparition d'une seconde vieille au nom de Jalousie. Elles interviennent pour inhiber des instances abstraites, tantôt l'imagination (« fleau de nostre fantasie », v. 5), tantôt l'âme (v. 6). Faut-il reconnaître, dans cette description, l'état d'âme d'un amant atteint de jalousie, désarroi qui annule le sentiment amoureux ? Ou bien, comme le résume Josiane Rieu, Du Bellay évoque-t-il « les retombées de l'âme et ses errances dans l'obscurité des sentiments humains[51] » ? Ces rechutes dans le corps sont signifiées dans *L'Olive* par la figure de la vieille, laide

49 Sauf indication contraire, nous renvoyons pour toute citation de la *Deffence* à l'édition parue dans *Œuvres complètes*, t. 1 : *La Deffence, et illustration de la langue françoyse*, éd. F. Goyet, Paris, Honoré Champion, 2003, ici p. 48. C. Fischer, « Die hässliche Alte funkt dazwischen », art. cité, p. 85, se trompe en affirmant que « Die eigentliche Protagonistin des Gedichtes ist demnach eine Allegorie, womit Du Bellay gegen das von ihm selbst postulierte Ideal der Abkehr von mittelalterlichen Vorbildern verstößt, denn die Parallelen zum *Rosenroman* sind nur zu evident. » [Le véritable protagoniste du poème est donc une allégorie, par laquelle Du Bellay va à l'encontre de l'idéal qu'il a lui-même postulé, c'est-à-dire s'éloigner des modèles médiévaux, car les parallèles avec le *Roman de la Rose* ne sont que trop évidents. (Nous traduisons)].

50 J. Du Bellay, *L'Olive*, éd. citée, sonnet 99, p. 212.

51 J. Rieu, *L'Esthétique de Du Bellay*, Paris, SEDES, 1995, p. 57.

par définition, qui rappelle à l'amant son existence charnelle temporaire. La laideur participe alors négativement du cercle d'amour néoplatonicien dans la mesure où elle retarde la remontée de l'âme à cause du trouble intime de l'amant. L'amant dans « L'Antérotique » n'éprouve en effet pas un amour pur, à l'instar de celui que porte le poète vers Olive, mais un désir tout à fait concupiscent pour une jeune de quinze ans (v. 96).

Avec le portrait de la jeune amie, on retombe entièrement dans les stéréotypes pétrarquisants : de la chevelure claire et bouclée, « Des cheveux si crespes, et blonds, / Qu'ilz font honte au beau Soleil mesme », en passant par les « beaux yeux ryans » (v. 109) et le beau teint clair (v. 123-124), pour arriver à un éloge des particularités du visage (« Ce Nez, ce Menton, cete Joue », v. 129). Ce portrait conventionnel fait clairement écho à celui de l'Olive[52]. Notons toutefois qu'en la fillette de « L'Antérotique » tout n'est pas « divin, celeste, incomparable[53] ». Au contraire, tout semble plutôt badinage et folâtreries :

> Quand tu vois (O Vieille edentée !)
> Que la Beauté que j'ay chantée,
> D'un œil folastre me sourit,
> Et noz Cœurs ensemble nourit
> D'humides Baysers, qui ressemblent
> [...]
> Lors de moy aprocher tu oses
> Pour me faire semblables Choses[54].

Encore plus qu'entre la vieille et la jeune amie, la juxtaposition se fait en réalité entre cette dernière et l'Olive[55]. Les éléments descriptifs sont subvertis sur le plan axiologique : « L'œil folastre » et la « levre de sa dent lascive » marquent un amour charnel qui nous éloigne de toute transcendance néoplatonicienne malgré la beauté pétrarquiste de la jeune amie. La vieillarde intervient alors pour perturber le désir charnel : elle refroidit l'éros des deux amants et assume en même temps le rôle de la vieille qui souhaite revivre des histoires amoureuses (v. 181-182), et qui

52 Mentionnons à titre d'exemple le sonnet 7 dans *L'Olive*, éd. citée, p. 166, v. 1-3 : « De grand' beauté ma Déesse est si pleine, / Que je ne voy' chose au monde plus belle. / Soit que le front je voye, ou les yeulx d'elle ».

53 *Ibid.*, p. 20, v. 12.

54 J. Du Bellay, « L'Antérotique de la vieille, & de la Jeune Amye », éd. citée, p. 43.

55 C. Fischer, « Die hässliche Alte funkt dazwischen », art. cité, p. 82.

goûte au plaisir du voyeurisme en assistant aux ébats du couple (v. 211-214). Son échauffement languissant se fait au détriment de l'éros du poète[56], tout comme dans le sonnet 100 de *L'Olive*, où le poète-amant réprimande son apparition inhibitrice : « Pourquoy fais-tu, soudain que je te voy, / Geler mon feu d'une triste froidure ? / Si tu es donq' à mes plaisirs si dure, / Pourquoy viens-tu loger avecques moy[57] ? »

En tant que perturbatrice du désir sexuel, la vieille assume le rôle d'Antéros libidineux mais rancunier. La laideur revêt ici une signification double, sinon contradictoire : elle renvoie conjointement à la chair désirante et au refroidissement de ce même désir. Nous estimons que ce paradoxe reflète le tiraillement intérieur du poète-amant. En effet, la vieille incarne la projection d'un dilemme qu'éprouve le je lyrique. Son état d'âme se laisse interpréter comme une allégorie de la jalousie, émotion qui détruit tout sentiment amoureux et glace l'éros tout en souhaitant passer à l'action érotique. C'est la jeune amie qui attise le désir du poète-amant. Même si son physique reproduit le portrait pétrarquiste attendu de la bien-aimée, on est loin de l'univers idéalisant de *L'Olive*. À ce titre, « L'Antérotique » peut se lire comme une pièce à teneur antipétrarquiste, qui témoigne d'une volonté de libérer le discours amoureux du carcan contraignant des codes conventionnels, démasquant le pétrarquisme platonisant comme une vanité littéraire.

Or, il est manifeste que tout amour demeure sujet aux imprévus psychologiques du poète-amant, comme la jalousie et l'envie que Du Bellay relie à la vieillesse et à la laideur physique et morale. La figure de la vieille mégère présente alors plusieurs traits de la tradition littéraire médiévale que le poète emprunte au *Roman de la Rose*. Cependant, Du Bellay renouvelle l'usage de l'allégorie en la conjugant avec la notion d'Antéros, concept renaissant à part entière. Ce faisant, il munit le discours antérotique d'une dimension plus abstraite, voire plus psychologique. Si l'on peut interpréter les allégories de la Jalousie et de l'Envie comme les états d'âme du poète-amant, alors Antéros devient également une catégorie

56 L'idée de la vieille comme antidote à l'amour érotique est un *topos* que l'on trouve également dans l'épigramme « À une layde » que Marot traduit de Martial. Voir C. Marot, *OP II*, p. 350 : « Toujours vouldriez que je l'eusse tout droit, / Ma layderon : & vous semble, je gage, / Que j'en puis faire ainsi comme du doigt. / Vous avez beau le flatter du langage, / Voyre des mains : ce diable de visage / Desgoute tout, & à vous mesme nuyt. / Parquoy devriez (si vous estiez bien sage) / Ne me chercher seulement que de nuyt. »

57 J. Du Bellay, *L'Olive*, éd. citée, sonnet 100, p. 213.

intérieure. Le conflit intime du poète-amant se concrétise ainsi sur le plan esthétique – beauté (la jeune amie) et laideur (la Vieille) – ainsi que sur le plan poétique – le pétrarquisme et sa parodie.

DE LA LAIDEUR MÉDIÉVALE À LA LAIDEUR ANTIQUE : LE LAID THERSITE

L'influence médiévale pour dire la laideur n'est pas la seule. Du Bellay inclut dans sa *Deffence et illustration de la langue francoyse* (1549) un passage qui mentionne l'un des représentants les plus illustres de la laideur à la Renaissance, à savoir le Thersite homérique. Du Bellay convoque la figure topique de Thersite dans la première partie de ce traité pour animer une réflexion sur les mésusages de la langue française. Combien qu'il s'agisse d'un lieu commun important à la Renaissance pour signifier la laideur, Du Bellay n'en fait mention que dans la seule *Deffence.* Cette évocation, bien que rare, est cruciale car elle permet de montrer que Du Bellay réfléchit aux mésusages de la langue poétique par rapport à la notion de la laideur.

Sous les auspices d'un renouvellement poétique durable de la langue française, Du Bellay s'adresse au poète et à l'orateur dans le deuxième livre de sa *Deffence.* Leur tâche consiste désormais à perfectionner le vernaculaire par imitation des modèles exogènes, à savoir les anciens, Grecs et Romains, et les Italiens. En phase avec la politique nationale (*translatio imperii*) et culturelle (*translatio studii*) menée par François Ier, la *Deffence* cherche à promouvoir l'emploi de la langue française. Toute émulation avec ces modèles doit se concevoir au détriment de poètes français de la génération précédente. Du Bellay formule ainsi « une Invective contre les mauvais Poëtes Francoys » où il s'en prend à ceux à qui l'on a donné « le ridicule nom de Rymeurs à nostre Langue ; comme les Latins appellent leurs mauvais Poëtes Versificateurs[58] ». Selon lui, c'est en raison des « vices des Poëtes modernes » que le français n'est guère susceptible de rivaliser avec les autres langues. Du Bellay condamne la génération de

58 J. Du Bellay, *La Deffence, et illustration de la langue françoyse*, éd. citée, p. 70-71.

Marot[59] et également les « genres de Poëmes » qu'elle pratique : « comme Rondeaux, Ballades, Vyrelaiz, Chantz Royaulx, Chansons, & autre telles episseries, qui corrumpent le goust de nostre Langue[60] ». Cette posture dédaigneuse par rapport aux genres « médiévaux » ne se comprend pas en dehors d'une volonté d'ennoblissement du français et de sa littérature.

Si Du Bellay cherche à remédier aux inégalités entre les langues poétiques, il ne porte aucun jugement esthétique sur les langues elles-mêmes. Il faut attendre le mouvement anti-italianisant de la deuxième moitié du XVIe siècle pour que la laideur devienne une catégorie propre à disqualifier une langue. C'est le cas d'Henri Estienne qui, dans les *Deux Dialogues du nouveau langage françois italianisé et autrement déguisé* (1578), défend le français contre les tendances italianisantes de l'époque. Henri Estienne cherche, selon Bénédicte Boudou, à démontrer la laideur italienne sur plusieurs plans : les apparences, les mœurs mais également la langue, dont Estienne relève le manque de grâce par excès de mollesse et d'affectation[61]. Bien que l'idée principale de la *Deffence* vise à promouvoir l'emploi de la langue française, Du Bellay propose, en même temps, d'enrichir le français au contact du grec, du latin et de l'italien. C'est dans une telle optique que Du Bellay clôt le second livre de son traité avec une incitation à l'emploi du vernaculaire, car on ne peut exceller que dans sa propre langue :

> Il me semble (Lecteur Amy des Muses Francoyses) qu'après ceux, que j'ay nommez [Guillaume Budé, Lazare de Baïf], tu ne doys avoir honte d'ecrire en ta Langue : mais encores te doibs-tu, si tu es Amy de la France, voyre de toymesmes [*sic*], t'y donner du tout : avecques ceste genereuse Opinion, qu'il vault mieux estre un Achille entre les siens, qu'un Diomede, voyre bien souvent un Thersite entre les autres[62].

L'argument conclusif fait écho à un passage antérieur du même chapitre, où l'auteur dénigrait tous ceux qui préfèrent écrire dans une

59 *Ibid.*, p. 72.

60 *Ibid.*, p. 54.

61 B. Boudou, « La laideur italienne, selon Henri Estienne », dans *Propos sur les Muses et la laideur. Figurations et défigurations de la beauté*, éd. M.-D. Legrand et L. Picciola, Centre des sciences de la littérature française, Nanterre, Université Paris X-Nanterre, 2001, p. 143-156 ; voir aussi D. Maira, « Adoucir la rudesse des ancêtres : italianisation, efféminement et féminisation dans les *Deux dialogues* d'Henri Estienne », dans *Narrations fabuleuses. Mélanges en l'honneur de Mireille Huchon*, éd. T. Tran *et alii*, Paris, Classiques Garnier, 2022, p. 477-490.

62 J. Du Bellay, *La Deffence, et illustration de la langue françoyse*, éd. citée, p. 79.

langue autre que le français. Pour illustrer les avantages d'écrire dans sa propre langue, Du Bellay mobilise des exemples antiques : pourquoi se contenter d'être un Diomède, et même un Thersite, si on a la possibilité d'atteindre l'héroïsme d'un Achille ? Jean-Charles Monferran remarque que « Diomède, un des héros principaux de la guerre de Troie, n'atteignit pas à la célébrité d'Achille, encore moins Thersite, le bavard et le poltron, qui fut tué précisément par Achille[63]. » Du Bellay non seulement ne joue pas sur la gradation de la célébrité héroïque de ses trois personnages, mais introduit de plus une réflexion esthétique à travers l'évocation de la figure homérique de Thersite, « l'homme le plus laid qui soit venu sous Illion[64] », dont le physique est devenu depuis l'antiquité le type même de la laideur masculine[65]. Par analogie, son corps renvoie aux difformités du langage. Écrire en sa langue signifierait alors échapper à la comparaison avec un Thersite, orateur laid par excellence. La référence à la laideur corporelle se fait dans une perspective de querelle linguistique. L'emploi du mot « honte » dans le texte de Du Bellay annonce en un sens déjà la figure de Thersite, qui est décrit chez Homère comme *aischros*, signifiant à la fois honte et laideur.

À ce sujet, Du Bellay puise très probablement chez Érasme qui évoque à plusieurs reprises le personnage de Thersite dans ses *Adages* aussi bien que dans sa *Lingua*, où la laideur corporelle du personnage est systématiquement associée au mésusage de la langue. Le retentissement d'Érasme dans l'œuvre bellayenne a été démontré par Eric McPhail[66]. C'est notamment avec l'adage 3280, « *Thersitae facie* [La tête thersitienne] », un *pars pro toto* visant à signifier une difformité extrême[67],

63 Voir J. Du Bellay, *La Deffence, et illustration de la langue française*, éd. J.-C. Monferran, Genève, Droz, 2001, p. 178-179, n. 179.

64 Homère, *Iliade*, trad. P. Mazon, Paris, Les Belles Lettres, 2019, p. 50 (ch. 2, 217-222).

65 Notons que la Renaissance fournit deux exemples contraires de la laideur masculine : Socrate, parangon d'une belle âme malgré le manque d'éloquence, et Thersite, personnage d'une laideur extrême, connu pour sa morale dépravée et pour ses très faibles compétences rhétoriques.

66 E. Mac Phail, « A Fool in Verse : Du Bellay and Erasmus », *French Forum*, vol. 37, n° 3, 2012, p. 1-44. Voir aussi M.-D. Legrand, « Les *Adages* d'Erasme au sein des *Regrets* de Joachim Du Bellay », dans *Du Bellay : autour des* Antiquités de Rome *et des* Regrets, *Actes des secondes journées du Centre Jacques de Laprade*, Musée national du château de Pau, 2-3 décembre 1994, éd. J. Dauphiné et P. Mironneau, Biarritz, J&D Éditions, 1994, p. 65-78.

67 Érasme, *Les Adages*, éd. citée, vol. 4, p. 125-126, : « L'expression s'emploie à propos des gens d'une laideur prodigieuse, parce qu'Homère a écrit que Thersite était le plus laid de ceux qui allèrent à Troie. Il décrit tellement bien l'homme de la tête aux pieds, avec ses

que Du Bellay exploite l'intertexte érasmien. Dans sa *Lingua*, Érasme invoque également le personnage de Thersite, cette fois-ci pour illustrer les disgrâces de la langue : « le bavardage démesuré, irréfléchi, confus, criard, en même temps qu'enragé[68]. » Si Du Bellay promeut l'emploi de sa propre langue, c'est sans doute pour ne pas devenir un mauvais et, par conséquent, un laid orateur. La critique du rhéteur inhabile rappelle en effet l'attaque « Contre les pétrarquistes », qui vise, on l'a vu, non pas tant les poètes pétrarquistes que la manière très factice de « pétrarquiser ». Puisque la figure de Thersite est utilisée pour dire le mauvais usage de la langue, on pourrait sous-entendre le pétrarquisme comme un code qui relève également d'un mauvais maniement langagier. On pense en l'occurrence à l'éventuelle laideur de l'aimée rendue belle par l'artifice.

---

vices physiques et ses maladies de l'âme, qu'on pouvait dire qu'en ce dernier le pire des caractères avait pris résidence dans un domicile digne de lui. Le passage, dans le chant 2 de l'*Iliade* d'Homère, est trop connu pour qu'il soit nécessaire de le citer ici. L'adage serait plus spirituel si on l'appliquait à l'âme, comme si on disait par exemple, à propos d'un homme beau mais de mœurs malhonnêtes : "A regarder le corps, c'est Nirée ; mais si l'on regarde l'âme, on verra pire que *Thersiteion blemma* [= la tête de Thersite]." L'adage est mentionné par Suidas. »

68 Érasme, *La Langue*, éd. J.-P. Gillet, Genève, Labor et Fides, 2002, p. 88-89.

POÈTE MÉLANCOLIQUE ET LAIDEUR ROMAINE DANS *LES REGRETS*

Chantre de la beauté dans *L'Olive*, Du Bellay change d'objet dans ses recueils romains. Publiés en 1558, un an après son retour de Rome, *Les Antiquitez de Rome*, accompagnées du *Songe*, des *Regrets*[1] et des *Divers Jeux rustiques*, annoncent, déjà à partir des titres, un changement de ton par rapport aux écrits précédents : de la bien-aimée Olive on passe aux gloires passées d'une Rome en ruines, puis aux laideurs et aux vices citadins d'une Rome comparée à un « Cloaque immunde[2] » dans *Les Regrets*. Michel Deguy problématise bien le passage de *L'Olive* aux *Regrets* comme une « mutation de l'idée de la poésie[3] ». Nous aimerions ajouter l'hypothèse que cette mutation se fait par le biais du réalisme de la laideur qui intervient comme agent de la satire romaine. Les décors de la Ville éternelle semblent marquer une rupture esthétique avec le pétrarquisme platonisant. L'absence du beau se manifeste également par une ardeur poétique moins vigoureuse : le poète des *Regrets* est « agité d'une fureur plus basse[4] ». Du Bellay n'hésitera pas non plus à profaner le genre du sonnet, à le rabaisser par le *sermo pedestris*, manière commune et relâchée de parler, ainsi que le remarque Pascal Debailly : « l'Angevin peut être considéré comme le premier poète français à altérer la gravité amoureuse du sonnet et à l'ouvrir au réalisme de la satire[5] ».

Les Regrets est un recueil de sonnets, paru en 1558 après une pause éditoriale de presque cinq ans, mais conçu au cours d'un voyage en Italie au service de son cousin le cardinal Jean Du Bellay qu'il accompagne.

1 Pour toute référence aux *Regrets*, nous citons d'après l'édition *Œuvres complètes*, t. 4.1 : *1557-1558*, éd. M. Magnien, O. Millet et L. Petris, Paris, Classiques Garnier, 2020.

2 J. Du Bellay, *Les Regrets*, éd. citée, sonnet 109, p. 251.

3 M. Deguy, « Pour le 450e anniversaire de J. D. B. A. », *Critique*, 1973, p. 216.

4 J. Du Bellay, *Les Regrets*, éd. citée, sonnet 4, p. 198.

5 P. Debailly, *La Muse indignée. La Satire en France au XVIe siècle*, Paris, Classiques Garnier, 2012, t. 1, p. 383.

L'expérience de la Ville éternelle lui inspire ce que nous pourrions appeler un *canzoniere* urbain. Lors de son séjour à Rome, la ville est en pleine reconstruction : les projets de modernisation se heurtent à la valeur symbolique de la Rome antique. Rome oscille entre l'éloge du passé – *Les Antiquitez* chantent en style élevé la beauté de la ville antique désormais en ruines – et la satire du présent, celle de la Rome papale emplie de vices. À l'instar des *Tristes* ovidiens, le sujet lyrique se comprend comme un exilé, nostalgique de son pays natal, l'Anjou, et compare Rome au désordre des origines :

> Bref je diray qu'icy, comme en ce vieil Caos,
> Se trouve (Peletier) confusément enclos
> Tout ce qu'on void de bien, & de mal en ce monde[6].

Le motif du chaos primitif – le sonnet 125 en fait aussi son sujet[7] – fonctionne comme métonymie de l'informe. Nous avons déjà vu, dans le *Commentaire sur le Banquet de Platon* (ou *De Amore*) de Marsile Ficin[8], que les questions autour de la constitution des formes primitives préoccupent beaucoup la pensée renaissante. Si l'on transpose le point de vue cosmique à l'univers clos des *Regrets*, du macrocosme au microcosme, on pourrait alors intégrer le paradigme du désordre qui englobe des contraires bien tranchés, le bien et le mal. Ce mélange contient en germe les présupposés de l'écriture satirique chez Du Bellay qui vise précisément, nous le verrons, à peindre à la fois les épines et les fleurs, le laid et beau.

Un tel rapprochement avec le chaos, avec un monde disharmonieux et informe, nous amène naturellement à nous interroger sur le statut de la laideur dans *Les Regrets*. De manière générale, le champ lexical de la laideur reste relativement peu exploité dans l'œuvre bellayenne. Toutefois, *Les Regrets* se prêtent à une analyse du laid, car l'occurrence lexicale du mot « laid » et de ses dérivés prédomine par rapport aux autres écrits du même auteur[9]. D'après Floyd Gray, Du Bellay conçoit, dans ses recueils romains, la laideur comme une étape transitoire vers la véritable beauté :

---

6 J. Du Bellay, *Les Regrets*, éd. citée, sonnet 78, p. 235.

7 *Ibid.*, p. 259, v. 1-2 et v. 8 : « Dedans le ventre obscur, où jadis fut encloz / Tout cela qui depuis a remply ce grand vide / [...] / N'avoit encor' ouvert la porte du Caos. »

8 Voir *supra*, p. 37 *sq*.

9 Voir *supra*, p. 262, n. 3.

> [Du Bellay] est l'auteur d'une sorte de comédie urbaine dans laquelle intervient une vie dénigrante de ses tares et de ses habitants les plus vicieux et défavorisés, mais tares qui sont les ingrédients de la véritable beauté. Du Bellay a dû voir dans les ruines l'image d'une poétique qui, par contraste avec celle de Ronsard, se fonde sur le difforme ; en effet, pour exister, elle se réfère au maladif et à l'anormal – prostitué, pédéraste, fous – comme à des images poétiques plus fructifiantes que si elles étaient restées conformes au beau traditionnel[10].

On puise alors dans le difforme, les sujets déviants et les corps contrefaits. Selon F. Gray, cette prédilection pour les images du laid représente au fond une forme d'écriture silénique : ce sont les symboles de l'abject, de l'abîmé et de l'infâme qui renvoient, paradoxalement, à une forme de beauté plus véridique puisqu'elle est ancrée non dans un idéal lointain mais dans la matérialité du monde tel qu'il est vécu par le poète.

À l'instar des silènes érasmiens, le passage poétique par les méandres du difforme incite à porter notre regard sur ce qui se trouve au-delà du perceptible et de sa nature illusoire, source de désenchantement. Encore faut-il ajouter que chez Du Bellay, le laid est intrinsèquement lié à la perte de l'idéal : « Je n'escris de beauté, n'aiant belle maistresse. / [...] / Je n'écris de faveur, ne voyant ma Princesse » (sonnet 79, v. 2-v. 6[11]). Il s'agit au vers 6 de la sœur d'Henri II, Marguerite de France, qui incarne l'absence provisoire de cet idéal français dont souffre tant le poète exilé.

Du Bellay pleure dans ses vers les gloires disparues de Rome, de même qu'il se méfie des charmes trompeurs de la courtisane romaine qui n'est plus qu'une vieille hideuse et fardée. Ce désenchantement porte l'empreinte du laid dont nous allons repérer trois axes dans *Les Regrets* : l'enlaidissement du poète par le tempérament mélancolique – dans la partie élégiaque du recueil, qui va du sonnet 6 au sonnet 49 –, puis le retour à la satire sur les vices romains alimentée justement par l'esprit du *contemptus mundi* du poète mélancolique, et, enfin, le rôle que prennent les femmes romaines dans cet univers menacé par des mutations inquiétantes. Les deux derniers axes intègrent la partie satirique des *Regrets* (sonnets 50-156).

À notre connaissance, seules deux études portent sur la laideur dans la poésie française de Du Bellay. Premièrement celle de G. H. Tucker que nous avons citée en ouverture du chapitre. Le critique rend compte

10 F. Gray, *La Poétique de Du Bellay*, Paris, Nizet, 1993, p. 15.

11 J. Du Bellay, *Les Regrets*, éd. citée, sonnet 79, p. 236.

d'une véritable esthétique du laid chez le poète, « *the esthetics of the unsightly*[12] ». Il relie les symboles du difforme aux souffrances générées par l'absence d'idéal et par l'impossibilité d'atteindre l'objet désiré. La deuxième étude est celle de Marie-Dominique Legrand qui développe une vision négative de la laideur en faveur d'une esthétique dynamique de la variation. Elle propose de lire l'univers bellayen comme s'il était sous l'effet d'un miroir anamorphique où tout est beau et laid à la fois, selon un point de vue changeant[13]. Nous souhaitons à présent prolonger ces deux interprétations en élargissant et en variant le corpus d'exemples.

« HÉ CHETIF QUE JE SUIS[14] » : LE POÈTE MÉLANCOLIQUE ET L'ENLAIDISSEMENT DE SOI

La mélancolie enlaidit le corps. On a pu le montrer pour Marot à propos de son « Epistre du Despourveu », où la crainte de l'acte créateur l'angoisse à tel point que le jeune poète tombe dans un état de mélancolie paralysante qui le rend tout pâle et livide. Puis dans « L'Epistre du camp d'Attigny, à ma dicte Dame d'Alençon », Marot confesse à Marguerite de Navarre que la peur le saisit au point que « l'encre blanchist[15] ». L'écriture poétique exige sa dîme, et le labeur enlaidit le poète. Peut-on déjà reconnaître chez Marot ce que Jean Starobinski appellera « l'encre de la mélancolie[16] » ? S'agissant des poètes de la Pléiade, l'inspiration poétique (le *furor poeticus*) est intrinsèquement liée à l'humeur de la bile noire : d'après Marsile Ficin, qui s'appuie sur Aristote, les hommes de génie disposent d'un tempérament mélancolique[17]. C'est notamment

12 G. H. Tucker, « Beyond Beauty », art. it., p. 73.

13 M.-D. Legrand, « Les ruines de la beauté chez Du Bellay », dans Métamorphoses de la laideur, éd. L. Picciola, Centre des sciences de la littérature française, Nanterre, Université Paris X-Nanterre, 2005, p. 105-112.

14 J. Du Bellay, « À son livre », *Les Regrets*, éd. citée, p. 196, v. 3.

15 Voir *supra*, p. 231, notre analyse de « L'Epistre du Despourveu ».

16 J. Starobinski, « L'encre de la mélancolie », *La Nouvelle Revue Française*, n° 123, 1963, p. 410-423.

17 Voir J. Lecointe, *L'Idéal et la Différence*, *op. cit.*, p. 308. Voir aussi M.-C. Lambotte, *Esthétique de la mélancholie*, Paris, Aubier, 1984 ; O. Pot, *Inspiration et mélancolie. L'épistémologie poétique dans les* Amours *de Ronsard*, Genève, Droz, 1990.

par le biais du thème du désespoir et de la tristesse – veine thématique qu'Henri Weber établit comme spécifique à la poésie de la Pléiade[18] – que la mélancolie atteint également le poète bellayen. Maurice de La Porte fait en effet figurer sous l'entrée « tristesse », entre autres attributs qui signifient l'infirmité corporelle, le qualificatif « laide[19] ». On trouve des plaintes continuelles sur le malheur de la condition du poète chez Jacques Peletier, Olivier de Magny et également chez Du Bellay, par exemple dans son « Chant du désespéré » (*Vers lyriques*) et dans sa plus longue « Complainte du désespéré » (*Œuvres de l'invention de l'autheur*)[20]. Le corps, vaisseau d'un tel état d'âme, en subira les conséquences : infirmité et pâleur enlaidissent le poète. Outre l'aspect purement esthétique, la disposition mélancolique relève d'une inspiration biblique illustrée par les figures de Job, de l'Ecclésiaste et du roi David[21].

L'anoblissement de la mélancolie à la Renaissance, par opposition à la vision médiévale, est ancrée dans l'anthropologie néoplatonicienne qui s'établit notamment à partir des théories de Marsile Ficin[22]. Dans le *De triplici vita*, l'humaniste italien propose une conception positive de la *melancholia generosa*, prédisposition nécessaire à la fureur du génie poétique et à la posture de l'intellectuel. En s'appuyant en outre sur les analogies entre microcosme et macrocosme ainsi que sur la théorie humorale, la pensée renaissante met en lien les différents tempéraments avec leurs constellations astrales respectives. Il se trouve que les hommes nés sous la planète Saturne sont non seulement mélancoliques mais aussi physiquement disgracieux[23]. Les êtres saturniens semblent être particulièrement

---

18 H. Weber, *La Création poétique au XVIe siècle en France. De Maurice Scève à Agrippa d'Aubigné*, Paris, Nizet, 1969, p. 399-413.

19 M. de La Porte, *Les Épithètes*, éd. citée, « tristesse », p. 573.

20 Tout récemment, V. Ferrer a exploré le sujet du désespoir en l'inscrivant dans la tradition italienne de la *disperata* et en mettant l'accent sur le désespoir amoureux des poètes qu'elle retrace de Du Bellay jusqu'à d'Aubigné. Voir V. Ferrer, « La poésie du désespoir de Joachim Du Bellay à Agrippa d'Aubigné », dans *« Une honnête curiosité de s'enquérir de toutes choses ». Mélanges en l'honneur d'Olivier Millet, de la part de ses élèves, collègues et amis*, *op. cit.*, p. 208-215.

21 Voir par exemple C. Béné, « Bible et inspiration religieuse chez Du Bellay », dans *Du Bellay. Actes du Colloque International d'Angers*, 26-29 mai 1989, éd. G. Cesbron, Angers, Presses de l'Université d'Angers, 1990, t. 1, p. 171-187.

22 Voir R. Klibansky, E. Panofsky et F. Saxl, *Saturne et la Mélancolie. Études historiques et philosophiques : nature, religion, médecine et art*, trad. F. Durand-Bogaert et L. Évrard, Paris, Gallimard, 1989, notamment p. 351-394 ; J. Lecointe, *L'Idéal et la Différence*, *op. cit.*, p. 306-316.

23 Voir D. Robin, *Aux Origines de l'esthétique*, *op. cit.*, p. 69-70.

laids, comme l'évoque d'ailleurs Du Bellay au sonnet 9 de son *Songe*, qui propose une description apocalyptique de la Rome en ruine :

> Tout effroyé de ce monstre nocturne,
> Je vis un Corps hydeusement nerveux,
> A longue barbe, à longflottans cheveux,
> A front ridé, et face de Saturne[24].

Vision effrayante qui dresse le portrait d'une créature affreusement musclée (« nerveux ») et poilue, au visage saturnien. C'est notamment l'élément de la ride qui est associée chez les poètes de la Pléiade à la laideur, comme l'illustre encore l'index des épithètes de Maurice de La Porte : si la ride renvoie sans contredit à l'âge, elle implique également une certaine disposition de l'esprit, celle de la sévérité, qui a un effet enlaidissant sur le visage[25]. Diane Robin a montré que la mélancolie sera liée encore plus explicitement à la laideur dans les traités de l'art postérieurs à la Pléiade, comme le *Trattato dell'arte de la pittura* (1584) de Giovanni Paolo Lomazzo. On peut renvoyer également au *De humana physiognomia* (1586) de Giovan Battista Della Porta, qui caractérise les êtres colériques et mélancoliques avec des traits disgracieux[26]. Dans les *Dialogues d'Amour* de Léon l'Hébreu, traduit par Pontus de Tyard en 1551, les êtres saturniens sont pris, plus précisément, dans un entre-deux qui se montre également en termes esthétiques :

> Saturne encore est semblable à la terre en la complexion [...] : comme aussi ce même astre est dominateur sur toutes choses terrestres, l'on le dépeint homme vieil, triste, laid de regard, pensif, mal vêtu [...]. Il donne en outre grand engin, profonde cogitation, vraie science, droits conseils et constance de courage, à cause de la mixtion du père céleste avec la terrestre mère. Et davantage, de la part du père il donne divinité de l'âme : et de la part de la mère il donne laidure et ruine du corps[27].

---

24 Faute d'une édition parue dans les *Œuvres complètes* dirigées par O. Millet, nous citons d'après *Œuvres poétiques*, éd. D. Aris et F. Joukovsky, éd. citée, t. 2, p. 29.

25 M. de La Porte, *Les Épithètes*, éd. citée, entrée « ride », p. 500.

26 D. Robin, *Aux Origines de l'esthétique*, *op. cit.*, p. 69-70 : « Lomazzo décrit la constitution caractéristique du type colérique associé à Mars : maigre et grand, il a les membres relevés, les articulations massives, le front bas, une grande bouche, une belle dentition, de petites oreilles, le menton relevé, le poil sombre, les cheveux drus, bouclés et frisés. [...] Le type saturnien se caractérise par un teint oscillant entre le noir et le jaune, un corps maigre, poilu, de petits yeux surmontés par des sourcils conjoints et de grosses lèvres. »

27 L. l'Hébreu, *Dialogues d'amour*, trad. P. de Tyard, éd. T. Dagron, Paris, J. Vrin, 2006, p. 188-189.

Sous l'emprise astrale de Saturne, les êtres mélancoliques, froids et secs par leur constitution humorale, s'inscrivent dans une polarité entre le ciel et la terre, celle qui détermine notamment l'apparence physique. État intermédiaire puisqu'il met l'être saturnien à mi-chemin entre la matérialité de son corps[28] – située du côté de la « terrestre mère » dont il tire « laidure et ruine du corps » – et son dépassement transcendant suscité par le « père céleste ». C'est par sa tendance inhérente vers les sphères divines que la matière laide connaît un ennoblissement insolite.

Nous trouvons chez Du Bellay des motifs qui font du poète un être saturnien. Cette influence astrale se traduit dans *Les Regrets*, entre autres, par la blessure au pied :

> Malheureux l'an, le mois, le jour, l'heure, & le poinct,
> Et malheureuse soit la flateuse esperance,
> Quand pour venir ici j'abandonnay la France :
> La France, & mon Anjou dont le desir me poingt.
>
> Vrayment d'un bon oiseau guidé je ne fus point,
> Et mon cœur me donnoit assez signifiance
> Que le ciel estoit plein de mauvaise influence,
> Et que Mars estoit lors à Saturne conjoint.
>
> Cent fois le bon advis lors m'en voulut distraire,
> Mais toujours le destin me tiroit au contraire :
> Et si mon desir n'eust aveuglé ma raison,
>
> N'estoit ce pas assez pour rompre mon voyage,
> Quand sur le sueil de l'huis, d'un sinistre presage,
> Je me blessay le pied sortant de ma maison[29] ?

Vécue comme un abandon de la patrie française, en particulier l'Anjou, l'arrivée en Italie se passe sous un jour infortuné. Cette « mauvaise influence » des cieux – un Mars colérique se réunissant avec un Saturne mélancolique – a pour conséquence une blessure au pied. Du Bellay se retrouve avec une plaie en sortant « de [s]a maison » (v. 14). Tout comme le dieu Vulcain, qui fut jeté de l'Olympe par sa mère Junon en raison de sa laideur – chute qui va lui causer une plaie au pied qui le condamne à boiter pour toujours[30]. C'est aussi par le biais du boitement,

---

28 Voir aussi F. Lavocat, *La Syrinx au bûcher*, *op. cit.*, notamment le chap. « Pan saturnien. Mélancholie de la matière », p. 133-147.

29 J. Du Bellay, *Les Regrets*, éd. citée, sonnet 25, p. 209.

30 Scène relatée dans Homère, *Iliade*, éd. citée, p. 457-458 (ch. 18, 394-397).

défaut physique qui se manifeste par un manque d'harmonie dans la démarche, que le poète intègre le paradigme du laid et du disgracieux. Il rejoint ainsi bon nombre de héros claudicants ou contrefaits – Œdipe, son grand-père Labdakos, Melampus, Telephos, ou bien Achille avec sa plaie au talon, mais aussi, dans l'Ancien Testament, Jacob qui boite à l'issue de sa rencontre avec Dieu[31]. Ils sont tous, en un sens, êtres « sur le sueil » (v. 13), des dieux terrestres : le boitement marque leur état physique tout en renvoyant à leurs capacités surnaturelles[32].

Outre l'évocation du boitement vulcanique, c'est la manière de maudire ce voyage infortuné qui mérite d'être commenté : « Malheureux l'an, le mois, le jour, l'heure, et le poinct » réécrit, en l'inversant, l'*incipit* du sonnet 61 du *canzoniere* pétrarquien[33]. On peut penser également à la figure de Job se lamentant sur le jour de sa naissance : « Après cela, Job ouvrit la bouche et maudit le jour de sa naissance. Il prit la parole et dit : Périsse le jour où je suis né » (Job, 3, 1-2). Josiane Rieu a déjà constaté que Du Bellay « pratique l'alternance des sources bibliques, principalement avec le livre de Job, et des sources antiques et pétrarquistes[34] ». La tonalité de la complainte prend en effet une ampleur importante dans l'œuvre bellayenne. Ainsi bien avant ses *Regrets*, dans sa « Complainte du désespéré » qui apparaît dans le recueil chrétien des *Œuvres de l'invention de l'autheur*, le ton élégiaque se mêle à la représentation physique de soi, en particulier à la perte de beauté :

> Ainsi que la fleur cuillie
> Ou par la Bize assaillie
> Pert le vermeil de son teinct,
> En la fleur du plus doulx âage
> De mon palissant visage
> La vie couleur s'esteinct.

---

31 G. Antunes, B. Reich et C. Stange, « Die Sicht des Hinkenden – zum Verhältnis von Wahrnehmung und Körperdeformation : Eine Einleitung », dans *(De)formierte Körper 2. Die Wahrnehmung und das Andere im Mittelalter*, éd. G. Antunes, B. Reich et C. Stange, Göttingen, Universitätsverlag Göttingen, 2014, t. 2, p. 9-40.

32 L'arrière-plan mythologique de ce sonnet pourrait être exploité dans un autre sens encore. L'évocation de Mars n'est pas anodine car c'est avec lui que Vénus trompa son époux Vulcain. Pour venger les deux trompeurs, Vulcain conçoit un fil invisible – métonymie de la création en général – pour les attraper en flagrant délit, ce qui suscitera la colère de Mars, dieu qui figure au v. 4 du sonnet en question.

33 Voir J. Du Bellay, *Les Regrets*, éd. citée, p. 604, notice du sonnet 25.

34 J. Rieu, *L'Esthétique de Du Bellay*, *op. cit.*, p. 65.

[...]
Mes oz, mes nerfs, et mes veines,
Tesmoins secrez de mes peines,
Et mile souciz cuysans
Avancent de ma vieillesse
Le triste hyver, qui me blesse
Devant l'esté de mes ans.
Comme l'autonne saccage
Les verdz cheveux du boccage
A son triste advenement,
Ainsi peu à peu s'efface
Les crespes honneur de ma face
Veufve de son ornement.
[...]
Ainsi avecq' noire myne
Tout furieux je chemine
par les champs plus eslongez,
Remaschant d'un soucy grave
Mile fureurs, que j'engrave
Sur mes sourciz renfrongnez.
[...]
Si la vieille depiteuse
Du mal d'autruy convoiteuse,
Si l'ire, si la ranqueur
(Et si quelque autre furie
A sur l'homme seigneurie)
Ne m'ont affolé le cœur [...][35]

Le ton élégiaque révèle un déterminisme caractérologique qui renvoie aussi à une certaine physionomie mélancolique. En réalité, l'état d'âme se traduit parfaitement dans le paradigme corporel (« Mes oz, mes nerfs, et mes veines, / Tesmoins secrez de mes peines ». v. 133-134). Le vieillissement s'accompagne d'une altération de la complexion qui va du rouge sanguin à une pâleur saturnienne. Le physique disgracieux s'exprime par la calvitie qui annonce l'hiver de la vie (v. 139-144). La bile noire et la proximité de la terre en tant qu'être saturnien (« noire myne », v. 217) déterminent la fureur basse du poète et expliquent les « sourciz renfrongnez » (v. 222), éléments topiques de l'être mélancolique. C'est ainsi le cas dans « L'Hymne à la Surdité » : l'infirmité voit la mélancolie associée au sourcil renfrogné déformant le visage : « Là se void le Silence

35 J. Du Bellay, « La complainte du désespéré » éd. citée, p. 177-191.

assis à la main dextre, / Le doigt dessus la lèvre : assis à la senestre / Est la Mélancholie au sourcil enfonsé[36] ». On retrouve encore l'attribut au sonnet 86 : « Marcher d'un grave pas, et d'un grave sourci[37] ». Déjà la génération des blasonneurs, notamment Maurice Scève dans son blason sur le sourcil, reconnaissait une disposition de cette partie du visage au désespoir : « Sourcil qui fait mon espoir prospérer, / Et tout à coup me fait désespérer[38] ».

Faut-il par ailleurs reconnaître dans l'apparition de la vieille pitoyable (« la vieille depiteuse / Du mal d'autruy convoiteuse », v. 463-464) une allégorie du désespoir ressenti par le poète, à l'instar de la Crainte chez Marot[39] ? Ou encore la Vieille de « L'Antérotique » ? Quoi qu'il en soit, il faut noter que la « mélancolie marotique » diffère à plusieurs égards de celle de Du Bellay : si, chez Marot, l'état de crainte se manifeste avant tout en raison de son inexpérience juvénile, Du Bellay mobilise l'état d'âme mélancolique pour marquer la faiblesse et l'infirmité liée à l'âge. Tandis que chez Marot, la mélancolie ne reste qu'un état furtif aussitôt surmonté par l'apparition de Bon Espoir, la bile noire devient chez Du Bellay un élément constitutif de sa *persona* –cette *persona* n'est pas, comme on l'a vu, sans similitude avec celle de personnages bibliques, tels Job, le roi David qui se présente comme ver de terre au psaume 22, et Salomon, dans l'*Ecclésiaste* 1 qui se lamente, dans une veine presque nihiliste, sur la vanité du monde. C'est sur un ton semblable que le portrait du mélancolique se poursuit au sonnet 28 des *Regrets* :

> Et tel comme je vins, je m'en retourne aussi :
> Hors mis un repentir qui le cœur me devore,
> Qui me ride le front, qui mon chef decolore,
> Et qui me fait plus bas enfoncer le sourcy.
> Ce triste repentir, qui me ronge, & me lime [...][40]

Les éléments récurrents qui créent ce masque de la mélancolie sont la pâleur de la complexion (le « chef decolore », v. 7), à nouveau le sourcil

36 *Ibid.*, t. 2, p. 263.

37 J. Du Bellay, *Les Regrets*, éd. citée, sonnet 86, p. 239.

38 M. Scève, « Blason du sourcil », dans *Blasons anatomiques du corps féminin*, éd. citée, p. 49.

39 Voir *supra*, p. 231 *sq*.

40 J. Du Bellay, *Les Regrets.*, éd. citée, sonnet 28, p. 210.

creux (v. 8) et la ride du front, dont on se rappelle qu'elle est associée à la laideur. Gregory De Rocher détermine la signification de la ride par un système de correspondance entre les astres et l'homme : « Jérôme Cardan dans son *Metoposcopia* pouvait suivre le caractère et le destin de l'homme d'après les rides de son front, qui correspondaient toutes à un astre donné : c'était Saturne qui creusait la ride supérieure, et qui mettait donc le phénomène de la dépression au premier rang[41] ».

Le thème de la souffrance recherchée (« repentir, qui me ronge », v. 9) est également constitutif de la *melancolia* bellayenne. En effet, la *persona* des *Regrets* se met en scène à plusieurs reprises comme profondément triste, malheureuse, voire inerte. La calamité du poète se traduit au mieux par l'attribut « chétif ». Déjà, dans le propos liminaire aux *Regrets*, « À son livre », celui-ci se décrit dans un état piteux (« He chetif que je suis », v. 3), avant de mettre en exergue le processus du vieillissement : « Moy chetif ce pendant loing des yeux de mon Prince, / Je vieillis malheureux en estrange province » (sonnet 24, v. 9-10.). Le poète continue à déplorer son état de faiblesse physique en recourant à l'hyperbole : « J'ay le corps maladif, et me fault voyager, / Je ne suis né pour la Muse, on me fait mesnager, / Ne suis-je pas (Morel) le plus chetif du monde ? » et « Que de tous les chetifs le plus chetif je suis » (sonnet 42, v. 2). Si le sens premier de « chetif », surtout dans le contexte des *Regrets*, est certainement celui de « malheureux », il n'est pas anodin que sa polysémie recoupe la signification d'« exilé » – sachant que Du Bellay se met en scène comme tel – ou encore de « physiquement faible, malingre[42] ». L'infirmité corporelle du poète fait partie intégrante de sa souffrance, et celui-ci va jusqu'à se représenter comme un être inerte : « Ton Dubellay n'est plus ; ce n'est plus qu'une souche » (sonnet 21, v. 2). Le rapprochement avec le vieil arbre se poursuit : « Bref, je ne suis plus rien qu'un vieil tronc animé » (s. 87, v. 12). Dans les deux cas, l'effacement de soi s'exprime par les images du non-mouvement où le vieillissement implique la sédentarité.

L'état d'âme mélancolique se reflète également dans le style lent au sonnet 21. Cette lenteur est celle de l'astre Saturne, considéré comme la planète la moins rapide dans sa course :

---

41 G. De Rocher, « Joachim Du Bellay ou le retour à la souffrance », dans *Du Bellay, Actes du Colloque international d'Angers*, *op. cit.*, t. 2, p. 453-459.

42 *Dictionnaire du Moyen Français (DMF)*, éd. citée, s. v. « chetif ».

> Si j'escry quelquefois, je n'escry point d'ardeur,
> J'escry naïvement tout ce qu'au cœur me touche,
> Soit de bien, soit de mal, comme il vient à la bouche,
> En un stile aussi lent, que lente est ma froideur.

La correspondance entre corps mélancolique et style lent nous rappelle l'analogie qu'établit également Marot entre style bas et stature basse[43]. Même si nous comprenons la mélancolie comme une manifestation possible de la laideur à la Renaissance, il n'est guère opportun d'associer un style lent et froid, attributs de la mélancolie, à un style laid. Il n'est toutefois pas sans intérêt, comme le montre Jean-Charles Monferran dans son étude du sonnet 21, de noter que la rhétorique classique condamne le style lent en le rangeant dans la catégorie des « vices du style ». Celui-ci montre aussi que chez Du Bellay il ne peut être question d'une telle dévalorisation, puisqu'il s'agit d'un « refus délibéré du beau style », d'« une absence voulue d'ardeur[44] ». Autant la lenteur mélancolique inspire la création poétique et le style du poète, autant cette lassitude laisse des traces enlaidissantes sur son physique. Poète souffrant, Du Bellay se rapproche de la laideur corporelle. En tant qu'être soumis à l'influence saturnienne, le poète est aussi rattaché à la terre dont il tire sa laideur. Que ce soit par une démarche claudicante, par un corps affaibli en raison de l'âge ou enlaidi par la mélancolie, l'esprit du *contemptus mundi* du poète mélancolique le prédispose également à la satire.

---

43 Voir *supra*, p. 204-205.

44 J.-C. Monferran, « "En un style aussi lent que lente est ma froideur" : la poétique saturnienne des *Regrets* », *Cahiers textuel : Joachim Du Bellay. La poétique des recueils romains*, éd. S. Perrier, vol. 14, 1994, p. 63-64.

QUAND LE LAID SE MÊLE AU BEAU
Pour une esthétique de la variété

Dans la dédicace « A Monsieur d'Avanson[45] », Du Bellay met « ses tristes chants » (v. 15) sous l'égide du mélange satirique[46]. Il annonce sa « doulce satyre » (v. 81) où il compte entremêler les « espines aux fleurs » (v. 82). C'est le fameux mariage entre le fiel (l'élégiaque), le miel (l'encomiastique) et le sel (le satirique) qui détermine la variété des *Regrets*[47]. Cet emmêlement poétique de l'agréable avec l'âpre, de l'éloge avec la médisance des autres se concevrait-il également en termes d'esthétique pour former une alliance satirico-hybride entre le beau et le laid ? Faut-il peut-être également y voir une volonté d'approcher les fleurs en se confrontant aux épines, de se mettre à la recherche du beau par le biais de la découverte et de l'expérience du laid, comme l'avait proposé Floyd Gray ? Mélange que M.-D. Legrand exploite également pour les questions relatives à l'esthétique bellayenne : « En ce sens le laid n'est pas en soi une laideur mais un ingrédient qui donne tout son éclat et son piquant à la beauté ou à la bonté. Plus simplement il y a de l'irrégularité dans les corps comme dans le monde mais surtout de la variété, beaucoup de variété, autre catégorie dynamique et délectable de l'humanisme[48] ». Le laid intègre donc l'économie de l'ensemble ; il devient un apport nécessaire pour signifier la diversité dans le monde, dont la satire devient le miroir.

La fonction première de la satire est de taxer les vices du temps, les laideurs morales, comme le rappelle Du Bellay dans sa *Deffence et illustration de la langue françoyse* (II, 4) :

> Autant te dy-je des Satyres, que les Francois, je ne scay comment ont apellées Coqz à l'Asne : es quelz je te conseille aussi peu t'exercer, comme je te

45 J. Du Bellay, *Les Regrets*, éd. citée, p. 193-195.

46 Y. Bellenger, « Du Bellay satirique dans *Les Regrets* ? », dans *Du Bellay, Actes du Colloque International d'Angers*, *op. cit.*, t. 1, p. 49-50.

47 Voir G. Demerson, « *Fel, mel, sal*, Joachim Du Bellay poète satirique latin », dans *La Littérature de la Renaissance. Mélanges offerts à Henri Weber*, éd. M. Soulié, Genève, Droz, 1984, p. 171.

48 M.-D. Legrand, « Les ruines de la beauté chez Du Bellay », art. cité, p. 99-100.

> veux estre aliene de mal dire, si tu ne voulois à l'exemple des Anciens en vers Heroiques (c'est à dire de X à XI) & non seulement de VIII à IX, soubz le nom de Satyre, & non de cete inepte appellation de Coq, à l'Asne, taxer modestement les vices de ton Tens, & pardonner aux noms des personnes vicieuses. Tu as pour cecy Horace, qui selon Quintilian, tient le premier lieu entre les Satyriques[49].

Du Bellay, antimarotique, dénonce le genre satirique du coq-à-l'âne inventé par Marot, et invite à suivre à ce sujet les anciens, notamment Horace. Pascal Debailly précise qu'avec la satire, il « s'agit moins d'une forme à part entière que d'un registre, d'une topique, d'une modulation de la plainte ou de la colère[50]. » Si la plainte intégrait la *persona* mélancolique des *Regrets*, la partie satirique relèvera plutôt du tempérament colérique, qui cherche à calomnier « pource qu'en mesdisant on dit la vérité[51] ». La satire, qui ne s'abstient pas de dire également les laideurs et les vices des mœurs, est donc directement associée à la sincérité.

LA LAIDEUR DU RIRE SARDONIQUE

L'écriture satirique peut avoir une fonction thérapeutique. Toujours dans la dédicace à d'Avanson, Du Bellay écrit : « J'ay, quant à moy, choisi celuy des vers / Pour desaigrir l'ennuy qui me tormente. [...] Pour ne fascher le monde de mes pleurs / J'appreste icy le plus souvent à rire » (v. 79-80, v. 83-84[52]). Si dans ce propos liminaire aux *Regrets*, Du Bellay choisit la veine satirique, c'est tout d'abord qu'il voit dans ce registre un remède contre le fiel, à savoir la bile noire dont il est atteint et qui se manifeste, on l'a vu au chapitre précédent, aussi de manière physiologique. Or le rire, outre sa vertu médicale, peut être considéré également par rapport à sa dimension esthétique. Pour autant que le rire peut être abordé comme un effet somatique de la satire, il constitue à ce titre une déformation souvent enlaidissante du visage. Si le sourire, surtout dans le visage féminin, est source de beauté[53], le rire prend chez Du Bellay

49 J. Du Bellay, *La Deffence*, éd. citée, p. 55.

50 P. Debailly, *La Muse indignée*, *op. cit.*, t. I, p. 352.

51 J. Du Bellay, *Les Regrets*, éd. citée, sonnet 76, p. 234.

52 *Ibid.*, p. 195.

53 Voir R. G. Camos, « 'Penser le rire et rire le cœur'. Le *Traité du ris* de Laurent Joubert, médecin de l'âme et du cœur », dans *Rire à la Renaissance, Colloque international de Lille*, université Charles-de-Gaulle, 6-8 novembre 2003, éd. M.-M. Fontaine, Genève, Droz, 2010, p. 146-147.

une signification opposée et devient un signe de la laideur, comme s'il mimait les vices dont il se moque. Au sonnet 77, adressé à Dilliers, ami et interlocuteur privilégié des sonnets satiriques, le poète précise qu'il rit d'un « riz Sardonien » :

> Je ne descouvre icy les mysteres sacrez
> Des saincts prestres Romains, je ne veulx rien escrire
> Que la vierge honteuse ait vergogne de lire,
> Je veulx toucher sans plus aux vices moins secrets.
> [...]
> La plainte que je fais (Dilliers) est veritable :
> Si je ry, c'est ainsi qu'on se rid à la table,
> Car je ry, comme on dit, d'un riz Sardonien[54].

Ce sonnet figure dans la partie satirique des *Regrets*, celle qui attaque sans retenue les vices de la papauté romaine. Cependant, Du Bellay ne dénonce pas les dogmes sacrés, mais les vices les plus évidents, « moins secrets », du clergé. Sa plainte est curieusement emplie de rires dont la laideur est rattachée à la caractérisation du rire sardonique. Ce type de rire paraît avoir un statut proverbial (« comme on dit », v. 14).

Érasme consacre l'adage 2401 au « *Sardonius risus* » :

> Se dit d'un rire artificiel, amer, d'un rire mauvais aussi. [...] Certains disent qu'il pousse une herbe particulière dans l'île des Sardes, nommée « herbe sarde », une sorte de persil. Certes, sa saveur est douce, mais, une fois ingurgitée, elle tord la bouche, des hommes en un rictus de douleur, de sorte qu'ils meurent comme s'ils riaient. [...] En revanche, il n'en manque pas pour affirmer que la dénomination de rire sardonique vient de ce qu'il découvre les dents et les met à nu, comme fait généralement le rire de ceux qui ne rient pas sincèrement. [...] Le peintre Zeuxis est mort de ne pouvoir s'arrêter de rire d'une vieille femme qu'il peignait, ainsi que Chrysippe, lui, en voyant un âne qui se régalait de figues. [...] À cet endroit le commentateur Eustathe fait remarquer que rit d'un rire sardonique celui qui rit seulement de ses lèvres distendues, mais qui est en réalité tourmenté au fond de lui, par la colère ou le chagrin[55].

Érasme relève les significations multiples de ce type de rire. Par-delà sa provenance géographique, on apprend que la vieille laide est sujette à la dérision sardonique. Ce qui est mis en exergue, pourtant, est l'altération

54 J. Du Bellay, *Les Regrets*, éd. citée, sonnet 77, p. 235.
55 Érasme, *Les Adages*, éd. citée, vol. 3, p. 202-208.

importante du visage. En tant que masque d'un tempérament colérique ou bien mélancolique, il entraîne l'enlaidissement du visage par les lèvres tordues, les yeux pincés, les dents grinçantes, et les spasmes découvrant les dents. Selon l'adage érasmien, l'origine du rire sardonique se trouve dans une herbe qui poussait en Sardaigne et qui causait, lors de son ingestion, de terribles souffrances s'exprimant par une déformation, parfois mortelle, du visage, ainsi que le mentionne Laurent Joubert dans son fameux *Traité du ris* :

> Cette herbe est tres-piquante, et (comme ecrit Dioscoride, et apres luy Paul Aeginete) ote le sans à ceux qui en mangent, et par certaine tansion de ners, contraint et retire les laivres, de sorte qu'elles font un rechignemant, qui samble du Ris. Duquel mal (certainement mortel) l'adage du Ris Sardonien et venu an usage, par malancontre[56].

Frank Lestringant montre que le rire de Démocrite voyageur, de l'*homo viator*, « exilé et nomade sur cette terre » devient un rire « qui agresse, calomnie et détruit[57] ». Le poète voyageur des *Regrets* se trouve donc susceptible de lancer un rire sardonique, un rire méchant « qui tue [et] qui s'apparente au spasme de l'agonie[58]. » Curieusement, ce rire malsain, voire « malheureux et mortel », selon la définition d'Ambroise Paré[59], deviendra « un rire noir, qui est moins le rire sombre et passif de la mélancolie que le rire terrible de la vengeance[60]. » Le rire sardonique présente ainsi des ambiguïtés qui prouvent surtout que le voyage est plus une « épreuve » qu'un plaisir. Selon F. Lestringant, le rire sardonique cache « la mort sous la vie et le poison sous les fleurs[61] », inversant ainsi la métaphore du mélange des « espines aux fleurs » que déploie Du Bellay pour annoncer sa satire.

Le thème du rire est poursuivi au sonnet 62 où il n'est plus employé pour dénoncer les vices des papes, mais est rattaché à la correction bienveillante d'un ami :

---

56 L. Joubert, *Traité du ris, Dialogue sur la cacographie française* [fac-similé de l'édition de Paris, N. Chesneau, 1579], Genève, Slatkine, 1973.

57 F. Lestringant, « Rire en Sardaigne et ailleurs. Le rire du voyageur à la Renaissance », dans *Rire à la Renaissance, Colloque international de Lille, op. cit.*, p. 198.

58 *Ibid.*, p. 197.

59 Voir M.-M. Fontaine, « Rire comme Ulysse », dans *La Naissance du monde et l'invention du poème. Mélanges de poétique et d'histoire littéraire du XVIe siècle offerts à Yvonne Bellenger*, éd. J.-Cl. Ternaux, Paris, Honoré Champion, 1998, p. 349.

60 F. Lestringant, « Rire en Sardaigne et ailleurs », art. cité, p. 198.

61 *Ibid.*, p. 198.

Ce ruzé Calabrois tout vice, quel qu'il soit,
Chatouille à son amy, sans espargner personne,
Et faisant rire ceulx, que mesme il espoinçonne,
Se jouë autour du cœur de cil qui le reçoit.

Si donc quelque subtil en mes vers apperçoit
Que je morde en riant, pourtant nul ne me donne
Le nom de feint amy vers ceulx qui j'aiguillonne,
Car qui m'estime tel, lourdement se deçoit.

La Satyre (Dilliers) est un publiq exemple,
Où, comme en un miroir, l'homme sage contemple
Tout ce qui est en luy ou de laid, ou de beau.

Nul ne me lise donc, ou qui me vouldra lire,
Ne se fasche s'il voit par maniere de rire,
Quelque chose du sien protrait [sic] en ce tableau[62].

La satire intègre le cadre de la correction amicale, valorisée par son caractère de sincérité, « nul ne me donne le nom de feint amy » (v. 7). À l'instar d'Horace (« Ce ruzé Calabrois », v. 1), qui savait comment reprendre ses amis, la remontrance des autres se fait de nouveau à travers le rire. C'est en faisant rire ses amis qu'il leur montre leurs vices et leur fait ainsi connaître une vérité sur eux-mêmes. Le poète moralisateur corrige par un rire amer (« Que je morde en riant », v. 6), dont la laideur[63] se résume au type du *dentus risus* : en montrant ses dents, il ne manque pas de s'enlaidir lui-même quand il parle des laideurs morales des autres.

Ce sonnet évoque la dimension spéculaire de la satire : on se mire « comme en un miroir » (v. 10). En ce qui concerne le motif du miroir, O. Millet renvoie aux genres moraux édifiants de la littérature médiévale[64], et P. Debailly évoque l'humaniste Ange Politien qui adapte l'image du miroir à la satire, qu'il comprend comme « un reflet du réel » figurant à la fois « la norme morale et celle de l'anti-norme[65] ». Par la métaphore du miroir, le paradigme moral est, comme chez Marot[66], transposé en un paradigme esthétique, ce qui explique l'emploi de l'opposition beauté-laideur : « Tout ce qui est en luy ou de laid, ou de beau » (v. 11).

62 J. Du Bellay, *Les Regrets*, éd. citée, s. 62, p. 70.
63 F. Lestringant, « Rire en Sardaigne et ailleurs », p. 197.
64 Voir J. Du Bellay, *Les Regrets*, éd. citée, p. 640.
65 P. Debailly, *La Muse indignée*, *op. cit.*, t. 1, p. 197.
66 Voir *supra*, p. 226-228.

Le reflet du spéculum – métaphore des vers satiriques – que le poète tend à son lecteur traduit un moment de connaissance ou de reconnaissance de soi[67]. Ce processus contemplatif d'introspection[68] se fait à l'aide d'un miroir double ou courbe, sinon paradoxal, puisqu'il arrive à faire coïncider des contraires, soit beauté et laideur. L'effet produit est celui d'une anamorphose.

LA LAIDEUR DES SATYRES ET LES COUPLES MAL ASSORTIS : POUR UNE *VARIETAS* ÉROTIQUE

La satire trouve son correspondant métonymique dans la figure mythologique du satyre. Les deux matérialisent l'idée du mélange, une sorte de rapprochement, sinon un jeu des contraires – vices et vertus, laid et beau – pour signifier la *varietas* du monde : « Le principe de *varietas*, qui fonde l'esthétique de la satire, s'explique selon Bade par la filiation de la satire avec les satyres chèvre-pieds, qui passaient leur temps à médire, en sautant capricieusement d'un sujet à l'autre[69] ». Leur proximité sémantique se manifeste même au niveau orthographique, la « satyre » désignant un genre à la Renaissance. Chèvre-pied contrefait, mi-homme mi-bouc, cette créature hybride incarne un mélange monstrueux qui est le signe de la difformité.

Dans les *Divers Jeux rustiques*, Du Bellay crée une amusante « Complainte des Satyres aux Nymphes[70] » – il s'agit de l'imitation d'un poème de Pietro Bembo – où les faunes disgracieux s'adressent aux belles nymphes pour se plaindre de leur laideur qui les fait passer inaperçus aux yeux des charmantes divinités. Dames sans merci, elles demeurent indifférentes aux lamentations des satyres. Toutefois, afin d'obtenir les faveurs érotiques des nymphes, ils déploient une stratégie de revendication intéressante ; ils s'autorisent à évoquer tous les

67 Comme le remarque P. Debailly, *La Muse indignée*, *op. cit.*, t. 1, c'est le poète latin Perse qui « fait de la satire un lieu d'introspection morale, illustrant le "Connais-toi toi-même" socratique et un moyen de soigner la "philautie", "caecus amor sui", que les humanistes considèrent comme la source de tous les maux. » (p. 195-196).

68 *Ibid.*, p. 196 : « Politien théorise la démarche introspective de la satire grâce à deux métaphores érigées en outils critiques et conceptuels fondamentaux : la métaphore de la médecine et celle du miroir. »

69 P. Debailly, article « satire », dans *Dictionnaire des lettres françaises. Le XVIe siècle*, dir. M. Simonin, Paris, Fayard / Librairie Générale Française, 2001, p. 1064.

70 J. Du Bellay, *Divers Jeux rustiques*, dans *Œuvres complètes*, t. 4.1 : *1557-1558*, éd. citée, p. 128-129.

binômes célèbres mal assortis de la mythologie pour plaider en faveur de l'accouplement – au sens premier – de la beauté avec la laideur :

Dictes, Nymphes, pourquoy toujours
Vous allez fuyant nos amours.
Ont les Satyres quelque enseigne,
Qui merite qu'on les dédaigne ?
Si nous avons le front cornu,
Bacchus aux cornes est cogneu :
Et la pucelle Candienne
Ne dedaigne point d'estre sienne.

Si nostre teinct est rougissant,
Phoebus ne l'a pas blanchissant :
Et Clymene qui le feit pere,
Par luy n'a honte d'estre mere.

Si nous portons barbe au menton,
Tel encor Hercule void-on :
Et toutefois Deïanire
De luy sa bouche ne retire.

Si nostre estomac est velu,
Mars, comme nous, l'avoit pelu :
Pourtant n'en faisoit point de plaincte
Ilie, qui en feut enceincte.

Si noz pieds vous semblent honteux,
Est-il rien plus laid qu'un boyteux ?
Toutefois, ô Cypris la belle,
Un boyteux sa femme t'appelle.

Bref, si nature nous a faicts
En quelques choses imparfaicts,
Si sont tels vices excusables,
Puis qu'au ciel ilz ont leurs semblables.

Mais vous, qui n'aymez que pour l'or
(Comme toutes femmes encor),
Nous dédaignez, et n'estes chiches
A ceulx-là, qui sont les plus riches.

Les Nymphes se montrent insensibles aux avances des satyres qui leur reprochent leur vénalité (« Mais vous, qui n'aymez que pour l'or », v. 29). Au lieu de l'amour recherché, ils ne recueillent que du dédain. Leur laideur se comprend comme une « enseigne » (v. 3), un stigmate visible qui les condamne à l'univers des êtres haïssables (« Nous dédaignez »). La plainte se compose de huit strophes dont chacune reprend de manière anaphorique un trait disgracieux : le front, le teint, le menton, le ventre, les pieds. En plus de la réminiscence de l'écriture blasonnique, est convoqué également le schéma pétrarquiste : on dresse – de haut en bas, du front bicornu jusqu'au pied de chèvre – l'inventaire tératologique de la laideur. Toutefois, chaque tare est contrebalancée par l'exemple positif d'un dieu contrefait qui a réussi à gagner les faveurs d'une belle femme. À l'instar de l'éloge paradoxal, le poète parcourt le panthéon des couples mythologiques, qui se compose de manière asymétrique d'un mâle laid et d'une belle femelle : malgré son « front cornu » (v. 5), Bacchus conquiert la belle Ariane, fille de Minos ; la complexion écarlate de Phébus n'empêche pas que Clymène fût sienne. Il en va de même pour les héros poilus que sont Hercule et Mars. Enfin le dernier couple : un Vulcain boiteux épouse la déesse de la beauté, Vénus.

À chaque fois, l'argument de la laideur est retourné aussitôt et racheté sur le plan de l'amour car tous les (demi-)dieux mythologiques de la difformité réussissent à séduire des femmes éblouissantes. Il semble bien que ce soit leur imperfection même qui les rende aimables, sinon désirables. À ce sujet, le poète semble anticiper l'éloge « Des Boiteux » de Montaigne (*Essais* III, 11), où seront louées les femmes claudicantes parce que leurs mouvements chancelants sont particulièrement favorables au plaisir érotique[71]. La séduction peut se passer facilement de la beauté.

Le mélange du laid avec le beau engendre ainsi le neuf, voire des relations fécondes : Phébus et Clymène furent parents (v. 11-12), et Ilie « feut enceinte » de Mars (v. 20). Liliane Picciola remarque à ce sujet que « toute l'histoire de la poésie est histoire de ce combat fructueux, incestueux, alchimique, ou encore orphique, qui unit en un couple monstrueux la beauté et la laideur. Couple qui enfante Belle Laideur[72]. » Les ménages hybrides que forment ces couples mythologiques mal assortis deviennent la métaphore d'une poésie satirico-érotique qui tire son piquant du contraste entre beauté et laideur. Étant donné que ce sont les satyres – c'est-à-dire les figurations de la laideur – qui revendiquent d'être aimés, leurs plaintes amoureuses subvertissent les discours amoureux

71 M. de Montaigne, *Les Essais*, éd. P. Villey et V.-L. Saulnier, Paris, PUF, « Quadrige », 2004, p. 1025-1035.

72 L Picciola, « L'Avant-Propos », *Propos sur les Muses et la laideur*, *op. cit.*, 2001, p. 4-14.

conventionnels qui font de la beauté une nécessité indispensable à la séduction. Cette subversion réussit au moyen d'un éloge de soi jouant sur la valorisation paradoxale des traits ignobles. La survivance antique est manifeste : on reconnaît les proximités avec le Polyphème hideux de Théocrite qui chante ses propres louanges en se mirant dans l'eau, aussi bien qu'avec le Socrate de Xénophon qui justifie sa laideur en mettant en exergue l'utilité des parties de son corps en dépit de leur difformité[73].

LE PARADIGME FÉMININ DE LA LAIDEUR
De la métamorphose maléfique à l'anamorphose révélatrice

À l'intérieur de la partie satirique des *Regrets*, Du Bellay consacre les sonnets 87-100 aux femmes. Elles répondent à une typologie variée : de la figure de l'enchanteresse, en passant par des créatures monstrueuses d'inspiration homérique et des prostituées outrancièrement fardées ou encore des jeunes filles insensées (sonnet 97). Sujette à la dérision du poète, la femme romaine intègre le paradigme de la métamorphose maléfique, de l'aliénation et de la désillusion. Le poète dépaysé se sent en effet menacé par cette présence féminine, risquant de s'égarer entre les charmes fallacieux d'une beauté factice et la réalité d'une laideur véritable. Une telle perte de soi se décline également dans le changement même de son corps : sous l'emprise du « Demon du lieu » (sonnet 87, v. 2), du climat de la ville, et de quelque breuvage, le sujet lyrique décrit la dissolution ou bien la transmutation de sa forme initiale : « Nous sentons noz esprits nous laisser peu à peu, / Comme un corps qui se perd sous une neuve escorse » (v. 7-8). Il se sent devenir la victime des métamorphoses qui font ses « cheveux en fueilles se changer / [s]es bras en longs rameaux, et [s]es piedz en racine[74] » pour finalement prendre la forme d'un « vieil tronc animé / Qui se pleint de se voir à ce bords transformé, / Comme le Myrte Anglois au rivage d'Alcine » (v. 12-14).

73 Voir *supra*, p. 73-74 (Polyphème), p. 70-71 (Socrate).

74 J. Du Bellay, *Les Regrets*, éd. citée, sonnet 87, p. 240.

L'ANAMORPHOSE RÉVÉLATRICE D'ALCINE

L'allusion à la magicienne Alcine et à son pouvoir de transformer les hommes en arbre s'inspire du *Roland furieux* (1516) de L'Arioste, poète italien qui jouit d'une grande influence auprès des poètes de la Pléiade[75]. En effet, les quatre premiers sonnets du cycle des femmes romaines s'inspirent ouvertement du roman chevaleresque de L'Arioste, en particulier de la figure de l'enchanteresse Alcine, ainsi que de l'épopée homérique pour la sorcière Circé : « Qu'une Circe en pourceau ne me puisse changer / Pour estre à tout jamais fait esclave du vice » (sonnet 88, v. 3). La métamorphose en porc met sous le signe de la laideur les pouvoirs magiques de ces femmes romaines. D. Aris et F. Joukovsky retiennent que « les mythes de Circé et d'Alcine expriment la crainte de ne plus se reconnaître[76]. » Ces deux femmes sont donc à l'origine d'une esthétique du flou et de la déformation qui marque le statut d'une insécurité perceptive se traduisant par une profonde appréhension.

Cette crainte est également liée aux dangers du voyage[77]. M.-D. Legrand résume à ce sujet « qu'il n'y a pas chez l'Angevin de métamorphose heureuse. Changement, la métamorphose est altération, transformation, elle est altérité ou aliénation, comme le voyage est perte de la patrie, du roi, de l'amour, des Muses et de soi-même ». Le poète voit son corps « en proie aux sortilèges des sorcières et des magiciennes, ces "Circes d'Italie"[78]. » Si les enchantements maléfiques et enlaidissants visent le corps du poète, ce dernier cherche toutefois un remède contre « ces Harpyes friandes » (v. 11) : « Qui m'estreindra le doy de l'anneau de Melisse, / Pour me desenchanter comme un autre Roger ? » (v. 5-6). Du Bellay évoque ici

75 J. Du Bellay loue le poète italien dans la *Deffence*, éd. citée, p. 57 : « Arioste Italien, que j'oseroy' (n'estoit la sainctеté des vieulx Poëmes) comparer à un Homere & Virgile. » Voir aussi A. Cioranescu, *L'Arioste en France. Des origines à la fin du XVIIIe siècle*, Paris, Les Éditions des presses modernes, 1939, ainsi que K. W. Hempfer, « Diskurstraditionen und fragmentarisierte Rezeption : Ariosts *Orlando furioso* in J. Du Bellays *L'Olive* », *Zeitschrift für französische Sprache und Literatur*, vol. 112, n° 2, 2002, p. 264-283.

76 J. Du Bellay, « Introduction », dans *Œuvres poétiques*, éd. citée, t. 2, p. XLIII.

77 *Ibid.*, p. XLIII : « L'angoisse de se perdre apparaît également dans l'horreur du voyage, et dans les nombreuses images de tempête, qui reflètent la mouvance du poète et qui encadrent le recueil (s. 26, 34, 35 et 128). Car même le rapatriement tant souhaité est vécu comme un traumatisme. »

78 M.-D. Legrand, « Les ruines de la beauté chez Du Bellay », art. cité, p. 107.

une scène du chant VII du *Roland furieux* qui relate le désenchantement de Roger, chevalier sarrasin ensorcelé par Alcine lors d'un passage sur l'île des plaisirs. Ce passage constitue l'intertexte principal des sonnets 89 et 90 et c'est notamment l'exemple de l'enchanteresse que nous allons exploiter maintenant pour illustrer la dynamique d'anamorphose dans laquelle sont prises beauté et laideur dans *Les Regrets*[79].

Henri Weber montre à quel point le portrait d'Alcine inspire la poésie amoureuse de la Pléiade[80]. Quant à Du Bellay, s'en sert dans le sonnet 71 de *L'Olive* où il imite la description qu'Arioste fait de l'enchanteresse dans le *Roland furieux* (chant VII, 11-13) ; ce portrait fournit alors un modèle pour glorifier les beautés de l'aimée[81]. Dans *Les Regrets*, pourtant, Du Bellay fait apparaître la figure d'Alcine sous un voile beaucoup plus ambigu : sa beauté, chantée d'abord, est démasquée ensuite comme fard mensonger. Du Bellay semble suivre une logique antipétrarquiste qui joue, cette fois-ci, sur la nature double du portrait d'Alcine : les charmes physiques de la sorcière, qui était un modèle de beauté dans *L'Olive*, sont dénigrés quand elle devient le symbole des courtisanes romaines. En ce sens, la figure d'Alcine devient une image de la subversion des codes poétiques conventionnels, sinon de la facticité de toute forme de beauté pétrarquiste, fausse car susceptible de revêtir des silènes inversés. Si, dans les sonnets précédents, le poète se voyait en proie à des métamorphoses troublantes, il entre à présent dans la phase de réveil :

> Gordes[82], il m'est advis que je suis esveillé,
> Comme un qui tout esmeu d'un effroyable songe
> Se resveille en sursault, et par le lict s'alonge,
> S'esmerveillant d'avoir si longtemps sommeillé.
>
> Roger devint ainsi (ce croy-je) esmerveillé :
> Et croy que tout ainsi la vergogne me ronge,

79 Nous avons développé cette dimension de la laideur chez Du Bellay dans S. Dembruk, « Anamorphoses esthétiques et connaissance de soi : la laideur des "vieilles Alcines" dans *Les Regrets* de Du Bellay (sonnets LXXXIX/XC) », dans *Transformationen. Wandel, Bewegung, Geschwindigkeit, Beiträge zum 33. Forum Junge Romanistik in Göttingen*, 5-17 mars 2017, éd. C. Bacciu *et alii*, Munich, AVM, 2019, p. 61-76.

80 H. Weber, *La Création poétique*, *op. cit.*, p. 262-268.

81 Voir L'Arioste, *Roland furieux*, éd. A. Rochon, Paris, Les Belles Lettres, 1998, t. 1, p. 110 et J. Du Bellay, *L'Olive*, éd. citée, sonnet 71, p. 198.

82 Ami proche de Du Bellay, Jean-Antoine de Simiane, seigneur de Cabanes et de Gordes, protonotaire apostolique de la maison du cardinal Du Bellay.

Comme luy, quand il eut descouvert la mensonge
Du fard magicien qui l'avoit aveuglé.

Et comme luy aussi je veulx changer de stile,
Pour vivre desormais au sein de Logistile,
Qui des cœurs langoureux est le commun support.

Sus donc (Gordes) sus donc, à la voile, à la rame,
Fuions, gaignons le hault, je voy la belle Dame
Qui d'un heureux signal nous appelle à son port[83].

L'éveil révélateur d'un songe affreux correspond au moment où le poète se reconnaît victime des apparences déroutantes d'Alcine. Étant donné que le motif du songe n'apparaît pas chez L'Arioste, Olivier Millet relie le thème du rêve à la tradition poético-romanesque[84] : la rime « songe-mensonge » peut faire écho au *Roman de la Rose*, comme l'observe Daniel Fliege[85].

Le moment de découverte, en revanche, trouve son origine intertextuelle dans un passage tiré du chant VII du *Roland furieux*. Il s'agit plus précisément de la scène où Mélisse, bienveillante enchanteresse, munit Roger d'un anneau magique qui le délivrera du charme infligé par Alcine. L'entreprise consistant à ramener en France son ami bloqué sur l'île des plaisirs où règne la maléfique Alcine est menée par Bradamante, la bien-aimée chrétienne de Roger. La bague magique au doigt, Mélisse, non sans ironie, invite Roger à retourner voir son Alcine (chant VI, 64) :

Ma perché tu conosca chi sia Alcina,
Levatone le fraudi et gli artifici,
Tien questo annello in dito, e torna ad elle ;
Ch'aveder ti potrai come sia bella.

« Mais afin de savoir qui est vraiment Alcine,
Une fois enlevés fraudes et artifices,
Mets l'anneau à ton doigt et retourne la voir,
Car tu pourras t'apercevoir comme elle est belle[86]. »

83 J. Du Bellay, *Les Regrets*, éd. citée, sonnet 89, p. 241.

84 *Ibid.*, p. 665.

85 D. Fliege, « Tous les songes sont mensonges… Zum *Roman de la Rose* und der Wirkmächtigkeit des Reims songe-mensonge », dans *Literatur und Traum*, éd. B. Dupke, Munster, LIT Verlag, 2017, p. 35-62.

86 L'Arioste, *Roland furieux*, *op. cit.*, p. 117.

Le fard cache la véritable nature d'Alcine. Toutefois, doté de la bague magique de la part de Bradamante, Roger saura voir autrement. C'est au chant VII, 72 que nous apprenons qu'« au lieu de la belle qu'avant il venait de laisser », il découvre « une femme d'une laideur telle qu'aucune / ne fut jamais sur terre aussi vieille et vilaine[87]. » De toute évidence, l'enchanteresse Alcine a retourné sa forme, *morphè*, en *ana*, son opposé esthétique : « la beauté disparue, il lui resta l'ordure[88]. » Or cette transformation indicible de la beauté en laideur ne se fait nullement à la force du poignet. C'est le regard de Roger qui est transformé et par la suite entrevoit différemment Alcine : belle et jeune sous un regard enchanté, laide et vieille si la bague magique permet d'apercevoir sa vraie nature. Voyons cet autre portrait d'Alcine, revers de la médaille :

Pallido, crespo et macilente avea
Alcine il viso, il crin raro e canuto :
Sua statura a sei palmi non giungea :
Ogni dente du bocca era caduto ;
Che più de la Cumea,
et avea più d'ogna'altra mai vivuto.

« Le visage d'Alcine était pâle, ridé,
et hâve ; ses cheveux étaient chenus et rares ;
sa taille n'arrivait pas même à six empans,
et de sa bouche étaient tombées toutes ses dents ;
elle avait plus vécu que jamais aucune autre,
plus aussi qu'Hécube et la sibylle de Cumes[89]. »

L'Arioste fournit ici un portrait canonique de la vieille laide auquel fera également écho celui de « L'Antérotique[90] ». Cette fois-ci, en revanche, les contraires ne sont pas juxtaposés mais intègrent le même personnage. Le mécanisme qui fait coïncider vieillesse et jeunesse, beauté et laideur est celui de l'anamorphose, alternance de formes que M.-D. Legrand juge particulièrement propice pour désigner le jeu entre beauté et laideur chez Du Bellay :

87 *Ibid.*, p. 140 : « così Ruggier [...] ritruova, contre ogni sua stima, invece / de la bella, che dianzi avea lasciate, / donna sì laida, che la terra tutte / né la più vecchia avea né la più brutta. »

88 *Ibid.*, p. 140 : « il bel ne sparve, e le restò la feccia. »

89 *Ibid.*, p. 141.

90 Voir *supra*, p. 275 *sq.*

> « Métamorphose de la laideur » n'est pas une expression qui convienne pour lire Du Bellay. « Anamorphose » serait davantage de son horizon… aussi bien avons-nous étudié qu'il n'a pas beaucoup besoin du vocabulaire de la laideur. D'un côté cela signifie que rien n'est ni beau ni laid mais d'un autre que la déformation même est forme naissante[91].

Une anamorphose constitue un trompe-l'œil qui implique la déformation optique d'un objet en fonction de la perspective adoptée par le sujet qui le regarde. Notons que c'est aussi la découverte de la perspective en peinture, nouvel acquis de la Renaissance, qui semble trouver ici son pendant en littérature. Si l'on suit la définition donnée par Fabienne Pomel, l'anamorphose « consiste à déformer une image donnée par une projection mathématique ou par un miroir convexe ou cylindrique. L'image "droite" ne se rétablit que considérée sous un angle particulier ou grâce à un miroir redresseur[92]. » L'exercice d'une double vue est mis en relief : le miroir courbe permet de corriger la distorsion et d'appréhender le vrai caractère d'une chose.

Si l'élément du miroir est absent dans l'exemple d'Alcine, il semble ici remplacé par l'anneau, objet qui permet de voir autrement, ou qui indique au moins un changement de point de vue. Cette transformation illusoire, ce jeu anamorphique est intrinsèquement lié au sujet contemplant. Selon Juris Baltrušaitis, le premier à théoriser ce phénomène optique et qui souligne l'importance du point de vue, l'anamorphose, exemplifié par les *Les Ambassadeurs* (1533) de Hans Holbein Le Jeune, est une « projection des formes hors d'elles-mêmes et leur dislocation de manière qu'elles se redressent lorsqu'elles sont vues d'un point déterminé[93]. » Fernand Hallyn étudie l'apport de l'anamorphose qui cherche à la fois le « mensonge apparent et une vérité profonde[94] ». Le jeu entre beauté et laideur intègre alors la recherche de la vérité qui, paradoxalement, paraît être du côté de son dissemblable.

Ces deux tendances contradictoires se traduisent chez Du Bellay par deux modes de discernement. G.-H. Tucker les décrit ainsi :

---

91 M.-D. Legrand, « Les ruines de la beauté chez Du Bellay », art. cité, p. 121.

92 F. Pomel, « Allégorie et anamorphose : l'exercice d'une double vue », dans *L'Inscription du regard. Moyen Âge-Renaissance*, éd. M. Gally et M. Jourde, Fontenay/Saint-Cloud, ENS Éditions Signes, 1995, p. 252.

93 J. Baltrušaitis, *Anamorphoses ou magie artificielle des effets merveilleux*, Paris, Olivier Perrin Éditeur, 1969, p. 5.

94 F. Hallyn, « Anamorphose et allégorie », *Revue de littérature comparée*, vol. 223, n° 3, 1982, p. 328.

> [A] *link between two worlds, between two modes of perception, which are understood to coexist simultaneously, whilst defining each other antithetically: the one, a* mundus significans *of illusion, confinement and emptiness, of the dark or unsightly; the other, an alternative, parallel universe of enlightenment, freedom and fulfillment, of the brilliant or beautiful*[95].

L'anamorphose d'Alcine chez Du Bellay illustre l'idée de ces deux visions des femmes romaines : belles et laides à la fois selon le point de vue du poète, elles fonctionnent comme des silènes inversés. C'est le moment de la découverte de cette duplicité, qui produit la volonté d'une conversion. Tout comme Roger (« Comme lui », v. 7 et reprise anaphorique au v. 9), le poète vit un véritable réveil. La perception de la laideur déclenche chez lui un profond désir de renouvellement. Pris par le sentiment de la honte (« la vergogne me ronge », v. 6) devant l'aveuglement du fard magique d'Alcine, le je lyrique veux « vivre desormais au sein de Logistile » (v. 9-10) : autrement dit, il cherche à « passer de la thématique de l'amour sexuel à celle de l'amour élevé, auprès de "la belle dame" vertueuse qu'est sa protectrice Marguerite de France[96] ». L'élévation vers le haut est motivée par un dégoût pour le bas. Dans l'épopée italienne, Logistile est en effet le personnage qui représente l'amour pur et noble[97]. L'éternelle beauté d'une Logistile ne succombera jamais aux anamorphoses d'une Alcine dont la beauté disparaît soudainement au moment où la bague magique rend possible une vision claire de la réalité[98]. Alcine n'est au fond qu'un corps pâle et vieilli, d'une laideur repoussante, qui refroidit d'ailleurs l'éros de Roger[99]. Bien plus, l'éros semble remplacé par l'amour pour Dieu, *agapè*, qui prend alors la forme de Logistile « chez laquelle il verrait les plus saintes coutumes, / l'éternelle beauté, cette grâce infinie, / qui, sans rassasier, nourrit et paît le cœur[100]. » Du Bellay tire ce personnage de

95 G. H. Tucker, « Beyond Beauty », art. cité, p. 77.

96 G. H. Tucker, *Les Regrets et autres œuvres poëtiques de Joachim Du Bellay*, Paris, Gallimard, 2000, p. 75.

97 Voir L'Arioste, *Roland furieux*, *op. cit.*, p. 201.

98 Une lecture chrétienne permettrait de soulever la proximité phonique entre l'anneau magique – qui permet de voir différemment – et l'agneau, symbole du Christ. Ce lien s'établit également à partir de l'original italien, notamment entre *anello* et *agnello*. Les deux paraissent liés par le fait d'opérer une révélation épiphanique.

99 L'Arioste, *Roland furieux*, *op. cit.*, p. 141 : « [D]e l'esprit / de Roger disparaît aussitôt toute idée / qu'il eut d'aimer Alcine ».

100 *Ibid.*, p. 201.

L'Arioste, mais il le christianise et l'enrichit en lui faisant endosser l'idée d'un renouvellement stylistique qui naît de la rencontre avec la laideur.

L'intention de changer de perspective coïncide chez Du Bellay avec l'expérience de sa voix poétique. À cet égard, la rime « stile-Logistile » est significative : l'analogie sous-jacente fait correspondre le fard magicien d'Alcine au style trop fardé, frisé, qui s'oppose au style naturel et simple revendiqué depuis la *Deffence*. Il faut, selon J. Rieu, reconnaître dans ce renouvellement du style une posture éthique : « le choix de Du Bellay pour l'humilité du style va dans le sens de l'idéal de mesure, de retenue de l'ambition littéraire, au profit du message spirituel et moral, que notre poète trouve aussi dans l'idéal rhétorique gallican[101]. » Dans la mesure où Du Bellay défend également une position gallicane, la réhabilitation de l'éloquence française doit intégrer l'esprit chrétien qui va de pair avec une certaine mise en retrait de l'ornement rhétorique. Le choix du style bas découle alors de l'éthos de modestie qui s'aligne sur l'esprit du christianisme.

Outre la recherche d'une « rhétorique gallicance », M.-D. Legrand rappelle que la posture pessimiste du poète, surtout dans *Les Regrets*, « est un thème essentiel de la propagande des gallicans[102] » qui vise la restitution de l'Église gallicane, consolidée par la croyance en une renaissance de la France suivant l'idée de la *translatio imperii*. La *persona* du poète contrarié et mélancolique – on l'a vu ci-dessus – intègre donc une stratégie politique bien précise qui est celle d'une critique dévalorisante de l'Empire romain, dont on dénonce la décadence en l'opposant à une image lumineuse de la France, symbolisée en l'occurrence par la figure de Marguerite de France. C'est dans les sonnets ouvertement satiriques que le poète attaque le plus explicitement la dépravation de l'Église romaine. À l'instar de Marot et de Marguerite de Navarre, la poésie bellayenne des *Regrets* comporte une préoccupation morale. Mais, contrairement à ses deux prédécesseurs évangéliques, Du Bellay aborde le sujet de la laideur non pour la « christianiser », mais pour en faire un passage nécessaire vers la reconnaissance de la véritable beauté. Celle-ci est intrinsèquement liée à la recherche d'un nouvel idéal stylistique qui est, quant à lui, déterminé par la posture chrétienne de l'humilité.

---

101 J. Rieu, *L'Esthétique de Du Bellay*, *op. cit.*, p. 95.

102 M.-D. Legrand, « Les ruines de la beauté chez Du Bellay », art. cité, p. 107.

LES COURTISANES ROMAINES[103]

Nous venons de voir l'impact de l'anamorphose alcinienne sur le sujet poétique. Une fois sa perception aiguisée, il est en mesure de discerner les « vieilles Alcines » (v. 8) du sonnet suivant. La prise de conscience du je lyrique transparaît désormais dans sa perception, ainsi que dans sa capacité à lire les vanités du monde, telle la fausse beauté des courtisanes romaines :

> Ne pense pas (Bouju)[104] que les Nymphes Latines
> Pour couvrir leur traison d'une humble privauté,
> Ny pour masquer leur teint d'une faulse beauté,
> Me facent oublier noz Nymphes Angevines.
>
> L'Angevine douceur, les paroles divines,
> L'habit qui ne tient rien de l'impudicité,
> La grace, la jeunesse, et la simplicité
> Me desgoustent (Bouju) de ces vieilles Alcines.
>
> Qui les voit par dehors, ne peut rien voir plus beau,
> Mais le dedans ressemble au dedans d'un tombeau,
> Et si rien entre nous moins honneste se nomme.
>
> O quelle gourmandise ! ô quelle pauvreté !
> O quelle horreur de voir leur immundicité !
> C'est vrayment de les voir le salut d'un jeune homme[105].

D'emblée, les « Nymphes latines », les courtisanes romaines, sont opposées aux « Nymphes Angevines », ces muses à connotation régionale et dont l'appellation, « anges-divines », suggère une provenance céleste. La femme romaine, en revanche, cesse d'être une source d'inspiration car elle rompt avec les principes de l'éthique[106] : sa beauté factice devient signe d'immoralité et d'impureté, ce qui suscite le dégoût chez le sujet lyrique. Pour signifier cette corruption, Du Bellay recourt à une autre

103 Voir A. Gilles-Chikhaoui, « La beauté monstrueuse de la courtisane », *Réforme, Humanisme, Renaissance*, vol. 70, 2010, p. 27-28 ; A. Rees, « Représentations du féminin dans *Les Regrets* de Du Bellay : étude des sonnets 89-100 », *Le Verger*, n° 22, 2021, p. 1-14 : http://cornucopia16.com/wp-content/uploads/2022/02/Article-DuBellay_Rees_mis-en-forme.pdf (consulté le 17/04/2022).

104 J. Bouju (1515-1577), poète latin et français originaire d'Anjou et qui prend la fonction d'intermédiaire entre Du Bellay et Marguerite de Valois.

105 J. Du Bellay, *Les Regrets*, éd. citée, sonnet 90, p. 241.

106 O. Abrougui, *Du Bellay et la poésie de la ville*, Paris, L'Harmattan, 2013, p. 39.

image anamorphique : le changement de point de vue se réalise selon un mouvement qui va de l'extérieur vers l'intérieur pour voir soit le *pulchrum* (le beau) soit le *sepulchrum* (le tombeau) : « Qui les voit par dehors, ne peut rien voir plus beau / Mais le dedans ressemble au dedans d'un tombeau » (v. 9-10). Là encore, beauté ou laideur selon la perspective.

Impossible de faire l'impasse sur l'intertexte évangélique dans ces deux vers, à savoir l'évocation de la malédiction que Jésus prononce envers les pharisiens dans l'Évangile selon saint Mathieu 23, 27 : « Malheur à vous, scribes et pharisiens hypocrites ! parce que vous ressemblez à des sépulcres blanchis, qui paraissent beaux au dehors, et qui, au dedans, sont plein d'ossements de morts et de toute espèce d'impuretés. » Non seulement ces vieilles Alcines sont condamnées pour leurs vices et leurs immoralités, mais elles sont apparentées aux pharisiens dont les apparences dévotes cachent un manque d'intégrité morale. Du Bellay opère une transposition de la vie mondaine des prostituées romaines dans un discours chrétien sur la droiture de la foi, en faisant se concurrencer des éléments esthétiques, notamment la beauté apparente avec la laideur intérieure. Faut-il reconnaître l'expression d'une posture gallicane[107] de Du Bellay, notamment en raison de sa volonté de promouvoir l'église française au détriment de l'église catholique romaine, nouvelle Babylone, grande prostituée dont les vieilles Alcines fardées deviendraient les représentantes dépravées ? C'est notamment l'appel lancé à la fin du sonnet 89, « Fuions, gaignons le hault, je voy la belle Dame » (v. 13), marquant le retour en France, auprès de sa protectrice Marguerite de France, véritable parangon de la vertu chrétienne, et aux antipodes de l'Église romaine. Ce scénario rappelle l'affrontement entre la vertueuse Christine et la Symmone fardée dans le *Balladin* marotique[108].

107 Voir G. Gadoffre, *Du Bellay et le sacré*, Paris, Gallimard, 1978 ; J. Rieu, *L'Esthétique de Du Bellay*, *op. cit.*, p. 90 : « Le Gallicanisme est le terme que nous avons employé pour désigner le milieu intellectuel et spirituel dans lequel baignait Du Bellay, la mentalité de son groupe, et son idéologie à la fois politique et religieuse. [...] Au-delà des engagements dans l'idéal national d'une grande culture, ou dans la recherche d'une écriture religieuse soutenue par les textes sacrés, Du Bellay découvre finalement ce lieu privé à partir duquel il pourra exercer son action dans le monde, accomplir sa mission poétique, et poser un regard chrétien sur les choses et les êtres. C'est dans cette perspective qu'il va donner à la poésie une valeur spirituelle, politique et morale, sans laquelle le silence l'aurait peut-être emporté. Car ce courant de pensée implique un engagement dans la vie publique et une conception éthique de la création littéraire. »

108 C. Marot, *OP II*, p. 716-724, en particulier v. 93-94 : « Apres avoir Symmonne regardée, / Disoient tresbien : ceste cy est fardée ! ». Aux vers 115-118, Marot inclut également un

À part la dimension anamorphique des Alcines, le quatuor de sonnets inspirés de L'Arioste est suivi de deux poèmes qui manifestent une modalité nouvelle pour dire la laideur : l'éloge paradoxal d'inspiration bernesque. Tandis que le sonnet 92 relate la toilette des prostituées romaines[109], le sonnet 91 dresse le portrait d'une vieille courtisane, selon le modèle qu'en donne Francesco Berni dans son célèbre sonnet « Chiome d'argento fine[110]... ». Olivier Millet note qu'Henri Estienne fait figurer ce sonnet sous le mot de *Deformi[té]* dans ses annotations de la poésie vernaculaire de Du Bellay[111] :

> O beaux cheveux d'argent mignonnement retors !
> O front crespe, et serein ! et vous face doree !
> O beaux yeux de crystal ! ô grand' bouche honorée,
> Qui d'un large reply retrousses tes deux bordz !
>
> O belles dentz d'ebene ! ô precieux tresors,
> Qui faites d'un seul riz toute ame enamouree !
> O gorge damasquine en cent pliz figuree !
> Et vous beaux grands tetins, dignes d'un si beau corps !
>
> O beaux ongles dorez ! ô mains courte, et grassette !
> O cuisse delicatte ! & vous gembe grossette,
> Et ce que je ne puis honnestement nommer !
>
> O beau corps transparent ! ô beaux membres de glace !
> O divines beautez ! pardonnez moy de grace,
> Si pour estre mortel, je ne vous ose aymer[112].

Ce contreblason élogieux, qui annoncent les vieilles baudelairiennes, ne ressemble pourtant guère à l'écriture « contreblasonique » d'un Marot, même si le but du sonnet demeure clairement de dénoncer le manque

portrait de la Symmone qui associe son parler aux artifices de son apparence : « Grâce n'avoit sy non mal gratieuse : / En son parler aigre & falatieuse : / Et quand parfois usoit de doulx langaige, / Plus y mettoit de fard qu'en son visaige.» Voir l'analyse de D. Fliege, « Édition critique et commenté du *Balladin* de Clément Marot», *Bibliothèque d'Humanisme et Renaissance*, vol. 82, n° 3, 2020, p. 453-487.

109 Voir J. Du Bellay, *Les Regrets*, éd. citée, sonnet 91, p. 242.

110 Voir J. Du Bellay, *Œuvres poétiques*, éd. citée, t. 2, p. 324.

111 J. Du Bellay, *Les Regrets*, éd. citée, p. 667. Voir G. H. Tucker, « Henri II Estienne's Manuscript Annotations (*circa* 1570 ?) of Joachim Du Bellay's French vernacular poetry », dans *« Une honnête curiosité de s'enquérir de toutes choses ». Mélanges en l'honneur d'Olivier Millet*, *op. cit.*, p. 119-133.

112 J. Du Bellay, *Les Regrets*, éd. citée, sonnet 91, p. 242.

d'attraits physiques d'une femme, en l'occurrence la prostituée romaine. Du Bellay délaisse à ce sujet le registre du blâme auquel il avait recouru au sonnet précédent et adopte les procédés de l'éloge paradoxal. Toutefois, la laideur n'est pas énoncée directement mais transparaît en creux : soit par le déplacement des métaphores typiquement pétrarquistes et laudatives sur des éléments qui ne leur correspondent pas – ce sont par exemple les « dentz d'ebene » (v. 5) qui viennent se substituer aux sourcils d'ébène –, soit par le mélange satirique d'éléments burlesques avec des qualificatifs laudatifs, comme les « beaux cheveux d'argent » (v. 1).

L'autre paradoxe concerne avant tout les deux derniers tercets qui célèbrent les parties du corps les moins nobles, les « beaux ongles dorez » (v. 9), les « beaux grands tetins » (v. 8) ou la cuisse (« gembe grosette », v. 10). À ce titre, le sonnet 91 peut être lu comme une parodie des conventions pétrarquistes, et de ce fait peut être considéré comme une poésie antipétrarquiste à part entière.

Jean-Pierre Cavaillé[113] a identifié trois modes littéraires, tous de provenance italienne, qui relèvent de l'éloge paradoxal et traitent le motif de la laideur féminine afin de contester ou de subvertir le modèle platonisant du pétrarquisme. Il évoque tout d'abord le *Cavalier Marin* de Giambattista Marino (1569-1625) : les louanges maristes célèbrent dans un style emphatique, caractéristique du baroque italien, la belle boiteuse ou la vieille bien aimée. Ensuite, il cite l'exemple de Torquato Tasso (1544-1595), à bien des égards exceptionnel, qui expose l'amour sincère pour une femme laide dans le poème « *Per un signore che amava una donna brutta* ». Puisque leurs écrits sont plus tardifs, ces deux poètes n'ont toutefois pas pu influencer Du Bellay. Il n'en va pas de même pour le troisième mode relevé par J.-P. Cavaillé, celui de l'éloge burlesque de Francesco Berni (1497-1535) : cette veine a assurément inspiré les écrits antipétrarquistes de Du Bellay, comme nous le verrons.

Outre l'influence bernesque, D. Aris et F. Joukovsky proposent un rapprochement soit avec le portrait d'Alcine donné par L'Arioste, qui inscrit le sonnet 91 dans la trame narrative du *Roland furieux*, soit avec

113 J.-P. Cavaillé, « L'Éloge de la laideur dans la littérature antipétrarquiste », *L'Atelier du Centre de recherches historiques* [en ligne], n° 11, 2013 : https://journals.openedition.org/acrh/5234 (consulté le 25/03/2022); voir aussi J.-L. Nardone, « Les canons de la laideur : portrait des muses des antipétrarquistes », dans *Dérision et démythification dans la culture italienne*, éd. M. Viallon, Saint-Étienne, Publications de l'Université de Saint-Étienne, 2003, p. 27-40.

« L'Antérotique », où Du Bellay « juxtaposait l'horrible vision de la vieille et la beauté radieuse de la jeune fille[114]. » Ce rapprochement ne tient pas compte, à notre sens, du changement important de registre entre ses deux poèmes. Si « L'Antérotique » peut être lu comme un renversement des codes pétrarquistes dans le registre du blâme – son sujet est effectivement la laideur de la vieille hideuse –, le sonnet bernesque de Du Bellay mobilise tout l'appareil métaphorique pétrarquiste sans recourir au champ sémantique du laid. Son sujet demeure alors le beau, même si celui-ci subit torsion et fragmentation par la mise en forme de l'éloge paradoxal.

Tout se transforme dans cette Rome des illusions perdues, où il faut se méfier des vieilles Alcines qui changent de forme et cachent leur vraie nature. Créatures perturbatrices qui brouillent la perception du sujet qui les regarde et qui « représentent une menace pour l'intégrité du poète qui court le risque de perdre son identité[115] ». Ces vieilles Alcines sont sujettes aux jeux anamorphiques, changeant la beauté en laideur, et le beau en tombeau. Le sujet qui devine ce pouvoir trompeur de transformation se transforme lui-même, tout comme Roger ou bien le poète des *Regrets* chez qui le moment de la découverte de la laideur d'Alcine suscite un renouveau du style et le souhait de retourner auprès de Marguerite de France.

114 J. Du Bellay, *Œuvres poétiques*, éd. citée, t. 2, p. 324.

115 O. Abrougui, *Du Bellay et la poésie de la ville*, *op. cit.*, p. 42.

CONCLUSION

Tandis que chez Marguerite de Navarre et chez Clément Marot, nous avons pu tisser un lien étroit entre l'herméneutique chrétienne et la fonction littéraire de la laideur, la question se pose différemment avec Du Bellay. En phase avec les préceptes poétiques de la Pléiade, l'accent chez Du Bellay est mis sur un idéalisme formel et littéraire, celui du pétrarquisme qui chante l'idée de la beauté à l'intérieur du circuit amoureux néoplatonicien. Si, malgré une telle esthétique idéaliste, on peut trouver des indices d'une esthétique de la laideur qui s'appuie sur des réalités terrestres, cette dernière marque un moment de rupture ou de désenchantement par rapport au code poétique, et non – au moins dans sa production pétrarquiste – par rapport à une anthropologie chrétienne comme chez les deux auteurs évangéliques. C'est aussi pour cette raison que l'antipétrarquisme bellayen, que nous avons étudié en premier lieu en tant que poésie qui met en scène la laideur, ne porte au fond qu'une critique formelle : au nom du naturel, on révoque le discours pétrarquisant jugé trop factice. Sur le plan thématique, on trouble ce même discours en substituant à la belle aimée la vieille hideuse qui incarne de manière topique la laideur corporelle.

Toutefois, ce changement d'objet ne se conçoit que comme un jeu poétique qui vise la maîtrise formelle de tous les registres du lyrisme amoureux, aussi bien de l'éloge que du blâme. À ce titre, la laideur n'est que prétexte à expérimenter un nouveau langage poétique, quitte à faire la caricature des codes pétrarquistes, sans qu'il y ait un véritable enjeu moral. Cet exercice (anti-)pétrarquiste du style se fait exclusivement aux frais de la figure de la vieille femme – qui devient ainsi un des lieux communs prédominants pour signifier la laideur, dans l'antipétrarquisme en particulier et à la Renaissance en général –, comme l'illustre remarquablement « L'Antérotique de la vieille et de la jeune amye » (1550). Ce qui peut surprendre, étant donné la récusation catégorique des poésies de la génération précédente dans la *Deffence* (1549), c'est que Du Bellay se sert, au sujet de la vieille, des *topoi* médiévaux, au risque de se rapprocher de la veine satirique des contreblasons marotiques. La préoccupation antipétrarquiste consistant à critiquer le code poétique pétrarquiste se fait au prix d'une certaine réticence à élaborer un nouveau répertoire d'images sur la laideur. À propos de la représentation de cette dernière, Du Bellay semble en effet s'inscrire – certes, à sa manière – dans la continuité avec l'héritage antique et médiéval.

Ce ne sera qu'avec *Les Regrets* (1558) que Du Bellay fera du laid un objet de prédilection à part entière, aussi bien au niveau du style que dans le choix de ses sujets. Nous avons repéré trois pivots thématiques qui font émerger la laideur aussi bien corporelle que morale : la figure du poète mélancolique, la satire de la curie romaine et la perception anamorphique des courtisanes romaines. Pour relater cette expérience romaine, le poète a recours au *sermo pedestris* que Du Bellay définit en rapprochant le vers poétique du discours prosaïque : « Soit une prose en ryme, ou une ryme en prose[1] ». Dans ce sens, le laid relève de l'oralité et non du style élevé, de la simplicité et du naturel et non de l'ornement oratoire.

Nous avons montré que le poète mélancolique, désespéré, souffrant et se lamentant, intègre en effet une forme de laideur corporelle. Suivant les théories humorales et les cosmologies renaissantes, les êtres saturniens sont considérés comme laids en raison de leur pâleur et maigreur, de leurs sourcils renfrognés et de leurs grosses lèvres. Les rapprochements avec des figures bibliques, notamment Job, laissent entendre de surcroît une anthropologie chrétienne qui se déploie par un désillusionnement du monde, relevant de l'esprit du *contemptus mundi*.

Quant à la satire, la laideur y occupe un rôle double. Premièrement, celui de la correction morale par le rire, lui-même enlaidissant. À ce titre, la satire sert de miroir anamorphique montrant à la fois le laid et le beau de celui qui se mire et mettant ainsi en évidence la nature variable des choses. C'est sous les auspices de la variation que la laideur intègre une esthétique dynamique de la diversité. Elle participe de ce fait de la *varietas*, catégorie chère à la culture humaniste, qui privilégie la variété en termes rhétoriques mais comprend également les différentes manières d'habiter le monde.

1 J. Du Bellay, *Les Regrets*, éd. citée, sonnet 2, p. 197.

Nous avons illustré à l'exemple des courtisanes romaines dans quelle mesure les jugements de valeur esthétique dépendent du sujet qui regarde. On retrouve, comme dans les sonnets pétrarquistes, la subjectivité masculine qui, cette-fois ci, expérimente la beauté féminine, modelée sur l'Alcine de L'Arioste, comme illusoire et trompeuse. Ce désillusionnement coïncide paradoxalement avec un réveil que subit le je lyrique, rangeant la laideur d'Alcine du côté de la clairvoyance, du repentir et de la conversion. Pour représenter les femmes romaines, Du Bellay pratique en outre l'éloge paradoxal suivant le modèle bernesque.

Préoccupé, surtout dans ses premières poésies, par la recherche de l'idée du beau, Du Bellay reconnaît néanmoins une véritable valeur poétique aux images concrètes de l'ici-bas. Que ce soit dans le vieux corps abject de « L'Antérotique » ou dans celui des figures alciniennes des *Regrets*, le laid se conçoit toujours à l'intérieur d'un jeu de contraste ou d'anamorphose avec le beau. Il en va de même de la manière dont Du Bellay envisage la satire, qui fonctionne comme un miroir paradoxal ou silénique montrant à la fois les versants beau et laid d'une même chose. Là encore, l'accent est mis sur le mélange, la cohabitation et l'accouplement des opposés. Tout comme Marot, Du Bellay fait de la faiblesse et de la disgrâce physiques un trait distinctif du poète lui-même. À ce titre, la laideur devient l'indice d'une souffrance, d'une perte de l'idéal qui touche la *persona* du poète ainsi que l'idée de la poésie, désormais susceptible de trouver sa véritable beauté dans la laideur.

CONCLUSION GÉNÉRALE

Deux lignes interprétatives ont guidé notre approche de la laideur à la Renaissance : celle d'une herméneutique chrétienne, particulièrement féconde pour lire la difformité sous les auspices d'une crise du signe, et celle d'une poétisation du laid, qui interroge la place de laideur en tant qu'objet de l'invention littéraire. Ces deux grilles de lecture se font écho par endroits, mais poursuivent en même temps des enjeux distincts : l'une met en lumière l'inscription idéologique et morale de la laideur dans une vision platonico-chrétienne du monde, l'autre s'intéresse davantage aux formes de représentation littéraire – qu'ils soient poétiques ou prosaïques – exploités pour dépeindre le laid. Ce double point de départ nous a permis d'envisager la signification de la laideur à rebours des discours dominants, qui en perpétuent une lecture comme stigmate du vice ou comme écart par rapport aux normes corporelles – l'arrière-plan idéologique induisant presque systématiquement une acception vicieuse. Les lexicographes renaissants retiennent des significations exclusivement négatives, qui situent la laideur aux antipodes de la beauté (*deformitas*), l'associant à l'univers de l'immoralité (*turpitudo*), au dégoût sensuel et à la hideur déplaisante (*foeditas*). Nous avons vu que cette lecture trop univoque ne rend pas compte de la réalité complexe des textes. Les divers traitements littéraires du sujet témoignent effectivement d'une hétérogénéité qui recouvre des figurations moralisatrices jusqu'aux éloges paradoxaux faisant du laid un attribut du divin.

Afin de définir le statut littéraire de la laideur, il était indispensable de prendre en compte le contexte idéologique dans lequel elle surgit, c'est-à-dire d'étudier les représentations de la laideur au sein des systèmes de croyance des auteurs respectifs – évangélique, pour Clément Marot et Marguerite de Navarre, et gallican, pour Joachim Du Bellay. Ce qui relie nos trois auteurs à ce propos est la philosophie chrétienne qui imprègne, de manière diverse, les textes du corpus. C'est entre nos deux représentants évangéliques que les convergences sont les plus évidentes. On retrouve une certaine justification du défaut indiquant à la fois la faillibilité de l'humain et, surtout, la nécessité de la grâce divine pour remédier à l'imperfectibilité du pécheur, celle-ci étant signifiée dans notre approche par la laideur physique. C'est le fait de mettre l'accent sur la *sola gratia* qui rachète un tel pessimisme chrétien. L'homme laid devient, en un sens, un vecteur pour mesurer la miséricorde divine. L'anthropologie chrétienne transparaît également chez Du Bellay, quoique sous un autre jour. Le pessimisme bellayen se nourrit d'un esprit de *contemptus mundi* : un désenchantement du monde qui rappelle les vanités déplorées par l'Ecclésiaste. Cet état d'esprit, on l'a montré, se manifeste physiquement, c'est-à-dire en épuisant et en enlaidissant le corps par un supplément de mélancolie et d'inertie. Du Bellay s'oppose à cet égard à la « vive foy » des évangéliques qui intègrent les laideurs du monde dans un circuit de rédemption ; en revanche, chez le poète du désespoir[1], les éléments de la laideur marquent un désillusionnement du monde.

Le but de ce travail était de montrer le statut spécifique que prenait dans chaque œuvre le thème de la laideur. La nature hétéroclite de notre corpus permet toutefois de relever, dans ces différentes représentations du laid, des convergences inédites amenant à repenser la fonction de ce thème en littérature et le traitement qui lui est réservé.

« LE CHRIST NE FUT-IL PAS UN MERVEILLEUX SILÈNE ? »

Le point de départ de la revalorisation chrétienne du laid à la Renaissance est sûrement l'adage érasmien « Les silènes d'Alcibiade » ; celui-ci réserve un potentiel herméneutique à tout ce qui, en apparence, semble ignoble et déplaît à la vue. La transposition du motif silénique sur la figure du Christ – notamment sa beauté paradoxale sur la Croix – rejoint la dialectique du signe dissimilaire dionysien ainsi que la logique

1 Voir V. Ferrer, « La poésie du désespoir de Joachim Du Bellay à Agrippa d'Aubigné », *« Une honnête curiosité de s'enquérir de toutes choses ». Mélanges en l'honneur d'Olivier Millet*, *op. cit.*, p. 208-215.

du paradoxe, principe régissant par ailleurs les Évangiles. Les interdépendances avec le substrat platonico-chrétien transparaissent dans les textes de notre corpus à des degrés divers et invitent à une lecture de la laideur comme vecteur de véridicité.

Quant au néoplatonisme, en particulier les commentaires de Marsile Ficin sur les écrits de Platon, nous constatons qu'il ne fait pas, contrairement à ce que l'on pourrait penser, l'économie du laid. Au contraire, Ficin le considère comme faisant partie intégrante de la genèse de l'amour, tout comme Augustin avait inclus le laid dans l'économie de la création. Les dynamiques de l'amour vis-à-vis du laid se retrouvent également dans les écrits augustiniens : c'est l'amour du Christ qui transforme la laideur de son Église, tout comme le regard purifié par la foi reconnaît dans le Christ souffrant la beauté de la rédemption. Ficin développe par ailleurs une conception relative de la beauté corporelle qui dépend, selon lui, de plusieurs facteurs, et notamment du sujet qui regarde : laideur et beauté surgissent en fonction de l'angle sous lequel on les perçoit. Les catégories esthétiques se présentent ainsi comme fluides, voire interdépendantes. L'importance de la perspective et de la nature du regard pour mesurer la véritable beauté ou laideur des choses se retrouve chez Plotin, et également chez Augustin, dont Érasme et Marguerite de Navarre s'inspirent. Il s'agit de « l'œil de la foi » – élément qui apparaît nommément chez Marguerite de Navarre – ou de l'œil intérieur, l'*oculus simplex*, qui est seul capable de percevoir le bien et le bon, en dépit des apparences.

L'effet optique de l'anamorphose est indissociable de cette question du regard. C'est par le biais de l'anamorphose que surgit la nature silénique ou double des choses. La sémantique optique de l'anamorphose comprend également le sujet qui regarde. On se souvient de l'élément du miroir qui intervient pour mesurer le degré de beauté ou de laideur – un miroir évangélique chez Marot et satirique chez Du Bellay. En effet, un objet peut paraître beau ou laid selon l'angle sous lequel on le regarde. L'importance de la vision se retrouve également dans la littérature pétrarquiste ou antipétrarquiste, qui mime le regard masculin porté sur le corps de la femme décidant de la rendre poétiquement belle ou laide, selon l'enjeu littéraire.

GENRES ET REGISTRES DE LA LAIDEUR

La laideur est assurément un objet courant de l'invention poétique. Formalisée depuis l'Antiquité dans les traités de poétique et de rhétorique, sa représentation intègre le discours de la théorisation. Les poètes et prosateurs renaissants y puisent avant tout des éléments relevant des lieux rhétoriques de la personne, dans le but de peindre les portraits de figures laides. Ces descriptions de personnes apparaissent notamment en lien avec le genre de l'invective en style bas, dénonçant la difformité du corps comme symbole du vice. Outre l'héritage antique et médiéval, que les poètes modifient et amplifient selon le principe rhétorique de la *copia*, il faut prendre en compte les contextes, enjeux et procédés littéraires propres à la Renaissance. Le fait de considérer différents genres textuels pour étudier la représentation de la laideur nous a permis de repérer quelques particularités relatives aux genres littéraires.

À part quelques rares exemples, la prose française ne se montre guère prolifique quant à la représentation de la laideur physique. Cette réticence à « dire la laideur », qu'on a repérée pour *L'Heptaméron* de Marguerite de Navarre, représente un choix rhétorique motivé par une certaine posture éthique de la reine, celle de l'évangélisme. Le refus d'embellir le propos s'inspire de saint Augustin[2], ainsi que des écrits du Pseudo-Denys l'Aréopagite, en suivant fondamentalement l'exemple de saint Paul[3]. Un tel pessimisme envers les artifices du langage s'explique par un souci de véridicité : il faut éviter que la rhétorique nuise à la vérité du message. C'est dans une telle optique que des portraits hyperboliquement amplifiés – tels qu'ils figurent dans la tradition romanesque médiévale – cèdent le pas aux descriptions plus concises chez la reine de Navarre.

Le genre poétique, en revanche, est plus productif en matière de laideur. Héritiers de la topique antique et médiévale, les poètes utilisent un répertoire métaphorique plus ample, manifestant une recherche langagière poussée pour représenter le corps hideux. C'est sans nul doute dans le

2 C. La Charité, « Rhetorical Augustinianism in Marguerite de Navarre's *Heptaméron* », *Allegorica*, n° 23, 2002, p. 55-88.

3 C. Randall, « Scandalous Rhetorics : Preaching Plain Style in Marguerite de Navarre », art. cité, p. 11-24.

cadre du concours des blasons que Marot fait une contribution pionnière à la formation d'une rhétorique à part entière de la laideur. Il en fournit une directive dans son épître « À ceulx qui apres l'Epigramme du beau tétin en feirent d'aultres », et passe à la pratique avec son « Blason du laid tétin ». Nous avons montré que l'écriture de la laideur chez Marot s'inspire majoritairement des modèles médiévaux. Ce sont en particulier les retentissements avec la poésie de ses prédécesseurs, les Grands Rhétoriqueurs, qui sont visibles dans l'épigramme marotique. À notre sens, l'originalité de cette pièce réside principalement dans la manière dont Marot inscrit cette poésie du laid dans le contexte politique du temps, c'est-à-dire en faisant du blason sur le laid tétin une attaque déguisée contre la Sorbonne. Dans la poésie marotique, le thème de la laideur intègre indubitablement le paradigme de la satire. C'est dans le vaste corpus de la « Querelle Marot-Sagon » que l'on trouve toutes sortes de difformités anthropomorphiques pour dénoncer les vices de l'ennemi.

Aussi bien Marot que Du Bellay exploitent le sujet de la laideur pour s'exercer dans les registres de l'éloge et du blâme. Dans les deux cas, le laid est un sujet de prédilection pour la satire, mais enrichit également les textes à tonalité plus personnelle, comme les épîtres de Marot ou les complaintes du désespéré bellayen. En tant que poète de la Pléiade, Du Bellay suit à priori une esthétique qui se veut être à l'encontre de celle de la génération précédente. Voué prioritairement à l'idéalisme littéraire du pétrarquisme amoureux, centré sur l'idée du beau, il mobilise le thème de la laideur corporelle pour parodier ce code poétique. C'est notamment par le biais de la figure de la vieille qu'il remet en cause la poésie amoureuse. Dans une veine antipétrarquiste, Du Bellay recourt de fait aux modèles médiévaux, à la forme allégorique et à l'éloge paradoxal pour peindre la laideur féminine qui se cristallise dans « L'Antérotique » ainsi que dans la figure de la courtisane romaine. Dans ses *Regrets*, il représente les ruines et les débauches romaines – symboles du chaos et de la laideur morale – non dans le style élevé mais dans le style de l'oralité, le *sermo pedestris*. Là encore, le thème de la laideur est dissocié de la recherche d'un langage sophistiqué en faveur d'un « simplement escrire[4] » et de « vers imparfaits[5] ».

4 J. Du Bellay, « Introduction », dans *Œuvres poétiques*, éd. D. Aris et F. Joukovsky, t. 2, p. XXXVI.

5 *Ibid.*, p. 35.

En ce qui concerne les figurations de la laideur physique, les trois auteurs étudiés dans cet essai s'appuient sur des modèles antiques et médiévaux, mais s'inspirent également d'influences exogènes, particulièrement italiennes, qu'ils modifient en fonction des contextes et mouvements littéraires précis. L'une des figurations les plus courantes de la laideur physique à la Renaissance demeure celle de la vieille laide[6]. Inspirée des *Épodes* horatiennes, elle représente l'incarnation du vice au féminin. Tandis que ce *topos* est absent de l'œuvre navarrienne, Marot et Du Bellay en font un sujet de l'invention poétique à part entière. La satire de la vieille est certainement à son comble dans le contexte de l'écriture des contreblasons, notamment dans le « Blason du laid tétin » marotique. Du Bellay exploite ce *topos* à deux égards : d'abord dans « L'Antérotique », puis dans la satire anti-pétrarquiste qu'il fait de la courtisane romaine dans *Les Regrets*. Plus qu'une attaque misogyne à proprement parler – bien que l'emploi des arguments misogynes soit incontestable –, nous reconnaissons dans ces écritures de la laideur féminine une renégociation des conventions littéraires, des codes pétrarquistes en particulier, ainsi qu'un exercice rhétorique du blâme, sous forme de contreblason ou d'éloge paradoxal.

LE CORPS LAID COMME INSTRUMENT DE CONTESTATION

Dans la première modernité, la laideur se lit à travers le paradigme corporel. À partir de notre corpus d'étude, nous avons pu établir une typologie dynamique qui s'articule autour de la valeur contestataire du corps laid. Sous les auspices de la *varietas* humaniste, la disgrâce physique est présentée comme une partie intégrante du monde qui met au défi le paradigme physiognomonique ainsi que les conventions littéraires de sa représentation. Par ailleurs, la laideur physique peut intégrer une critique sociale implicite et désavouer la primauté incontestée de la beauté comme seul indice de la vertu. Notre corpus a permis de retenir plusieurs scénarios qui modulent le rapport entre le beau et le

6 J. Bailbé, « Le thème de la vieille femme dans la poésie satirique », art. cité.

laid, tantôt sous les prémisses du contraste, tantôt sous celles du silène, parfois encore sous celles de l'altération ou de la gradation.

La figuration littéraire la plus marquante est certainement celle du corps hideux et repoussant de la vieille mégère. Or, il est souvent mis en relation avec son pendant jeune – c'est le cas pour les blasons marotiques aussi bien que pour « L'Antérotique » bellayenne –, jouant sur un rapprochement poétique des opposés. Dans le cas des blasons, c'est l'idée de réversibilité qui décrit au mieux le rapport du beau au laid. C'est sans doute le « Blason du laid tétin » qui revêt une véritable volonté de contestation, d'abord sur le plan du renouvellement des codes poétiques, ensuite sur celui d'une attaque déguisée contre la Sorbonne. Chez Du Bellay, la vieille jalouse de « L'Antérotique » bellayenne intègre, sous forme d'allégorie, la remise en cause du lyrisme amoureux. La juxtaposition du beau et du laid trouve une autre variante encore, celle du couple mal assorti. Les ménages hybrides sillonnent déjà la mythologie gréco-romaine. Il suffit de penser à l'union inégale entre Vénus et Vulcain, ainsi qu'aux amours bucoliques de la belle nymphe Galatée et du cyclope hideux Polyphème qu'Érasme évoque, par exemple, pour illustrer les illusions de l'amour. C'est Du Bellay qui dans sa « Complainte des Satyres aux Nymphes », imitée de Pietro Bembo, parcourt de multiples exemples pour défendre l'idée d'une cohabitation heureuse et fructueuse entre beauté et laideur. Par ce biais, le mélange satirique devient aussi symbole de la *varietas* du monde, catégorie humaniste servant à penser sa diversité. Loin des couples hétéroclites de l'Antiquité, Marguerite de Navarre met en scène ce dispositif pour signifier l'apogée d'une crise sociétale, celle de l'institution matrimoniale. Ce n'est que dans la perspective chrétienne de l'*agapè* que la mauvaise grâce d'un des époux se trouve sublimée en beauté.

La possibilité de concevoir la laideur comme beauté rejoint la logique des paradoxes, catégorie de prédilection pour penser la nature contradictoire, ou silénique, des choses. Ces « corps siléniques » illustrent à merveille la crise épistémique du paradigme physiognomonique. À l'instar de la figure-phare du Socrate érasmien, la laideur extérieure ne renvoie plus à une intériorité vicieuse. Au contraire, c'est la laideur seule qui fonctionne comme référent du divin. Cette non-correspondance préoccupe la pensée renaissante jusqu'à Montaigne, qui essaie de résoudre la laideur paradoxale de Socrate dans son « De la physionomie »

(III, 12)[7] . Quoique l'image du silène constitue à priori une catégorie masculine, nous avons trouvé dans *L'Heptaméron* des personnages féminins qui fonctionnent selon cette même logique paradoxale : leur mauvaise grâce extérieure ne va pas de pair avec une corruption intérieure, mais est rachetée par une posture vertueuse.

Le poète, à la suite du philosophe, revendique à son tour la nature du silène[8]. La laideur devient un élément constitutif de la *persona* de Marot notamment, et fait de ce dernier un *silenus poeticus*, si l'on veut. L'appropriation de ce masque de laideur participe de la construction d'une image du poète qui se veut délibérément disgracieux et exprime ainsi une posture d'humilité chrétienne se manifestant également dans le choix d'un style bas. La stratégie d'enlaidissement de soi vise au fond la mise en avant de la beauté de ses écrits. Marot suit sur ce point les Grands Rhétoriqueurs qui recouraient également à ce mode d'autodénigrement à des fins purement stratégiques, en l'occurrence pour exprimer leur dépendance envers un mécène.

L'enlaidissement du poète apparaît également pour marquer une crise temporaire de l'écriture, comme on l'a vu dans « L'Epistre du depourveu » de Marot : la rencontre avec une vieille hideuse, allégorie de la Crainte, trouble le processus créatif du poète. Nous avons pu montrer que la laideur corporelle du poète intègre également le registre de l'invective ; c'est le cas lorsque Marot devient la cible d'attaques dans la querelle avec François de Sagon. Accusé d'avoir adopté des positions hérétiques, Marot écrit depuis son exil ferrarais en 1535 une épitre à François Ier, « Au Roy, nouvellement sorty de maladie », où il adopte la posture d'un chrétien qui se reconnaît lui-même comme laid, mais dont la laideur est réhabilitée par le message libérateur de l'Évangile.

À l'instar de la *persona* marotique, Du Bellay recourt, lui aussi, au masque de la laideur. Chez lui, en revanche, cette laideur se manifeste de manière plus systématique. Il adopte la posture mélancolique du poète souffrant qui est enlaidi par ses tribulations. L'influence saturnienne conditionne ses humeurs, qui le rendent pâle et faible de complexion. La représentation de soi comme laid paraît constituer un outil rhétorique

7 B. Sève, « La physionomie de Socrate ou le sens de la laideur », dans *Le Socratisme de Montaigne*, éd. T. Gontier et S. Mayer, Paris, Classiques Garnier, 2010, p. 291-303.

8 Voir à ce sujet D. Robin, *Aux origines de l'esthétique*, *op. cit.*, notamment ses pages sur le *silenus academicus*, p. 183-195.

fécond dans la construction de la figure du poète, en témoignent les *personae* marotiques et bellayennes.

Le corps est en effet susceptible de subir des altérations enlaidissantes. Elles peuvent être passagères – comme la dégénérescence subite du bel Amadour pris par un élan passionnel de possession du corps de Florinde dans la 10e nouvelle de *L'Heptaméron* – ou définitives. L'émergence d'une laideur physique qui serait liée aux passions, soit la manifestation physiologique du désir, « ce meschant feu » chez Amadour, trouve son écho dans l'automutilation de Florinde. C'est le paradigme de la mutilation corporelle, c'est-à-dire de la transformation volontaire et violente de la beauté en laideur, qui constitue en effet une autre catégorie importante pour penser le corps à la Renaissance. Le beau visage délibérément défiguré de Florinde est significatif à ce propos en ce qu'il révèle une remise en cause des pratiques destructrices envers le corps. Il s'agit également d'une critique implicite de la rhétorique courtoise et de sa conception contradictoire de la beauté féminine, à la fois compagnon indispensable de la vertu et objet de la concupiscence masculine. De fait, le thème de l'automutilation du visage est un thème tout à fait courant à la Renaissance. On le retrouve chez les compilateurs renaissants, ainsi que dans la tradition hagiographique. Charles Estienne s'en sert dans ses *Paradoxes* pour dénoncer la beauté comme facteur de transgression. Toujours dans une perspective paradoxale, ces exemples témoignent du fait que la beauté physique est dissociée d'une lecture uniquement positive. Au contraire, elle représente plutôt un référent d'instabilité et de faiblesse, relevant d'une ambiguïté morale plus que d'une vertu honorable. Tandis que la beauté féminine est souvent comprise comme trompeuse, la laideur est conçue comme garante de chasteté.

Au terme de cette typologie des corps renaissants, nous pouvons retenir une dernière catégorie de mauvaise grâce physique, plus inédite, qui est celle de la beauté médiocre ou de la laideur ordinaire. À l'antipode de la difformité hyperbolique de la vieille satirique, notre corpus fait état d'un type de portrait relevant d'une certaine sensibilité réaliste. Loin de la caricature et des lectures trop moralisatrices, Marguerite de Navarre introduit des personnages féminins dont les portraits se situent dans un entre-deux qui se soustrait à toute convention courtoise : ceux-ci ne sont pas de véritables laiderons, leur physique tend vers la mauvaise grâce mais échappe aux jugements de valeur trop sévères. Au prisme de ces beautés médiocres, c'est aussi la notion de laideur qui se présente comme une catégorie esthétique du corps en gestation.

À l'issue de ce parcours à travers les divers traitements littéraires du laid – variant à bien des égards d'un auteur à l'autre –, nous retenons la valeur herméneutique et poétique que réserve la Renaissance à cet antonyme du beau. Si, dans une perspective chrétienne, la laideur devient signe de vertu et de vérité, sur le plan de la poétique elle se fait implicitement instrument de contestation et de renouvellement ludique des codes littéraires, tout en restant ancrée dans un héritage antique et médiéval. À la manière des silènes, c'est sous le signe du paradoxe ainsi que de la *varietas* du monde que s'opère la revalorisation de la laideur dans les écrits renaissants de notre corpus, qui réinventent le sujet et en proposent des expérimentations tout à fait inédites.

BIBLIOGRAPHIE

SOURCES PRIMAIRES

ALCIAT, André, *Emblemes d'Alciat*, trad. B. Aneau, Lyon, G. Roville, 1549.

ARIOSTE (L'), *Roland furieux*, éd. A. Rochon, Paris, Les Belles Lettres, 1998, 2 vol.

AUGUSTIN, *Les Confessions*, éd. J. Trabuco, Paris, GF Flammarion, 1964.

AUGUSTIN, *Bibliothèque augustinienne*, t. 8 : *La Foi chrétienne* [*De Vera religione*], éd. A.-I. Boutons-Touboulic et M. Dulaey, Turnhout, Brepols, 1982.

AUGUSTIN, *Bibliothèque augustinienne*, t. 37 : *La Cité de Dieu* [*De Civitate Dei*], éd. A.-I. Boutons-Touboulic et M. Dulaey, Turnhout, Brepols, 1993.

AUGUSTIN, *Bibliothèque augustinienne*, t. 4.2 : *De l'Ordre* [*De Ordine*], éd. A.-I. Boutons-Touboulic et M. Dulaey, Turnhout, Brepols, 1997.

AUGUSTIN, *Bibliothèque augustinienne*, t. 50 : *Sur la Genèse contre les Manichéens* [*De Genesi Contra Manicheos*], éd. A.-I. Boutons-Touboulic et M. Dulaey, Turnhout, Brepols, 2005.

AUGUSTIN, *Bibliothèque augustinienne*, t. 59 B : *Les Commentaires des Psaumes. Ps 45-52*, éd. M. Dulaey *et alii*, Turnhout, Brepols, 2019.

BERNARD DE CLAIRVAUX, *Sermons sur le cantique (Sermons 16-32)*, éd. P. Verdeyen et R. Fassetta, Paris, Éditions du Cerf, 1998.

(*La Saincte*) *Bible en francoys translatee selon la pure et entiere traduction de sainct Hierome*, J. Lefèvre d'Étaples, Anvers, M. Lempereur, 1530.

(*La Sainte*) *Bible*, trad. Louis Segond, Alliance biblique universelle, 2003 (1910).

Blason des couleurs en armes, livrées et devises. Livre tresutille et subtil pour scavoir et congnoistre d'une et chascune couleur la vertu et propriété. Ensemble la manière de blasoner les dictes couleurs en plusieurs choses pour apprendre à faire livrees devises et leur blason, Lyon, O. Arnoullet, 1528.

Blasons anatomiques du corps fémenin, ensemble les contreblasons de nouveau composez, et additionez, avec les figures, le tout mis par ordre : composez par plusieurs poètes contemporains. Avec la table desdictz Blasons et contreblasons, Imprimez en ceste Année, Paris, C. Langelier, 1543.

Blasons anatomiques du corps féminin, éd. J. Gœury, Paris, GF Flammarion, 2016.

BOUCHET, Jean, *Annales d'Aquitaine, faicts et gestes en sommaire des roys de France, et d'Angleterre, et païs de Naples et de Milan*, Poitiers, les frères Bouchet, 1524.

BRIÇONNET, Guillaume et D'ANGOÛLÊME, Marguerite, *Correspondance (1521-1522)* et *(1523-1524)*, éd. C. Martineau et M. Veissière, Genève, Droz, 1975-1979, 2 vol.

CASTIGLIONE, Baldassar, *Le Livre du courtisan*, éd. A. Pons, Paris, GF Flammarion, 1991.

Contes amoureux par Madame Jeanne Flore, éd. G.-A. Pérouse, Lyon, Presses universitaires de Lyon, 1980.

CORROZET, Gilles, *Divers Propos memorables des nobles & illustres hommes de la Chrestienté*, Anvers, C. Plantin, 1557.

CRENNE, Hélisenne (de), *Angoysses douloureuses qui procedent d'amours* (1538), éd. C. de Buzon, Paris, Honoré Champion, 1997.

DELLA PORTA, Giovan Battista, *Della Fisonomia dell'huomo*, Naples, G. G. Carlino et C. Vitale, 1610.

DU BELLAY, Joachim, *Œuvres poétiques*, éd. H. Chamard, Paris, Nizet, 1910, 2 vol.

DU BELLAY, Joachim, *Œuvres poétiques*, t. 1 : *L'Olive. L'Anterotique. XIII Sonnetz de l'Honneste Amour*, éd. H. Chamard, Paris, Nizet, 1982 (1908).

DU BELLAY, Joachim, *La Deffence, et illustration de la langue française*, éd. J.-C. Monferran, Droz, Genève, 2001.

DU BELLAY, Joachim, *Les Regrets* suivi des *Antiquités de Rome, Le Songe*, éd. F. Roudaut, Paris, Librairie Générale Française, 2002.

DU BELLAY, Joachim, *Œuvres complètes*, t. 1 : *La Deffence, et illustration de la langue françoyse*, éd. F. Goyet, Paris, Honoré Champion, 2003.

DU BELLAY, Joachim, *Œuvres complètes*, t. 2 : *L'Olive et quelques autres œuvres poëtiques*, éd. M.-D. Legrand, M. Magnien et O. Millet, Paris, Classiques Garnier, 2003.

DU BELLAY, Joachim, *Œuvres complètes*, t. 3 : *1551-1553*, éd. M.-D. Legrand, M. Magnien, Daniel Ménager et O. Millet, Paris, Classiques Garnier, 2013.

DU BELLAY, Joachim, *Œuvres complètes*, t. 4.1 : *1557-1558*, éd. M. Magnien, O. Millet et L. Petris, Paris, Classiques Garnier, 2020.

DU BELLAY, Joachim, *Œuvres poétiques*, éd. D. Aris & F. Joukovsky, Paris, Classiques Garnier, 2009, 2 vol.

DU MOULIN, Antoine, *Physionomie naturelle. Extraite de plusieurs philosophes anciens*, Lyon, J. de Tournes, 1550.

ÉRASME, *Œuvres choisies*, éd. J. Chomarat, Paris, Le Livre de Poche, 1991.

ÉRASME, *Éloge de la Folie* ; *Adages* ; *Colloques* ; *réflexions sur l'art, l'éducation, la religion, la guerre, la philosophie* ; *Correspondance*, éd. Cl. Blum, A. Godin, J.-Cl. Margolin et D. Ménager, Paris, Robert Laffont, 1992.

ÉRASME, *Les Silènes d'Alcibiade*, éd. J.-Cl. Margolin, Paris, Les Belles Lettres, 1998.

ÉRASME, *Les Adages*, éd. J.-C. Saladin, Paris, Les Belles Lettres, 2013, 5 vol.

ESTIENNE, Charles, *Paradoxes*, éd. T. Peach, Genève, Droz, 1998.

ESTIENNE, Robert, *Dictionnaire Francoislatin, autrement dict Les mots Francois, avec les manieres d'user d'iceulx, tournez en Latin*, Paris, Robert Estienne, 1549.

EUSTACHE DESCHAMPS, *Œuvres complètes*, éd. Le Marquis de Queux de Saint-Hilaire, Paris, F. Didot et Cie, 1878-1903, 11 vol.

EUSTACHE DESCHAMPS, *Anthologie*, éd. C. Dauphant, Paris, Librairie Générale Française, 2014.

FICIN, Marsile, *Discours de l'honneste amour sur le Banquet de Platon*, trad. G. Le Fèvre de La Boderie, Paris, J. Macé, 1578.

FICIN, Marsile, *Le Commentaire de Marsille Ficin, Florentin : sur le banquet d'Amour de Platon* (1546), trad. Symon SILVIUS, dit Jean DE LA HAYE, éd. S. Murphy, Paris, Honoré Champion, 2004.

FICIN, Marsile, *Commentaire sur* Le Banquet *de Platon, De l'Amour* [*Commentarium in convivium Platonis, De Amore*], trad. P. Laurens, Paris, Les Belles Lettres, 2002.

FIRENZUOLA, Agnolo, *Delle Bellezze delle donne / Des Beautés des dames*, éd. M.-F. Piéjus, Paris, Les Belles Lettres, 2018.

GUILLAUME DE LORRIS et JEAN DE MEUN, *Le Roman de la Rose*, éd. A. Strubel, Paris, Le Livre de Poche, 1992.

GUILLAUME DE MACHAUT, *Le Livre du Voir-Dit*, éd. P. Paris, Paris, Société des Bibliophiles françois, 1975.

HÉBREU (L'), Léon, *Dialogues d'amour*, trad. Pontus de Tyard, éd. T. Dagron, Paris, J. Vrin, 2006.

HOMÈRE, *Iliade*, trad. P. Mazon, Paris, Les Belles Lettres, 2019.

HORACE, *Odes et épodes*, éd. F. Villeneuve, Paris, Les Belles Lettres, 1991.

JOUBERT, Laurent, *Traité du ris*, *Dialogue sur la cacographie française* [fac-similé de l'édition de Paris, N. Chesneau, 1579], Genève, Slatkine Reprints, 1973.

LANDO, Ortensio, *Paradossi*, éd. A. Corsaro et M.-F. Piéjus, Paris, Les Belles Lettres, 2012.

LA PORTE, Maurice de, *Les Épithètes*, éd. F. Rouget, Paris, Honoré Champion, 2009.

LEMAIRE DE BELGES, Jean, *Les Epîtres de l'Amant vert*, éd. J. Frappier, Genève, Droz et Lille, Girard, 1948.

LE POGGE, *Les Facéties de Poge, Florentin : traitant de plusieurs nouvelles choses morales*, trad. G. Tardif (1492), A. Montaiglon, Paris, 1978.

Les Arts poétiques du XIIe *et du* XIIIe *siècle, recherches et documents sur la technique littéraire du Moyen Âge*, éd. E. Faral, Paris, Honoré Champion, 1982 (1924).

MARGUERITE DE NAVARRE, *L'Heptaméron des nouvelles de la princesse Marguerite de Valois, royne de Navarre*, Paris, C. Gruget, 1559.

MARGUERITE DE NAVARRE, *L'Heptaméron*, éd. M. François, Paris, Garnier Frères, 1967.

MARGUERITE DE NAVARRE, *Les Prisons*, éd. S. Glasson, Genève, Droz, 1978.

MARGUERITE DE NAVARRE, *Das Heptameron*, trad. W. Widmer, Munich, dtv, 1979.

MARGUERITE DE NAVARRE, *L'Heptaméron*, éd. G. Mathieu-Castellani, Paris, Le Livre de Poche, 1999.

MARGUERITE DE NAVARRE, *Œuvres complètes*, t. 4 : *Théâtre*, éd. G. Hasenohr et O. Millet, Paris, Honoré Champion, 2002.

MARGUERITE DE NAVARRE, *Œuvres complètes*, t. 8 : *Chrétiens et mondains, poèmes épars*, éd. R. Cooper, Paris, Honoré Champion, 2007.

MARGUERITE DE NAVARRE, *Œuvres complètes*, t. 5 : *L'Histoire des Satyres, et Nymphes de Dyane* ; *Les Quatre Dames et les quatre Gentilzhommes* ; *La Coche*, éd. A. Gendre, L. Petris et S. de Reyff, Paris, Honoré Champion, 2012.

MARGUERITE DE NAVARRE, *Œuvres complètes*, t. 10 : *L'Heptaméron*, éd. N. Cazauran et S. Lefèvre, Paris, Honoré Champion, 2013, 3 vol.

MAROT, Clément, *Les Epîtres*, éd. C. A. Mayer, London, The Athlone Press, 1958-1980, 6 vol.

MAROT, Clément, *Les Œuvres*, éd. G. Guiffrey, Genève, Slatkine, 1969.

MAROT, Clément, *Œuvres poétiques*, éd. G. Defaux, Paris, Classiques Garnier, 1990-1993, 2 vol.

MAROT, Jehan, *Les Deux Recueils*, éd. G. Defaux et T. Mantovani, Genève, Droz, 1999.

MONTAIGNE, Michel de, *Les Essais*, éd. P. Villey et V.-L. Saulnier, Paris, PUF, « Quadrige », 2004.

MARTIAL, Épigrammes, t. 1 : *Livre des spectacles* (Livres I-V), éd. H.-J. Izaac et S. Malick-Prunier, Paris, Les Belles Lettres, 2021.

NICOT, Jean, *Thresor de la langue francoyse, tant ancienne que Moderne*, Paris, D. Douceur, 1606.

OVIDE, *Métamorphoses*, trad. O. Sers, Paris, Les Belles Lettres, 2016.

PARÉ, Ambroise, *Des monstres et prodiges*, éd. J. Céard, Genève, Droz, 1971.

PASQUIER, Étienne, *Les Recherches de la France*, éd. M.-M. Fragonard et F. Roudaut, Paris, Honoré Champion, 1996.

PLATON, *Œuvres complètes*, t. 2 : *Hippias majeur* ; *Charmide* ; *Lachès* ; *Lysis*, éd. A. Croiset, Paris, Les Belles Lettres, 1956.

PLATON, *Œuvres complètes*, t. 4.2 : *Le Banquet*, éd. P. Vicaire, Paris, Les Belles Lettres, 1992 (1982).

PLOTIN, *Œuvres complètes*, t. 1. 1 : *Ennéades. Traité sur le beau*, éd. L. Ferroni, M. Achard et J.-M. Narbonne, Paris, Les Belles Lettres, 2012.

Poètes du XVIe *siècle*, éd. A.-M. Schmidt, Paris, Gallimard, 1953.
PRÉ, Jean du, *Palais des nobles Dames (Lyon, 1534)*, éd. B. Dunn-Lardeau, Paris, Champion, 2007.
PSEUDO-DENYS L'ARÉOPAGITE, *Opera*, Paris, Jean Higman, 1498-1499.
PSEUDO-DENYS L'ARÉOPAGITE, *Les Noms divins (I-IV)* ; *Les Noms divins (V-XIII)* ; *La Théologie mystique*, éd. Y. de Andia, Paris, Les Éditions du Cerf, 2016, 2 vol.
RABELAIS, François, *Œuvres complètes*, éd. M. Huchon, Paris, Gallimard, 1994.
Querelle de Marot et Sagon, [fac-similé de l'édition É. Picot et P. Lacombe, Rouen, A. Lainé, 1920], Genève, Slatkine Reprints, 1969.
RAVISIUS, Jean, *Officinæ epitome*, Lyon, S. Gryphius, 1560, 2 vol.
RONSARD, Pierre (de), *Les Amours et Les Folastries (1552-1560)*, éd. A. Gendre, Paris, Librairie Générale Française, 1993.
ROUSSEL, Gérard, *Familiere Exposition du simbole, de la loy, et oraison dominicale, en forme de colloque*, ms. BnF fr 419.
SÉBILLET, Thomas, *Art poétique françois*, dans *Traités de poétique et de rhétorique de la Renaissance*, éd. F. Goyet, Paris, Librairie Générale Française, 1990, p. 37-183.
THÉOCRITE, *Idylles*, éd. F. Frazier et P.-E. Legrand, Paris, Les Belles Lettres, 2009.
VALÈRE, Maxime, *Faits et dits mémorables*, éd. et trad. par R. Combès, Paris, Les Belles Lettres, 1997.
VILLON, François, *Lais, testament, poésies diverses*, éd. J.-C. Mühlethaler, avec *Ballades en Jargon*, éd. E. Hicks, Paris, Honoré Champion, 2004.
XÉNOPHON, *Banquet* ; *Apologie de Socrate*, éd. F. Ollier, Paris, Les Belles Lettres, 1961.

ÉTUDES CRITIQUES

LA LAIDEUR AU MOYEN ÂGE ET À LA RENAISSANCE

ANTUNES, Gabriela et REICH, Björn (éd.), *(De)formierte Körper. Die Wahrnehmung und das Andere im Mittelalter*, Göttingen, Universitätsverlag Göttingen, 2012.
ANTUNES, Gabriela, REICH, Björn et STANGE, Carmen (éd.), *(De)formierte Körper 2. Die Wahrnehmung und das Andere im Mittelalter*, Göttingen, Universitätsverlag Göttingen, 2014.
ANTUNES, Gabriela, REICH, Björn et STANGE, Carmen, « Die Sicht des Hinkenden – zum Verhältnis von Wahrnehmung und Körperdeformation :

Eine Einleitung», dans *(De)formierte Körper 2. Die Wahrnehmung und das Andere im Mittelalter*, éd. G. Antunes, B. Reich et C. Stange, Göttingen, Universitätsverlag Göttingen, 2014, p. 9-40.

BAILBÉ, Jacques, «Le thème de la vieille femme dans la poésie satirique du seizième et du début du dix-septième siècles», *Bibliothèque d'Humanisme et Renaissance*, vol. 26, nº 1, 1964, p. 98-119.

BAKER, Naomi, *Plain Ugly. The Unattractive Body in Early Modern Culture*, Manchester, Manchester University Press, 2012.

BARBAFIERI, Carine et VIALLETON, Jean-Yves (éd.), *Vices de style et défauts esthétiques (XVIe-XVIIIe siècle)*, Paris, Classiques Garnier, 2017.

BEIERWALTES, Werner, *Marsilio Ficinos Theorie des Schönen im Kontext des Platonismus*, Heidelberg, Universitätsverlag Winter, 1980.

BETTELLA, Patrizia, *The Ugly Woman. Transgressive Aesthetic Models in Italian Poetry from the Middle Ages to the Baroque*, Toronto, University of Toronto Press, 2005.

CHIQUET, Olivier, *Penser la Laideur dans l'art italien de la Renaissance. De la dysharmonie à la belle laideur*, Rennes, Presses universitaires de Rennes, 2022.

CUSSET, Christophe, *Cyclopodie. Édition critique et commentée de l'Idylle VI de Théocrite*, Lyon, Maison de l'Orient et de la Méditerranée, 2011.

DEHONDT, Louise, *Le Poète, la Rose et le Sablier. Représentations de la vieillesse féminine dans la poésie en langue romane de la Renaissance*, thèse sous la direction d'Anne Duprat, soutenue le 2 décembre 2021 à l'université d'Amiens.

DEMBRUK, Sofina, «Les paradoxes de la mollesse et le cas de Spurina : pour une laideur virile ?», dans *Mollesses renaissantes. Défaillances et assouplissement du masculin*, éd. D. Maira avec F. Baur et T. Patera, Genève, Droz, 2021, p. 93-112.

ENGAMMARE, Max, *«Qu'il me baise des baisiers de sa bouche». Le cantique des cantiques à la Renaissance. Étude et bibliographie*, Genève, Droz, 1993.

FISCHER, Carolin, «Die hässliche Alte funkt dazwischen. Psychologische Liebeshindernisse bei Du Bellay und Ronsard», dans *Abkehr von Schönheit und Ideal in der Liebeslyrik*, éd. C. Fischer et C. Veit, Stuttgart/Weimar, J. B. Metzler, 2000, p. 79-90.

FONTANIER, Jean-Michel, *La Beauté selon saint Augustin*, Rennes, Presses universitaires de Rennes, 1998.

FUHRMANN, Manfred, «Die Funktion grausiger und ekelhafter Motive in der lateinischen Dichtung», dans *Die nicht mehr schönen Künste. Grenzphänomene des Ästhetischen* [Poetik und Hermeneutik], éd. H. R. Jauß, Munich, Wilhelm Fink Verlag, 1968, p. 23-66.

GAGNEBIN, Murielle, *Fascination de la laideur. L'en-deçà psychanalytique du laid*, Seyssel, Éditions Champ Vallon, 1994.

GÁLLEGO CUESTA, Susana, *Traité de l'informe. Monstres, crachats et corps débordants à la Renaissance et au XXe siècle*, Paris, Classiques Garnier, 2021.

GHEERAERT, Tony, « *Forma Dei, forma servi* : les paradoxes de la beauté du Christ chez quelques poètes dévotionnels français du XVIIe siècle », dans *La Beauté et ses monstres dans l'Europe baroque 16e-18e siècle*, éd. L. Cottegnies, T. Gheeraert et G. Venet, Paris, Presses Sorbonne Nouvelle, 2003, p. 21-33.

HALARY, Marie-Pascale, « "Ge sui noire, mais ge sui bele". En français dans le texte », dans *Le Cantique des cantiques dans les lettres françaises*, éd. M. Barsi et A. Preda, Mila, LED, p. 71-90.

HUGUENIN, Angela Fabienne, *Hässlichkeit im Portrait. Eine Paradoxie der Renaissancemalerei*, Hamburg, Verlag Dr. Kovač, 2012.

JAUSS, Hans Robert, « Die klassische und die christliche Rechtfertigung des Hässlichen in mittelalterlicher Literatur », dans *Die nicht mehr schönen Künste. Grenzphänomene des Ästhetischen* [Poetik und Hermeneutik], éd. H. R. Jauß, Wilhelm Fink Verlag, Munich, 1968, p. 143-168.

JEANNERET, Michel, « "...et la forme se perd" : structures mobiles à la Renaissance », *Littérature*, n° 85, 1992, p. 18-30.

KASTEN, Ingrid, « Häßliche Frauenfiguren in der Literatur des Mittelalters », dans *Auf der Suche nach der Frau im Mittelalter. Fragen, Quellen, Antworten*, Munich, Wilhelm Fink Verlag, 1991.

Le Beau et le Laid au Moyen Âge, Actes du 24e colloque du Centre universitaire d'études et de recherches médiévales (CUER MA), février 1999, Aix-en-Provence, Presses universitaires de Provence, 2000.

LEINKAUF, Thomas, « Der Begriff des Schönen im 15. und 16. Jahrhundert : Seine philosophische Bedeutung und Hinweise auf sein Verhältnis zur Theorie von Poesie und Kunst », dans *Renaissance-Poetik / Renaissance Poetics*, éd. H. F. Plett, Berlin, De Gruyter, 1994, p. 53-74.

LEINKAUF, Thomas, « Aspekte und Perspektiven der Präsenz des Timaois in Renaissance und früher Neuzeit », dans *Platons Timaois als Grundtext der Kosmologie in Spätantike, Mittelalter und Renaissance*, éd. T. Leinkauf et C. G. Steel, Leuven, Leuven University Press, 2005, p. 363-385.

LEGRAND, Marie-Dominique et PICCIOLA, Liliane (éd.), *Propos sur les Muses et la laideur. Figurations et défigurations de la beauté (d'Homère aux écrivains des Lumières)*, Centre des sciences de la littérature française, Nanterre, Université Paris X-Nanterre, 2001-2003, 2 vol.

LOBSIEN, Verena et OLK, Claudia (éd.), *Neuplatonismus und Ästhetik. Zur Transformation des Schönen*, Berlin, De Gruyter, 2012.

MICHEL, Paul, *« Formosa deformitas ». Bewältigungsformen des Hässlichen in mittelalterlicher Literatur*, Bonn, Bouvier Verlag, 1976.

MONTEIL, Pierre, *Beau et laid en latin. Étude de vocabulaire*, Paris, Klincksieck, 1964.

PICCIOLA, Liliane (éd.), *Métamorphoses de la laideur*, Centre des sciences de la littérature française, Nanterre, Université Paris X-Nanterre, 2005.

ROBIN, Diane, *Aux Origines de l'esthétique. Le goût de la laideur au seuil de la modernité*, Paris, Classiques Garnier, 2021.

RIBON, Michel, *Archipel de la laideur. Essai sur l'art et la laideur*, Paris, Kimé, 1998.

ROSENKRANZ, Karl, *Ästhetik des Häßlichen*, éd. D. Kliche, Stuttgart, Reclam, 2015 (1853).

SCHUSTER CORDONE, Caroline, *Le Crépuscule du corps. Images de la vieillesse féminine*, Fribourg, Infolio, 2009.

SÈVE, Bernard, «La physionomie de Socrate ou le sens de la laideur», dans *Le Socratisme de Montaigne*, éd. T. Gontier et S. Mayer, Paris, Classiques Garnier, 2010, p. 291-303.

TAUBES, Jacob, «Die Rechtfertigung des Hässlichen in urchristlicher Tradition», dans *Die nicht mehr schönen Künste. Grenzphänomene des Ästhetischen* [Poetik und Hermeneutik], éd. H. R. Jauß, Wilhelm Fink Verlag, Munich, 1968, p. 169-185.

WINN, Colette H. et YANDELL, Cathy M. (éd.), *Vieillir à la Renaissance*, Paris, Honoré Champion, 2009.

WISBEY, Roy A., «Die Darstellung des Häßlichen in Hoch- und Spätmittelalter», dans *Deutsche Literatur des späten Mittelalters*, éd. W. Harms et P. Johnson, Berlin, Erich Schmidt Verlag, 1975.

GÉNÉRALITÉS

Ästhetische Grundbegriffe. Historisches Wörterbuch in sieben Bänden (ÄGB), éd. K. Barck, M. Fontius, D. Schlenstedt, F. Wolfzettel et B. Steinwachs, Stuttgart/Weimar, J. B. Metzler, 2001, 7 vol.

AUERBACH, Erich, *Mimésis. La représentation de la réalité dans la littérature occidentale*, trad. C. Heim, Paris, Gallimard, 1968 (1946).

BALTHASAR, Hans Urs von, *Herrlichkeit. Eine theologische Ästhetik*, Einsiedeln, Johannes Verlag, 1961-1969, 3 vol.

BALTHASAR, Hans Urs von, *La Gloire et la Croix. Aspects esthétiques de la Révélation*, trad. R. Givord et H. Bourboulon, Paris, Aubier, 1965-1983, 3 vol.

BALTRUŠAITIS, Juris, *Anamorphoses ou magie artificielle des effets merveilleux*, Paris, Olivier Perrin Éditeur, 1969.

BENÉ, Charles, *Érasme et saint Augustin ou l'influence de saint Augustin sur l'humanisme d'Érasme*, Genève, Droz, 1969.

BURCKHARDT, Jacob, *Werke – Kritische Gesamtausgabe*, t. 6 : *Das Altarbild* ; *Das Portrait in der Malerei* ; *Die Sammler*, Munich/Bâle, C. H. Beck / Schwabe & Co, 2000 (1898).

BURKHARDT, Jacob, « Die Anfänge der neuen Porträtmalerei », dans *Werke – Kritische Gesamtausgabe*, Munich/Bâle, C. H. Beck / Schwabe & Co., 2003, t. 13, p. 460-474.

CERQUIGLINI-TOULET, Jacqueline, LESTRINGANT, Frank, FORESTIER, George et BURY, Emmanuel (éd.), *La Littérature française : dynamique et histoire I*, dir. J.-Y. Tadié, Paris, Gallimard Folio, 2007, 2 vol.

CHASTEL, André, *Marsile Ficin et l'art*, Genève, Droz, 1976.

COLIE, Rosalie L., *Paradoxia Epidemica : The Renaissance Tradition of Paradox*, Pinceton, Princeton University Press, 1966.

CONDESCU, N. N., « Le paradoxe bernesque dans la littérature française de la Renaissance », *Beiträge zur romanichen Philologie*, n° 2, 1963, p. 27-51.

CORBIN, Alain, COURTINE, Jean-Jacques et VIGARELLO, Georges, *Histoire du corps*, Paris, Seuil, 2005.

CORNILLIAT, François, *Èthos et pathos. Le statut du sujet rhétorique*, Paris, Honoré Champion, 2000.

CORNILLIAT, François, *Sujet caduc, noble sujet : la poésie de la Renaissance et le choix de ses arguments*, Genève, Droz, 2009.

COULOUBARITSIS, Lambros, *Histoire de la philosophie ancienne et médiévale*, Paris, Grasset, 1998.

CURTIUS, Ernst Robert, *Europäische Literatur und lateinisches Mittelalter*, Tübingen/ Bâle, Francke Verlag, 1993 (1948).

DANDREY, Patrick, *L'Éloge paradoxal de Gorgias à Molière*, Paris, PUF, 1997.

DENIZOT, Véronique, *« Comme un souci aux rayons du Soleil ». Ronsard et l'invention d'une poétique de la merveille (1550-1556)*, Genève, Droz, 2003.

DE BRUYNE, Edgar, *Études d'esthétique médiévale*, Bruges, De Tempel, 1946, 3 vol.

Dictionnaire des lettres françaises. Le XVIe siècle, dir. M. Simonin, Paris, Fayard / Librairie Générale Française, 2001.

Dictionnaire de Spiritualité ascétique et mystique. Doctrine et histoire, éd. M. Viller *et alii*, Paris, Beauschesne, 1932-1995, 17 vol.

FESTUGIÈRE, André-Jean, *La Philosophie de l'amour de Marsile Ficin et son influence sur la littérature française au XVIe siècle*, Paris, Vrin, 1980 (1941).

FIORI, Emiliano, « La perte de l'ordre sacramentel et le centre du monde. Un point crucial de la réception de Denys l'Aréopagite chez Marsile Ficin », dans *Lire les Pères de l'Église entre la Renaissance et la Réforme*, éd. A. Villani, Paris, Beauchesne, 2013, p. 55-67.

FUMAROLI, Marc, *L'Âge de l'éloquence. Rhétorique et « res literaria » de la Renaissance au seuil de l'époque classique*, Paris, Albin Michel, 1994.

GEONGET, Stéphan, *La Notion de perplexité à la Renaissance*, Genève, Droz, 2006.

GRAY, Floyd, *La Renaissance des mots. De Jean Lemaire de Belges à Agrippa d'Aubigné*, Paris, Honoré Champion, 2008.

HALLYN, Fernand, « Anamorphose et allégorie », *Revue de littérature comparée*, vol. 223, nº 3, 1982, p. 319-330.

HILLMAN, David et MAZZIO, Carla, *The Body in Parts : Fantasies of Corporeality in Early Modern Europe*, New York, Routledge, 2010.

Historisches Wörterbuch der Rhetorik, éd. G. Ueding, Tübingen, Max Niemeyer Verlag, 1992-2015, 12 vol.

JOUKOVSKY, Françoise, *La Gloire dans la poésie française et néo-latine du XVIe siècle (des rhétoriqueurs à Agrippa d'Aubigné)*, Genève, Droz, 1969.

KUSHNER, Eva, « Le rôle catalyseur de la désharmonie dans la poésie pétrarquiste », dans *Disarmonia, bruttezza et bizzarria nel Rinascimento, Atti del VII convegno internazionale*, Chianciano-Pienza, 17-20 juillet 1995, éd. L. R. Secchi Tarugi, Firenze, F. Cesati, 1998, p. 19-30.

LAMBOTTE, Marie-Claude, *Esthétique de la mélancholie*, Paris, Aubier, 1984.

LANDHEER, Ronald et SMITH, Paul J. (éd.), *Le Paradoxe en linguistique et en littérature*, Genève, Droz, 1996.

LAURENS, Pierre, *L'Abeille dans l'ambre. Célébration de l'Épigramme*, Paris, Les Belles Lettres, 1989.

LAUSTER, Jörg, « Marsilio Ficino as a Christian Thinker : Theological Aspects of his Platonism », dans *Marsilio Ficino : His Theology, His Philosophy, His Legacy*, éd. M. Allen, V. Rees et M. Davies, Leiden, Brill, 2002, p. 45-69.

LAVOCAT, Françoise, *La Syrinx au bûcher. Pan et les satyres à la Renaissance et à l'âge baroque*, Genève, Droz, 2005.

LECOINTE, Jean, *L'Idéal et la Différence. La perception de la personnalité littéraire à la Renaissance*, Genève, Droz, 1993.

LESTRINGANT, Frank, *Le Cannibale. Grandeur et décadence*, Genève, Droz, 2016.

LEVI, Anthony « Ficino, Augustine and the Pagans », dans *Marsilio Ficino : His Theology, His Philosophy, His Legacy*, éd. M. Allen, V. Rees et M. Davies, Leiden, Brill, 2002, p. 99-113.

Lire les Pères de l'Église entre la Renaissance et la Réforme, éd. A. Villani, Paris, Beauchesne, 2013.

LISSARRAGUE, François, « Why Satyrs are good to represent », *Nothing to do with Dionysos ?* dans *Athenian Drama and its Social Contest*, éd. J. Y. Winkler and F. I. Zeitlin, Princeton, Princeton University Press, 1990, p. 228-236.

LYONS, John D., *Exemplum : The Rhetoric of Example in Early Modern France and Italy*, Princeton, Princeton University Press, 2014 (1990).

MAIRA, Daniel, « Les "erreurs" rhétoriques de Pétrarque et de Pontus de Tyard ou la collection éditoriale des *Juvenilia* », dans *Les Poètes français de la Renaissance et Pétrarque*, éd. J. Balsamo, Genève, Droz, 2004, p. 171-183.

MAIRA, Daniel, *Typosine. La Dixième Muse. Formes éditoriales des canzonieri français*, Genève, Droz, 2007.

MAIRA, Daniel, « Roman Jakobson contre Leo Spitzer. Militantisme critique et défense d'une méthode », *Romanische Studien*, n° 5, 2016, p. 135-153.

MASPOLI GENETELLI, Silvia et O'MEARA, Dominic J., « Le commentaire de Marsile Ficin sur le traité *Du beau* de Plotin. Notes et traduction de l'*argumentum* », *Revue philosophique et théologique de Fribourg*, n° 49, 2002, p. 1-31.

MÉNAGER, Daniel, *La Renaissance et le Rire*, Paris, PUF, 1995.

MENINI, Romain, « Encore le prologue de *Gargantua* (de Jarry à Galien, et "vice versa") », dans *Études rabelaisiennes*, vol. 62, 2019, p. 113-137.

MERILL, Robert V., « Eros and Anteros », *Speculum*, vol. 19, n° 3, 1944, p. 265-284, trad. française dans *Anteros, Actes du colloque de Madison (Wisconsin)*, 12 mars 1994, éd. U. Langer et J. Miernowski, Orléans, Paradigme, 1994, p. 27-59.

MICHEL, Alain, *La Parole et la beauté. Rhétorique et esthétique dans la tradition occidentale*, Paris, Les Belles Lettres, 1982.

MICHEL, Alain, « Rhétorique, philosophie, christianisme. Le Paradoxe de la Renaissance devant les grands courants de la pensée antique », dans *Le Paradoxe au temps de la Renaissance*, éd. M. T. Jones-Davies, Paris, J. Touzot, 1982, p. 47-58.

MIERNOWSKI, Jan, *Signes dissimilaires. La quête des noms divins dans la poésie française de la Renaissance*, Genève, Droz, 1997.

MIERNOWSKI, Jan, *Le Dieu néant. Théologies négatives à l'aube des temps modernes*, Leiden / New York / Köln, Brill, 1997.

MOURIER, Henri, *Dictionnaire de poétique et de rhétorique*, Paris, PUF, 1976.

NOIROT, Corinne, *« Entre deux airs ». Style simple et ethos poétique chez Clément Marot et Joachim Du Bellay (1515-1560)*, Paris, Hermann, 2013.

O'BRIEN, Denis, « Plotinus on matter and evil », dans *The Cambridge Companion to Plotinus*, éd. L. P. Gerson, Cambridge, Cambridge University Press, 1996, p. 171-195.

PANOFSKY, Erwin, *La Renaissance et ses avant-courriers dans l'art d'Occident*, trad. A. Meyer, Paris, Flammarion, 1993 (éd. originale angl. 1960).

POMEL, Fabienne, « Allégorie et anamorphose : l'exercice d'une double vue », dans *L'Inscription du regard. Moyen Âge – Renaissance*, éd. M. Gally et M. Jourde, Fontenay/Saint-Cloud, ENS Éditions Signes, 1995, p. 251-270.

POT, Olivier, *Inspiration et mélancolie. L'épistémologie poétique dans les* Amours *de Ronsard*, Genève, Droz, 1990.

RAFFARIN, Anne, « *Veritatis simplex oratio.* Vérité et apparence au regard de la "Folie" d'Érasme (*Éloge de la Folie* et *Adages*) », dans *Vérité et apparence. Mélanges en l'honneur de Carlos Lévy offerts par ses amis et ses disciples*, éd. P. Galland et E. Malaspina, Turnhout, Brepols, 2016, p. 665-677.

RIST, John, « Plotinus and Christian philosophy », dans *The Cambridge Companion to Plotinus*, éd. L. P. Gerson, Cambridge, Cambridge University Press, 1996, p. 386-413.

SAUNDERS, Alison, *The Sixteenth-Century French Emblem Book. A decorative and useful genre*, Genève, Droz, 1988.

SVOBODA, Karel, *L'Ésthétique de Saint Augustin et ses sources*, Brno, Opera Facultatis philosophicae Universitatis Masarykianae Brunensis, 1933.

TETEL, Marcel, « L'*Éloge de la Folie* : *Captatio benevolentiae* », dans *Dix conférences sur Érasme*, éd. Cl. Blum, Paris/Genève, Honoré Champion / Slatkine, 1988, p. 23-32.

TOUSSAINT, Stéphane, « L'influence de Ficin à Paris et le Pseudo-Denys des humanistes », *Bruniana & Campanelliana*, n° 5, 1999, p. 381-414.

VILLANI, Andrea (éd.), *Lire les Pères de l'Église entre la Renaissance et la Réforme*, Paris, Beauchesne, 2012.

WEBER, Henri, *La Création poétique au XVIe siècle en France. De Maurice Scève à Agrippa d'Aubigné*, Paris, Nizet, 1969.

MARGUERITE DE NAVARRE

ATANCE, Félix R., « Les Religieux de l'*Heptaméron* : Marguerite de Navarre et les novateurs », *Archiv für Reformationsgeschichte*, n° 65, 1974, p. 185-210.

BAKER, M. J., « Didacticism and the *Heptaméron* : The Misinterpretation of the Tenth Tale as an *Exemplum* », *The French Review*, vol. 45, n° 3, 1971, p. 84-90.

BAKER, Naomi, « Sacrificing beauty : defeatured women », dans *Plain Ugly. The Unattractive Body in Early modern culture*, Manchester, Manchester University Press, 2010, p. 158-188.

BEN KHAMSA, Karim, « Du mariage à l'adultère : la séparation dans quelques nouvelles de la Renaissance », dans *La Séparation à l'œuvre, Actes du Colloque International du Département de français, Institut Supérieur des Langues*, université de Gabès (Tunisie), 5-7 mars 2009, éd. K. Ben Khamsa et C. Schaeffer, Paris, L'Harmattan, 2010, p. 217-239.

BOUCHARD, Mawy, « Sur les fictions "trop en corps". Marguerite de Navarre et les illusions de l'écriture profane », *Réforme, Humanisme, Renaissance*, n° 77, 2013, p. 131-151.

CAZAURAN, Nicole, L'Heptaméron *de Marguerite de Navarre*, Paris, SEDES, 1976.

CAZAURAN, Nicole, « Honneste, Honnesteté et Honnestement dans le langage de Marguerite de Navarre », dans *La Catégorie de l'honneste dans la culture XVIe siècle, Actes du colloque international de Sommières*, septembre 1983, Saint-Étienne, Presses de l'université de Saint-Étienne, 1985, p. 107-121.

CAZAURAN, Nicole, « L'*Heptaméron* face au *Décaméron* », dans *La Nouvelle. Boccace, Marguerite de Navarre, Cervantès*, éd. J. Bessière et P. Daros, Paris, Honoré Champion, 1996, p. 69-109.

CAZAURAN, Nicole, « Quand la séduction est affaire de mots : l'*Heptaméron* "en beau langage" », dans *Littérature et séduction. Mélanges en l'honneur de Laurent Versini*, Paris, Klincksieck, 1997, p. 637-648.

CAZAURAN, Nicole, *Variétés pour Marguerite de Navarre 1978-2004. Autour de l'*Heptaméron, Paris, Honoré Champion, 2005.

CHOLAKIAN, Patricia Francis, *Rape and Writing in the* Heptaméron *of Marguerite de Navarre*, Carbondale-Edwardsville, Southern Illinois University Press, 1991.

CHVOJKA, Erwin, « "Nu ist sie junk, so ist er alt". Zur sozialen und kulturellen Bedeutung des Motives des "Ungleichen Paares" vom 15.-17. Jh. », *Medium aevum quotidianum*, Krems, n° 35, 1996, p. 35-52.

COTTRELL, Robert D., *The Grammar of Silence. A Reading of Marguerite de Navarre's Poetry*, Washington D. C., Catholic University of America Press, 1986.

COTTRELL, Robert D., « Inmost Cravings : The Logic of Desire in the *Heptameron* », dans *Critical Tales. New Studies of the* Heptameron *and Early Modern Culture*, éd. J. D. Lyons et M. McKinley, Philadelphia, University of Pennsylvania Press, 1993, p. 3-24.

DAUMAS, Maurice *Au Bonheur des mâles. Adultère et cocuage à la Renaissance*, Paris, A. Colin, 2007.

DEFAUX, Gérard, « De la Bonne Nouvelle aux nouvelles : remarques sur la structure de *L'Heptaméron* », *French Forum*, n° 27, 2001, p. 23-43.

DEMBRUK, Sofina, « Les quiproquos de *L'Heptaméron* brisés par les sens : pour une lecture "sensuelle" des nouvelles navarriennes », dans « *Une honnête curiosité de s'enquérir de toute choses* ». *Mélanges en l'honneur d'Olivier Millet, de la part de ses élèves, collègues et amis*, éd. M. Champetier de Ribes, S. Dembruk, D. Fliege et V. Oberliessen, Genève, Droz, 2021, p. 93-101.

DEMBRUK, Sofina, « Le motif du couple mal assorti dans *L'Heptaméron* : l'esthétique de la "crise du mariage" », *Le Verger* [revue en ligne], n° 20, 2021, p. 1-17 : http://cornucopia16.com/wp-content/uploads/2021/03/Verger_Dembruk-finale.pdf (consulté le 28/03/2022).

DEMERSON, Guy et PROUST, Gilles, *L'Heptaméron. Index*, Clermont-Ferrand, Presses Universitaires Blaise Pascal, 2005.

DESROSIERS-BONIN, Diane, « Le Même et l'Autre dans deux recueils de nouvelles de la Renaissance française », *Carrefour : Revue de la Société de Philosophie de l'Outaouais : Le Beau au temps de la Renaissance*, éd. D. Beecher, vol. 17, n° 2, 1995, p. 86-97.

DION, Lætitia, *Histoires de mariage. Le mariage dans la fiction narrative française (1515-1559)*, Paris, Classiques Garnier, 2017.

DUNN-LARDEAU, Brenda, « La beauté dans le *Miroir de Jhesus Christ crucifié* de Marguerite de Navarre », *Carrefour : Revue de la Société de Philosophie de l'Outaouais : Le Beau au temps de la Renaissance*, éd. D. Beecher, vol. 17, n° 2, 1995, p. 67-75.

DUPORT, Danièle, « La vérité du cœur. Explication littéraire d'un extrait de la Nouvelle 42 », dans *Lire l'*Heptaméron *de Marguerite de Navarre*, éd. D. Bertrand, Clermont-Ferrand, Presses universitaires Blaise Pascal, 2005, p. 155-169.

EICHEL-LOJKINE, Patricia, *Excentricité et humanisme. Parodie, dérision et détournement des codes à la Renaissance*, Genève, Droz, 2002.

EGMOND, Florike et ZWIJNENBERG, Robert, *Bodily Extremities. Preoccupation with the Human Body in Early Modern European Culture*, Aldershot, Ashgate, 2003.

FEBVRE, Lucien, *Autour de l'*Heptaméron. *Amour sacré, amour profane*, Paris, Gallimard, 1944.

FERGUSON, Gary, « Gendered Oppositions in Marguerite de Navarre's *Heptaméron* : The Rhetoric of Seduction and Resistance in Narrative and Society », dans *Renaissance Women Writers. French Texts / American Contexts*, éd. A. R. Larsen et C. H. Winn, Detroit, Wayne State University Press, 1994, p. 143-159.

FERGUSON, Gary, « Mal de vivre, mal croire : l'anticléricalisme dans *L'Heptaméron* de Marguerite de Navarre », n° 6, *Seizième Siècle*, 2010, p. 151-163.

FORD, Philip, « Neo-platonic themes of ascent in Marguerite de Navarre », dans *A Companion to Marguerite de Navarre*, éd. G. Ferguson et M. B. McKinley, Leiden/Boston, Brill, 2013, p. 89-107.

FRANCIS, Scott M., « Scandalous Women or Scandalous Judgment ? The Social Perception of Women and the Theology of Scandal in the *Heptaméron* », *L'Esprit Créateur*, vol. 57, n° 3, 2017, p. 33-45.

FRANCIS, Scott M., « Anticipating Misogyny : *Praesumptio* in the *Querelle des Amies* and the *Heptaméron* », *French Studies*, vol. 73, n° 1, 2019, p. 1-16.

FRECCERO, Carla, « Rape's Disfiguring Figures : Marguerite de Navarre's *Heptaméron*, Day 1 : 10 », dans *Rape and Representation*, éd. L. A. Higgins et B. R. Silver, New York, Columbia University Press, 1991, p. 227-247.

FRELICK, Nancy, « In the Eye of the Beholder : The Rhetoric of Beauty and the Beauty of Rhetoric in the *Heptaméron* », *L'Esprit Créateur*, vol. 57, n° 3, 2017, p. 8-20.

FRANÇOIS, Alexis, « De l'*Heptaméron* à la *Princesse de Clèves* », *Revue d'Histoire littéraire de la France*, vol. 49, n° 4, 1949, p. 305-321.

GARNIER-MATHEZ, Isabelle, *L'Épithète et la connivence* : écriture concertée chez les évangéliques français (1523-1534), Genève, Droz, 2005.

GARNIER-MATHEZ, Isabelle, « Du conte divertissant à la méditation spirituelle : la *vraye et parfaicte amour* de Rolandine », dans *Lire l'*Heptaméron *de Marguerite de Navarre*, éd. D. Bertrand, Clermont-Ferrand, Presses universitaires Blaise Pascal, 2005, p. 107-122.

LAJARTE, Philippe (de), « *L'Heptaméron* et le ficinisme : rapports d'un texte et d'une idéologie », *Revue des Sciences Humaines*, n° 145, 1972, p. 339-370.

GELERNT, Jules, *World of Many Loves : The* Heptameron *of Marguerite de Navarre*, Chapel Hill, The University of North Carolina Press, 1966.

GLIDDEN, Hope, « Gender, Essence, and the Feminine (*Heptameron* 43) », dans *Critical Tales. New Studies of the* Heptameron *and Early Modern Culture*, éd. J. D. Lyons et M. B. McKinley, Philadelphia, University of Pennsylvania Press, 1993, p. 25-40.

GOUTTEBROZE, Jean-Guy, « La laide demoiselle du *Conte du Graal*. Le chant de deuil de la terre », dans *Le Beau et le laid au Moyen Âge, Actes du 24e colloque du Centre universitaire d'études et de recherches médiévales (CUER MA)*, février 1999, Aix-en-Provence, Presses universitaires de Provence, vol. 43, 2000, p. 179-184.

GREENBLATT, Stephen, « Mutilation and Meaning », dans *The Body in Parts. Fantasies of Corporeality in Early Modern Europe*, New York, Routledge, 2009, p. 221-241.

GROSSO, Estelle, « Le rire dans l'*Heptaméron* de Marguerite de Navarre », dans *Le Lent Brassement des livres, des rites et de la vie. Mélanges offerts à James Dauphiné*, éd. M. Léonard, X. Leroux et F. Roudaut, Paris, Honoré Champion, 2009, p. 267-283.

HANON, Suzanne, *Le vocabulaire de l'*Heptaméron *de Marguerite de Navarre : Index et concordance*, Paris/Genève, Honoré Champion / Slatkine, 1990.

HELLER, Henry, « Marguerite de Navarre and the Reformers of Meaux », *Bibliothèque d'Humanisme et Renaissance*, vol. 33, n° 2, 1971, p. 271-310.

JOURDA, Pierre, *Marguerite d'Angoulême. Duchesse d'Alençon, Reine de Navarre (1492-1549). Étude biographique et littéraire*, Paris, Honoré Champion, 1930, 2 vol.

KRITZMAN, Lawrence D., « *Verba Erotica* : Marguerite de Navarre and the Rhetorics of Silence », dans *The Rhetoric of Sexuality and the Literature of the French Renaissance*, Cambridge, Cambridge University Press, 1991, p. 46-56.

LA CHARITÉ, Claude, « Rhetorical Augustinianism in Marguerite de Navarre's *Heptaméron* », *Allegorica*, n° 23, 2002, p. 55-88.

LAGUARDIA, David, « The Voice of the Patriarch in the *Heptaméron* I : 10 », *Neuphilologus*, n° 81, 1997, p. 501-513.

LANGER, Ullrich, « *L'honneste amitié* et le refus du désir dans la tradition morale latine », dans *Antéros, Actes du colloque de Madison (Wisconsin)*, 12 mars 1994, éd. U. Langer et J. Miernowski, Orléans, Paradigme, 1994, p. 99-115.

LEBÈGUE, Raymond, « La femme qui mutile son visage (*Heptaméron* X) », *Comptes rendus des séances de l'Académie des Inscriptions et Belles-Lettres*, vol. 103, nº 2, 1959, p. 176-184.

LE CADET, Nicolas, « Le cuyder dans l'œuvre de Marguerite de Navarre », *Seizième Siècle*, nº 7, 2011, p. 139-157.

LE CADET, Nicolas. *L'Évangélisme fictionnel. Les* Livres *rabelaisiens, le* Cymbalum Mundi, L'Heptaméron *(1532-1552)*, Paris, Classiques Garnier, 2011.

LECOINTE, Jean, « Les lieux rhétoriques de la personne dans les récits de l'*Heptaméron* », dans *Marguerite de Navarre (1492-1992)*, éd. N. Cazauran et J. Dauphiné, Mont-de-Marsan, Éditions InterUniversitaires, 1995, p. 511-525.

LEUSHUIS, Reinier, *Le Mariage et l'« amitié courtoise » dans le dialogue et le récit bref de la Renaissance*, Florence, Leo S. Olschki Editore, 2003.

MALL, Laurence, « "Pierres ou bestes" : le corps dans la dixième nouvelle de l'*Heptaméron* de Marguerite de Navarre », *French Forum*, vol. 17, nº 2, 1992, p. 169-190.

MARSHALL, Claire, « The Politics of Self-Mutilation : Forms of Female Devotion in the Late Middle Ages », dans *The Body in Late Medieval and Early Modern Culture*, éd. N. Tauton et D. Grantley, Aldershot, Ashgate, 2000, p. 11-22.

MARTINEAU, Christine, « Le Platonisme de Marguerite de Navarre », *Bulletin de l'Association d'étude sur l'Humanisme, la Réforme et la Renaissance*, nº 4, 1976, p. 12-35.

MARTINEAU, Christine, « La *Lectio Divina* dans l'*Heptaméron* », dans *Études sur L'Heptaméron de Marguerite de Navarre, Actes du colloque de Nice*, université de Nice-Sophia Antipolis, 15-16 février 1992, éd. C. Martineau-Génieys, Nice, Publications de la Faculté des lettres, arts, et sciences humaines de Nice, 1992, p. 21-42.

MATHIEU-CASTELLANI, Gisèle, « Des voiles et des masques », dans *Conversation conteuse. Les nouvelles de Marguerite de Navarre*, éd. G. Mathieu-Castellani, Paris, PUF, 1992, p. 231-242.

MIERNOWSKI, Jan, « L'intentionnalité dans *L'Heptaméron* de Marguerite de Navarre », *Bibliothèque d'Humanisme et Renaissance*, vol. 63, nº 2, 2001, p. 201-225.

MIERNOWSKI, Jan, « La contradiction amoureuse de Marguerite de Navarre. La poétique de la mésentente », *Réforme, Humanisme, Renaissance*, nº 72, 2011, p. 43-51.

MONTAGNE, Véronique, *« Ceste tant aymée rhétorique » : dialogue et dialectique dans l'*Heptaméron *de Marguerite de Navarre*, thèse sous la direction de Mireille Huchon, soutenue le 25 novembre 2002 à l'université Paris 4 – Sorbonne.

MELLINGHOFF-BOURGERIE, Viviane, « L'échange épistolaire entre Marguerite d'Angoulême et Guillaume Briçonnet : Discours mystiques ou direction spirituelle ? », dans *Marguerite de Navarre 1492-1992, Actes du colloque international de Pau (1992)*, éd. N. Cazauran et J. Dauphiné, Mont-de-Marsan, Éditions InterUniversitaires, 1995, p. 135-157.

OMONT, Henri-Auguste (éd.), *Anciens Inventaires et catalogues de la Bibliothèque nationale*, Paris, Ernest Leroux, 1908–31, 5 vol.

ORIA, Yon, « Platonic Symbolism of Marguerite d'Angoulême in the Royal Courts of France and Navarre (1492-1549) », *Principe de Viana*, n° 177, 1986, p. 319-329.

PERRENOUD-WÖRNER, Judith, *Rire et sacré : la vision humoristique de la vérité dans l'*Heptaméron *de Marguerite de Navarre*, Genève, Slatkine, 2008.

PETERSON, Nora Martin, « "The Truth Will Out" : Blushing, Involuntary Confession and Self-knowledgw in the *Heptaméron* », *Renaissance and Reformation / Renaissance et Réforme*, vol. 32, n° 2, 2009, p. 33-52.

PETERSON, Nora Martin, *Involuntary Confessions of the Flesh in Early Modern France*, Newark, University of Delaware Press, 2016.

PETERSON, Nora, « Sins, Sex, and Secrets : The Legacy of Confession from the *Decameron* to the *Heptameron* », dans *Reconsidering Boccaccio : Medieval Contexts and Global Intertexts*, éd. O. Holmes et D. E. Stewart, Toronto, University of Toronto Press, 2018, p. 403-423.

PHILLIPS, Margaret Mann, « Marguerite de Navarre et Érasme : une reconsidération », *Revue de littérature comparée*, n° 52, 1978, p. 194-201.

POT, Olivier, « *La Parfaicte Amye* ou une belle infidèle (Héroët et Ficin) », dans *Par Élévation d'esprit : Antoine Héroët, le poète, le prélat et son temps*, éd. A. Gendre et L. Petris, Paris, Champion, 2007, p. 271-301.

RANDALL, Catherine, « Preaching Plain Style in Marguerite de Navarre », *Women in French Studies*, n° 13, 2005, p. 11-24.

RANDALL, Catharine, *Earthly Treasures. Material Culture and Metaphysics in the* Heptaméron *and the Evangelical Narrative*, West Lafayette / Indiana, Purdue University Press, 2007.

RANDALL, Michael, « Marguerite de Navarre and Ambiguous Deceit », *Sixteenth Century Journal*, vol. 47, n° 3, 2016, p. 579-598.

REID, Jonathan, *King's Sister – Queen of Dissent. Marguerite de Navarre (1492-1549) and her Evangelical Network*, Leiden/Boston, Brill, 2009.

RENDALL, Steven, « Force and Language : *Heptameron* 10 », *Comparative Literature*, vol. 60, n° 1, 2008, p. 74-80.

REYFF, Simone de, « Rolandine, ou "Il n'y a pas d'amour heureux" : quelques remarques à propos de la XXIe nouvelle de l'*Heptaméron* », *Bulletin de l'Association d'étude sur l'Humanisme, la Réforme et la Renaissance*, n° 30, 1990, p. 23-35.

RIDDER-VIGNONE, António de, « Incoherent Texts ? Storytelling, Preaching, and the *Cent nouvelles nouvelles* in Marguerite de Navarre's *Heptaméron* 21 », *Renaissance Quarterly*, vol. 68, n° 2, 2015, p. 465–495.

ROGER-VASSELIN, Bruno, « Marguerite de Navarre et le ficinisme dans L'*Heptaméron* : l'exemple de la Nouvelle 19 », *Réforme, Humanisme, Renaissance*, n° 65, 2007, p. 93-100.

ROTHSTEIN, Marian, *The* Androgyne *in Early Modern France. Contextualising the Power of Gender*, New York, Palgrave Macmillan, 2015.

SAULNIER, Verdun-Louis, « Recherches sur la correspondance de Marguerite de Navarre », *Bibliothèque d'Humanisme et Renaissance*, vol. 34, n° 2, 1972, p. 283-336.

SAUDERS, Corinne, *Rape and Ravishment in the Literature of Medieval England*, Cambridge, Boydell & Brewer, 2001.

SCHÖNEBERGER, Axel, « Die zehnte Novelle (Parlamente) », dans *Die Darstellung von Lust und Liebe im* Heptaméron *der Königin Margarete von Navarra*, Francfort-sur-le-Main, Domus Editoria Europaea, 1993, p. 97-140.

SCHULENBERG, Jane Tibbetts, *Forgetful of Their Sex. Female Sanctity and Society ca. 500-1100*, Chicago, University of Chicago Press, 1998.

SCHULZE, Armin et HÜBNER, Gert, « Geschichte der erzählenden Literatur im Mittelalter », dans *Handbuch Erzählliteratur. Theorie, Analyse, Geschichte*, éd. M. Martínez, Stuttgart, J. B. Metzler, 2011.

SÉNEMAUD, Edmond (éd.), *La Bibliothèque de Charles d'Orléans Comte d'Angoulême au château de Cognac en 1496*, Paris, A. Claudin, 1861.

SHACHTER, Marc D., « Boccaccio's Second Life in French : Antoine Le Maçon's *Decameron* and Marguerite de Navarre's *Heptameron* », dans *A Boccaccian Renaissance : Essays on the Early Modern Impact of Giovanni Boccaccio and His Works*, éd. M. Eisner et D. Lummus, Notre Dame, University of Notre Dame Press, 2019, p. 253-278.

TEMPLE, Maulde Elisabeth, « The Tenth Tale of the *Heptaméron* », *Romanic Review*, n° 10, 1919, p. 83-85.

TETEL, Marcel, « Une réévaluation de la dixième nouvelle de *L'Heptaméron* », *Neuphilologische Mitteilungen*, vol. 72, n° 3, 1971, p. 563-569.

TETEL, Marcel, *Marguerite de Navarre's* Heptameron *: Themes, Language, and Structure*, Durham N. C., Duke University Press Durham, 1973.

TETEL, Marcel (éd.), *Les Visages et les voix de Marguerite de Navarre, Actes du colloque international sur Marguerite de Navarre*, Duke University, 10-11 avril 1992, Paris, Klincksieck, 1995.

VIET, Nora, « *Caméron*, *Décaméron*, *Heptaméron* : l'*Heptaméron* au miroir des traductions françaises de Boccace », *Seizième Siècle*, n° 8, 2012, p. 287-302.

VERLAQUE, Victor Luis, *Notice sur Sainte Eusébie, abbesse et martyre du diocèse de Marseille*, Marseille, Arnaud, Cayer et Cie, 1867.

VERNQVIST, Johanna, « Negotiating Neoplatonism and the Androgyne Metaphor in *Heptaméron* 70 and 19 », *L'Esprit Créateur*, vol. 57, n° 3, 2017, p. 92-104.

VIGARELLO, Georges, *Les Métamorphoses du gras. Histoire de l'obésité*, Paris, Éditions du Seuil, 2000.

WANEGFFELEN, Thierry, « La Renaissance et l'anticléricalisme. Pertinence d'un dossier », *Siècles*, n° 18, 2003, p. 19-26.

WEHLE, Winfried, *Novellenerzählen. Französische Renaissancenovellistik als Diskurs*, Munich, Wilhelm Fink Verlag, 1984.

ZEGURA, Elizabeth Chesney, *Marguerite de Navarre's Shifting Gaze. Perspectives on Gender, Class, and Politics in the* Heptaméron, London / New York, Routledge, 2017.

CLÉMENT MAROT

BECKER, Karin, « La corporalité du "povre Eustache" : le moi physique revisité », dans *Eustache Deschamps, témoin et modèle. Littérature et société politique (XIVe-XVIe siècles)*, éd. T. Lassabatère et M. Lacassagne, Paris, PUPS, 2008, p. 89-102.

BENTLEY-CRANACH, Dana, « The iconography of Clément Marot », dans *Literature and the arts in the reign of François I, Essays to C. A. Mayer*, Lexington, French Forum Publishers, 1985, p. 17-45.

BERTHON, Guillaume, *L'Intention du poète. Clément Marot « autheur »*, Paris, Classiques Garnier, 2014.

BERTIN, Annie, « Les couleurs dans *L'Adolescence clémentine* », dans *Clément Marot. À propos de* L'Adolescence clémentine, éd. J. Dauphiné et P. Mironneau, Biarritz, J & D Éditions, 1996, p. 41-56.

BERRIOT-SALVADORE, Evelyne, « La Mutation de Fortune de Clément Marot », dans *Clément Marot. À propos de* L'Adolescence clémentine, éd. J. Dauphiné et P. Mironneau, Biarritz, J & D Éditions, 1996, p. 89-101.

BICHÜE, Jérémie, *« Par satire replicquer ». La querelle Marot-Sagon : une œuvre collective (1535-1539)*, sous la direction de Nathalie Dauvois et Guillaume Berthon, soutenue le 15 septembre 2020 à l'université Sorbonne Nouvelle.

CÉARD, Jean, « Marot, traducteur d'Érasme », dans *Clément Marot. « Prince des poètes françois » 1496-1996, Actes du colloque international de Cahors en Quercy*, 21-25 mai 1996, éd. G. Defaux et M. Simonin, Paris, Classiques Garnier, 2007 (1997), p. 107-120.

CERQUIGLINI-TOULET, Jacqueline, « L'écriture louche. La voie oblique chez les Grands Rhétoriqueurs », dans *Les Grands Rhétoriqueurs, Actes du Ve colloque international sur le moyen français*, Milan, 6-8 mai 1985, Milan, Vita e pensiero, 1986, t. 1, p. 21-31.

CHIRON, Pascale, « Les styles de Marot », *L'Information grammaticale*, n° 72, 1997, p. 21-24.

CRESCENZO, Richard, « L'antique, l'ancien et le nouveau dans le *Temple de Cupido* », dans *Clément Marot. À propos de* L'Adolescence clémentine, éd. J. Dauphiné et P. Mironneau, Biarritz, J&D Éditions, 1996, p. 73-87.

DAUVOIS, Nathalie, « Des contreblasons de La Hueterie au *Contrepoison* d'Artus Désiré, enjeux et formes d'une poétique du contre à la Renaissance », dans *Texte et contre-texte pour la période pré-moderne*, éd. N. Labère, Bordeaux, Ausonius Éditions, 2013, p. 215-225.

DEFAUX, Gérard, *Marot, Rabelais, Montaigne : l'écriture comme présence*, Paris, Honoré Champion et Genève, Slatkine, 1987.

DEFAUX, Gérard, « Rhétorique, silence et liberté dans l'œuvre de Marot. Essai d'explication d'un style », *Bibliothèque d'Humanisme et Renaissance*, vol. 46, n° 2, 1984, p. 299-322.

DELVALLÉE, Ellen, *Poétiques de la filiation. Clément Marot et ses maîtres : Jean Marot, Jean Lemaire et Guillaume Cretin*, Genève, Droz, 2021.

DESAN, Philippe, « Le feuilleton illustré Marot-Sagon », dans *La Génération Marot. Poètes français et néo-latins (1515-1550), Actes du colloque international de Baltimore*, 5-7 décembre 1996, éd. G. Defaux, Paris, Honoré Champion, 1997, p. 348-379.

DONALDSON-EVANS, Lance K., « Le *Blason du Beau Tetin* : une relecture », dans *Clément Marot. « Prince des Poëtes françois » 1496-1996, Actes du colloque international de Cahors en Quercy*, 21-25 mai 1996, éd. G. Defaux et M. Simonin, Paris, Classiques Garnier, 2007 (1997), p. 559-572.

DORIO, Pauline, « Sagouins et marmots : la déformation polémique du nom propre dans la querelle de Marot et Sagon », *Le Français préclassique*, vol. 16, 2014, p. 125-138.

DORIO, Pauline, « Les épîtres de *L'Adolescence clémentine* : le parti-pris du familier », *Babel* [revue en ligne], Hors-série Agrégation, 2019, p. 123-144.

FLIEGE, Daniel, « Édition critique et commentée du *Balladin* de Clément Marot », *Bibliothèque d'Humanisme et Renaissance*, vol. 82, n° 3, 2020, p. 453-487.

FRANCIS, Scott, *Advertising the Self in Renaissance France. Lemaire, Marot & Rabelais*, Newark, University of Delaware Press, 2019.

GRIFFIN, Robert, *Clément Marot and the Inflections of Poetic Voice*, Berkeley, University of California Press, 1974.

HABERT, Mireille, « Fêtes de la beauté, faîtes de la laideur dans les recueils des "Blasons anatomiques du corps féminin" », dans *Fête et imagination dans la littérature du XVIe au XVIIIe siècle, Actes du colloque international du centre de recherches aixois sur l'imagination de la Renaissance à l'âge classique*, 13-15 février 2003, Aix-en-Provence, université de Provence, éd. H. Krief et S. Requemora, Aix-en-Provence, PUP, 2004, p. 113-131.

JORDAN, Nicole Amon, *Des Couleurs et des signes. Essai sur la symbolique des couleurs chez quelques auteurs du Moyen Âge et de la Renaissance*, Ph. D. thesis, Berkeley, University of California, 1976.

KINCH, Charles, *La Poésie satirique de Clément Marot*, Genève, Slatkine, 1969.

KRITZMAN, Lawrence D., « Architecture of the Utopian Body : the Blasons of Marot and Ronsard », dans *The Rhetoric of Sexuality and the Literature of the French Renaissance*, Cambridge, Cambridge University Press, 1991, p. 97-112.

MAGNIEN, Michel, « Marot et l'humanisme (suite) : Jean de Boyssoné et le *Maro Gallicus* », dans *La Génération Marot. Poètes français et néo-latins (1515-1550), Actes du colloque international de Baltimore*, 5-7 décembre 1996, éd. G. Defaux, Paris, Honoré Champion, 1997, p. 261-279.

MANTOVANI, Thierry, « La querelle de Marot et Sagon : essai de mise au point », dans *La Génération Marot. Poètes français et néo-latins (1515-1550), Actes du colloque international de Baltimore*, 5-7 décembre 1996, éd. G. Defaux, Paris, Honoré Champion, 1997, p. 381-404.

MCKINLEY, Mary, « Marot, Marguerite de Navarre et "L'Epistre du Despourveu" », dans *Clément Marot. « Prince des Poëtes françois » 1496-1996, Actes du colloque international de Cahors en Quercy*, 21-25 mai 1996, éd. G. Defaux et M. Simonin, Paris, Classiques Garnier, 2007 (1997), p. 615-626.

MÉLANÇON, Robert, « La personne de Marot », dans *Clément Marot. « Prince des Poëtes françois » 1496-1996, Actes du colloque international de Cahors en Quercy*, 21-25 mai 1996, éd. G. Defaux et M. Simonin, Paris, Classiques Garnier, 2007 (1997), p. 515-529.

MUEGGLER, Nina « L'affaire Marot-Sagon : du conflit personnel à la controverse collective », *Relief*, vol. 9, n° 2, 2015, p. 7-21.

NOTZ, Marie-Françoise, « Ballades et rondeaux dans *L'Adolescence clémentine* : au confluent de la tradition et de l'invention », dans *Clément Marot. À propos de* L'Adolescence clémentine, éd. J. Dauphiné et P. Mironneau, Biarritz, J&D Éditions, 1996, p. 7-18.

PASTOUREAU, Michel, *Figures et couleurs. Étude sur la symbolique et la sensibilité médiévales*, Paris, Cahiers du Léopard d'or, 1986.

PASTOUREAU, Michel, « Morales de la couleur : le chromoclasme de la Réforme », dans *La Couleur. Regards croisés sur la couleur du Moyen Âge au XXe siècle*, éd. M. Pastoureau, Paris, Le Léopard d'or, 1994, p. 27-45.

PERONA, Blandine, *Prosopopée et* persona *à la Renaissance*, Paris, Classiques Garnier, 2013.

PREISIG, Florian, *Clément Marot et les métamorphoses de l'auteur à l'aube de la Renaissance*, Genève, Droz, 2004.

RIGOLOT, François, « Intentionnalité du texte et théorie de la *persona* », dans *Le Texte de la Renaissance*, Genève, Droz, 1982, p. 59-75.

SAUNDERS, Alison, *The Sixteenth-Century French Emblem Book. A decorative and useful genre*, Genève, Droz, 1988.

SAUNDERS, Alison, « "La beauté que femme doibt avoir" : La vision du corps dans les Blasons anatomiques », dans *Le Corps à la Renaissance, Actes du 33ᵉ colloque international d'études humanistes*, Tours, 2-11 juillet 1987, éd. J. Céard, M.-M. Fontaine et J.-Cl. Margolin, Paris, Aux amateurs de livres, 1990, p. 39-59.

SCOLLEN-JIMACK, Christine M., « Marot et Deschamps : the Rhetoric of Misfortune », *French Studies*, nº 42, 1988, p. 21-32.

SCREECH, Michael Andrew, « Clément Marot and the Face in the Gospel », dans *Pre-Pléiade Poetry*, éd. J. C. Nash, Kentucky, Lexington, 1985, p. 65-75.

SCREECH, Michael Andrew, *Clément Marot, a Renaissance Poet Discovers the Gospel : Lutherism, Fabrism and Calvinism in the Royal Courts of France and of Navarra and in the Ducal Court of Ferrara*, Leiden / New York / Köln, Brill, 1994.

VIANEY, Joseph, *Les Épîtres de Marot*, Paris, Nizet, 1962 (1935).

WIRTH, Jean, « Voir et entendre. Notes sur le problème des images de saint Augustin à l'iconoclasme », *Micrologus : I cinque sensi / The Fives Senses*, Firenze, Sismel Edizioni Del Galluzzo, nº 10, 2002, p. 71-86.

ZUMTHOR, Paul, *Le Masque et la lumière. La poétique des grands rhétoriqueurs*, Paris, Éditions du Seuil, 1978.

JOACHIM DU BELLAY

ABROUGUI, Olfa, *Du Bellay et la poésie de la ville*, Paris, L'Harmattan, 2013.

BALSAMO, Jean, « Mythe pétrarquien et modèle pétrarquiste en France au XVIᵉ siècle », dans *L'Italia letteraria e l'Europa. Dal Rinascimento all'Illuminismo, Atti del Convegno*, 7-9 novembre 2001, Vallée d'Aoste, éd. N. Borsellino, Rome, Salerno Editrice, 2003, t. 2, p. 109-128.

BELLENGER, Yvonne, « Femmes mal aimées, femmes malmenées dans la littérature française de la Renaissance », *Folia Litteraria*, nº 14, 1985, p. 41-56.

BELLENGER, Yvonne, « Du Bellay satirique dans *Les Regrets* ? », dans *Du Bellay, Actes du Colloque International d'Angers*, 26-29 mai 1989, éd. G. Cesbron, Angers, Presses de l'Université d'Angers, 1990, t. 1, p. 45-85.

BELLENGER, Yvonne, « Du Bellay antipétrarquiste en 1553 », *Revue des amis de Ronsard*, nº 2, 2012, p. 83-101.

BENÉ, Charles, « Bible et inspiration religieuse chez Du Bellay », dans *Du Bellay, Actes du Colloque International d'Angers*, 26-29 mai 1989, éd. G. Cesbron, Angers, Presses de l'Université d'Angers, 1990, t. 1, p. 171-187.

BOUDOU, Bénédicte, « La laideur italienne, selon Henri Estienne », dans *Propos sur les Muses et la laideur. Figurations et défigurations de la beauté,* éd. M.-D. Legrand et L. Picciola, Centre des sciences de la littérature française, Nanterre, Université Paris X – Nanterre, 2001, p. 143-156.

CAMERON, Keith, *Concordance des œuvres poétiques de Joachim Du Bellay*, Genève, Droz, 1988.

CAMOS, Rosanna Gorris, « "Penser le rire et rire le cœur". Le *Traité du ris* de Laurent Joubert, médecin de l'âme et du cœur », dans *Rire à la Renaissance, Colloque international de Lille*, université Charles-de-Gaulle, 6-8 novembre 2003, éd. M.-M. Fontaine, Genève, Droz, 2010, p. 141-161.

CARRON, Jean-Claude, « Stratégies de la satire du pétrarquisme chez Du Bellay et Ronsard », dans *La Satire dans tous ses états. Le « meslange satyricque » à la Renaissance française*, éd. B. Renner, Genève, Droz, 2009, p. 221-244.

CAVAILLÉ, Jean-Pierre, « L'Éloge de la laideur dans la littérature antipétrarquiste », *L'Atelier du Centre de recherches historiques* [revue en ligne], n° 11, 2013 : https://journals.openedition.org/acrh/5234 (consulté le 25/03/2022).

CIORANESCU, Alexandre, *L'Arioste en France. Des origines à la fin du XVIIIe siècle*, Paris, Les Éditions des presses modernes, 1939.

DEBAILLY, Pascal, *La Muse indignée. La Satire en France au XVIe siècle*, Paris, Classiques Garnier, 2012, 2 vol.

DEFAUX, Gérard, « Les Deux Amours de Clément Marot », *Revue d'Histoire Littéraire de la France*, vol. 93, n° 1, 1993, p. 3-29.

DEGUY, Michel, « Pour le 450e anniversaire de J. D. B. A. », *Critique*, 1973, p. 204-219.

DEMBRUK, Sofina, « Anamorphoses esthétiques et connaissance de soi : La laideur des "vieilles Alcines" dans *Les Regrets* de Du Bellay (sonnets LXXXIX/XC) », dans *Transformationen. Wandel, Bewegung, Geschwindigkeit, Beiträge zum 33. Forum Junge Romanistik in Göttingen*, 15-17 mars 2017, éd. C. Bacciu, J. Cárdenas Isasi, A. Dreyer, A. Gottschalk, M. X. Ordóñez, A. M. Troncoso Salazar, Munich, AVM, 2019, p. 61-76.

DEMERSON, Geneviève, « "Fel, Mel, Sal". Joachim Du Bellay, poète satirique latin », dans *La littérature de la Renaissance.* Mélanges offerts à Henri Weber, éd. M. Soulié, Genève, Slatkine, 1984, p. 171-181.

DE ROCHER, Gregory, « Joachim Du Bellay ou le retour à la souffrance », dans *Du Bellay, Actes du Colloque international d'Angers*, 26-29 mai 1989, éd. G. Cesbron, Angers, Presses de l'université d'Angers, 1990, t. 2, p. 453-459.

FERRER, Véronique, « La poésie du désespoir de Joachim Du Bellay à Agrippa d'Aubigné », dans *« Une honnête curiosité de s'enquérir de toutes choses ».* Mélanges *en l'honneur d'Olivier Millet, de la part de ses élèves, collègues et amis*, éd. M. Champetier de Ribes, S. Dembruk, D. Fliege et V. Oberliessen, Genève, Droz, 2021, p. 208-215.

FLIEGE, Daniel, « Tous les songes sont mensonges… Zum *Roman de la Rose* und der Wirkmächtigkeit des Reims songe-mensonge », dans *Literatur und Traum*, éd. B. Dupke *et alii.*, Munster, LIT Verlag, 2017, p. 35-62.

FONTAINE, Marie-Madeleine, « Rire comme Ulysse », dans *La Naissance du monde et l'invention du poème. Mélanges de poétique et d'histoire littéraire du XVIe siècle offerts à Yvonne Bellenger*, éd. J.-Cl. Ternaux, Paris, Honoré Champion, 1998, p. 345-367.

GADOFFRE, Gilbert, *Du Bellay et le sacré*, Paris, Gallimard, 1978.

GARNIER, Isabelle « Entre pétrarquisme et néoplatonisme : réminiscences évangéliques dans *L'Olive* », *Cahiers textuel : Du Bellay :* La Deffence & L'Olive, *lectures croisées*, éd. J. Vignes, n° 31, 2008, p. 107-126.

GILLES-CHIKHAOUI, Audrey, « La beauté monstrueuse de la courtisane », *Réforme, Humanisme, Renaissance*, n° 70, 2010, p. 27-28.

GENDRE, André, « *Vade-mecum* sur le pétrarquisme français », *Versants : Revue suisse des littératures romanes*, n° 7, 1985, p. 37-64.

GRAY, Floyd, *La Poétique de Du Bellay*, Paris, Nizet, 1978.

HEMPFER, Klaus W., « Diskurstraditionen und fragmentarisierte Rezeption : Ariosts *Orlando furioso* in Du Bellays *L'Olive* », *Zeitschrift für französische Sprache und Literatur*, vol. 112, n° 2, 2002, p. 264-283.

JOSSA, Stefano et MAMMANA, Jossa-Simona, « Petrarchismo e petrarchismi : forme, ideologia, identità di un sistema », dans *Nel libro di Laura : le pétrarquisme amoureux à la Renaissance*, éd. L. Collarile et D. Maira, Bâle, Schwabe, 2004, p. 91-116.

JOUKOVSKY, Françoise, *Le Bel Objet. Les Paradis artificiels de la Pléiade*, Paris, Classiques Garnier, 1991.

KLIBANSKY, Raymond, PANOFSKY, Erwin et SAXL, Fritz, *Saturne et la Mélancolie. Études historiques et philosophiques : nature, religion, médecine et art*, trad. F. Durand-Bogaert et L. Évrard, Paris, Gallimard, 1989.

LEGRAND, Marie-Dominique, « Les *Adages* d'Erasme au sein des *Regrets* de Joachim Du Bellay », dans *Du Bellay : autour des* Antiquités de Rome *et des* Regrets, *Actes des secondes journées du Centre Jacques de Laprade*, Musée national du château de Pau, 2-3 décembre 1994, éd. J. Dauphiné et P. Mironneau, Biarritz, J&D Éditions, 1994, p. 65-78.

LEGRAND, Marie-Dominique, « Les ruines de la beauté chez Du Bellay », dans *Métamorphoses de la laideur*, éd. L. Picciola, Centre des sciences de la littérature française, Nanterre, Université Paris X-Nanterre, 2005, p. 105-112.

LESTRINGANT, Frank, « Rire en Sardaigne et ailleurs. Le rire du voyageur à la Renaissance », dans *Rire à la Renaissance, Colloque international de Lille*, université Charles-de-Gaulle, 6-8 novembre 2003, éd. M.-M. Fontaine, Genève, Droz, 2010, p. 195-217.

LEY, Klaus, *Neuplatonische Poetik und nationale Wirklichkeit. Die Überwindung des Petrarkismus im Werk Du Bellays*, Heidelberg, Universitätsverlag Winter, 1975.

MAC PHAIL, Eric, « A Fool in Verse : Du Bellay and Erasmus », *French Forum*, vol. 3, n° 37, 2012, p. 1-44.

MAIRA, Daniel, « Le "godmicy" d'Hélène : pétrarquisme sexuel et virilité restaurée », *Romanic Review*, n° 108, 2017, p. 51-75.

MAIRA, Daniel, « Adoucir la rudesse des ancêtres : italianisation, efféminement et féminisation dans les *Deux dialogues* d'Henri Estienne », dans *Narrations fabuleuses. Mélanges en l'honneur de Mireille Huchon*, éd. T. Tran *et alii*, Paris, Classiques Garnier, 2022, p. 477-490.

MONFERRAN, Jean-Charles, « "En un style aussi lent que lente est ma froideur" : la poétique saturnienne des *Regrets* », *Cahiers textuel* : *Joachim Du Bellay. La poétique des recueils romains*, éd. S. Perrier, n° 14, 1994, p. 61-76.

NARDONE, Jean-Luc, « Les canons de la laideur : portrait des muses des anti-pétrarquistes », dans *Dérision et démythification dans la culture italienne*, éd. M. Viallon, Saint-Étienne, Publications de l'Université de Saint-Étienne, 2003, p. 27-40.

REES, Agnes, « Représentation du féminin dans *Les Regrets* de Du Bellay : étude des sonnets 89-100 », *Le Verger* [revue en ligne], n° 22, 2021, p. 1-14 : http://cornucopia16.com/wp-content/uploads/2022/02/Article-DuBellay_Rees_mis-en-forme.pdf (consulté le 17/04/2022).

RIEU, Josiane, *L'Esthétique de Du Bellay*, Paris, SEDES, 1995.

RIGOLOT, François, « Du Bellay et la poésie du refus », *Bibliothèque d'Humanisme et Renaissance*, n° 63, 1974, p. 489-502.

RIGOLOT, Françoise, *Poésie et Renaissance*, Paris, Éditions du Seuil, 2002.

SAULNIER, Verdun-L., *Du Bellay. L'homme et l'œuvre*, Paris, Bovin, 1951.

STAROBINSKI, Jean, « L'encre de la mélancolie », *La Nouvelle Revue Française*, n° 123, 1963, p. 410-423.

TUCKER, George Hugo, *Les Regrets et autres œuvres poëtiques de Joachim Du Bellay*, Paris, Gallimard, 2000.

TUCKER, George Hugo, « Beyond Beauty. The Esthetics of the Unsightly in the Poetry of Joachim Du Bellay », *Compar(a)ison. An International Journal of Comparative Literature* : *Ästhetiken des Hässlichen*, éd. M. Jakob, n° 2, 1997, p. 73-110.

TUCKER, George Hugo, « Le complexe de la Muse (et des Muses) chez Joachim Du Bellay », dans *La Muse s'amuse. Figures insolites de la Muse à la Renaissance*, éd. A.-P. Pouey-Mounou et P. Galand, Genève, Droz, 2016, p. 217-234.

TUCKER, George Hugo, « Henri II Estienne's Manuscript Annotations (*circa* 1570 ?) of Joachim Du Bellay's French vernacular poetry », dans *« Une honnête curiosité de s'enquérir de toutes choses ». Mélanges en l'honneur d'Olivier*

Millet, de la part de ses élèves, collègues et amis, éd. M. Champetier de Ribes, S. Dembruk, D. Fliege et V. Oberliessen, Genève, Droz, 2021, p. 119-133.

VIALLETON, Jean-Yves, « Le Pétrarque des antipétrarquistes français des années 1550 », *Cahier d'études italiennes*, nº 4, 2006, p. 99-115.

VIANEY, Joseph, *Le Pétrarquisme en France au XVIe siècle*, Montpellier, Clouet et fils, 1909.

VINKEN, Barbara, *Du Bellay und Petrarca. Das Rom der Renaissance*, Berlin, De Gruyter, 2015.

INDEX DES AUTEURS

TABLE DES MATIÈRES

DEUXIÈME PARTIE

LAIDEURS ÉVANGÉLIQUES

LES CORPS DISGRACIEUX DANS *L'HEPTAMÉRON* DE MARGUERITE DE NAVARRE

TROISIÈME PARTIE

« POÉT(H)IQUES » DE LA LAIDEUR CHEZ CLÉMENT MAROT

QUATRIÈME PARTIE

L'IDÉAL SOUS MENACE

LA LAIDEUR CHEZ JOACHIM DU BELLAY

Achevé d'imprimer par Corlet,
Condé-en-Normandie (Calvados),
en Novembre 2022
N° d'impression : 178404 - dépôt légal : Novembre 2022
Imprimé en France